I0398612

www.ingramcontent.com/pod-product-compliance
Lightning Source LLC
Chambersburg PA
CBHW070647120526
44590CB00013BA/866
9781912699049

یکصد سال خدمت
کلیسای مشایخی آمریکا در پارس

(۱۸۳۴-۱۹۳۴)

داستان پیدایش کلیسای انجیلی ایران

ISBN 978-1-912699-04-9
90000
9 781912 699049

یکصد سال خدمت
کلیسای مشایخی آمریکا در پارس
(۱۸۳۴-۱۹۳۴)

داستان پیدایش کلیسای انجیلی ایران

ترجمه و تألیف: سرگز بنیامین

حروف‌چینی و صفحه‌آرایی: نادر فرد
طرح جلد: اندی ساوتون

انتشارات پارس، ۲۰۲۳
کلیهٔ حقوق برای ناشر محفوظ است

شابک: ۹-۰۴-۹۱۲۶۹۹-۱-۹۷۸

History of the Presbyterian Church in Iran

(1834–1934)

Translated and Compiled by:
Sergez Benyamin

Copyright © 2018 by Sergez Benyamin

All rights reserved.

Published by Pars Publications, 2019

Reprint: 2023

Typesetting and Layout: Nader Fard
Cover: Andy Southan

Published by:
Multimedia Theological Training Limited
P. O. Box 66099, London, W4 9FE, UK

publications@parstheology.com
www.parsonlineshop.com

ISBN 978-1-912699-04-9

قدیس یوحنای زرین دهان در سـده ششـم در مورد هویت مجوسیان می‌نویسد:

«کلمهٔ مجسـم شـده، به هنگام آمدن بـه این جهان، نخسـتین مکاشـفه از رحمت و نور خود را توسط مجوسـیان، به پارس داد ... بنابراین خود یهودیان از دهان پارسیان از تولد ماشیح آگاهی یافتند.»

Waterfield Robin, Chirsitians in Persia, p. 16.

ترجمه و تألیف این کتاب را به مادرم تقدیم می‌کنم،
به او که از همان ابتدا ما را همراه خود به کلیسا می‌برد
تا کلام خداوند را بشنویم و با او آشنا شویم.
به مادری که زحمات بسیاری در راه بزرگ کردن من
و خواهرم متحمل شد؛ به آن دستها و انگشتهایی که آن
میل‌های بافتنی را با شتاب و در عین حال با زبردستی
می‌چرخاند تا پیش از برآمدن دوبارهٔ خورشید بافتنی
را تکمیل و کسری هزینهٔ ثبت‌نام مرا در نخستین قدم
تحصیل، در مدرسه‌ای مناسب فراهم آورد.
مؤلف

فهرست مطالب

پیشگفتار ۱۱
مقدمه ۱۵

فصل اول: پیشینه ۲۱
فصل دوم: ایران امروز ۲۷
فصل سوم: اقوام، آیین‌ها و فرقه‌های مذهبی در ایران ۴۱
فصل چهارم: پروتستانها و آغاز ترجمه، نشر و پخش ۶۵
فصل پنجم: مبشران کلیساهای کانگرگیشنال و ۷۹
فصل ششم: تغییر رویکرد مبشران پروتستان در پارس ۱۰۳
فصل هفتم: مرکز تهران ۱۳۱
فصل هشتم: مرکز تبریز ۱۵۱
فصل نهم: مرکز همدان ۱۷۱
فصل دهم: مراکز رشت و قزوین ۱۸۵
فصل یازدهم: مرکز کرمانشاه ۱۹۱
فصل دوازدهم: مرکز مشهد ۱۹۹
فصل سیزدهم: پارس و جنگ جهانی اول ۲۱۳
فصل چهاردهم: خدمت همدردی، بازسازی ویرانه‌های جنگ ۲۳۵
فصل پانزدهم: ثمر و تأثیرگذاری خدمات کلیسای مشایخی در پارس ۲۴۷

نمایه ۲۶۹

پیشگفتار

کتاب حاضر حاصل کاوشی چند ساله پیرامون خدمت مبشران پروتستان و به ویژه مبشران کلیسای مشایخی (پرزبیتری) و کانگرگیشنال است که از سوی هیأت کمیسیونرهای آمریکایی برای میسیون‌های خارجی (ABCFM) در اوایل سدهٔ ۱۹ به ایران (پارس) فرستاده شدند؛ و در اوضاعی دشوار، زندگی و استعدادهای خود را وقف موعظهٔ انجیل و ارائهٔ خدمات در عرصه‌های آموزشی، پزشکی، خیریه و ... به اقوام مختلف ایرانی کردند.

استخوان‌بندی کتاب حاضر از برگردان فصل «پارس» کتاب «یکصد سال» به قلم آرتور براون، به فارسی شکل گرفته است. آرتور براون، کشیش پُرنفوذ، مبشر بین‌المللی و نویسندهٔ به‌نام کلیسای مشایخی آمریکا بود. او سفرهای پُرشماری به نقاط مختلف جهان و به‌طور خاص به کشور چین و شبه‌جزیرهٔ کره داشت. از همین‌رو، اغلب نوشته‌هایش با آن منطقه مرتبط است. از نوشته‌های آرتور براون دست‌کم شانزده جلد کتاب به جا مانده است. کتاب «یکصد سال» او در سال ۱۹۳۶ به چاپ رسید.

کتاب «یکصد سال» آرتور براون با وجود برخی کاستیها یکی از اندک منابع ارزشمندی است که کوشش و خدمات یکصدسالهٔ کلیسای مشایخی آمریکا در ایران را به شکل جامع‌تری ثبت کرده است. اهمیت کتاب مورد اشاره از آن جهت است که افزون بر بازگویی گوشه‌ای از خدمات پُرشمار مبشران کلیسای مشایخی به ایرانیان، حکایت پیدایش کلیسای انجیلی ایران را در بین آشوریان دشت ارومیه و مناطق کوهستانی حکاری و گسترش فعالیت آن به حیطهٔ دیگر اقوام ایرانی از جمله ارامنه، یهودیان و فارسی‌زبانان در گوشه‌های مختلف کشور به تصویر می‌کشد. کتاب حاضر دورهٔ زمانی یکصد ساله‌ای را از دوران زمامداری پادشاهان قاجار تا حکمرانی رضا شاه پهلوی پوشش می‌دهد.

آرتور براون اطلاعات مفیدی نیز از چشم‌اندازی متفاوت از اوضاع اجتماعی، سیاسی، مذهبی و اقتصادی ایران ارائه می‌کند. کتاب براون افزون بر ثبت رویدادها، تاریخی تحلیلی نیز به‌شمار می‌آید و نقطه‌نظرهای نویسنده و دیگر صاحب‌نظران آن دوره را در موارد پُرشماری از جمله باورهای مذهبی ایرانیان بازتاب می‌دهد، که جهت رعایت امانت‌داری تمام مطالب کتاب به دقت ترجمه و ارائه شده است.

افـــزون بر متـــن کامل کتاب براون، مطالبـــی در چهارچوب‌های ▭ مشـــخص در کنار عکس‌هایی مرتبط جهت افزودن غنای هرچه بیشـــتر کار توسط مؤلف از بیش از چهل منبع مختلف ترجمه - گردآوری و در کتاب حاضر گنجانده شـــده اســـت. جهت تسهیل مطالعهٔ کتاب حاضر، مطالب براون فصل‌بندی و پاراگراف‌بندی نیز شده است.

امید است که کتاب حاضر در کنار سایر منابع موجود به ما کمک کند که تصویری مستند و روشن از اندیشه، محرک، رویا و عملکرد آن زنان و مردان به دست آوریم؛ و بر اندوخته و شناخت خود از آن مقطع تاریخی بیفزاییم.

جا دارد از دوستانی که مرا در انجام این کار یاری رساندند یاد و قدردانی داشته باشم:

از دوســـت گرامی آقای امجد ببلاوی، هماهنگ‌کنندهٔ (وقت) امور کلیســـای مشـــایخی (پرزبیتری) آمریکا در خاورمیانه و اروپا، و سایر مسئولان کلیسای مورد اشاره که با دعوتم به آمریکا امکان کاوش و مطالعه در مرکز اســـناد میسیون کلیسای مشایخی در فیلادلفیا را برایم فراهم کردند،

از خانم اریس ارین (اســـتدی)، که مستنداتی در مورد خدمت کشیش استد در کرمانشاه در اختیارم گذاشت،

از فرزند و نوادگان آقای طهماســـب (توماس) آقامالیان، که عکسها و مطلب ارزشمندی جهت ثبت در این اوراق تاریخی برایم فراهم کردند،

از آقای میکائیل پارکر، جانشـــین موقت آقای امجد ببلاوی، در ادارهٔ مرکزی کلیســـای مشـــایخی آمریکا در لویی‌ویل، کنتاکی، که با پیگیری لازم مسیر استفاده از متن کتاب آرتور براون را برایم فراهم آورد،

از همسرم آنت، که متن صفحه‌های مربوط به خدمت آقای طهماسب (توماس) آقامالیان و مودویان را از زبان ارمنی به فارسی برگرداند و در انجام این کار همواره مشوقم بود،

از کشیش لادیمر الخاصه، شـــبان محترم کلیسای انجیلی آشوری سن‌حوزه، که از طریق تماس با اعضای کلیســـای خود عکسهای ارزشـــمندی از بیمارستان کلیسای مشایخی تبریز فراهم آورد،

از خانم کاردلیا دنیلز، مدیر مدرسهٔ پرستاری بیمارستان میسیون کلیسای مشایخی تبریز، در دوران محمدرضا شـــاه پهلوی به‌سبب ارسال عکسهای فوق‌العاده‌ای از کلاس پرستاری، اتاق عمل و محوطهٔ بیمارستان مورد اشاره،

از اســـتاد گرامی، دکتر کنت توماس، و از کشـــیش تامی ملوایان، مدیر انجمن کلیساها و مشارکتهای انجیلی در آمریکای شمالی، به‌سبب اجازهٔ ترجمه و نقل حکایت مرآت ابراهیمیان از کتاب «در قدرت روح» به قلم دکتر توماس،

از خواهر محترم کارمن که مطالب ارزشمندی در مورد زندگی و خدمت کشیش مودویان در اختیارم قرار داد،

از دوست گرامی فرید بابت بازخوانی و اصلاح متن،

سپاسگزارم.

برگردان و تألیف کتاب حاضر را سالها پیش در تهران آغاز کردم اما به دلایل پُرشماری از جمله مشغلهٔ فراوان موفق به تکمیل آن نشدم؛ و خدا را سپاس می‌گویم که در دورهٔ اقامت موقت در ایروان - ارمنستان فرصت کافی برای تکمیل و مرور آن نصیبم شد.

سرگز بنیامین
نورنبرگ، آلمان
زمستان ۲۰۱۷

مقدمه

مفهوم واژگان میسیون و میسیونر

با وجود این که چند سده از ورود مبشران (میسیونرهای) مسیحی به ایران می‌گذرد هنوز برخی با مفهوم واژگان «میسیون» و «میسیونر» ناآشنا هستند و اغلب تعریف و تفاسیر نادرستی از آن انجام می‌دهند. این در حالی است که شماری از اهل قلم و مترجمان ایرانی مدتهاست واژهٔ «میسیون» (Mission) را به‌درستی به مفهوم «به مأموریت فرستادن»، «مُحول کردن وظیفه یا انجام کاری به کسی»، «مأموریت»، «فرستادن مبشری توسط سازمانی مذهبی به منظور اشاعهٔ ایمان و یا انجام خدمات انسان‌دوستانه»، «سازمان تبشیری یا خدمات تبشیری سازمان‌یافته»، به‌کار گرفته یا ترجمه کرده‌اند.

اما در مورد ترجمه یا به کارگیری واژهٔ «میسیونر» (Missionary)، بسیاری از نویسندگان و مترجمان محترم عنوان «مبلغ مذهبی» را معادل مناسبی برای آن در زبان فارسی می‌دانند و از آن استفاده می‌کنند. این در حالی است که نویسندگان و مترجمان مسیحی از به‌کارگیری واژهٔ «مُبَلغ» پرهیز و به جای آن از واژهٔ «مبشر» استفاده می‌کنند. علت به کارگیری واژهٔ «مبشر» به مفهوم واژهٔ «انجیل» برمی‌گردد. واژهٔ «انجیل» در زبان فارسی ترجمهٔ واژهٔ یونانی euaggelion، به مفهوم «خبر خوش» است. البته آثار نویسندگان چهار کتاب نخست عهدجدید که چگونگی تولد، خدمت، مرگ، قیام و صعود عیسای مسیح را ثبت کرده‌اند با همین عنوان شناخته می‌شود. از همین‌رو، به واعظان خبر خوش نیز عنوان «مبشر» داده می‌شود.

در نتیجه آشکار است که عنوان مبشر مسیحی (Christian Missionary)، نیز برای فردی به‌کار می‌رود که جهت انجام مأموریت به مشارکت گذاشتنِ انجیل عیسای مسیح و خدمت به دیگران، به‌سوی مردمانی در نقاط دور یا نزدیک فرستاده می‌شود.

بار منفی واژگان میسیون و میسیونر در ایران پس از انقلاب ۱۹۷۹

طی چند دههٔ گذشته برخی در ایران تلاش کرده‌اند هر گونه خدمت تبشیری را به کشورهای سلطه‌گر غربی مُنتسب سازند؛ و از این طریق، باورها و انگیزه‌های روحانی آن مبشران را به‌طور کامل نادیده گرفته یا انکار کنند! حضور کشیش-ایلچیانِ کاتولیک در دربار پادشاهان صفوی در دوران پیش از جدایی کامل دین از سیاست در کشورهای غربی را می‌توان یکی از دلایل این نوع نتیجه‌گیری برشمرد. با این حال، رویکرد مورد اشاره در دههٔ نخست انقلاب ۱۹۷۹ ایران به شکل کلان ناشی از ترویج روحیهٔ خارجی‌ستیزی و یا ناآگاهی

عمیق از ماهیت ایمان مسیحی و تاریخ مسیحیت بود. اما جهت پی بردن به دلیل افزایش بار منفی واژگان مورد بحث طی دهه‌های بعدی باید به عامل ناخرسندی و خشم شدید برخی از رهبران بلندپایه و پُرنفوذ مذهبی و اطلاعاتی-امنیتی از فعالیت مبشران مسیحی در ایران پیش از انقلاب ۱۹۷۹ و گرایش مسلمان‌زاده‌های ایرانی به باور مسیحی از آن هنگام تاکنون توجه کرد.

اساس حرکت‌های بشارتی

کتاب‌مقدس به‌روشنی نشان می‌دهد که خودِ عیسای مسیح از جانب خدای پدر جهت انجام خدمتی بس فداکارانه به این جهان فرستاده شد. سپس عیسای مسیح نیز به نوبهٔ خود شاگردانش را به‌سان نخستین مبشران مسیحی جهت به مشارکت گذاشتن خبر خوش نجات با قوم اسرائیل و سایر ملل به‌سوی آنان روانه می‌کند. عهدجدید به‌روشنی گویای واقعیت غیرقابل انکار آغاز حرکت‌های بشارتی کلیسا بر اساس اندیشه، آموزش و حکم خود عیسای مسیح است.

عیسای مسیح در اناجیل مرقس ۱۶:۱-۱۸ و متی ۱۸:۴-۲۰، نخستین شاگردان خود را دعوت و سپس به آنان چنین می‌فرماید: «از عقب من آیید تا شما را صیّاد مردم گردانم.» اندکی پس از آن عیسی، یعقوب و یوحنا، برادران زبدی، را می‌یابد و از آنان نیز دعوت مشابهی به‌جا می‌آورد.

عیسای مسیح پس از چند ماه آموزش شاگردان به ایشان قوت بخشید، و آنان را دو به دو به‌سوی بنی‌اسرائیل فرستاد (انجیل متی ۱:۱۰-۵). آن گروه از شاگردان نخستین مبشران (میسیونرها) مسیحی بودند که توسط خود مسیح به‌سوی بنی‌اسرائیل روانه شدند. او سپس هفتاد تن از پیروانش را به مأموریت تبشیری (به احتمال فراوان به منطقهٔ پیریه) می‌فرستد. او آن گروه را نیز چون گروه نخست دو به دو به‌سوی نواحی خاصی روانه می‌کند (لوقا ۱:۱۰).

سرانجام عیسای مسیح پس از قیام از مردگان به روایت انجیل متی (۱۹:۲۸-۲۰)، شاگردان را جهت ارائهٔ خبر خوش به‌سوی تمامی امتها روانه می‌کند. او وعده می‌دهد که در آن مأموریت همواره شاگردان خود را همراهی خواهد کرد. مأموریت مورد اشاره در ادبیات مسیحی به «فرمان بزرگ» شهرت یافته است. لوقای پزشک در کتاب اعمال رسولان جملهٔ کلیدی عیسای مسیح در مورد مأموریت بزرگ را با جزییات بیشتری نقل می‌کند: «امّا وقتی روح‌القدس بر شما نازل شود قدرت خواهید یافت و در اورشلیم و تمام یهودیه و سامره و تا دورافتاده‌ترین نقاط عالم شاهدان من خواهید بود» (۸:۱-ترجمهٔ مژده).

تعهد کلیسا به انجام خدمات بشارتی

کتاب اعمال رسولان به همراه دیگر کتب عهدجدید و تاریخ مکتوب کلیسای عیسای مسیح به‌روشنی نشانگر تعهد وفادارانهٔ پیروان او به مأموریت مورد بحث است.

کلیسای باستانی ایران نیز که در تاریخ با عناوینی چون کلیسای پارس، نستوری و شرق شناخته شده است، خود گواهی بر واقعیت تعهد و اطاعت کلیسا از فرمان عیسای مسیح است. به‌طوری که کلیسای مورد اشاره دست‌کم در بخش قابل‌توجهی از دوران حیات خود تبشیری‌ترین کلیساهای شناخته‌شدهٔ جهان به‌شمار می‌آمد؛ و قلمرو آن در دوره‌ای از تاریخ (حتی پس از استیلای سپاهیان اسلام بر خاورمیانه و برقراری قوانین محدودکننده) بسیار گسترده‌تر از قلمرو کلیسای کاتولیک روم بود. کلیسای پارس بدون برخورداری از پشتیبانی دولت یا جامعهٔ جهانی مسیحی، تنها به منظور موعظهٔ انجیل دست‌کم تا کشور چین پیش رفت و این در حالی بود که اغلب جماعتهای مسیحی آن افراد ثروتمندی نبودند و تنها هدفشان از آن کار به مشارکت گذاشتن ایمان خود با دیگر ملل جهت اطاعت از فرمان سرورشان عیسای مسیح بود. حکایت کلیسای باستانی پارس به‌روشنی این واقعیت را به تصویر می‌کشد که پیروان مسیح در هر گوشه از جهان صرف‌نظر از رویکردهای سیاسی، مذهبی و اهداف جامعهٔ میزبان، در ذات خود از محرک‌های لازم جهت به مشارکت گذاشتن انجیل عیسای مسیح با دیگر مردمان برخوردارند.

نقش بیداریهای روحانی در حرکتهای تبشیری

تاریخ مسیحیت حکایت از آن دارد که بیداری‌های روحانی کلیساهای مسیحی به‌طور مستمر انگیزهٔ به مشارکت گذاشتن انجیل با دیگر مردمان و خدمت به آنان را تقویت کرده است. عدم توجه به این واقعیت اساسی همواره سبب ایجاد سوءتفاهم، بیراهه رفتن و نتیجه‌گیری‌های نادرست بوده است. در مقابل، آن گروه از افرادی که آشنایی کافی با کتاب‌مقدس، ساختارهای الاهیات مسیحی و تاریخ کلیسا دارند بی‌تردید بر این واقعیت صحه می‌گذارند که بیداری روحانی مادر حرکتهای تبشیری جهانی مسیحیت بوده است.

بیداریهای روحانی در آمریکا و حرکت‌های بشارتی

در سال ۱۷۲۷ شواهدی از آغاز شعله‌های بیداری روحانی در یکی از کلیسای اصلاح‌شدهٔ نیوجرسی مشاهده شد. بیداری به‌واسطهٔ خدمت گیلبرت تننت در میان کلیساهای اسکاتلندی-ایرلندی پنسلوانیا نیز انتشار یافت. پدر تننت، کالج معروف لوگ را تأسیس کرد که بعدها به دانشگاه پرینستون بدل شد.

زمانی که بیداری روحانی به ایالت کنتاکی رسید اهالی آن که مردمی وحشی و بی‌دین بودند توسط خدا ملاقات شدند. بعدها مشخص شد که پس از بیداری روحانی، در طول پنج سال تنها یک مورد دادگاه در آن ایالت برگزار شده بود! مبشری متُدیست در آن باره نوشت که به هنگام اقامت پدرش در کنتاکی، آنجا به بندر رندان و فرومایگان شهرت داشت. اما پس از تجربهٔ بیداری روحانی مورد بحث، آنان به مردمی شریف بدل شدند که سپاهی از اوباش سابق را به منظور مبارزه با قانون‌شکنی و برقراری نظم و قانون شکل دادند. در کنتاکی کشیشی اسکاتلندی از کلیسای مشایخی در سه کلیسای کوچک خدمت می‌کرد. او

به هنگام شـــکل‌گیری بیداری روحانی بزرگی در ایالت کنتاکی با یازده هزار نفری که جهت شـــرکت در آیین عشاءربانی به کلیسایش هجوم آورده بودند، روبه‌رو شد! از این‌رو، فریادی جهت دریافت کمک برآورد و خواهان یاری دیگر کشیشان صرف‌نظر از تفاوت فرقه‌ای شد.

بیداری مورد اشـــاره که توصیف کامل آن در حوصلـــهٔ این مقدمه و این کتاب نمی‌گنجد به نخستین بیداری بزرگ آمریکا شهرت یافت و با دومین موجی که در چهارمین دههٔ ســـدهٔ هجدهم به پا خاست جان دوباره گرفت. در نتیجهٔ این بـیـداری، ده درصد از کل جمـعـیت ۳۰۰۰۰۰ نـــفری نیوانگلند بین ســـالهای ۱۷۴۰ تا ۱۷۴۲ به کلیساها پیوستند و کل جمعیتی که در آن ایالت به باور مســـیحی گرویدند به مرز ۵۰۰۰۰ تن رســـید. تخمین زده می‌شود که به‌واســـطهٔ خدمات جورج وایتفیلد که به منظور موعظهٔ انجیل چندیـــن مرتبه از انگلیس به آمریکا ســـفر کرد از سال ۱۷۳۹ به این ســـو حدود ۳۰۰۰۰ نفر قلب خود را تسلیم خداوند کردند. یکصد و پنجاه کلیسای کانگرگیشنال جدید در عرض بیست سال شکل گرفت. شمار کلیســـاهای باپتیست آمریکا در نیمهٔ دوم ســـدهٔ هجدهم از عدد نُه به چهارصد رسید که سی هزار عضو را در بر می‌گرفت. کلیسای مشایخی و دیگر کلیساهای آمریکایی نیز رشد مشابهی را تجربه کردند. نُه کالج مســـیحی در بین مهاجران تأسیس شـــد. اهالی سرزمین‌های بکر و وحشـــی آمریکا رخت مســـیحیت به تن کردند؛ و تمایل اولیه جهت اعزام مبشر تحت‌تأثیر خدمت دیوید براینرد در بین سرخ‌پوستان، شکل گرفت.

شکل‌گیری هیأت میسیون‌های خارجی

شکل‌گیری سازمان بشارت کلیسا (CMS) در انگلیس که به سال ۱۷۹۹ در نتیجهٔ بیداری‌های روحانی کلیســـای مسیحی آن کشور انجام پذیرفت، در کنار انعکاس اخبار زندگی و خدمت ویلیام کری، مبشـــر انگلیســـی، کلیســـاهای آمریکایی را نیز پس از تجربهٔ چند دهه بیداری روحانی ترغیب به تشـــکیل سازمانی مشـــابه کرد. در نتیجه هیأت کمیسیونرهای آمریکایی برای میسیون‌های خارجی (ABCFM)، در ســـال ۱۸۱۰ با هماهنگی و همکاری چند کلیسای بزرگ تشکیل شد. آن نخستین سازمان بشارتی مســـیحیان آمریکا بود که به منظور فرستادن مبشران به‌سوی دیگر ملل تشکیل می‌شد. هیأت مورد اشاره در ابتدا سازمانی میان‌فرقه‌ای بود که کلیسای مشایخی (پرزبیتری) و اصلاح‌شده را در کنار هستهٔ کانگرگیشنال شامل می‌شد.

آنان به‌زودی شمار قابل توجهی مبشر در کشورهای حوزهٔ مدیترانه که ترکیه را نیز در بر می‌گرفت، داشتند.

با این حال، دریافت گزارشهایی از دیگر منابع پیرامون بازماندگان کلیسای باستانی پارس در مناطق شمال‌غرب ایران هیأت را بر آن داشت تا افرادی را جهت بررسی اوضاع به مناطق مورد اشـــاره در پارس بفرستد. به نظر می‌رســـد که گرفتن این تصمیم از سوی هیأت بر پایهٔ گزارش روبرت والش (Robert Walsh)، کشـــیش انگلیسی در قســـطنطنیه، در مورد نستوریان (مسیحیان آشوری شمال‌غرب پارس)، صورت پذیرفت. گزارش مورد اشاره در سال ۱۸۲۶ در مجلهٔ The Missionary Herald انتشار یافت.

پس از انتشار مقالهٔ والش، در بهار سال ۱۸۳۱ کمیسیونرهای آمریکایی برای میسیون‌های خارجی (ABCFM)، به‌منظور بررسی اوضاع آشوریان دو کشیش آمریکایی به نامهای الای اسمیت (Rev. Eli Smith) و تیموتی دوایت (Timothy Dwight) را به پارس فرستاد. گزارش آن دو به‌طور کامل خوشبینانه بود، به‌طوری که هیأت مورد بحث را مجاب ساخت تا در سال ۱۸۳۴ با رهسپار کردن مبشران خود به ارومیه خدمتی را در پارس آغاز کند که دست‌کم یکصد و چهل و پنج سال به‌طول انجامید. لازم به ذکر است که هیأت کمیسیونرهای آمریکایی برای میسیون‌های خارجی (ABCFM)، پس از آغاز روند جدایی ایالتهای مختلف آمریکا (که به جنگ داخلی مُنجر شد)، به‌سبب اختلاف بر سر موضوع بردگان و تشکیل هیأت میسیون خارجی مستقلی از سوی کلیسای مشایخی (پرزبیتری) آمریکا در سال ۱۸۷۰، بسیاری از متحدان خود را از دست داد و در نتیجه کار را با کلیساهای کانگرگیشنال خود به تنهایی ادامه داد.

از مؤلف

منابع:

Cauchi, Toni. The First Great Awakening-Jonathan Edwards, Revival Library. 2006.
Harvard University Library. American Board of Commissioners for Foreign Missions. Archive of the Board, 1810-1961.
Waterfield, Robin, Christians in Persia, London, G. Allen & Unmin, 1973.
Mingana, Alphonse, The Early Spread of Christianity in Centeral Asia and the Far East. Gorgias Press. 2010.
Stewart, John. Nestorians Missionary Enterprise-A Church on Fire.
Elder, John. History of the Presbyterian Mission in Iran, Tehran, the Ligth of the world.
Elder, John. The History of Christ's Church (From 16001970-). Tehran. The light of the word. 1970.
Flznn, Thomas. The Western Christian Presence in the Russias and Qajar Persia 1760-1870. 2017.

فصل اول

پیشینه

تمدن کهن و میراث برجستهٔ پارس

ایران که در بخشی از تاریخ برای جهانیان با نام پارس شناخته شده بود کشوری با پیشینه و ارتباط‌های فرهنگی کهن است. مرزهای باستانی آن مکانهایی را که به‌شکل سنتی گمان می‌رود محل استقرار باغ عدن،[1] جاری شدن سیلاب توفان نوح، و کوه آرارات، محل به گل نشستن کشتی نوح، است، در بر می‌گیرد. آن همچنین ارگهوری[2] محل غرس و به عمل آمدن تاکستان نوح، و مرند، محل خاکسپاری همسر نوح، و جایی را که سه فرزند نوح، سام، حام و یافث، پدران تمام مردم جهان، در زمین منتشر شدند نیز شامل می‌شود.

سِر آرتور کایت[3] انسان‌شناس پرآوازه، می‌گوید: «قسمتی از فلات پارس که منزلگاه عیلامیان و شوش بود، کهن‌ترین مکان شناخته‌شدهٔ تمدن بشر است. در حدود چهل سال پیش باستان‌شناسان فرانسوی با شروع حفاری قسمت‌هایی از شوش یا شوشن بقایای قصری را یافتند که مقدم بر کشف مُردخای[4] و در حقیقت مقدم بر هر کشف دیگر تاریخی است و گفته می‌شود مربوط به چندین هزار سال پیش است. آنان به بقایای شهری (کوچک) دست یافتند که زمانی منزلگاه تمدنی والا بود و مربوط به پیش از پایان هزارهٔ پنجم پ.م. است، یعنی کهن‌تر از هر اثر شناخته‌شده‌ای که تاکنون در بین‌النهرین کشف شده است. دیگر شواهد گردآوری شده توجه ما را جهت یافتن دوران کهن‌تر در فلات کوهستانی گسترده‌ای که مابین دره‌های فرات و ایندوس قرار گرفته جلب کرده است ... با وجود این که در خود فلات مکانی باستانی که نشانگر استقرار تمدن بوده باشد هنوز کشف نشده است، شواهد پرشماری حکایت از آن دارد که خود فلات زمانی محل استقرار تمدن اولیه بود.»

بقایای تخت‌جمشید

الا سی. سایکس، پارس و مردمانش

1. Eden Garden; 2. Arghuri; 3. Sir Arthur Keith; 4. Mordecai

پارس محل استقرار نخستین امپراتوری آریایی دنیای قدیم است. زمانی که اروپا محل استقرار اقوام بربر بود و آمریکا هنوز کشف نشده بود؛ پارس ملّتی قدرتمند محسوب می‌شد. کسانی که به رویدادهای تاریخی گذشته علاقه دارند شاید هنوز هم بتوانند صدای پای‌کوفتن سپاهیان باستان، غُرش ارابه‌ها، صدای گوش‌خراش شیپورها و فریاد فرماندهان را بشنوند، و سایهٔ پادشاهان قدرتمندی را که زمانی بر دنیای شناخته شدهٔ آن روزگار فرمان می‌راندند و شکوه دربارشان مایهٔ شگفتی بود، در ذهن مجسم سازند: کوروش[1] ۵۲۹-۵۵۰ پ.م.؛ کمبوجیه[2] ۵۲۱-۵۲۹؛ داریوش[3] ۴۸۵-۵۲۱ پ.م.؛ خشایارشا[4] (اخشورش کتاب استر) ۴۶۵ پ.م.؛ اردشیر اول[5] ۴۲۵ پ.م.؛ کوروش جوان[6] که ۱۰۰۰۰ یونانی را در جنگ معروفی به سال ۴۰۱ پ.م. رهبری کرد؛ و اردشیر دوم[7] ۳۶۲ پ.م. که همگی با اقتدار بر امپراتوری پارسیان فرمان راندند.

پیش از دوران مسیحیت، سپاهیان پارسی بر سرزمینهای پهناوری در حدفاصل دریای خزر تا رود نیل، و خلیج فارس تا دریای سیاه حکمرانی می‌کردند. پارسیان نبردهای سرنوشت‌سازی به سال ۴۷۹ پ.م. در پلاته، و به سال ۴۸۰ پ.م. در سلامیس و ترموپیل با یونانیان انجام دادند.

شعرای نامدار پارسی

آرامگاه عُمرخیام، شاعر نامی پارسی

ویشارد، جان. بیست سال در پارس

ابن سینا[8] (۱۰۳۷-۹۸۰)، فیلسوف و پزشک بلندآوازهٔ ایرانی بود. پارسیان فهرست طویلی از شعرای جهانی چون فردوسی دارند. در سال ۱۹۳۴ جشن بزرگی به مناسبت یک‌هزارمین سالگرد زادروز فردوسی در ایران برپا شد. مراسم گرامیداشت او هم‌اکنون در بسیاری از مراکز فرهنگی دنیا از جمله دانشگاه کلمبیا برگزار می‌شود. در فهرست طویل شعرای بلندآوازهٔ پارسی، نامهای دیگری از جمله سعدی[9] (۱۲۹۲-۱۱۷۵)؛ حافظ[10] (۱۳۸۹)؛ و عُمر خیام[11] (۱۱۲۳) نیز دیده می‌شود. از شکوه و جلال پارس باستان آثاری چون پرسپولیس،[12] پایتخت امپراتوری باستان، به‌جا مانده است که تا حدی می‌تواند انعکاس‌دهندهٔ شکوه گذشته باشد.

1. Cyrus; 2. Cambyses; 3. Darius; 4. rs; 5. Aartars; 6. Cyrus the Younger; 7. Aartars II; 8. Avicenna; 9. Saadi; 10. Hafiz; 11. Omar Khayyam; 12. Persepolis

چهره‌های نامی کتاب‌مقدسی پارس

پس از آن که نبوکدنصر، امپراتور بابل، اورشـــلیم را چپاول و ویران ساخت و ساکنان آن را به اســـیری به بابل برد، فرمانروایی پارســـی، به‌نام کوروش، آنان را آزاد کرد. ما در کتاب اشعیا ۲۸:۴۴ می‌خوانیم:

«و دربارهٔ کوروش می‌گوید که او شـــبان من اســـت و تمامی مسرّت مرا به اتمام خواهد رســـانید و دربارهٔ اورشلیم می‌گوید که بنا خواهد شد و دربارهٔ هیکل که بنیاد تو نهاده خواهد گشت.»

و همچنین در کتاب‌های دوم پادشاهان ۲۲:۳۶–۲۳ و عزرا ۱:۱–۳ نیز می‌خوانیم:

«و در ســـال اول کوروش، پادشاه پارس، تا کلام خداوند به زبان ارمیا کامل شـــود، خداونـــد روح کوروش، پادشـــاه فارس را برانگیخت تـــا در تمامی ممالک خود فرمانی نافذ کرد و آن را نیز مرقوم داشت و گفت: کوروش، پادشـــاه فارس چنین می‌فرماید: یهُوَه خدای آســـمانها، تمامی ممالـــک زمین را به من داده اســـت و او مـــرا امر فرمود که خانـــه‌ای برای وی در اورشلیم که در یهودا است بنا نمایم. پس کیســـت از شـــما از تمامی قوم او؟ یهُوَه خدایش همراهش باشد و برود.»

۸۲۸ اشعیا / ۴۵

برقرار می‌دارد و مشورت رسولان خویش را به انجام می‌رساند، که دربارهٔ اورشلیم می‌گوید معمور خواهد شد و دربارهٔ شهرهای یهودا که بنا خواهد شد و خرابی‌های آن را برپا خواهم داشت. ۲۷ آنکه به لجّه می‌گوید که خشک شو و نهرهایت را خشک خواهم ساخت. ۲۸ و دربارهٔ کورش می‌گوید که او شبان من است و تمامی مسرّت مرا به اتمام خواهد رسانید و دربارهٔ اورشلیم می‌گوید بنا خواهد شد و دربارهٔ هیکل که بنیاد تو نهاده خواهد گشت.

۴۵ خداوند به مسیح خویش یعنی به کورش که: دست راست او را گرفتم تا به حضور وی امّت‌ها را مغلوب سازم و کمرهای پادشاهان را بگشایم تا درها را به حضور وی مفتوح نمایم و دروازه‌ها دیگر بسته نشود چنین می‌گوید ۲ که من پیش روی تو خواهم خرامید و جایهای ناهموار را هموار خواهم ساخت. و درهای برنجین را شکسته، پشت بندهای آهنین را خواهم برید. ۳ و گنجهای ظلمت و خزاین مخفی را به تو خواهم بخشید تا بدانی که من یهوه که تو را به اسمت خوانده‌ام خدای اسرائیل می‌باشم. ۴ به

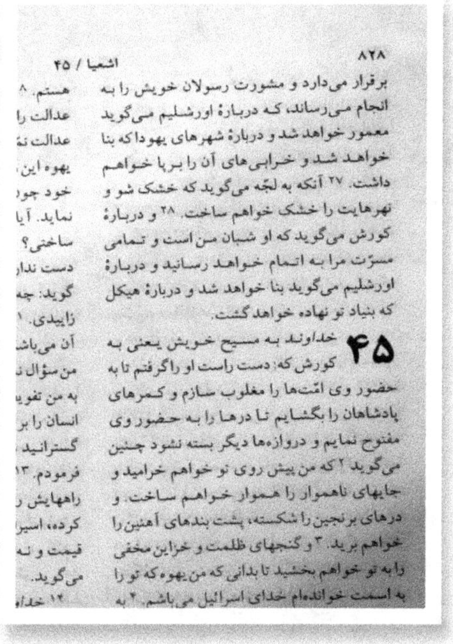

کتاب‌مقدس، عهدعتیق
کتاب اشعیای نبی باب ۴۵

الکوین، محقق و الاهیدان انگلیســـی،[1] کتاب مفقود شدهٔ یاشر[2] را در سدهٔ هشتم میلادی در شـــهر غزنهٔ[3] پارس یافت. نویسندگان کتابهای یوشع (۱۳:۱۰)، و دوم سموئیل (۱۸:۱)، به کتاب یاشر اشاره و ارجاعاتی دارند. دانیال نبی، در دوران پادشاهی داریوش مادی و کوروش پارســـی، در همین پارس شکوفا شد؛ و در همین پارس بود که حکایت منحصربه‌فرد استر و مُردخای رویداد.

1. Alcuin, English Scholar & Theologian; 2. Jasher; 3. Gazna

آرامگاه استر و مُردخای در همدان
اس. جی. بنجامین، پارس

کلیسای ننه مریم (شرق آشوری)، ارومیه
مکان احتمالی خاکسپاری یکی از مجوسیان ملاقات‌کنندهٔ عیسای مسیح

ما همچنین حکایت فراموش نشدنی مردان حکیمی را که به احتمال فراوان ستاره را از پارس تا محل اقامت عیسای خردسال دنبال کرده بودند در عهدجدید می‌خوانیم.

قوهٔ تخیل هنری ون دایک[1] حکایت تأثرانگیز مرد حکیم دیگری از پارس را نیز بر آن چه پیشتر نقل شده بود، می‌افزاید. او در کار مورد اشاره داستان مردی را به تصویر می‌کشد که قصد داشت برای جستجوی عیسی به آن مردان حکیم عهدجدید بپیوندد، اما پرداختن به خدماتی نیکوکارانه حرکت وی را به تأخیر انداخت و در نهایت زمانی عیسی را یافت که در آستانهٔ مرگ بود. طبق روایت‌های تاریخی آرامگاه یکی از آن مردان حکیم در کلیسای نستوری[2] حضرت مریم (ننه مریم) شهر ارومیه قرار داد.

هنر پارس

نمایشگاه بین‌المللی هُنر پارسی که در سال ۱۹۳۰ در لندن برپا شد و نمایشگاه‌های دیگری که در پی آن در دیگر موزه‌ها و دانشگاه‌های اروپا و آمریکا برگزار شد، برای افرادی که پیشتر از بزرگی و تأثیر شگفت‌انگیز تمدن پارس بی‌خبر بودند، کشفی به‌شمار می‌رفت.

تایمز لندن نسخه‌ای مخصوص تحت عنوان «نسخهٔ پارسی» منتشر کرد که در آن گزارش از «رنگهای شاد، ظرافت عجیب و چشمگیر، هماهنگی موجود در تزیین و طراحی غیرقابل انتظار هُنر پارسی» سخن گفته بود. آن تصریح کرد که نمایشگاه مذکور مکاشفه‌ای از دنیای تازهٔ زیبایی است. شکوه و کم‌سابقه بودن نمایشگاه این پرسش را در اذهان بسیاری ایجاد کرد که آیا چیزهای بیشتری جهت یادگیری از پارس برای اهالی بریتانیا وجود ندارد؟

1. Henry Van Dyke

۲. کلیسای شرق که در مقطعی از تاریخ به کلیسای نستوری شهرت یافته بود از چند دهه پیش عنوان «کلیسای شرق آشوری» را برای خود برگزیده است، و به کارگیری عنوان نستوری تنها به دلیل وفاداری مترجم-مؤلف نسبت به متن است.

آرتور اوپام پوپ،[1] رییس انجمن هنر و معماری پارسی، می‌نویسد:

«پارس به مدت ۱۵۰۰ سال چون خورشیدی دنیای فرهنگ را نورانی ساخت. طی سده‌های تاریک و میانی، مصر، اسپانیا و سیسیل به موقعیت پارس به‌سان سرچشمهٔ نوری در تاریکی پی بردند و بسیاری از ایده‌های هنری، فناوری و مطالب ادبی و الهامی را از آنجا به‌طور مستقیم وارد کردند ... بیش از ۶۵۰۰۰ سکهٔ پارسی منتسب به سده‌های نُهم و دهم م. از کشورهای اسکاندیناوی یافت شده است، که از نظام موجود برای وزن، اندازه‌گیری و شواهد تجارت و نفوذ پارس حکایت دارد. در حقیقت پروفسور آرنه[2] از دانشگاه استکهلم، از این هم فراتر می‌رود و ادعا دارد که اساس هنر تزیینی روسیه و اسکاندیناوی منشاء پارسی دارد ...

اعتبار پارس در تمامی هنرها به اندازه‌ای زیاد است که آثار آن در تمامی دنیای اسلام فروش دارد و هنرمندانش در تمامی آن قلمرو وسیع به‌کار گرفته می‌شوند. جماعت‌های بزرگی از پارسیان در سده‌های هشتم و نُهم میلادی به مصر رفتند و ما اسامی پارسیانی را در اختیار داریم که به‌طور مستقیم رهسپار مصر شده بودند. ... مارسل دیولافوی[3] باور دارد که سرچشمهٔ معماری گوتیک را باید در طاق قوسی عظیم، ستون و پشت‌بندهای معماری اولیهٔ پارسی جستجو کرد. ... استرزیگووسکی[4] ادعا می‌کند که قسمت عمده‌ای از هنر تزیین رومانسک[5] بیشترین محتوا و شکل معماری و برخی از اساسی‌ترین عناصر ارزشمند در هنر تزیینی غرب از سرزمین‌های مرتفع پارس گرفته شده است. دی مورگان[6] از بنیاد شهر باستانی شوش در جنوب‌غرب پارس ظروف سفالی یافت که از چنان سادگی، زیبایی، هنری والا، و قابلیتی فنی برخوردار است که از سوی برخی از صاحب‌نظران بزرگترین دستاورد تاریخ هُنر سرامیک به‌شمار می‌آید ... شواهد گردآوری شده حکایت از آن دارد که سرزمین اصلی سومریان را می‌باید در خاک پارس یا ورای آن جستجو کرد ... منزلگاه نوآفرینان و پیشگامان تمدن نوین فلات ایران بود. ... سِر فلیندرز پتری[7] چندی پیش سبب شگفتی و بیداری تاریخ‌نگاران را با بیان این فراهم آوَرد که تنها عامل قطعی تغییر ناگهانی هنرمجسمه‌سازی یونانی از کیفیتی پایین، خشکی و انعطاف‌ناپذیری شیوهٔ منسوخ، به شکوفایی ناگهانی، و پدیدار شدن بلوغ فنی، زیبایی خطوط و ظاهر در آن، به تأثیرپذیری عمدهٔ هنر یونانی از پارس مربوط می‌شود.»

---

1. Arthur Upham Pope; 2. Arne; 3. Marcel Dieulafoy; 4. Strzygowski

۵. Romanesque معماری رومانسک، معماری اروپایی قرون یازدهم و دوازدهم که به تقلید از معماری رومی دارای تاق‌های ضربی و دیوارهای ضخیم بود. م.

6. de Morgan; 7. Sir Flinders Petrie

فراز و فرود پارس

اما پارس به دلایل پُرشـمار نتوانست شکوه گذشتهٔ خود را حفظ کند. کشور مورد بحث به‌سبب جنگهای بسیار با دیگر کشورها، زحمت و خسارت‌های سنگینی تحمّل کرد. اسکندر کبیر[1] (۳۲۳-۳۵۶ پ.م.)، یکی از یورش‌های به‌نام خود را به پارس انجام داد. پس از فروپاشی امپراتوری اسکندر، پارت به‌مدت نزدیک به پانصد سال بر پارس حکومت کرد. چنگیزخان درنده‌خو[2] (۱۲۲۷-۱۱۵۴ م.)، آن را از درون درنوردید و ویران ساخت. در فاصلهٔ زمانی پیش از یورش وحشیانهٔ چنگیز، قدرت پارس در برخی مقاطع تاریخی به شکلی ناگهانی افزایش می‌یافت، که از آن جمله می‌توان به مقطعی از حکومت ساسـانیان (۶۵۰-۲۲۶) اشاره کرد. آنان آزادی پارس را از دسـت پارتیان رقم زدند، اما آن نیز دوام چندانی نیافت؛ به‌طوری که بعدها سرزمین پارس به دلیل جنگهای پُرشمار با روم، توحش هونهای سفید و ... فرسوده و بی‌رمق شد. قدرت پارس بار دیگر در دوران شاه عباس کبیر[3] (۱۶۲۹-۱۵۷۱ م.)، و نادر شاه[4] ناپلئون آسـیا (۱۷۴۷-۱۶۸۷ م.)، رو به فزونی نهاد. اما پس از ترور نادر شاه، پارس مرتبه‌ای دیگر دچار افول شـد. پارس از تاریخی چون صفحهٔ سیاه و سفید شطرنج برخوردار است. مشخصهٔ آن شکوه و کارهای چشمگیری است که با خون و افول همراه بوده است.

شاه عباس صفوی

نادر شاه افشار

اس. جی. بنجامین، پارس

1. Alexander the Great; 2. The fierce Chengis Khan ; 3. Shah Abbas the Great; 4. Nadir Shah

فصل دوم

ایران امروز

جغرافیای ایران امروزی

ایران امروزی در مقایسه با مرزهای امپراتوری باستان در خطوط محدودتری محصور شده است. با وجود این، ایران هنوز کشور بزرگی است که بالغ بر ۱۲۰۰ مایل طول و ۷۰۰ مایل عرض دارد، و مساحت آن ۶۲۸۰۰۰ مایل مربع می‌باشد. به تعبیری دیگر، مساحت آن چهار برابر مساحت کشور فرانسهٔ امروزی، و برابر با کل منطقهٔ شرق رودخانهٔ می‌سی‌سی‌پی کشور ایالات متحده است. قسمت بزرگی از کشور مورد بحث بر فلات ایران با ارتفاع تقریبی ۳۰۰۰ تا ۸۰۰۰ پا از سطح دریا قرار دارد، که با زنجیره‌ای از کوههای بلند احاطه شده است؛ قلهٔ دماوند ارتفاعی بیش از ۱۹۰۰۰ پا دارد. آب و هوای ایران بر اساس گفته‌ای که به کوروش، فرمانروای نامی ایران، نسبت داده شده است این‌گونه توصیف می‌شود: «در قسمتی از آن مردم به‌سبب سرما هلاک و در قسمتی دیگر از شدت گرما خفه می‌شوند.» توصیف منتسب به کوروش امروز نیز در مورد آب و هوای این کشور صدق می‌کند. قسمت بزرگی از خاک پارس، بیابانی بی‌آب و علف است. تابستان‌های آن خشک است؛ و کمابیش از ماه جون تا اکتبر در آن باران نمی‌بارد و دماسنج در ماههای جولای تا آگوست دمایی بین ۹۰ تا ۱۱۰ درجهٔ فارنهایت را نشان می‌دهد. شهرهای تبریز و همدان زمستان‌هایی دارد که قابل قیاس با زمستان سخت نیوانگلند است، و دمای هوا پنج تا ده درجهٔ زیر صفر پایین می‌آید. در حاشیهٔ دریای کاسپین (خزر) و خلیج فارس هوا گرم و مرطوب‌تر است.

جمعیت و اقوام مختلف ایرانی[۱]

جمعیت فعلی ۹۰۰۰۰۰۰ نفری پارس حاصل آمیزش سده‌ها مهاجرت و استیلای بیگانان است. نژاد غالب حال حاضر پارس آریایی است که فارسی‌زبانان آن را نمایندگی می‌کنند؛ اما ۲۰۰۰۰۰۰ چادرنشین، ۷۲۰۰۰۰ ترک، ۶۷۵۰۰۰ کرد و لک، ۲۶۰۰۰۰ عرب، ۲۳۴۰۰۰ لر، ۵۰۰۰۰ ارامنه، ۴۰۰۰۰ یهودی، ۳۰۰۰۰ آشوری و ۲۰۷۰۰ نفر بلوچ و کولی، دیگر اقوام و تیره‌های ساکن در آن هستند. کوچ قبایل در دوره‌های مختلف و جابجایی اجباری گروه‌هایی از مردم که توسط برخی از پادشاهان قدرتمند طرح‌ریزی و اجرا می‌شد، آمیزش اقوام را چشم‌گیرتر ساخته است. جهت نمونه می‌توان به اکراد استان خراسان اشاره کرد که نزدیک به هزار مایل از زادگاه اصلی خود دور افتاده‌اند.

---

۱. کتاب براون سال ۱۹۳۶ میلادی

بیشتر مردم کشور در روستاهای کوچکی با متوسط هزار نفر جمعیت زندگی می‌کنند؛ اما شهرهای مهمی نیز وجود دارند. تهران، پایتخت ایران، ۳۲۰۰۰۰ نفر جمعیت را در خود جا داده است، تبریز با ۲۴۰۰۰۰ نفر، اصفهان با ۱۲۶۰۰۰ نفر، مشهد با ۱۵۲۰۰۰ نفر، رشت با ۸۰۰۰۰ نفر، کرمانشاه با ۷۵۰۰۰ نفر، همدان با ۵۰۰۰۰ نفر، از دیگر کلان‌شهرهای کشور محسوب می‌شوند. شهرهای پُرشمار دیگری نیز با جمعیت ۳۰۰۰۰ تا ۴۰۰۰۰ نفر در آمارهای موجود گزارش شده‌اند.

آمیزش اقوام و نژادها به پیچیدگی اوضاع زبان انجامیده است. زبان رسمی و ادبی کشور فارسی است، اما زبان تُرکی در شمال‌غرب کشور استفاده می‌شود. دیگر زبانهای مورد استفادهٔ ایرانیان کُردی، گویش‌های متفاوت فارسی، ارمنی و آشوری است. این تنوع زبانی کار خدمت را پیچیده کرده است. با این حال، به‌سبب الزامی شدن آموزش زبان فارسی در مدارس از سوی دولت جدید، شاید در نسل‌های بعدی مشکلات کمتری در این عرصه وجود داشته باشد.

پارسیان از گونه‌های جسمانی بسیار متنوعی برخوردارند. شاید این گوناگونی به‌سبب فراوانی نژادها و محیط متفاوت زندگی آنان به‌وجود آمده باشد. روستاییان و قبیله‌نشینان اغلب مردمانی قدرتمند و ساکنان شهرها کمتر قوی‌هیکلند؛ و بسیاری از ثروتمندان از لحاظ جسمی کم‌توانند. یک‌سوم جمعیت کشور در شهرها، ثلث دیگر آن در روستاها و بقیه در چادرها زندگی می‌کنند.

زنان فرش‌باف پارسی (سدهٔ ۱۹)
سایکس، الا سی. پارس و مردمانش

محصولات کشاورزی و صنعتی

روستاییان زمین را شخم و کشت می‌کنند، زمینی که اگر آب کافی در اختیار داشته باشد با وجود به‌کارگیری شیوه‌های ابتدایی کشت بسیار حاصلخیز است. در پارس هر شهری به

تولید محصول صنعتی خاصی شُهرت دارد، به‌طوری که رشت و کاشان در تولید ابریشم، زنجان، اصفهان و شیراز در تولید نقره، و همدان در تولید چرم شُهرت زیادی دارند. در تمامی شهرها و روستاهای پارس عُمده پیشه‌های معمول شرقی رواج دارد. قالیچه‌ها در اغلب گوشه‌های کشور بافته می‌شود، اما شاید بهترین آنها توسط قبایل شگفت‌انگیز تُرکمن در مرزهای شمال‌شرق کشور تولید می‌شود. پیشهٔ اصلی چادرنشینان پرورش گاو و گوسفند است؛ از این‌رو هر قبیله گلهٔ بزرگی از گاو و گوسفند دارد. دولت جدید سعی دارد تا این سبک زندگی در حرکت را دگرگون و این قبایل ناآرام را در روستاها ساکن سازد.

دانش و خرد پارسیان

نجیب‌زادهٔ ایرانی، دوران قاجار
جویت، مری. خاطرات زندگیم در پارس

از جهت عقلانی پارسیان به‌طور معمول توان درک بالایی دارند، مشتاق بحثند و پرتخیُل و از حافظهٔ خوبی برخوردارند. در علوم، ریاضی و به‌طور خاص در زمینهٔ تعمُق دینی و فلسفی استعداد و شایستگی از خود نشان می‌دهند. ایرانی، فردی باادب است؛ و در صورتی که از پیش‌داوری بپرهیزد مهربان و مهمان‌نواز است. او شیفتهٔ شعر و موسیقی است. نوازندگان دوره‌گرد و شعرای نقّال در گوشه و کنار کشور و در هر روستایی در گردشند و جماعت مشتاق آنان را احاطه می‌کنند. دهقانان و چوپانان نیز از نویسندگان کلاسیک پارسی نقل‌قول می‌کنند. هنری مارتین که در سال ۱۸۱۱، یازده ماه را در پارس سپری کرد، گفته است: «پارسیان مردمانی بااستعداد و باهوشند و بسیار مُحتمل است که بیش از هر ملت دیگری در شرق، بزرگ و قدرتمند شوند.»

اوضاع معیشت مردم

اوضاع اقتصادی تودهٔ مردم در حد پایینی است. دکتر رولا هافمن[1] از مشهد در این باره می‌گوید: «شاید نیمی از مردم اطمینانی در مورد نان فردای سفرهٔ خود نداشته باشند. آنان لباس کافی برای فصل سرما ندارند، اگر به‌سبب کهولت یا بیماری توان کار را از دست

---

1. Dr. Rolla Hoffman

بدهند، اندوخته‌ای برای آیندهٔ خود ندارند. دستمزد روزانهٔ کارگر بین ۱۵ تا ۴۰ سنت مُتغیر است، و آمار بیکاری بسیار بالاست.»

نظام فئودالی دهقانان را تحت‌فشار قرار داده است، بسیاری از آنان فقیرند و زیاده‌خواهی اربابان اغلب سنگ‌دلانه است. دهقانانی که زمین ارباب را کشت می‌کنند اغلب تنها یک‌سوم محصول برداشت شده را به خانه می‌برند؛ آنان مجبورند از سهم دریافتی مالیات خود را نیز بپردازند و مباشر ارباب را نیز خشنود نگه دارند، زیرا او ناظر تمامی زمین‌های تحت‌کشت ارباب است. برخی مواقع ارباب به هنگام تابستان در روستایی به‌طور موقت سکونت می‌گیرد و بار نگهداری خانواده، نوکران و اسبهای خود را بر گردن دهقانان می‌نهد. برداشت قلیل برای این کشاورزان شوربخت مفهوم قحطی را دارد؛ در همان حال شاید در استانی دیگر همقطاران آنان درو پُربرکتی را تجربه کنند. تا پیش از ۱۹۲۰ در عمل جاده یا وسیله‌ای جهت حمل و انتقال کالا وجود نداشت. منزل دهقانان به‌طور معمول اتاقی با کفی خاکی و دیوارهای خشتی است. اجاق، سوراخی در یکی از گوشه‌های اتاق است، که با آجر کوره ساخته می‌شود. آنان با استفاده از فضلهٔ خشکیدهٔ حیوانات در آن آتش می‌افروزند. شکافی در سقف حکم دودکش و پنجره را برای اتاق دارد. در همین اتاق تمامی اعضای خانواده اغلب تا سه یا چهار نسل کار می‌کنند، می‌خورند و می‌خوابند.

زنان دهقان در برگشت از درو

جویت، مری. خاطرات زندگیم در پارس

جایگاه زنان در جامعه

تا دوران اخیر زنان طبقات بالا بسیار محدود بوده‌اند. آنان نقشی در حیات اجتماعی جامعه ایفا نمی‌کردند. روزهای آنان اغلب در ساختمانی مجزا سپری می‌شد. زن به‌ندرت قدم می‌زد و به هنگام ترک خانه می‌باید حجاب کامل را رعایت می‌کرد و همواره از او انتظار می‌رفت سبدی در دست داشته باشد. زنان دهقانان آزادی بیشتری داشتند، اما آنان نیز اغلب به‌طرز غیرمهربانانه‌ای به‌واسطهٔ جان‌کندن و نادیده گرفته شدن از پا درمی‌آمدند.

پوشش زنان دوران قاجار (در داخل و خارج از خانه)
ویشارد، جان. بیست سال در پارس

زنان کُرد و دیگر مردمان کوه‌نشین آزادترین زنان مسلمان هستند. چندهمسری و داشتن زنان صیغه‌ای رواج دارد، و طلاق بسیار آسان اجرا می‌شود. البته در این دو دهه تغییرات زیادی در اوضاع پدید آمده است.

سطع سواد و آموزش

سطح بی‌سوادی به‌طور خاص در بین زنان سطوح پایین جامعه بسیار بالا بوده است. پسران اشراف، اربابان، تُجار و شمار اندکی از سایر طبقات سواد خواندن را فرا می‌گرفتند؛ اما آموزش در سطحی ابتدایی بود. پنجاه سال پیش، سه نوع آموزش وجود داشت: مدارس محلی - ابتدایی و روستایی، جایی که پسرانی خُردسال تحت‌نظر آموزگاری خواب‌آلود می‌باید قرآن و برخی اشعار کلاسیک را حفظ می‌کردند، اما به‌ندرت خواندن و نوشتن می‌آموختند.

در «مدارس انبیا» جوانان روستایی و فقیر که از قرآن آموزش می‌یافتند به جرگهٔ روحانیان می‌پیوستند؛ و سرانجام دانشکدهٔ شاه در تهران که در آن به دانشجویان زبان‌های فرانسه، انگلیسی و علوم مقدماتی آموزش داده می‌شد. بسیاری از والدین ثروتمند آموزش فرزندان پسر خود را تقبل و یا آموزگاری خصوصی برای انجام آن استخدام می‌کردند. مدارسی با کیفیتی بالاتر به تازگی تأسیس شده‌اند که در صفحه‌های بعدی به توصیف آنها خواهیم پرداخت.

مکتب‌خانه در دوران قاجار
(منابع اینترنتی)

خروج ایران از انزوای سیاسی و مشکلات متعاقب

در سدهٔ نوزدهم انزوای دیرینه و دوری پارس از نفوذ قدرت‌های تازهٔ جهانی به پایان رسید. پیشروی بی‌رحمانهٔ روسیه در شمال آسیا که در سدهٔ نوزدهم صورت می‌گرفت، ورود فرستادهٔ تزار به پارس را در پی داشت. این اقدام زنگ خطر را برای بریتانیا که منافع خود را در شمال هندوستان در خطر می‌دید به صدا درآورد. از آن پس، پارس طی مدت‌زمانی بیش از یک نسل صحنهٔ رقابت و دسیسه‌چینی‌های قدرت‌های اروپایی شد. حکایت مُرگان شوستر[1] که در پاسخ به درخواست دولت ایران مبنی بر اعزام متخصص امور مالی از سوی دولت آمریکا در سال ۱۹۱۱ به ایران آمد تأییدکنندهٔ واقعیت مورد ادعاست. او در مقام مسئول ارشد امور مالی کشور برای دوره‌ای سه ساله منصوب و به اصلاح امور پرداخت. کارهای اصلاحی شوستر که

1. Morgan Shuster

در راستای نجات اقتصاد از پرتگاه فساد مالی و بی‌نظمی صورت می‌پذیرفت نه‌تنها دشمنان پُرشماری در داخل برای وی فراهم آورد، بلکه حسادت خارجیان را نیز برانگیخت. به‌طوری که پس از ایجاد فشارهای بسیار شدید، شوستر در سال بعد مجبور به کناره‌گیری شد. شوستر با روحی تلخ و با تنفر در این باره می‌نویسد: «تنها قلم مکاولی[۱] یا قلم‌موی ورشچگین[۲] قادر به تصویر صحنهٔ تکراری و پی در پی نزول این ملت باستانی‌اند، تنها آنان می‌توانند بازی‌ای را که این دو کشور به ظاهر مسیحی روشنفکر بی‌توجه به حقیقت، حرمت، نزاکت و قانون انجام می‌دهند ترسیم کند؛ به‌گونه‌ای که در راستای اجرای طرح‌های سیاسی خود تردیدی برای انجام ظالمانه‌ترین کارها به خود راه نمی‌دهند تا مانع پارس از رسیدن به خوداحیایی شوند.»

شوستر و همکارانش در تهران

ویلیام مُرگان شوستر (۱۸۷۷–۱۹۶۰)، کارشناس ارشد امور مالی آمریکایی، بود که توسط حکومت قاجار جهت سر و سامان دادن به امور به‌کار گرفته شد. اما اصلاحات و کامیابی وی خشم دول روسیه و انگلیس را برانگیخت و در نهایت به صدور ضرب‌العجلی به دولت ایران مبنی بر اخراج وی از سوی دولت روسیه انجامید.

---

۱. (Thomas Babington Macaulay)، تامس ببینگتن مکاولی (۱۸۵۹–۱۸۰۰)، تاریخ‌نویس و سیاست‌مدار بریتانیایی، بود. م.

۲. (Vasily Vasilyevich Vereshchagin)، واسیلی واسیلیویچ ورشچگین (۱۹۰۴–۱۸۴۲)، نقاش معروف روسی، که به ترسیم صحنه‌های نبرد شهرت دارد. م.

سِر پرسی سایکس،[1] سرکنسول پیشین بریتانیا در پارس، دهه‌ای بعد، از فساد رسمی نهادینه‌شده‌ای پرده برمی‌دارد:

ناصرالدین شاه قاجار

او پس از پنجاه سال سلطنت در روز اول می ۱۸۹۶ ترور شد. دکتر ویشارد، رییس بیمارستان کلیسای مشایخی تهران، جهت تأیید مرگ وی به دربار فراخوانده شد و نامبرده یکی از امضاءکنندگان سند فوت شاه بود. ویشارد، جان. بیست سال در پارس.

«اروپاییان ساکن پارس از گزند و مزاحمت مُستمر محلی در زحمت هستند. زیرا یورش به فردی اروپایی به فرمانداری که مشتاق برکنار شدن است، سوءشهرت می‌بخشد. در این‌گونه بلواها، برخی اوقات تیراندازی‌های بی‌هدفی صورت می‌گیرد که خطر بسیاری برای اروپاییان در بر دارد. وقتی که سرکنسول انگلیس در مشهد بودم به مدت هفت ماه تیراندازی‌های مشابهی روز و شب در جریان بود و خانوادهٔ من چندین بار با خوش‌اقبالی از مهلکه جان سالم به در برد. به سختی می‌توان پذیرفت، اما حقیقت این است که فرمانداران پارسی اغلب همدست راهزنانی هستند که به مردم در جاده‌های اصلی کشور یورش می‌آورند و پارس را تخریب می‌کنند. درست پیش از جنگ، گروه مسلح پشتیبانی هندی شماری را که در جاده‌ای مشغول چپاول کاروانی بودند دستگیر و به مشهد آورد. پس از تحقیق و بررسی روشن شد که آنان افراد یکی از فرمانداران آن نواحی بودند! فرماندار کل مشهد به‌طور ضمنی اوضاع موجود را تأیید و از سوی فرد زیردستش عذرخواهی کرد؛ واکنشی که رسمی قدیمی است! افزون بر این، در سال ۱۹۱۷، فرماندار اصفهان هر یک از جاده‌های اصلی منطقه تحت‌امرش را در عوض دریافت وجهی روزانه به یکی از گروههای راهزن اجاره داده بود. او از طریق دریافت سهم سنگینی از محل فروش اجناس به سرقت رفته، درآمد ناصواب خود را افزایش می‌داد.»

انقلاب مشروطه

اما اندیشه‌های خارجی در اذهان بسیاری تخمیر می‌شد و به‌تدریج بروز می‌یافت. ناصرالدین شاه که از تغییر و مطالبه‌های تازه ناخرسند بود به سال ۱۸۷۶ در آن باره گفت:

«من ترجیح می‌دهم اطرافیانم ندانند بروکسل شهر است یا کلم.»

ناصرالدین شاه در سال ۱۸۹۶ ترور و وارثان ناتوان تاج و تخت سبب افول قدرت سلطنت در پارس شدند. در سال ۱۹۰۵ جناحی انقلابی حمایت از سلطنت مشروطه را آغاز و در

---

1. Sir Percy Sykes

سال ۱۹۰۶ مظفرالدین شاه، به اجبار تشکیل مجمع ملی را مطابق قانون اساسی تازه‌ای که با بی‌میلی در سی‌ام دسامبر همان سال به امضاء رسانده بود، اعلام کرد. با این حال به نظر می‌رسد که در آن هنگام پارسیان فاقد پیشرفت و آمادگی کافی برای برقراری حکومت مشروطه بودند. در نتیجهٔ هرج و مرج متعاقب، کشمکش و دسیسه‌چینی تجاری و سیاسی انگلیس و روسیه به منظور استیلا، بیش از پیش تشدید شد.

جنگ جهانی اول و انقراض سلسلهٔ قاجار

جنگ جهانی اول (۱۹۱۸-۱۹۱۴)، همراه با قحطی و شیوع انواع بیماریهای مُسری به ناآرامی عمومی دامن زد. پارس در جنگ جهانی بی‌طرف ماند. اما پس از شکست آلمان، پارسیان با شتاب فراوان سعی داشتند پیامهای تبریک خود را به متفقان تقدیم کنند. دولت پارس در سال ۱۹۱۹ نماینده‌ای به کنفرانس صلح پاریس فرستاد تا بتواند منافع خود را حفظ کند. شرکت‌کنندگان کنفرانس به درخواست پارس مبنی بر بازگشت به مرزهای دوران بزرگی‌اش، برچیده شدن کاپیتولاسیون و نگاهبانان مسلح آنان اعتنای کافی نکردند.[۱] اما پارس به عضویت شورای ملل متحد پذیرفته شد. بریتانیای کبیر سعی داشت به دولت وقت کمک کند تا بنیاد خود را مستحکم سازد اما مشکلاتی جدّی وجود داشت، به‌طوری که صاحب‌منصبان دولتی بی‌کفایت یا فاسد بودند و اغلب آنان هر دو صفت مورد اشاره را یک جا یدک می‌کشیدند. فرستادگان دولت روسیه نیز مشغول دسیسه‌چینی و دامن‌زدن به مشکلات بودند.

مظفرالدین شاه قاجار (۱۹۰۷-۱۸۹۶)
ویشارد، جان. بیست سال در پارس

احمد شاه قاجار (۱۹۲۵-۱۹۰۹)
منابع اینترنتی

---

۱. قراردادی که بر اساس آن حکومت کشوری حق خود را در محاکمه و قضاوت اتباع سایر کشورها لغو می‌کند و چون در سابقهٔ کاپیتولاسیون، حق قضاوت را به کنسول کشور بیگانه واگذار می‌کرده‌اند در ترجمه‌های فارسی آن را «حق قضاوت کنسولی» عنوان داده‌اند، ولی بهتر است آن را «سلب حق قضاوت بر اتباع بیگانه» بدانیم. م.

سلطان احمد شاه که جایگزین محمدعلی شاه شده بود، مردی کم‌توان و بی‌تفاوت به امور کشور بود. او وظایفش نسبت به مردم را نادیده می‌گرفت و دوره‌های طولانی را در پاریس به‌سر می‌برد، جایی که چهرهٔ بدنام مهمانی‌های شبانه بود.

آغاز سلطنت رضا شاه پهلوی و اصلاحات او

در سال ۱۹۲۵ مجلس شورای ملی ایران، احمد شاه را از سلطنت برکنار و خاندان سلطنت وی را برانداخت. چهرهٔ پیشرو در آن حرکت انقلابی «مردی سوار بر اسب» و چهل و شش ساله به‌نام رضا پهلوی بود. او سربازی ساده بود که به دلیل برخورداری از شجاعت، توان و ابتکار به فرماندهی قشون قزاق رسیده بود. رضا پهلوی در ۲۲ فوریهٔ سال ۱۹۲۵ نیروی نظامی تحت‌امر خود را وارد تهران کرد، زمام امور دولت را به دست گرفت، در مقام وزیر جنگ، سپس نخست‌وزیر و در نهایت چون دیکتاتوری ذاتی کابینه‌ای تشکیل داد. او پس از برکناری سلطان احمد شاه، به مقام نایب‌السلطنه رسید. در روز ۱۲ دسامبر ۱۹۲۵ مجلس مؤسسان او را به مقام پادشاهی موروثی ایران برگزید، و او در روز ۲۵ آوریل ۱۹۲۶ طی مراسم مُفصلی با عنوان رضا شاه پهلوی تاج‌گذاری کرد.

تاج‌گذاری رضا شاه پهلوی (۱۹۲۵)
منابع اینترنتی

رضا شاه پهلوی ثابت کرد که حکمرانی تواناست و تلاش بسیار داشت تا آن چرا که موسولینی در ایتالیا انجام داد، در پارس عملی سازد. او با موانعی به مراتب بزرگ‌تر از موسولینی مواجه شد، اما دولتش بسیار باثبات و امروزی‌تر از دول پیشین بود. اصلاحات در امور ملی و استانی اعمال می‌شد. وزارت‌خانه‌ها و سازمانهای بهداشت، امور عام‌المنفعه و آموزشی فعالانه کار می‌کردند. روزنامه‌های پُرشماری با سرعت شگفت‌آوری قدم به عرصه نهاده‌اند. امور مالی کشور توسط گروهی از متخصصان آمریکایی تحت هدایت دکتر میلسپا[1] که در سال ۱۹۲۲ عازم آن کشور شد، سامان داده شد. گروه مورد اشاره در دورهٔ پنج ساله‌ای که در پارس مستقر بود نظام مالی را به‌طور کامل اصلاح کرد، بودجه را متعادل ساخت، نخستین بانک

---

1. A. C. Millspaugh

ملی را که امور مالی کشور را با مهارت اداره می‌کرد تأسیس و شماری از جوانان پارسی را آموزش داد تا پس از خروج متخصصان خارجی در سال ۱۹۲۷ آن را با کفایت اداره کنند.

یکی از پیشرفتهای قابل توجه سالهای اخیر توسعهٔ امکانات ارتباطات داخلی است. خطوط تلگرافی که شرکتی بریتانیایی کار ساخت آن را در سال ۱۸۶۴ آغاز کرده بود در حال حاضر توسعه یافته و از شبکه‌ای عالی با ۱۰۰۰۰ مایل طول برخوردار است. تا سال ۱۹۳۰ تنها ۲۳۱ مایل خط راه‌آهن در کشور وجود داشت. اما قراردادهایی با شرکت‌های آمریکایی، بریتانیایی، فرانسوی و آلمانی به منظور توسعهٔ شبکهٔ راه‌آهن بسته شد.

اتوبوس‌های دوران رضاشاه پهلوی (منابع اینترنتی)

جنگ جهانی سبب شد تا خط آهنی از قفقاز تا تبریز و از بغداد تا مرز پارس ساخته شود. جادهٔ آسفالت سردی از کرمانشاه و همدان به دریای خزر احداث شد. در حال حاضر طول خط آهن به ۴۶۷ مایل می‌رسد. این شبکه شامل خط آهنی است که از خلیج فارس تا دریای خزر در دست ساخت است و قرار است تا سال ۱۹۳۸ به پایان برسد. هزینهٔ این طرحها تنها از محل مالیاتی که بر چای و شکر وضع شده بود تأمین می‌شد و هیچ بدهی به بار نیاورد.

هواپیما وسیلهٔ رایجی در پارس شده بود. شمار زیادی از آن تا سال ۱۹۳۲ در پارس وجود داشت و شماری دیگر نیز جهت خرید به آلمان سفارش داده شده بود. دکتر میلسپا، مهندسانی از آمریکا به پارس آورد تا نحوهٔ ساخت جاده‌های پهن و با کیفیت را به آنان بیاموزد. در سال ۱۹۲۲ کمتر از ۱۰۰۰ مایل جادهٔ خوب در پارس وجود داشت، اما در حال حاضر کشور از ۱۴۰۰۰ مایل جادهٔ مناسب بهره می‌برد. جاده‌های پهن و مناسب از تهران به بنادر، نواحی مرزی و به تمامی شهرهای مهم ساخته شد.

برای مسافرت اتومبیل جایگزین اسب و قاطر شد. و در امور باربری کامیون جای قاطر و شتر را گرفت. زائرانی که پیشتر برای مسافرت به مشهد و زیارت حرم امام هشتم شیعیان با استفاده از اسب و قاطر ماهی را در راه به سر می‌بردند، حالا طی دو یا سه روز از طریق کامیون با هزینه‌ای ناچیز به مقصد می‌رسیدند. رفت و آمد اتومبیل‌ها تمامی مراکز ما را در پارس به یکدیگر مرتبط کرده بود. و جادهٔ مناسبی از جنوب مشهد به‌سوی هندوستان ساخته شده بود. خیابانهای ناهموار و پُرگرد و غبار تهران و تبریز حال به گذرگاه‌هایی مفروش تبدیل شده بود.

دولت توجه خاصی به مدارس نشان می‌دهد. در سی‌ام ماه می ۱۹۳۴ آقای تقی‌زاده، سفیر پارس در پاریس و وزیر سابق دارایی، در برابر جامعهٔ سلطنتی هنر در لندن صحبت مهمی پیرامون موضوع مورد اشاره داشت:

مدارس نوین دوران رضاشاه جایگزین مکتب‌خانه‌های قدیم
منابع اینترنتی

«آموزش از دوران انقلاب ۱۹۰۶ مورد توجه خاصی قرار گرفته است، بسیاری از پیشرفت‌های صورت‌گرفته پس از سال ۱۹۲۱ به‌دست آمده‌اند. تفاوت چشمگیر دورهٔ پیش، و پس از ۱۹۲۱ از طریق مقایسه‌ای ساده قابل درک است. در سال ۱۹۰۶ بودجهٔ اختصاص داده شده به آموزش و پرورش کشور بالغ بر ۸۰۰۰ پوند انگلیس بود، اما در حال حاضر آن به بیش از رقم ۶۰۰۰۰۰ پوند رسیده است. بودجهٔ مورد اشاره پنج درصد کل درآمد دولت را شامل می‌شود. رشد پُرشتاب شمار افراد تحصیل‌کرده از سویی، و کاهش بی‌سوادی از سوی دیگر، حرکتی بسیار نویدبخش است. بر اساس آخرین آماری که در دسترس من قرار دارد در سال ۱۹۳۲ میلادی ۴۱۱۱ مدرسه و مؤسسهٔ آموزشی فعال در کشور وجود دارد که ۲۰۰۰۰۰ هزار نفر در آنها مشغول تحصیل می‌باشند. ۸۰۵ مورد از مراکز مذکور دخترانه‌اند. یک‌دهم این رقم به سختی با آمار مراکز تحصیلی دوران مشروطیت قابل قیاس است. در سال ۱۹۲۸ قانونی به تصویب رسید که به موجب آن دولت ملزم به فرستادن یکصد دانشجو جهت تحصیل در شاخه‌های مختلف علمی در

> دانشگاه‌های اروپایی شد. بندی از قانون مورد اشاره مشخص می‌کرد که سی و پنج درصد از آن دانشجویان می‌باید به منظور تربیت استاد برای مراکز آموزشی کشور، آموزش ببینند. در حال حاضر ۷۳۳ دانشـــجو که هزینهٔ آنان توسط دولت پرداخت می‌شود در اروپا و آمریکا مشغول تحصیل هستند. البته رقم ۴۰۰ دانشجوی دیگر را نیز که تأمین هزینهٔ آنان به شـــکل خصوصی صورت می‌گیرد باید به آمار مذکور افزود. دانشگاه دولتی پارس توسعه پیدا کرده است؛ و پروفسور توماس گیبسون از دانشـــگاه کلمبیای نیویورک،[1] جهت معرفی برنامهٔ آموزشی جدید تدریس فیزیک در مدارس دولتی به‌کار گرفته شده است.»

ســـردبیر روزنامهٔ نیویورک‌تایمز در نســـخهٔ ۲۸ ژانویهٔ ۱۹۳۱ با عنوان «پارسیان می‌آیند» مقاله‌ای بر این مضمون به نگارش درآورد:

> «زمانی فریاد *پارســـیان می‌آینـــد* لرزه‌ای بر دنیای غـــرب وارد آورد، اما امروز ... ســـرزمینی که اسکندر مقدونی از آن به‌سوی هندوستان گذر کرد *دروازهٔ شرق* نام گرفته است. پارس نوین به‌گونه‌ای نویدبخش در تلاش است تا جایگاهی بااهمیت و قابل قیاس با پارس باســـتان در بین تمدن‌های جدید برای خود بیابد. منابع نفتی بســـیار غنی در نزدیکی آرامگاه کوروش کبیر وجود دارد و مردان بالدار[2] از قصر شـــاه به بســـیاری از مناطق مملکت به پرواز می‌آیند تا پیشگویی سنگ‌نگاره‌های باســـتانی را که موجوداتی با صورت انســـان و بال پرندگان به تصویر می‌کشیدند تحقق بخشند. باستان‌شناسی که با پرواز از فراز سرزمین‌های دور از طریق بصره، صحرای ســـوریه، دمشق و فلسطین به قاهره رسیده بود در راه شیکاگو گزارش از طرحی داد که جهت اکتشاف آثار تمدنهای باستانی اجرا خواهد شد. برنامه‌ای که می‌تواند به ما در دستیابی دوباره به طرح کلی تاریخ انسان کمک کند. پارسیان بار دیگر می‌آیند، اما صلح‌جویانه و با پیغام مهمی برای نسل انسان.»

برآورد می‌شـــود که پارس جدید در مرزهـــای خود حکمرانی کند و بـــه دیگر اقوامی که در همســـایگی به‌ســـر می‌برند اجازهٔ تقدم و پیش‌تازی ندهد. پارس امتیازهای فرامرزی خارجیـــان را در روز ۱۰ می ۱۹۲۸ فســـخ کرد. با این حال، آن اقـــدام پیامدهای بدی برای مبشران مسیحی و سایر خارجیان مقیم کشور نداشت. صاحب‌منصبان و مردم اغلب رفتاری دوســـتانه با خارجیان دارند. با وجود این که دولت در مـــورد اختیار و امتیازهای خود چون دوَل ســـایر کشورها غیور است، در پی ایجاد مشـــکل برای خود از طریق آزار خارجیانی که قوانین مملکت را رعایت و مطابق آنها زندگی می‌کنند، نیســـت. ویلیام وایشام[3] ساکن تهران

---

1. Professor Thomas Gibson, of Columbia University, New York

۲. اشاره به آثار باستانی ایران.

3. Rev. William Wysham

در مورد «ملی‌گرایی پارسی» می‌نویسد: «آن به سرعت در حال رشد است، اگرچه از همین حالا مقاومت‌های قدرتمندانه‌ای در مورد مسائل وابسته به خارجیان آغاز شده است، اما به دلیل آشنایی با طبیعت آداب پارسیان احساس می‌کنیم که آنان به پذیرش تأثیرهای مثبت مغرب‌زمین ادامه خواهند داد.»

فصل سوم

اقوام، آیین‌ها و فرقه‌های مذهبی در ایران

کیش زرتشت

زمان پیدایش و تغییرات تدریجی آن

شاید منظور پولس رسول از اشاره به دینداری مردم آتن (اعمال رسولان ۲۲:۱۷)، به نوعی با آیین باستانی پارسیان مرتبط بوده باشد. زرتشت نجیب‌زادهٔ پارسی، بنیانگذار آیین زرتشتی، در دورهٔ نامشخصی از عصر باستان (شاید ۶۶۰-۵۸۳ پ.م.) می‌زیست. کشیش جان شِد[1] که طی خدمت طولانی خود در پارس تاریخ زرتشتیان را مطالعه کرد، در این باره می‌نویسد:

«شـواهد زیادی وجود دارد که ایمان اولیهٔ آیین مذکور پرستش خدایِ واحدِ زندهٔ حقیقی بود. شـواهد موجود در زنداوستا و اماکن باستانی به جا مانده از پارسیان تأییدکنندهٔ این ادعا است. کاهن اعظم یا مُرشد آیین مورد بحث زاراتروستا[2] نامیده می‌شـد که توسط یونانیان و رومیان به شکل زرتشت تغییر و مورد استفاده قرار گرفت. با این حال، آن طریق یکتاپرسـتی نابِ اولیـه به‌تدریج مخدوش و جای خود را به ثنویتی داد که جایگاهی الهی برای شریر قائل شد؛ عبادت آتش و اجرام آسـمانی اختیار شد. تلفیق علوم رمزآمیز مجوسیان با اسرار بابلی، آیین پارسیان دوران کوروش و اسـتر را متفاوت‌تر از سرآغاز خود ساخته بود. آن تلفیقی از بت‌پرستی با پرستش خدای آسمان بود. با این حال، آیین پارسیان حتی در همان اوضاع نیــز در بین آیین‌های غیرمکاشـفه‌ای ناب‌ترین آیین‌ها به‌شــمار می‌آمد. همان‌طور که عبرانیان در بین اقوام سامی تنها حافظ یکتاپرستی بودند، پارسیان نیز در بین اقوام یافثی[3] (هند-اروپایی)، تنها پاسداران پرستش خالق بالاتر از مخلوق بودند. آیین پارسـیان نیک و بد را از یکدیگر متمایز می‌سازد، و منشاء شرارت را به دشمنی روحانی نسـبت می‌دهد. جنگ با شرارت، واقعی، جدّی، بی‌امان و در نهایت مُنتهی به پیروزی اسـت. پیشگویی شـده است که در انتها نجات‌دهنده‌ای ظاهر خواهد شـد که مرگ را باطل و مردگان را برمی‌خیزاند. مشاهدهٔ این حد از

---

1. Rev. John H. Shedd; 2. Zarathrusta

۳. یافث، فرزند نوح، شخصیت معروف کتاب‌مقدس و حکایتهای باستانی بین‌النهرینی، است.

وفاداری به حقیقت، با وجود تمام کاستی‌ها، از دانش و شناخت یهوه حکایت دارد و بسیار آموزنده است. انبیاء کتاب‌مقدس مأموریت یافته بودند تقبیح، اسارت، ویرانی یا نابودی کامل مصر، صور، سوریه، نینوا، بابل، و برخی از ملل کوچک را اعلام کنند، اما پارس در این میان استثناست.»

تصویر ایوان کسری از دیولافوی ۱۸۸۴

ایوان کسری در منابع عربی و پارسی توصیف شده است. ایوان کسری موضوع قصیدهٔ متأثرکنندهٔ خاقانی، شاعر معروف ایرانی، است. خاقانی در اواسط سدهٔ ۱۲ م. از آن دیدن کرد. ایوان کسری مهم‌ترین بنای تاریخی به‌جا مانده از دوران ساسانی است و نقطهٔ عطفی در تاریخ معماری به‌شمار می‌آید. ایوان کسری در ۳۷ کیلومتری جنوب بغداد در ساحل شرقی رود دجله واقع شده است. سمت شمالی تالار بزرگ مرکزی در سال ۱۸۸۸ فروریخت.

Keall, E. J. Ayvan-E Kesra. Encyclopedia Iraninca. Dec. 15 1987. Iranicaonline. 2016-11-16

در حدود ۶۳۰ م. پادشاه پارس از «شتر سواری مکی» پیامی مبنی بر لزوم صرف‌نظر کردن از آیین نیاکان خود و روی آوردن به ایمان «خدای واحد حقیقی» که محمد پیامبر اسلام آن را اعلان می‌کرد، دریافت کرد. پادشاه خشمگینانه پیام را رد و پیک را از حضور خود راند؛ اما پیش از گذشت ده سال از آن رویداد قبایل تندخوی عرب کرسی پادشاهی پارس را واژگون و به‌تدریج آیین اسلام را جایگزین باور نیک زرتشت ساختند.

در زمان حاضر، پیروان آیین زرتشتی در پارس به حدود ۱۰۰۰۰ نفر می‌رسند و کمتر از ۱۰۰۰۰۰ نفر از آنان نیز در هندوستان زندگی می‌کنند.

اسلام

کیش رسمی ایران

اسلام آیین غالب پارس در هزار سال گذشته بوده است و کلیسای مشایخی در پارس به‌گونه‌ای که نظیر آن در هیچ کشور دیگری یافت نمی‌شود با آن روبه‌رو شده است. با وجود این که کلیسای مشایخی در کشورهایی چون هندوستان و سوریه با جمعیت بزرگ مسلمان فعالیت دارد، اما پارس تنها کشوری است که به‌شکلی غالب و متمایز مسلمان است. به‌طوری که پیروان دیگر ادیان درصد ناچیزی از کل جمعیت را تشکیل می‌دهند. در حال حاضر حدود نود و هفت درصد از مردم پارس مسلمانند.

وقت نماز مسلمانان (سدهٔ ۱۹ام)
کریسون دبلیو. پی. بیداری شرق

شکاف در اسلام

با این حال، اسلام پارس برخلاف تصور بسیاری، کیش منسجم و یک‌دستی نیست. اسلام به دو شاخهٔ اصلی، و در حقیقت مخالف، ارتدوکس سنی و آیین دگراندیش شیعه تقسیم شده است. شیعیان بر این باورند که علی، داماد و پسرعموی محمد، جانشین به‌حق وی بود و می‌باید به جای ابوبکر، عُمَر و عُثمان بر کرسی خلافت جلوس می‌کرد. در حالی که سُنیان افراد مورد اشاره را جانشین راستین پیامبر اسلام می‌دانند.

اجرای آیین‌های ماه محرم در پارس (ابتدای سدهٔ بیستم)
پارس و مردمانش، الا سی. سایکس

کمابیش تمامی اکراد و ترک‌زبانان[1] مسلمان سُنی هستند. اما پارسیان به پیروی و دفاع از داماد پیامبر اسلام و نظامی که فرزندان او شکل دادند، ادامه دادند. مردم پارس هر ساله در سالگرد کشته‌شدن حسین، فرزند علی، ماتم می‌گیرند و زائران بسیاری روانهٔ مشهد، کربلا (در بین‌النهرین)، و مکه در عربستان می‌شوند. پارسیان به هنگام دعوت به عبادت ندا کرده می‌گویند: «محمد رسول خدا، و علی قائم‌مقام خداست.» افزون بر تفاوت‌های تاریخی، اختلاف‌های دیگری در رسوم و خداشناسی این دو فرقهٔ بزرگ اسلام وجود دارد. طرفهای مورد بحث حس خوبی نسبت به هم ندارند و تلخی بر روابط آنان حاکم است؛ و همین مسئله به جدایی سیاسی پارس و ترکیه کمک می‌کند.

دکتر شِد پارس را نقطه‌ضعف اسلام قلمداد می‌کند. زیرا پارسیان شیعه نه تنها چون تُرکان، اعراب، تاتاران، و ... مدافع ایمان ارتدوکس نیستند، بلکه دشمن آن به‌شمار می‌روند. پارسیان برخلاف فرقهٔ رقیب، روی خوشی به مسیحیان نشان می‌دهند، و زدن مُهر بدعت‌گذاری به آنان از سوی سُنیان، سبب شده است که مبشران مسیحی آسان‌تر از سایر مسلمانان به ایشان دسترسی یابند. پارسیان بیش از سایر مسلمانان آزاداندیش و اهل مدارا هستند. مرد پارسی در صورتی که از آخوندها نهراسد شما را به بحث مذهبی فرا می‌خواند، از آن لذت می‌برد و با حوصله حتی به

۱. منظور نویسنده ترک‌زبانان خارج از مرزهای پارس و به‌طور خاص شهروندان امپراتوری عثمانی بوده است.

آن چه شما با ادله برخلاف باور وی و یا به نفع باور خودی بگویید گوش فرا می‌دهد. در پارس، نظام اسلامی بیش از هر جای دیگری در مقابل خودش منقسم شده است. مردم پارس اسلام را از فاتحان خود پس از مقاومت سرسختانه‌ای پذیرفتند و هرگز با آن خرسند و مسرور نبوده‌اند. فرقه‌های بدعتگذار تازه‌ای نیز برخی مواقع پا به عرصه می‌گذراند، اما مخالفت و دشمنی مابین آنها به حدی شدید و لجام‌گسیخته است که گویا از نظامی سراسر متفاوت برآمده باشند. یکی از آنها فرقهٔ علی‌اللهی است. به نظر می‌رسد باورها و عملکرد آنان به دوران پیش از اسلام تعلق داشته باشد. پیروان فرقهٔ مورد اشاره به ظاهر از اسلام پیروی می‌کنند، اما در حقیقت از آن بسیار دورند. آنان از رعایا هستند و تعدادشان به صدها هزار بالغ می‌شود.

دودستگی و جدایی بین مسلمانان با تجزیهٔ امپراتوری عثمانی پس از جنگ جهانی اول در سالهای ۱۹۱۸-۱۹۱۴ و برکناریِ سلطان از مقام خلیفه‌گری مسلمانان تشدید شد. از آن پس اسلام رهبری واحدی نداشته است؛ و پس از آن تلاش‌های پیاپی که جهت ترغیب میلیونها مسلمان به جهاد (جنگ مقدس) صورت گرفت با شکست روبه‌رو شد.

جذبه و قدرت اسلام

مؤذن مسلمان

جویت، مری. خاطرات زندگیم در پارس.

با وجود این که اسلام دیگر اتحاد منسجم و سازمان‌دهی شده‌ای ندارد اما همچنان قدرت مذهبی بزرگی باقی می‌ماند. با وجود تمام ایرادها، انکار جذبهٔ ایمان اسلامی ناممکن است. به ما همواره گفته شده است که شرقیان دوستدار تندیس، تصاویر، جامه‌های رنگارنگ و پُرزرق و برق و رسمهای پیچیده‌اند که با ذائقهٔ ما پروتستانها سازگار نیست. اما در حقیقت آنان پیوریتنانی ورای پیوریتانیسم هستند که عبادتی ساده را انجام می‌دهند. مساجد آنان بر اساس عرف موجود عاری از تزیین است. اگرچه ما شمار اندکی مسجد زیبا و مُزین به‌طور خاص در قاهره و قسطنطنیه سراغ داریم، اما صدها مسجد در هندوستان، مصر، سوریه، فلسطین و ترکیه وجود دارد که به سادگی سبک قدیم منازل نیوانگلند است. مسلمانان تصویر و تندیسی از قدیسان خود ندارند. معماری و عبادت آنان در مغایرت کامل با کلیساهای مجلل کاتولیک رومی است. یکی از موارد تحسین‌برانگیز این

است که در تمامی شهرهای مسلمان، پنج مرتبه در روز صدای پُرطنین مؤذن‌ها در آسمان می‌پیچد و با آن فراخوان، مردان برای نمازی آرام سجده می‌کنند. آنان بدون اعتناء به مکان یا چشمان کنجکاو روی خود را به‌سوی مکه برمی‌گردانند و با احترام و تواضع عبادت می‌کنند. اسلام صرف‌نظر از مسیحیت تنها کیشی است که هنوز هم در پی جذب دیگر مردمان است. از همین‌رو، آن در افریقا، هندوستان و چین منتشر شده است.

سرّ قدرت آن چیست؟ کشیش هنری دوایت[1] که خدمتی طولانی در قسطنطنیه داشت در این باره می‌گوید:

> «فرد مسلمان به خدا ایمان دارد؛ از سرودهای نیایشی نزدیک به مزامیر عهدعتیق استفاده می‌کند؛ مجموعه قوانین اخلاقی که او ترویج می‌کند شبیه آن چیزی است که در کوه سینا حکم شد؛ زاده شدن معجزه‌آسا و شخصیت بی‌همتای عیسای مسیح را می‌پذیرد؛ به‌گونه‌ای کم‌عمق در مورد توبه و نجات به‌واسطهٔ فیض صحبت می‌کند. اما چرا این تعهد نویدبخشِ قدرت و شور در همه جا با ناتوانی از توسعه و رشد دانسته‌های خود بازمی‌ماند، و تصور همکاری با خدا برای وی دشمنی با مسیحیت است؟»

توماس کارلیله[2] پژوهشی انجام داده است که ریشه‌های این مُعما را این‌گونه توصیف می‌کند: «اسلام با شمشیر استیلا یافت، اما شمشیرش را از کجا آورد؟ اسلام شمشیرش را از جایی آورد که اسرائیل باستان زمانی که دنیا کمابیش خدا را فراموش کرده بود سلاح قدرتمندی برای گشودن مکانی برای خود در بین امت‌ها با حمایت قدرت غالب الهی به‌دست آورده بود. ... اسلام نیز با پیام خدای واحد به شیوه‌ای کمابیش مشابه حرکت کرد. این قدرت اسلام است.»[3]

آموزه‌های اسلامی و بی‌نیازی از نجات‌دهنده

اما محمد در لوای موقعیت خود چون پیام‌آور حقایق الهی، سه اصل را به پیروانش ارائه کرد که آرامش کاذبی نصیب ضمیر آنان می‌سازد و گوش‌هایشان را نسبت به پیام انجیل می‌بندد. (۱) خدا آن قدر رحیم است که فرد مؤمن را به‌سبب تسلیم شدن به میل نَفْس از خود نمی‌راند. (۲) انسان بسیار زبون‌تر از آن است که بتواند خویشتن‌دار باشد و یا احکام اخلاقی را رعایت کند. (۳) مراسم عبادی و رسومات دینی اطاعت موردنظر خدا را برآورده

1. Rev. Henry O. Dwigh; 2. Thomas Carlyle

۳. توماس کارلیله خروج بنی‌اسرائیل از مصر و حرکت آنان جهت بیرون راندن اقوام ساکن در کنعان را بر اساس وعدهٔ الهی به ابراهیم (پیدایش ۱۸:۱۵–۲۱)، موسی (خروج ۸:۳؛ ۲:۳۳؛ تثنیه ۱:۷؛ ۱۷:۲۰) و نبردهای متعاقب آن توسط یوشع و دیگر سرداران اسرئیل جهت تصرف کنعان را با پیام خدای واحد (الله) پیامبر اسلام در بین قبایل مُشرک عرب و استفاده از نیروی قهریه جهت ایجاد قلمرو و جایگزینی پرستش بتهای آنان با عبادت الله مقایسه می‌کند. او قصد دارد از این طریق توضیحی برای منشأ شمشیر اسلام ارائه کند.

می‌کند. در واقع در ســه اصل آموزه‌ای مورد اشــاره، تضاد اساسی مابین اسلام و مسیحیت وجود دارد، و همین اصول منشأ ضعف ملل اسلامی را آشکار می‌سازد. در حقیقت این موارد به فلج شــدن تمامی افراد مسلمان جامعه مُنجر شده است، و ایشان را در همان سطحی نگه داشته که از آن برای ترک بی‌خدایی و شناخت خدای ابدی حرکت خود را آغاز کرده بودند. اسلام از شکلی از پارسایی برخوردار است، اما قدرت آن پارسایی همواره با انکار و ضدیت تجلیل خودبینانه‌ای مواجه است که از تمامی استدلال‌های مسلمانان از حقیقت می‌تراود. در حقیقت، امید اندکی برای تحت‌تأثیر قرار دادن مسلمانان از طریق شیوه‌هایی که در مورد سایر ملل غیرمسیحی مؤثر افتاده است، وجود دارد. به نظر می‌رسد که نظام دینی مسلمانان به‌سبب قائل نشدن جایگاه و نیازی برای نجات‌دهنده یا احیای روحانی به‌گونه‌ای طراحی شده است که تأثیر پیام انجیل را به کمترین حد می‌رساند.»

خوش‌بینی در پرتو اصلاحات اخیر

با این حال کشــیش ویلیام ویشام[1] ساکن تهران بر این باور اســت که اسلام در پارس تحت‌تأثیر نیروهای امروزی سست شده است:

پس از کشف حجاب مراسمی در شهر قم به منظور بزرگداشت این واقعه برگزار شد.
زنان و مردان ایران با پوشش غربی در مراسم مذکور مشاهده می‌شوند.
(منابع اینترنتی)

---

1. William N. Wysham

«سرازیر شدن اندیشه‌های جدید و نفوذ غرب در ده سال گذشته پایهٔ دژ اسلام در پارس را به‌طور کامل سست کرده است. دولت که در ظاهر مسلمان است به واقع در عرصهٔ سیاست رویکردی سکولار اختیار کرده است؛ و با وجود این که دولتمردان در برخی مسائل کم‌اهمیت در برابر رهبران مذهبی سر فرود می‌آورند، به هنگام به مخاطره افتادن پیشرفت مردم پارس در مخالفت آشکار و مصمم با آنان هرگز تردیدی به خود راه نمی‌دهند. از همین‌رو، دولت در اجرای اصلاحات مربوط به پوشش مردم، تمامی پارسیان به غیر از شماری از آخوندها و مجتهدان را ملزم به گزینش پوشش غربی کرده است. بسیاری از صاحب‌منصبان قضایی کشور از بین آنانی که با وزارت دادگستری مانده‌اند یا به‌سوی آن بازگشته‌اند گزینش شده‌اند. همین تغییرها به اندازهٔ زیادی قدرت رهبران مسلمان را کاهش داده است. اجرای طرح کشف حجاب با وجود مخالفت شدید و آشکار رهبران مذهبی، و همچنین اصلاحات اخیر در مورد قانون ازدواج و طلاق وجههٔ آنان را به‌شدت تضعیف کرده و تغییر داده است. آخوندها مورد تحقیر و تمسخر پارسیان باهوش و زیرک قرار می‌گیرند، و به نظر می‌رسد که اغلب افراد این گروه از جامعه خواندن قرآن، نماز روزمره، روزهٔ ماه رمضان، و یا زیارت کربلا و مشهد را نیز کنار گذاشته‌اند. پارسیان آزادانه نقطه‌نظرهای خود را مبنی بر این که در پارس نوین تاریخ مصرف رعایت سفت و سخت رسومات مذهبی اسلام به پایان رسیده است، بیان می‌کنند. این در حالی است که بسیاری از افراد تحصیل‌کرده خود را مسلمان می‌دانند. اما در واقع فقط در ظاهر مسلمانند و همواره آمادهٔ محکوم کردن رهبران مذهبی به دلیل واپسگرایی و تهدید پیشرفت پارس هستند.»

باب و بهائیت

از بین گروه‌های مذهبی کوچکتر در پارس می‌توان به حدود صد هزار بابی یا بهائی اشاره کرد. بهائیت فرقهٔ جدیدی است که از طبقه و افراد خردمند جامعه عضوگیری می‌کند. گروندگان به بهائیت مسلمانانی هستند که با روحیه‌ای پرخاشگرایانه از اسلام جدا می‌شوند، و نفوذشان بیش از آن چیزی است که شمار آنان نشان می‌دهد. با وجود این که بزرگترین گروه بهائیان در پارس است، اما آنان جماعتهای در حال رشدی در اروپا و آمریکا دارند. بهائیت کمتر از صد سال پیش در اواسط سدهٔ گذشته با عنوان آیین بابی (از باب به معنی دروازه ناشی می‌شود) در

میرزا علی محمد در ۳۰ اکتبر ۱۸۱۹ در شیراز زاده، و در ۸ جولای ۱۸۵۰ به فرمان امیرکبیر در تبریز تیرباران شد.

پارس ظاهر شـــد. عنوان مورد اشاره را پیشتر میرزا علی محمد[1] (معروف به باب)، بنیان‌گذار شـــهید فرقه، بر خود گرفته بود. میرزا علی محمد از اهالی شیراز در مرکز پارس بود. بهائیت به ســـرعت و در عین حال به دلیل جفای فراگیر در سراســـر کشور در خفا انتشار یافت. کمتر از بیســـت سال پس از کشته شدن باب، بهاءالله،[2] شـــاگرد وی، ادعا کرد که «تجلی تازهٔ خدا» (من یظهره‌الله)، اســـت، و باب تنها پیش‌قراول وی بوده است. پیروان او به سمت تجسم تازه و مکاشـــفهٔ منسـوخ‌گر وی تغییر جهت دادند و از آن هنگام باور بابی جای خود را به فرزند روحانی کوچک خود، آیین بهائی، داد.

میرزا حسینعلی نوری (بهاءالله) ۱۸۹۲-۱۸۱۷ م.
منابع اینترنتی

بهائیت که ریشه‌ای عمیق در ایده‌های اســـلام شیعی تجسم الهی، یا تجلی و چرخهٔ انبیا و بازگشـــت داشت، با تلاش بهاءالله و پســـرش عباس افندی[3] به سمت اختیار کردن رویکرد و زبانی جهانی ســـوق داده شد. بهائیت به منظور یافتن مخاطبانی در غرب برخی از عناصر زبان شیعی خود را به کناری نهاده است، و حال ادعاهایی نظیر «یگانگی نژاد انسان»، «صلح جهانی»، «برابری مرد و زن» و «تحصیل جهانی» را که پیشتر در اندیشه و ایده‌هایش جایی نداشت، مطرح می‌کند. اما بهائیت در زادگاه خود هنوز از همان واژگان و عصارهٔ فرقه‌ای اســـلامی برخوردار است. فرقهٔ بهائیت صرف‌نظر از شـــور بسیاری از پیروان نخستین خود، و برخورداری آنان از غیرت تبلیغی و روحیهٔ شهادت‌طلبانه، چیزی بیش از بسیاری از دیگر مذاهب برای فرو نشاندن

1. Mirza Ali Mohammad; 2. Bahaullah; 3. Abbas Effendi

عطش روحانی انسان ارائه نکرده است. خداشناسی بهائیت تخیلی و اسرارآمیز است، احکام آن قانون‌گرایانه و پیش‌پا افتاده، و تاریخ آن مبارزه‌ای جهت برتری انسانی است، که در راستای تحقق آن از ترور، جعل اسناد و تحریف گسترده رویگردان نبوده است.

داستان این حرکت عجیب به خوبی توسط دو مبشر کلیسای مشایخی (پرزبیتری) در پارس نقل شده است. نخستین آنها توسط کشیش ساموئل ویلسون، تحت عنوان *بهائیت و ادعاهای آن*[۱] در سال ۱۹۱۵ و دومین مورد توسط دکتر ویلیام میلر تحت عنوان *منشاء، تاریخ و تعلیم بهائیت*،[۲] در سال ۱۹۳۱ نوشته شد. آشنایی هر دو نویسنده به زبان فارسی، که به آنان امکان دسترسی به منابع فارسی را می‌داد، در کنار منابع انگلیسی و فرانسه و همچنین ارتباط و تماس شخصی آنان با بهائیان در عرصه‌های مختلف به هر دو فرد مورد اشاره امکان داد تا کتب خود را با موشکافی و تسلط لازم بنویسند. کتب نویسندگان فوق می‌باید روشنگر اشتباه افراد با حُسن‌نیتی باشد که در آمریکا و انگلیس مجذوب بهائیت، به نمایندگی از انسان‌گرایی و برادری نژادها، شده‌اند.

مسیحیت

زمان ورود به پارس

زمان ورود مسیحیت به پارس در اسناد تاریخی ثبت نشده است. گرویدن شماری از پارسیان به مسیحیت می‌باید در همان ابتدای دوران مسیحیت از طریق مسیحیان فلسطین یا به هنگام دیدار از سرزمین مقدس به منظور تجارت صورت پذیرفته باشد. یا شاید مجوسیان پیام خوش را پس از بازگشت از بیت‌لحم به پارس برده باشند.

در هر حال، در میان یهودیان پراکنده‌ای که پس از پنطیکاست با اخبار شگفت‌آور مسیح قیام‌کرده به خانه برمی‌گشتند برخی از «پارتیان، مادیان و عیلامیان، و ساکنان بین‌النهرین» حضور داشتند. پارتی که در کتاب اعمال رسولان به آن اشاره می‌شود در قسمت شمال شرق کشور پارس امروزی ورای مرزهای آن چه امروز استان خراسان نامیده شده است، قرار داشت. احتمال دارد اندکی پس از سفرهای بشارتی پولس رسول که شرح آن در کتاب اعمال رسولان آمده است، دیگر ایمانداران همانند آدای[۳] و تاتیان[۴] برای موعظهٔ انجیل مسیح به راه شرق رفته باشند.

قدیس یوحنای زرین دهان در سدهٔ ششم در مورد هویت مجوسیان می‌نویسد:

«کلمهٔ مجسم شده، به هنگام آمدن به این جهان، نخستین مکاشفه از رحمت و نور خود را توسط مجوسیان، به پارس داد ... بنابراین خود یهودیان از دهان پارسیان از زاده شدن ماشیح آگاهی یافتند.»

Waterfield Robin, Chirsitians in Persia, p. 16.

1. Samuel G. Wilson, Baha'ism and its Claims; 2. William M. Miller, Baha'ism, Its Origin, History and Teaching; 3. Addai; 4. Tatian

آبگار هشتم، پادشاه ادسا (مابین ۲۱۲-۱۷۷ م.)
بر سکه‌های ضرب شده بین سال‌های ۱۸۰ تا ۱۹۲م. صلیبی بر سرآذین پادشاه ادسا دیده می‌شود

چگونگی ورود مسیحیت به امپراتوری ایران

در مورد وجود ارتباط میان مسیحیان پارس با مسیحیان ایالت کوچک اوسروئنه به مرکزیت ادسا (اورفای کنونی در ترکیه) واقع در مرزهای غربی امپراتوری، اطمینان قطعی وجود دارد. با وجود روایتهای مشهور بسیاری (از جمله ترویج ایمان مسیحی توسط توما و تدی یا شمعون غیور در سرزمین مورد بحث)، به دلیل فقدان سند کافی و معتبر به آنها استناد نمی‌شود. با این حال ما به یقین می‌دانیم که به سال ۱۵۰م. زمانی که ادسا هنوز قسمتی از امپراتوری پارتیان بود، مسیحیان در آن وجود داشتند. زمانی که در سال ۱۹۰م. مباحثه‌ای بر سر تعیین زمان برگزاری عید قیام به وجود آمد، اسقفان متعددی در سراسر امپراتوری پارتیان، وجود داشتند و ادسا، خود مرکز مسیحی رونق گرفته‌ای بود.

منابع مفید برای مطالعهٔ بیشتر:

۱. نفیسی سعید، مسیحیت در ایران،

2. Wigram William, An Introduction to … The Church of the Sassanid Persian Empire, 100-640.
3. Waterfield Robin, Chirsitians in Persia,

ساسانیان و جفا بر کلیسا

در سال ۲۲۶م. به هنگام استیلای پادشاه ساسانی بر پارت، او آیین زرتشتی را بار دیگر برقرار و آن را کیش رسمی و دولتی امپراتوری ساخت. از آن پس جفای پیروان دیگر کیشها از جمله مسیحیان که در آن هنگام بیش از بیست حوزهٔ اسقفی در پارس و بین‌النهرین داشتند، آغاز شد. جفا بر کلیسای پارس نزدیک به سده‌ای دوام داشت. اما شدت آن متغیر بود و برخی مواقع با وقفهٔ زمانی چندساله از سر گرفته می‌شد؛ با این حال کلیسا با وجود کاهش شمار

ایمانداران تا دوران گرویدن کنستانتین به ایمان مسیحی در سال ۳۱۲م. که ممنوعیت گرویدن به ایمان مسیحی را در سراسر امپراتوری روم برطرف و به مسیحیت قدرت حکومتی بخشید، دوام آورد. در شورای کلیساهای شـــرقی که در سال ۴۲۴م. برگزار شد هیأتهایی از نیشابور، هرات و مرو شرکت داشتند.

گرایش کلیسای شرق به باور نستوری[۱]

خدمات کلیســـای مشـــایخی (پرزبیتری) در پارس به‌طور عمده با نستوریان مرتبط بوده است. عنوان جماعت مذکور از نستوریوس، پاتریارک قسطنطنیه، (۴۲۸ م.) گرفته شده بود. باورهای مسیح‌شناســـی نستوریوس در سال ۴۳۱ م. توسط شورای افسس محکوم و نامبرده بدعتکار تشخیص داده شد. دلایل متنوعی از جمله چگونگی ارتباط سیاسی مابین امپراتوری پارس و روم سبب شد تا کلیسای شرقی (شامل مسیحیان پارس) از رویکرد مذکور جانبداری کنند. نستوریان پس از آن واقعه از ارتباط با کلیسای ارتدوکس محروم شدند.

خدمات بشارتی شگفت‌انگیز کلیسای شرق

مســـیحیان پارسی که در شرق و در سرزمینی ورای مرزهای بیزانس سکونت داشتند و از جفای فرمانروایان بیزانس در امان بودند، از آزادی قابل‌توجهی جهت ترویج باور مســـیحی خود در مرزهای پارس و سرزمین‌های دوردست برخوردار شدند.

«مرکز این کلیسای شگفت‌آور ابتدا در ادسا[۲] بود و سپس به استان ادیبنه[۳] در پارس منتقل شد. کلیسای نستوری با استقرار مرکز اداری خود در تیسفون–سلوکیا، در کنار رود دجله، از سمت غرب تا دریای سرخ، و از سمت شرق و شمال‌شرق در سراسر پارس گسترش یافت. کلیسای نستوری به شمال هندوستان نفوذ کرد ... و مبشرانش به تمام مناطق آسیای مرکزی، ترکستان، مغولستان، چین و حتی گمان می‌رود به ژاپن راه یافتند. ... از صدها صومعه‌ای که کلیسای مورد بحث در سراسر پارس، آسیای مرکزی و شرق داشت راهبانی (زنان و مردان) که دورهٔ آموزش سه سالهٔ خود را گذرانده بودند در اطاعت از فرمان خداوند ما، چون رودی جهت موعظهٔ انجیل به اقصاء نقاط جهان ســـرازیر می‌شـــدند، تا ضمن موعظهٔ پیام خداوند، صومعه‌های تازه‌ای جهت تبدیل شـــدن به مراکز آموزش نسل‌های آینده خادمان وقف‌شده در ســـرزمین‌های مقصد تأسیس کنند. برخی از آنان گوشه‌نشینی پیشه و خود را وقف دعا و شفاعت می‌کردند. ... دیگران جان خود را در دست گرفته پیش می‌رفتند بدون این که بدانند کجا می‌روند، اما به هدایت الهی چشم می‌دوختند، ... از طریق کار با دست، نیازهای روزمرهٔ خود را تأمین می‌کردند و یا از طریق تغذیه از ریشـــهٔ گیاهان، میوهٔ درختان یا گیاهان خوراکی

---

۱. نستوریان عنوانی است که پس از شوراهای افسس (۴۳۱) و کالسدون (۴۵۱) به مسیحیان سریانی‌زبان شرقی داده شد، از این‌رو برخی به اشتباه پیدایش آنان را به زمان برگزاری شورای مورد اشاره مرتبط می‌دانند. در حالی که پیشینهٔ کلیسای شرق بر اساس شواهد غیرقابل انکار به سده‌های نخست مسیحیت برمی‌گردد. م.

2. Edessa; 3. Adiabene

صحرا روز را به سر می‌بردند. آنان در راستای به مشارکت گذاشتن پیام نجات نسل بشر هیچ مشکل و مانعی را زیاده سخت به‌شمار نمی‌آوردند.»[1]

شاید در نقل‌قول فوق تعریف و تمجید زیادی از خدمات کلیسای نستوری صورت گرفته باشد، با این حال غیرت و شور تبشیری نستوریان در مدت‌زمانی طولانی واقعیتی انکارناپذیر است. مدارس علم الهی و پزشکی نستوریان شهرت بسیاری در تاریخ کسب کردند.

قدیمی‌ترین تصویر یکشنبهٔ نخل بر دیوار کلیسایی نستوری در کوچوی چین (۸-۷ م.)

زمانی که اعراب به پشتیبانی از علوم و آموزش پرداختند، محققان نستوری درِ دانش یونانیان را به روی آنان گشودند و در نتیجه از جایگاه و نفوذ زیادی در دربار هارون‌الرشید و دیگر خلفای بغداد برخوردار شدند. کلیسای مورد بحث در دوران حاکمیت فرمانروایان پارسی و مغول، به‌خاطر آزاداندیشی، فراگیر بودن، آزادمنشی، و تلاش سخت قابل احترام بود و به‌رغم تجربهٔ جفاهایی سخت به شکوفایی ادامه داد.

به نظر می‌رسد که راهبان نستوری در حدود ۵۰۵ م. خدمتی را در کشور چین آغاز کرده بودند. اندک اسناد در دست، حکایت‌هایی (شاید تا حدی) اغراق‌آمیز و در عین حال دردناکی در بر دارند. برخی از آن راهبان به دلیل اعتقاد و مُجاب شدن دل خود و شماری دیگر به‌خاطر فرار از جفا از طریق سفرهایی شاق و شگفت‌آور ورای مرزهای امپراتوری پارس از بین صحراهای سوزان و کوه‌های وحشی راهی شرق دور می‌شدند. بی‌تردید خدمات آنان با موفقیت‌هایی همراه بود. اشاره‌هایی در اسناد باستانی کلیساهای متعدد در این باره و التفات تای تسونگ[2] امپراتور بزرگ چین (۶۳۵ م.)، یافت می‌شود. با این حال به نظر می‌رسد نستوریان با تمام شور و غیرت تبشیری خود در نهایت در دریای خرافه‌پرستی چین مستور شدند. در سال ۱۶۲۵ لوح یادبود خوش‌ساختی در ساینفو، مرکز ایالت شنسی،[3] یافت شد. آن سنگ‌نبشته خلاصه‌ای از تلاش‌های نستوریان را از سال ۷۸۱-۶۳۰ م. ارائه می‌کند. این لوح یکی از اندک نشانه‌های باقی مانده از مبشران نستوری در چین است، که می‌تواند

1. Stewart, John. Nestorian Missionary Enterprise-A Church on Fire. pp. 30 & 46.; 2. Emperor Tai Tsung; 3. Hsianfu, the capital of Shensi

از خدمات تبشـــیری جالب و پُرشـــور آنان حکایت کند. افزون بر این، نســـتوریان در جنوب هندوســـتان کلیسایی تأسیس کردند که تاکنون به فعالیت خود ادامه می‌دهد. آن جماعت نستوری که تاکنون در هندوستان باقی مانده‌اند چنان شـــوری در دل کشیش دکتر جان استوارت، مبشر کلیسای آزاد اسکاتلند، ایجاد کرد که وی را به نوشتن کتابی که پیشتر از آن نقل‌قولی صورت گرفت، واداشت.

The Nestorian Monument at Siganfu (Hsi-an-fu). It was set up in the days of the Nestorian Catholicus and Patriarch, Mar Henan Isho (died A.D. 780) and was unveiled on February 4 following (A.D. 781).

فشار و جفاهای ویرانگر بر کلیسای شرق

در دوران شکل‌گیری اســـلام در طول سدهٔ هفتم، زمانـــی که نیروهـــای بی‌رحم آنان هر ســـوی پارس، افغانستان تا هندوستان را درمی‌نوردیدند، جماعتهای مسیحی نســـتوری در نقاط مختلف پارس می‌زیستند. جنگهای ویرانگر، قحطی و مشکلات دیگری در پی داشت. در سدهٔ هشتم هارون‌الرشید مسیحیان قلمرو خود را آماج دشمنی قرار داد. با وجود حضور چند پزشـــک مسیحی در نشست مباحث دینی (در ابتدای سدهٔ نُهم) در حضور خلیفه مأمون[۱] در مرو،[۲] به احتمال فراوان در آن هنگام جماعتهای دورافتادهٔ مســـیحی از خراسان محو شده بودند.

پاتریارک شمعون ۱۷ام ابراهیم (۱۸۶۰-۱۸۲۰)
Badger, George, The Nestorians & their Rituals, vol. II, London, 1987.

در انتهای ســـدهٔ چهاردهم، توفانـــی ناگهانی جهان را درنوردید. تیمور، معروف به تیمور لنگ، از شـــرق دور پدیدار شد و با تصرف سرزمین‌های محل سکونت کلیساهای نســـتوری آنها را ویران ســـاخت. غیرت او برای اسلام، خشم جنون‌آمیزی را بر تلاش غیرانســـانی او جهت ریشـــه‌کن کردن هر نشانی از مسیحیت افزود. بسیاری از مسیحیان نستوری به دست ســـپاهیان تیمور کشته و دیگران پراکنده و به‌شـــدت ناتوان شدند. با این حال گروه کوچکی از آن جماعتهای مســـیحی باقی ماندند و کرســـی پاتریارک خود را به منظـــور تأمین امنیت همواره از مکانی به مکان دیگر منتقل می‌کردند.

1. Caliph Ma'mun; 2. Merw

احتمال دارد که در همان ایام گروهی از مسیحیان مورد بحث در کوهستان‌های دورافتادۀ کردستان پناه گرفته باشند. برخی از آنان بعدها خطر کردند و به دشت‌های مناطق شمال‌غرب پارس بازگشتند، و به زندگی در روستاهای مجزا ادامه دادند. با این حال آنان چون شهروندان دون‌پایه، برخی مواقع مجبور به داد و ستد و ارتباط با مسلمان بودند.

اقامتگاه مار شمعون، پاتریارک کلیسای شرق،
کوچانیس، سدۀ ۱۹

کلیسای پاتریارک کلیسای شرق
کوچانیس، کوهستان حکاری
(عکس از هلگا انشوتز)

شقاق بزرگ سدهٔ ۱۶

در سدهٔ شانزدهم شقاق تأسف‌باری در کلیسای نستوری پدید آمد که مُنجر به انتصاب دو پاتریارک به‌طور هم‌زمان جهت رهبری آن کلیســا شد. یکی از آنان کرسی خود را در موصل قرار داد. در سالهای اخیر، گروه بزرگی از کلیسای نستوری پیرو کلیسای کاتولیک شده است و عنوان «کلیسای کلدانی یونیات»[1] را بر خود دارد که تحت سرپرستی «پاتریارک بابل» به‌کار خود ادامه می‌دهد. در آغاز شقاق مورد اشاره، قسمت عمده‌ای از جماعت نستوری کردستان و شـــمال‌غرب پارس پیرو «پاتریارک مار[2] شمعون» بودند که کرسی خود را در روستایی در کوهســـتان حکاری قرار داده بود. جانشـــینان آن پاتریارک نیز عنوان مار شمعون را بر خود گرفتند.

نســـتوریان در حدود ۴۰۰ ســـال آن کوههای سر به فلک کشـــیده و پُر شیب را منزل‌گاه خود قرار دادند؛ و به‌رغم دشـــمنی همســـایگان همچنان باورهای باستانی خود را حفظ و به حیات مجزا از کلیســـای جهانی ادامه دادند. مسیحیان (نستوری) کوه‌نشین «عشایر» یا «قبایل سریانی» نامیده شـــده‌اند، در حالی که نستوریان دشـــت «رعیت» (مردمان تحت‌امر ارباب) عنوان گرفته‌اند. عشایر آشوری نیمه‌مستقل هســـتند و تنها مالیات ناچیزی به دولت عثمانی می‌پردازند. آشـــوریان دشـــت موصل کلدانی شناخته می‌شـــوند و به کلیسای کاتولیک روم پیوسته‌اند.

پیوستن آشوریان نستوری به کلیسای ارتدوکس روسی

زمانی که روســـیان در ســـال ۱۸۹۷ به ارومیـــه آمدند تا نفوذ در حال رشـــد خود را در شمال‌غرب پارس تقویت کنند، کشیشان روســـی تبلیغ بسیار پُرحرارتی را به نفع روسیه در بین آشوریان آغاز کردند. آنان به نستوریان وعده می‌دادند که در صورت پیوستن به کلیسای ارتدوکس روسیه از مراقبت قدرتمندانهٔ روسیه برخوردار خواهند شد. نستوریان که به شکل جانکاهی از ستم دول مســـلمان آزار دیده بودند و شهروند دون‌پایهٔ آنان به‌شمار می‌رفتند به روسیان ارتدوکس به چشم منجی خود از آن فشارها نگریستند. از همین‌رو قسمت عمده‌ای از پیروان کلیســـای باستانی نستوری، بسیاری از پیروان کلیســـای کاتولیک کلدانی، و حتی بـــرخی از اعضای کلیسای انجیلی آشوری به کلیسای ارتدکس روسیه پیوستند.

در واقع این به آن معنا نبود که گروه‌های مورد اشـــاره به ایمان ارتدکســـی تمایل یافته بودنـــد، بلکه آنان به امیـــد برخورداری از امتیارهای امنیتی و سیاســـی بـــه آن کار مبادرت ورزیدند.

---

1. Uniat Chaldean Church

۲. عنوان «مار» در زبان ســـریانی به معنی «آقا یا سرور» اســـت و در کلیساهای سریانی‌زبان برای قدیسان، پدران برجستهٔ کلیسا، پاتریارکان و اسقفان به‌کار برده می‌شود. م.

اسقف یونان، از اهالی روستای بزرگ آشوری‌نشین سپرغان، از توابع ارومیه، به همراه هیأتی در سال ۱۸۹۸ در سن‌پترزبورگ حاضر و به باور ارتدکسی گرویدند. یکی از همراهان اسقف یونان، راهبی ارشد به‌نام ایلیا بود که پیشتر در آموزشگاه علم الهی کلیسای انجیلی در ارومیه تحصیل و سپس برای تکمیل تحصیلات خود به آمریکا رفته بود. راهب مورد اشاره بعدها قائم‌مقام اسقف یونان و همچنین به مقام اسقفی نائل شد.
(ردیف جلو از سمت راست: کشیش داوید بنیامین، راهب ارشد ایلیا،
اسقف یونان، پاتریارک ارتدوکس روس، و خان یوسف ارسنوس).
recorstudies.org

کلیسای حضرت مریم (ننه مریم) ارومیه که یکی از کلیساهای بسیار کهن جهان به‌شمار می‌رود پس از گرایش و گرویدن نستوریان (در حال حاضر کلیسای شرق آشوری) دشت ارومیه به کلیسای ارتدکس روسیه، تغییراتی یافت و به شکل کلیساهای ارتدکس تعییر شکل داده شد. کلیسای فوق پس از تصرف ارومیه توسط قوای ترک در دوران جنگ اول جهانی تخریب شد. مسیحیان نستوری پس از جنگ بار دیگر آن را مرمّت کردند اما از ساخت طبقهٔ دوم و گنبد آن صرف‌نظر شد.
در تصویر فوق (اوایل سدهٔ ۲۰) اسقف و کشیشان آشوری
در حالی که جامهٔ مخصوص کلیسای ارتدوکس بر تن دارند، دیده می‌شوند.

نکاتی در مورد چگونگی افول نستوریان

شـــمار نستوریان در سدهٔ چهاردهم م. بر اثر کشتار وســـیع سپاهیان تیمور لنگ به‌شدت کاهش یافت و پس از آن هرگز قادر به جبران آن آســـیب نشـــدند. نستوریان به جماعت‌های کوچکی تقلیل یافتند که بزرگترین آنها در کوهســـتان حکاری، در جنوب‌شرق کشور ترکیهٔ امروزی، متمرکز بود. در حدود ۱۸۷۰ م. جمعیت آنان حدود ۹۷۰۰۰ نفر برآورد می‌شـــد که در حکاری زندگی می‌کردند، و قریب به ۵۲۰۰۰ نفر از آن تعداد، مردمانی با ساختار قبیله‌ای بودنـــد که اجباری به اطاعت از ۱۶۵۰۰۰ نفر کُردی که در آن منطقه در همســـایگی ایشـــان زندگی می‌کردند، نداشتند.

Gunter Michael M. The A to Z the Kurds, p. 12.

حملات تیمور لنگ به حضور نستوریان در شهرهای پارس و بین‌النهرین پایان داد و آنان به امن‌ترین مکان در دســـترس یعنی حکاری پناه بردند. حکاری منطقه‌ای کوهستانی مابین دریاچهٔ وان و دریاچهٔ ارومیه است. در آن هنگام منطقهٔ مورد سکونت نستوریان به‌طور عمده در قلمرو امپراتوری عثمانی و قسمتی نیز در استان آذربایجان ایران قرار داشت. نستوریان در نوارهای مرزی میان دو مملکت اســـلامی مستقر و با قبایل درنده‌خوی کرُد و ایزدی آن زمان احاطه شده بودند. آنان بقای پُرمخاطره و متزلزلی را طی چند سده تجربه و از تمدن و دنیای خارج دور افتاده بودند. دوران طولانی انزوا دســـتاوردهای باستان و الاهیاتی و ... آنان را به یغما برد و بی‌سوادی جای آن را گرفت.

Lind, Colleen, Implications of American missionary precense
in 19th and 20th century Iran, Portland State University, 1975. p. 8.

پس از گرویدن غازان خان به اســـلام که در سال ۱۲۹۵م. واقع شد، او تبریز را تصرف و دستور داد تا تمام کلیساها، صومعه‌ها، کنیســـه‌ها، و بتکده‌ها را ویران کنند، او سپس دستور داد تا سنت اسلامی اخذ جزیه بار دیگر برقرار شود، ... در دوران زمامداری الجایتو (سلطان خدابنده) مســـیحیان بارها دچار کشتار دستجمعی شدند (گرجســـتان ۱۳۰۷ و اربیل ۱۳۱۰ م.). خدابنده ســـنت اخذ جزیه را که تا حدی سســـت شـــده بود، برقرار کرد و آن روند در دوران زمامداری ابو ســـعید بهادر، جانشـــین وی نیز ادامه یافت. در مجموع طی دو سدهٔ ۱۳ و ۱۴ کلیســـای نستوری ســـیر نزولی طی کرد و مقارن با یورش تیمور لنگ (۱۳۸۰) به ایران کلیســـاهای نستوری کم‌تعدادی بر جا مانده بودند. آنها به‌طور عمده در ارومیه، تبریز، مراغه، دیاربکر، نصیبین، اربیل، موصل، و ... یافت می‌شـــدند اما در مقایسه با فهرست سدهٔ ۱۰ سیر افول سریع و وسیع کلیسای نستوری را آشکار می‌سازد، از این‌رو نمی‌توان تنها یورش تیمور را سبب اصلی برچیده شدن کلیسای نستوری دانست.

هوشنگی، لیلا. نسطوریان، انتشارات بصیرت، تهران، سال ۱۳۸۹، ص ۱۸۴-۱۸۲.

بعدها پس از ناکامی کلیسای ارتدوکس روسی در برآورده کردن وعده‌های حمایتی خود از آشوریان نستوری، واکنش و حرکت‌های معکوسی شکل گرفت. با این حال اکثر نستوریان در عضویت کلیسای ارتدوکس روسی باقی ماندند، و میسیون بزرگ روسی در ارومیه هر چه در توان داشت به جا آورد تا کلیسایش را تقویت کند. در آن هنگام آن تعداد از آشوریان ارومیه که در عضویت کلیسای پروتستان باقی مانده بودند به حدود ۳۰۰۰ نفر بالغ می‌شد.

پیامدهای ویرانگر جفاها و تبعیض دراز مدت بر کلیسای شرق

جفایی که این مردمان طی سده‌ها تحمل کرده‌اند حکایت حزن‌انگیزی خلق کرده است. اوضاع نستوریان در پارس از برخی جنبه‌ها در مقایسه با کشورهای مجاور کمتر خشن بوده است. به‌طوری که آنان در کردستان و امپراتوری عثمانی هر از گاهی قتل‌عام شده‌اند. با وجود بهره‌گیری و سوءاستفادهٔ مغولان و مسلمانان از دانش نستوریان، بعدها ادبیات ایشان نابود شد. به‌طوری که به غیر از شمار محدودی دست‌نوشته، آن هم به زبان مُردهٔ آرامی که تنها چند نفر کشیش و شماس از توانایی خواندن آن برخوردارند، چیز دیگری برای آنان باقی نمانده است. با این حال، این کلیسا ایمان نخستین خود را سالم‌تر از سایر کلیساهای شرقی حفظ کرده است. آنان هنوز هم به‌شدت و با سرسختی و احترام به کتاب‌مقدس چون کلام خدا تمسُک می‌جویند. با هیچ عکس، تندیس، شمایل عیسای مصلوب، اتاق اعتراف، و یا پرستش نان تبرک (عشاء ربانی)، در کلیسا مدارا نمی‌کنند. اما عامهٔ مردم ناآموخته و خرافاتی هستند. آنان خود را سریانی می‌دانند و زبانشان نیز گویشی سریانی هم‌خانوادهٔ زبان پشیتا،[1] ترجمهٔ معروف سریانی کتاب‌مقدس، و همچنین آرامی مورد استفادهٔ یهودیان ساکن فلسطین در روزگار سرور ماست. آنان برخی مواقع آشوری خوانده می‌شوند، عنوانی که می‌تواند بدین معنا باشد که ایشان از نسل مسیحیان پُرشماری هستند که سده‌ها در دشتهای آشور زندگی کرده‌اند و از تبار آشوریان باستانند. نستوریانی که به کلیسای کاتولیک پیوسته‌اند کلدانی نامیده شده‌اند. اما این عنوان به قومیت آنان مربوط نمی‌شود. آنان عنوان نستوری را رد کردند زیرا آن عنوان، شخص و باور خاص کلیسای باستانی ایشان را یادآوری می‌کرد. با این حال احتمال می‌رود عنوان نستوری جهت پرهیز از سردرگمی و به منظور تمیز مسیحیان سریانی شرقی از همکیشان سریانی غربی آنان در سوریه اختیار شده باشد. آمار موثقی از شمار نستوریان در دست نیست. تخمین زده می‌شود که آنان هم‌اکنون حدود ۳۰۰۰۰ نفر باشند که ۱۵۰۰۰ نفر از ایشان در دشت ارومیه یا نزدیکی آن، و بقیه در دره‌های کوه‌های کردستان پراکنده باشند.[2]

---

۱. Pshitta (به معنی سلیس و روان)

۲. در این قسمت آرتور براون آمار متفاوتی ارائه می‌کند و به منبع آن اشاره‌ای ندارد. در حالی که بسیاری از مورخان از جمله مبشران آمریکایی در حین ورود (اوایل سدهٔ نوزده) به ارومیه شمار آشوریان دشت و کوهستان را بسیار بالاتر از رقم فوق برشمرده‌اند (الدر، جان، تاریخ میسیون آمریکایی در ایران، نور جهان، تهران، ۱۹۵۴، ص. ۷-۶).

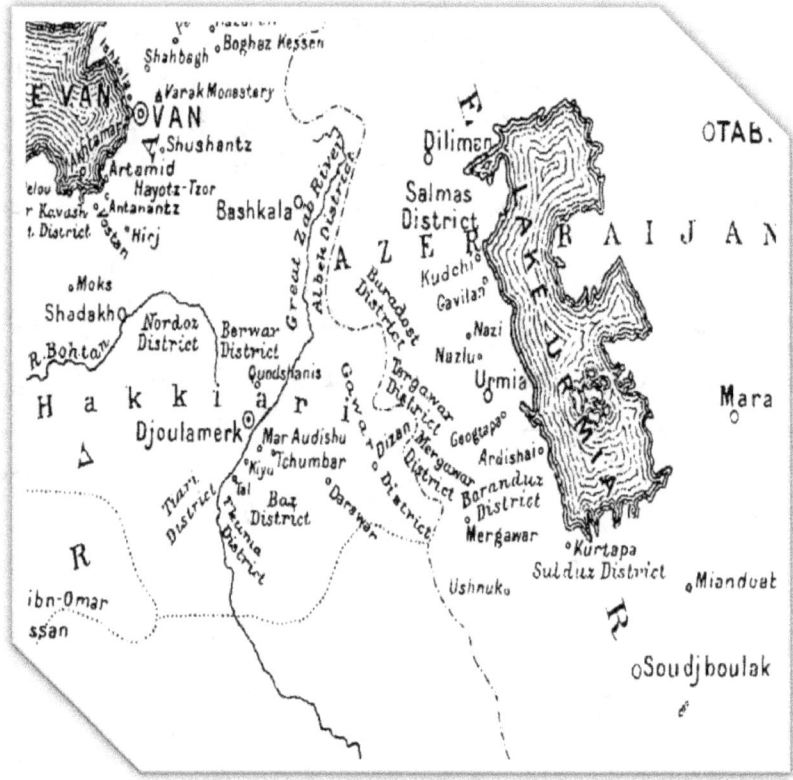

نقشهٔ فوق مناطق استقرار آشوریان در سرزمین‌های مابین دریاچه‌های ارومیه و وان در ممالک پارس و عثمانی را در دوران پیش از جنگ اول جهانی نشان می‌دهد.

ارامنه

ارامنه یکی دیگر از اقوام مسیحی ساکن پارس هستند، جفای آنان در ترکیه به حدی است که همدردی دنیای غرب را برانگیخته است. آمار دقیقی از جمعیت آنان نیز در دست نیست، اما گمان می‌رود که شمارشان در پارس حدود ۵۰۰۰۰ نفر باشند.

آنان مردمانی فنی، فعال و تاجرند. این مردم را می‌باید جزو مولدترین و با پشتکارترین مردمان حال حاضر پارس به‌شمار آورد. آنان به باورهای کلیسای خود وفادارند و به تاریخ و ایمان خود افتخار می‌کنند. با این حال، بسیاری از ارامنهٔ ساکن روستاها افرادی ناآموخته و خرافاتی هستند. کلیسای ارامنه هفت آیین مقدس را پاس می‌دارد. آیین مقدس تعمید را با سه مرتبه پاشیدن آب بر شخص تعمیدگیرنده انجام می‌دهد، شفاعت مقدسان را می‌پذیرد، و ستایش خود را به شمایل و نان تبرک شده ابراز می‌کنند. آنان هم نان و هم شراب را در آیین شام خداوند به افراد ارائه می‌کنند. کلیسای ارامنه وجود برزخ را نیز می‌پذیرد و بر این باور است که دعای پارسایان به جانهایی که در برزخ هستند کمک می‌کند تا آنجا را ترک گویند. بسیاری

از کشیشان ارامنه تنها قادر به خواندن زیرلبی دعاهای تعیین شده از زبان مردهٔ باستانی خود هستند و به سختی می‌توانند حتی کلمه‌ای از آن را ترجمه کنند. اوضاع آنان شباهت بسیاری به نستوریانی دارد که نسل پیش به دنیای مسیحی معرفی شدند. ارامنهٔ پارس از مذهبی خشک و ظاهرپرست برخوردارند، آیین‌نامه‌ای برای روزه و رسومات دارند، دانش کتاب‌مقدسی آنان بسیار اندک یا در حد صفر است. آنان عیسی را پیغمبر خود قلمداد می‌کنند یعنی همان نگاهی که یهودیان به موسی، و مسلمانان به محمد دارند. ارامنهٔ پارس که با جماعتهای مسلمان احاطه شده‌اند بسیاری از روحیات و اخلاقیات مسلمانان را جذب کرده‌اند.

ARMENIAN WOMAN SPINNING.

زنی از ارامنه در حال نخ‌ریسی
کلیسا در خانه و خارج سدهٔ ۱۹

A TYPICAL ARMENIAN VILLAGE FAMILY.

خانوادهٔ ارامنه در سدهٔ ۱۹
کلیسا در خانه و خارج

ارامنهٔ نواحی شمالی و مرکزی ایران

شاه عباس در ســال ۱۶۰۴ نخستین جابجایی اجباری کلان جمعیت را با انتقال ارامنهٔ مسیحی از مرزهای شمال‌غرب کشور آغاز کرد. شمار دقیق جمعیتی که در آن هنگام جابجا شد مشخص نیست. اما به نظر می‌رسد که بتوان آمارهای ذیل را معتبر شمرد.

بر طبق گفتهٔ تاوارنیه، دومنز و چاردین (Tavernier, Du Mans and Chardin)، جمعیت آنانی که به گیلان و مازندران کوچانیده شـدند به ۲۰ تا ۳۰ هزار خانواده بالغ می‌شـد؛ اما آراکل تبریزی (Arakel of Tabriz)، تاریخ‌نــگار ارمنی، رقم آنان را در حدود ۱۰ هزار تن برآورد می‌کند. جماعت مذکور در مرکز تازه تأسیس فرح‌آباد یا اطراف آن اسکان داده شدند؛ و فرزندان آنان را هنوز هم می‌توان در محلهٔ ارمنی‌نشین تبریز یافت. آنانی که به استانهای جنوبی کشور برده شدند ۱۲ هزار خانواده یا ۷۵ هزار نفر بوده‌اند. آن گروه نیز در ســواحل جنوبی زاینده‌رود در نزدیکی اصفهان استقرار داده شدند. جماعت مزبور در آنجا شهرکی بنا کردند و آن را جلفای جدید نامیدند.

ارامنه در مقاطعی از جمله سال ۱۶۲۱ به سـختی مورد جفا قرار گرفتند و هزاران تن از آنان مجبور به انکار ایمان یا پذیرش مرگ شــدند. با این حال این قوم با اســتقامت عجیب و قهرمانانه ایمان مسیحی خود را حفظ کردند.

Waterfield, Robin, Chirsitians in Persia, pp. 63,68.

یهودیان

یهودیــان پارس را نیز می‌باید به گروه‌های متنوع مذهبی که پیشــتر ذکر شـدند، افزود. تخمین زده می‌شـود که جمعیت آنان حدود ۴۰۰۰۰ نفر باشــد. یهودیان پارس بازماندگان

یهودیان پارسی در دوران قاجار
منابع اینترنتی

عبرانیانی هستند که در سال ۷۲۲ پ. م. توسط قوای امپراتوری آشور و در سال ۵۸۶ پ.م. توسط کلدانیان اسیر و به بین‌النهرین و پارس آورده شده بودند؛ برخی از آنان افرادی توانا، باهوش و بانفوذ هستند و در چرخهٔ کار و اقتصاد کشور نقش مهمی دارند، اما اکثر یهودیان مردمانی ناآموخته، قبیله‌ای و مُتعصب می‌باشند.

کاتولیک‌ها

در تمامی سرزمینهای شرقی، کلیسای کاتولیک رومی قوی‌ترین کلیسای موجود است. فعالیت کلیسای کاتولیک در منطقه به سدهٔ چهاردهم و رقابت سختی که برای جلب نظر امپراتوران مغول هندوستان،[1] با نستوریان آغاز کرده بود برمی‌گردد. کاتولیکها سپس تلاشی جدّی را به منظور هدایت ارامنه به باور کاتولیکی انجام دادند. اما حاصل کار آنان بسیار ناچیز بود و تنها کلیسای کوچکی از ارامنهٔ کاتولیک شکل گرفت. بعدها کلیسای کاتولیک به جذب نستوریان ارومیه، سلماس و تهران پرداخت و همچنین خدمات آموزشی قابل‌توجهی به مسلمانان ارائه کرد.

مدرسهٔ میسیون لازاریست‌های (کاتولیک) در تبریز (۱۹۰۴)
منابع اینترنتی

---

1. Grand Mogul

فصل چهارم

پروتستانها[1] و آغاز ترجمه، نشر و پخش کتاب‌مقدس در پارس

هنری مارتین، مبشر انگلیسی، در سال ۱۸۱۱ از هند وارد پارس شد و یازده ماه در شیراز توقف کرد. او در طول اقامت در شیراز به‌طور مستمر و شجاعانه از ایمان خود با مسلمانان و آخوندهای مسلمان سخن می‌گفت. مارتین در کار ترجمهٔ عهدجدید و کتاب مزامیر به زبان فارسی زحمات زیادی مُتحمل شد، و طی ده ماه آن را به پایان بُرد. مارتین با دعای ذیل ترجمهٔ خود را وقف کرد:

«حال باشد آن روح قدوسی که این کلام را عطا فرمود و مرا به این خدمت فراخواند، مُفسر آن باشد، و آن را به‌طرزی قدرتمندانه و فیض‌بخش در دل انسان گناهکار به منظور گردآوردن برگزیدگان پارسی به‌کار گیرد.»

مارتین پس از ترک شیراز به منظور تقدیم ترجمهٔ مورد اشاره به شخص شاه راهی اردوگاه وی شد. او ماجرا را این‌گونه تعریف می‌کند:

«روز ۱۲ ماه جون در بارگاه وزیر حاضر شدم، در آنجا مباحثه‌ای سخت و پر سر و صدا به مدت یک تا دو ساعت مابین هشت تا ده نفر از سویی، و من به تنهایی در سوی دیگر، درگرفت. شخص وزیر که در ابتدا ما را جهت مباحثه جمع کرد، پس از مدتی به مباحثه پیوست و گفت: بهتر بود بگویی خدا خداست، و محمد پیامبر خدا. من پاسخ دادم: خدا، خداست، و به جای گفتن محمد پیامبر خداست، گفتم: و عیسی پسر خداست. آنان پیشتر این را از من نشنیده بودند، زیرا من تا آن هنگام از مطرح کردن آن پرهیز کرده بودم. با شنیدن این سخن آنان ناگهان بانگی ناشی از جریحه‌دار شدن احساسات و خشم برآوردند: او نه زاده شده و نه زاییده است. آنگاه چنان از جا برخاستند که گویا قصد دارند مرا تکه‌تکه کنند. یکی از آنان به من گفت: وقتی زبانت را به‌سبب این کفرگویی بسوزانیم، چه خواهی گفت؟ یکی

---

۱. بر پایهٔ اسناد موجود نخستین مبشران پروتستانی که رهسپار پارس شدند دو پزشکِ مبشر آلمانی به نامهای هوکر (C. F. W. Hoecker)، و روفر (J. Ruefffer)، از فرقهٔ موراویان (Moravians)، بودند. آنان با هدف استقرار در مناطق زرتشتی‌نشین و آغاز خدمات بشارتی در بین آنان به پارس رفتند. اما به‌سبب پریشانی اوضاع کشور که پیامد ترور نادر شاه بود، نتوانستند به یزد برسند و از همین‌رو مجالی برای آغاز خدمت نیافتند. (Bradley, ۲۰۱۴, p. ۳۰۴).

از آنان حسن‌نیتی به من نشان داد و سعی کرد مسیر آن مباحثهٔ سخت را برگرداند. ترجمهٔ عهدجدید را که با خود آورده بودم و انتظار داشتم به شخص شاه تقدیم کنم، نزد میرزا صوفی بود. در حینی که آنان برخاستند تا برخی نزد شاه و تعدادی بیرون بروند، من هراسان شدم که ناگاه آن را لگدمال و تباه سازند، از این‌رو همراه با آنان رفتم و کتاب را برداشتم و در حالی که آنان نگاهی به‌شدت جریحه‌دار شده به من و کتاب دوخته بودند آن را در پارچه‌ای پیچیدم. سپس با خود فکر کردم که من مرتکب چه عملی شدم که اینان این چنین جریحه‌دار و خشمگین شده‌اند؟ فکر کردم که چیزی غیر از شهادت بر عیسی انجام نداده بودم. من در حین دعا به این امور فکر کردم، و آن سلامتی و تسلی را که مسیح به شاگردانش وعده داده است، یافتم.»

هنری مارتین (۱۸۱۲-۱۷۸۱)
مترجم عهدجدید از زبان یونانی به فارسی

هنری مارتین در سال ۱۷۸۱ در شهر ترورو (Truro)، به دنیا آمد. خانوادهٔ او از طبقهٔ متوسط، اما موفق جامعه به‌شمار می‌آمد. هنری مارتین در مدرسهٔ محلی درس خواند و در سال ۱۷۹۷ برای نخستین بار خانه را به منظور تحصیل در دانشگاه کمبریج ترک کرد. او در آنجا تصمیم گرفت ریاضی بخواند. مارتین در دوران تحصیل در کمبریج نوعی دگرگونی مذهبی را تجربه کرد. او در سال ۱۸۰۱ تحصیل خود را به پایان برد و با تعجب دریافت که رتبهٔ نخست دانشگاه کمبریج در رشتهٔ ریاضی را کسب کرده است.

مارتین بعدها در حین کار اوقاتی را به مطالعهٔ زبانهای شرقی و فراگیری آنها و ادبیات فارسی (به‌طور خاص اشعار سعدی که بعدها بسیار مفید واقع شد) اختصاص می‌داد.

او در سال ۱۸۰۵ عازم هندوستان شد و در سال ۱۸۱۰ ملکوم بزرگ را در کلکته ملاقات کرد و در مورد تمایل خود برای رفتن به پارس با وی سخن گفت. نامبرده بعدها در مورد مارتین نوشت: «من باور دارم که او قصد دارد از طریق شیراز، اصفهان، کرمانشاه به بغداد برود و در آنجا به جستجوی نسخ قدیمی اناجیل (به زبان سریانی) بپردازد؛ نسخی که او اعتقاد دارد در کوه‌های پارس پنهان مانده‌اند. افزون بر این، آقای مارتین در نظر دارد خود را به سطح دانشمندی شرق‌شناس ارتقاء دهد؛ مرتبه‌ای که او پیشتر به‌طرزی عالی به آن نائل شده است. دانش او در عربی از هر انگلیسی دیگری در هند برتر است. او مردی خوشرو و بسیار فهمیده است و اشتیاق و رغبت زیادی به دعوت مقدس خود دارد.»

مارتین پس از استقرار در پارس به سال ۱۸۱۱ و کار سخت برای تکمیل ترجمهٔ عهدجدید این‌گونه می‌نویسد: «با دریغ نشدن رحمت خداوند و دیدن سالی نو، نقل‌مکان به شیراز به سلامتی انجام پذیرفت ... کار ترجمه بدون وقفه‌ای اساسی پیش رفت و اکنون کمابیش به پایان رسیده است. سال جاری تا آنجا که می‌توان دریافت پرمخاطره‌ترین سال زندگی من خواهد بود. اما اگر عمر من آن‌قدر به درازا کشد که ترجمهٔ عهدجدید فارسی را تکمیل کنم، بقیهٔ آن از اهمیت کمتری برخوردار خواهد بود.»

مارتین که در کاخهای اطراف تهران موفق به یافتن پادشاه نشد و گرفتار مباحثه‌ای دشوار با برخی از رهبران دینی مسلمان گردید، با ناامیدی از یافتن پادشاه تصمیم گرفت به تبریز برود. در راه تبریز مارتین و همراه انگلیسی او به سختی بیمار شدند ... سفیر انگلیس در تبریز به یاری وی شتافت و از وی مراقبت کرد. او به مارتین قول داد که نسخهٔ عهدجدید را با تشریفات ضروری جهت اطمینان از پذیرش محترمانه به شخص شاه تقدیم خواهد کرد. وعدهٔ مذکور انجام و عهدجدید با تشریفات خاصی به شخص فتحعلی شاه قاجار تقدیم شد. فتحعلی شاه، در نامه‌ای تشکرآمیز چنین پاسخ داد: «اگر خدای مهربان را خشنود می‌سازد، ما یکی از خادمان برگزیده ... را امر می‌کنیم، این کتاب را از ابتدا تا انتها برای ما بخواند.» آن نسخهٔ عهدجدید مفقود شد اما نسخه‌ای که به سر گوره اوسلی (Sir Gore Ouseley) داده شد به انجمن کتاب‌مقدس روسیه ارسال و در آنجا بی‌درنگ به چاپ رسید.

اوضاع جسمانی مارتین به‌طرز بارزی مأیوس‌کننده بود، از این‌رو، او درخواست مرخصی و بازگشت به انگلیس کرد. مارتین روز ۱۲ سپتامبر از تبریز خارج شد. سرزمین‌های حد فاصل تبریز تا قسطنطنیه که طول آن به ۱۵۰۰ مایل می‌رسید، مناطقی بسیار ناامن بود که در آن تمامی مسافران مشمول حملهٔ اکراد و سایر سارقان مسلح می‌شدند. مردی تاتار، به‌نام حسن، ریاست محافظان مارتین و دیگر مسافران گروه را بر عهده داشت؛ او هیچ توجهی به اوضاع جسمانی مارتین نداشت و سعی داشت آن سفر را در کوتاه‌ترین زمان ممکن به پایان ببرد. از این‌رو به‌گونه‌ای طاقت‌فرسا پیش می‌رفت به‌طوری که مارتین به‌سبب خستگی بسیار به‌کلی از پا درآمد.

در طول این سفر طولانی تنها یک انحراف از مسیر ثبت شده است؛ و آن زمانی واقع شد که مارتین به دیدن پاتریارک ارامنه در اچمیاندزین (Echmiandzin)، می‌رود. مارتین همواره مهر و علاقه‌ای خاص نسبت به ارامنه داشت و آنان نیز وی را دوست داشتند. راهب جوانی

که مارتین را در آن ملاقات از نزدیک دیده بـود، پس از مدتی ظاهر او را این‌گونه توصیف می‌کند: «او مردی بسیار ظریف و لاغراندام بود که قامتی کوتاه‌تر از حد متوسط داشت؛ او ریشی نداشت، و به هنگام صحبت در مورد محبت الهی خوشرو و مهربان می‌نمود.»

آخرین یادداشت‌های روزانهٔ هنری مارتین به روز ۶ اکتبر مربوط می‌شـود که شامل این جمله‌هاست: «هیچ اسبی برای استفاده وجود ندارد، من استراحت غیرمترقبه‌ای داشتم. در باغستانی نشستم و با تسلی شیرین و سلامتی خدایم، به تفکر پرداختم؛ یعنی در خلوتِ همراه، دوست و تسلی‌دهنده‌ام.» سپس مارتین تمامی اوراق خود را به سرجیوس (سارکیس)، خادم ارمنـی، خود داد و به او گفت که آنها را به آیزاک موریور (Isaac Morier)، کنسـول بریتانیا در قسطنطنیه، بدهد. شش هفته بعد سرجیوس به قسطنطنیه رسید و خبر غمبار مرگ آقای خود در روز ۶ اکتبر را که در توکات (Tokat)، واقع شـده بود گزارش کرد! در آنجا راهبان ارامنه، جنازهٔ مارتین ۳۱ ساله را به خاک سپردند. امروزه گردشـگران می‌توانند از آرامگاه هنری مارتین که توسط موزهٔ محلی آن شهر کوچک ترک محافظت شده است، دیدن کنند.

Waterfield, Robin, Christians in Persia, London, G. Allen & Unmin, 1973. pp. 89-94.

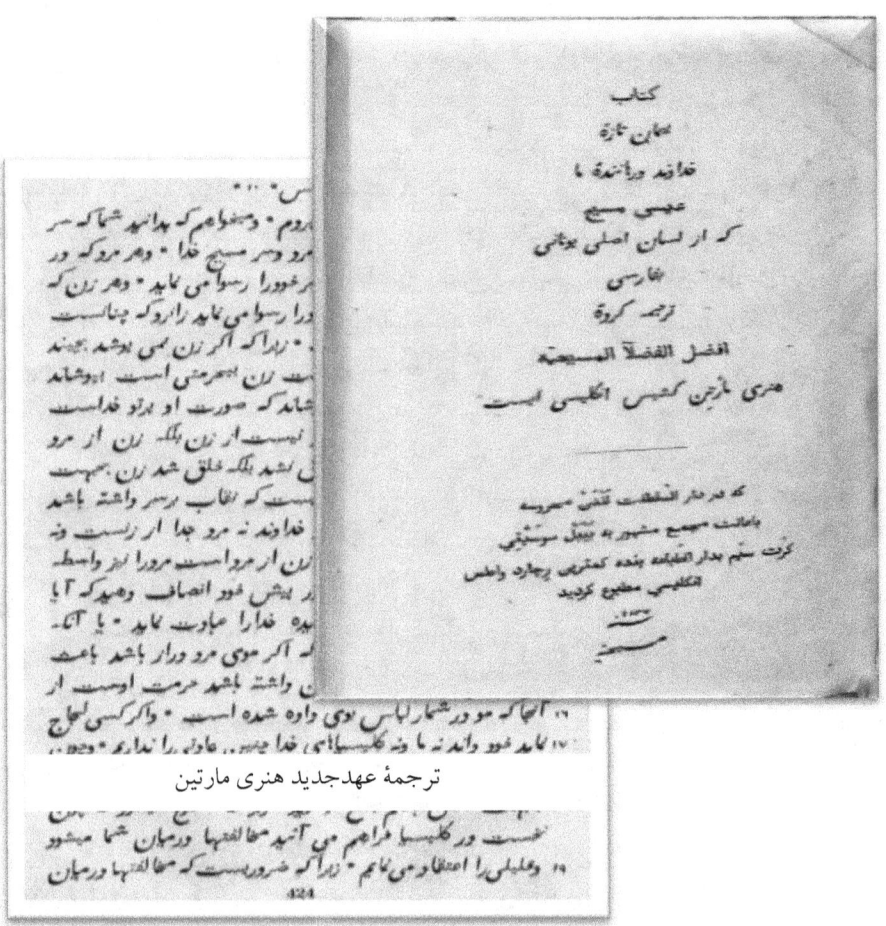

ترجمهٔ عهدجدید هنری مارتین

مبشران آلمانی و بریتانیایی

در سال ۱۸۳۰ مبشران انجمن تبشیری بازل (آلمانی)[1] که در شهر شوشا واقع در قفقاز جنوبی[2] مشغول کار بودند، از پارس دیدن کردند. یکی از ثمرات ماندگار آن سفر کتاب جدّل‌آمیز «سنجش حقیقت» است که توسط دکتر فاندر نوشته شد.[3] دکتر گلن، مبشر اسکاتلندی[4] از سال ۱۸۳۸–۱۸۴۷ در پارس ساکن شد و با ترجمهٔ قسمت باقی ماندهٔ کتاب‌مقدس (عهدعتیق) به زبان فارسی، کار هنری مارتین را تکمیل کرد.

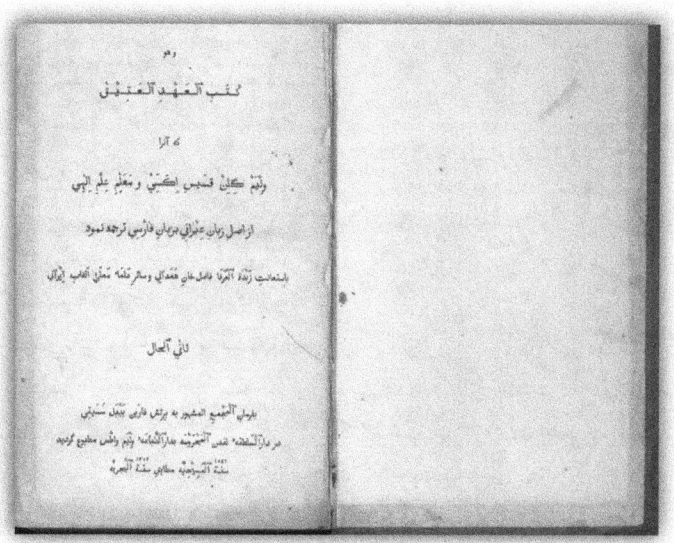

تصویر ترجمهٔ عهدعتیق فارسی ویلیام گلن
زمان چاپ: ۱۸۵۶

انجمن تبشیری کلیسای انگلیس

در سال ۱۸۶۹ کشیش روبرت بروس[5] در اصفهان مشغول به‌کار شد، جایی که بعدها به مرکز فعالیت انجمن تبشیری کلیسای انگلیس[6] تبدیل شد. انجمن مورد اشاره فعالیت خود را به جنوب پارس محدود ساخته بود، در حالی که کلیسای مشایخی در نواحی شمالی فعال بود. فعالیت انجمن کلیسای انگلیس مُنجر به گرویدن شمار قابل‌توجهی از مسلمانان به ایمان مسیحی شد.

در سال ۱۸۸۶ هیأت بشارتی اسقف اعظم کانتربوری[7] به منظور خدمت به آشوریان مسیحی، کار در ارومیه را آغاز و پس از اندکی فعالیت خود را به کوهستان کردستان گسترش داد.

---

1. The Basle Missionary Society (German); 2. Shusha in Transcaucasia; 3. Dr. Pffander, The Balance of Truth; 4. Dr. Glen, Scotch Missionary; 5. Robert Bruce; 6. The Church Missionary Society of England; 7. The Archbishop of Canterbury's Mission

ویلیام وایگرام (۱۹۵۳-۱۸۷۲)
او در سال ۱۹۰۲ جهت خدمت به نستوریان به حکاری رفت، و بعدها همواره از حامیان آنان بود. او چند جلد کتاب در مورد کلیسای باستانی پارس نوشت.
عکس ازمنابع اینترنتی

کار آن هیأت به‌طور عمده به ارائهٔ خدمات آموزشـــی محدود بود. آنان سعی داشتند بدون ایجاد تغییری در تشکیلات و رویهٔ کار کلیسای نســتوری[۱] آن را تقویت کنند. تحقق آن هدف زحمات زیادی را می‌طلبید و نتایج حاصله در حد توقع هیأت نبود.

انجمن کتاب‌مقدس

انجمن کتاب‌مقدس آمریکا همراه با انجمن کتاب‌مقـدس بریتانیا و خارجه،[۲] با میسـیون کلیســاهای پروتســتان آمریکایی مســتقر در پارس همـکاری و خدمات لازم را به آن ارائه می‌کردند. در سال ۱۹۱۳ انجمن کتاب‌مقدس آمریکا بـــه منظور تنظیم منطقـــهٔ فعالیت خود بـــا انجمن کتاب‌مقدس بریتانیـــا از فعالیت در پارس صرف‌نظـــر کـــرد. بدین‌ترتیب انجمن کتاب‌مقدس بریتانیا و خارجه خدمت کمک‌رسانی به هیأتهای مذهبی فعال در منطقه را دنبال کرد. اما قسمت برجستهٔ دیگری از کار ترجمهٔ کتاب‌مقدس توسط اعضای میسیون آمریکایی انجام شـــد؛ به‌طوری که دکتر بنجامین لبری[۳] کار ترجمه به زبان سریانی[۴] و دکتر جان رایت[۵] ترجمه به زبان آذری را به اتفاق سایر همکاران خود انجام دادند.

گوشه‌ای دیگر از حکایت پروتستانها و ترجمهٔ کتاب‌مقدس

کلودیـــوس بوچانان (Claudius Buchanan)، یکی از نخســتین افـــرادی بود که کار ترجمهٔ کتاب‌مقدس به فارســـی را طی سدهٔ نوزدهم در هند آغاز کرد. او دربارهٔ ترجمهٔ کتاب‌مقدس به فارســـی پیش‌بینی کرد و گفت: «وقتی که نسخ عهدعتیق و عهدجدید در سطح وسیعی از پارس شناخته شوند، عصر جدیدی را در تاریخ آن کشور شکل خواهند داد.»

(Buchanan, Christian Researches in Asia, p. 99)

---

۱. اسقف اعظم کانتربوری چارچوب همکاری خود با نستوریان را این‌گونه مشخص می‌کند: «ما کسی را به باور کلیسای خود سوق نخواهیم داد، هیچ کسی توسط ما تعمید نخواهد یافت، با کسی ارتباط برقرار نخواهیم کرد و هیچ‌کس را دستگذاری نمی‌کنیم.»

2. British and Foreign Bible Society; 3. Benjamin Labaree

۴. ما اطلاع داریم که پیش‌تر ترجمهٔ عهدجدید ســریانی در ســـال ۱۸۴۶ و عهدعتیق در ســـال ۱۸۵۲ تکمیل شده بود و بنجامین لبری بعدها کار ویرایش ترجمهٔ اولیه را انجام داد.

5. John n. Wright

کتاب‌مقدس آذری، زمان چاپ: ۱۸۹۱

ترجمه‌ای که ویلیام گلن اسکاتلندی به یاری میرزا محمد جعفر، از عهدعتیق عبری به زبان فارسی انجام دادند در سال ۱۸۴۵ در ادینبورگ (Edinburgh)، اسکاتلند به چاپ رسید. در سال ۱۸۴۶ ترجمهٔ هنری مارتین از عهدجدید در کنار ترجمهٔ عهدعتیق مورد اشاره قرار داده شد و برای نخستین بار کتاب‌مقدس کامل فارسی توسط انجمن کتاب‌مقدس بریتانیا و خارجه در ادینبورگ چاپ شد.

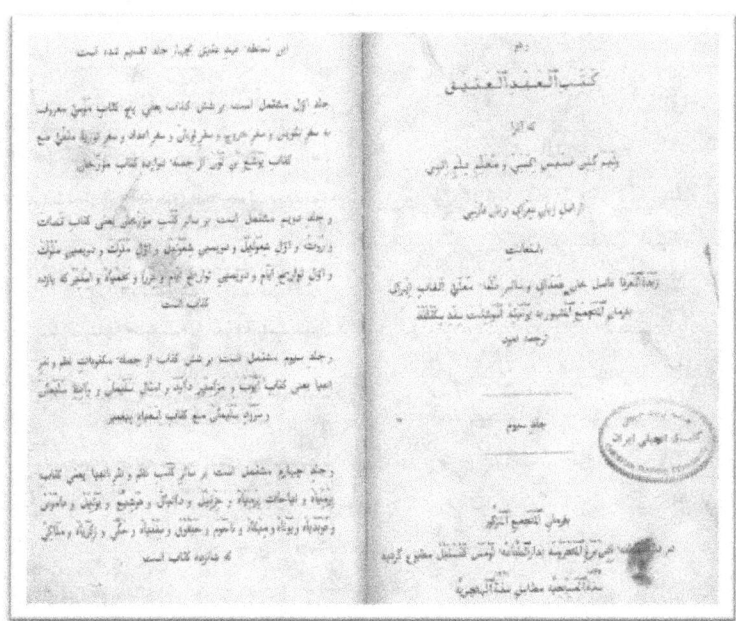

تصویر ترجمهٔ عهدعتیق فارسی ویلیام گلن
زمان چاپ: ۱۸۵۶

روبرت بروس

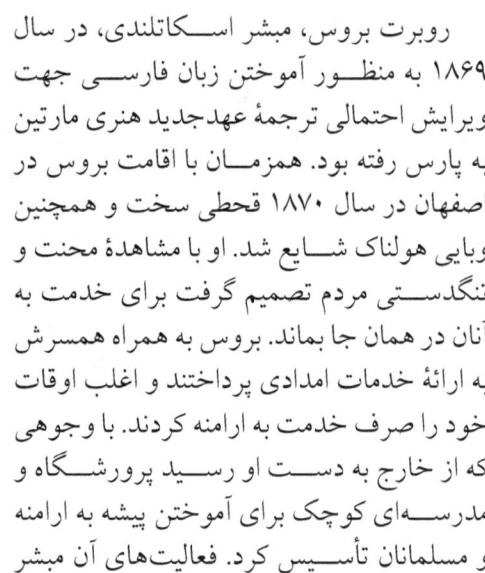

روبرت بروس
Robert Bruce

روبرت بروس، مبشر اسـکاتلندی، در سال ۱۸۶۹ به منظـور آموختن زبان فارسـی جهت ویرایش احتمالی ترجمۀ عهدجدید هنری مارتین به پارس رفته بود. همزمـان با اقامت بروس در اصفهان در سال ۱۸۷۰ قحطی سخت و همچنین وبایی هولناک شـایع شد. او با مشاهدۀ محنت و تنگدسـتی مردم تصمیم گرفت برای خدمت به آنان در همان جا بماند. بروس به همراه همسرش به ارائۀ خدمات امدادی پرداختند و اغلب اوقات خود را صرف خدمت به ارامنه کردند. با وجوهی که از خارج به دسـت او رسـید پرورشـگاه و مدرسـه‌ای کوچک برای آموختن پیشه به ارامنه و مسلمانان تأسـیس کرد. فعالیت‌های آن مبشر اسـکاتلندی به‌تدریج به پی‌ریزی خدمت CMS یـا English Church Missionary Socitey در پارس مُنجر شد.

در زمان ورود بروس به پارس به سـال ۱۸۶۹ نیاز بـه ویرایش ترجمۀ عهدجدید هنری مارتین بسیار محسوس و ضروری می‌نمود.

بروس از نخسـتین سـال‌های اقامت در پارس، با BFBS (انجمن کتاب‌مقدس بریتانیا و خارجه) که حقوق منشی وی را می‌پرداخت، در ارتباط بود. در سال ۱۸۷۸ آقای وات (Watt)، نمایندۀ انجمن مورد اشاره، کریسمس آن سال را با بروس گذراند.

در سـال ۱۸۸۰ CMS و انجمن کتاب‌مقدس توافق کردند که بروس نمایندۀ آن انجمن در ایران باشـد. از این‌رو، پارس در آن هنگام برای نخستین بار جایی در فهرست نمایندگی‌های خارجی BFBS به دست آورد.

در سال ۱۸۸۱ بروس به همراه ترجمۀ کامل عهدجدید خود به انگلستان رفت و آن را در اختیار پروفسـور پالمر (E. H. Palmer)، گذاشت و پالمر پیش از چاپ ترجمۀ فوق در تیراژی ۶۰۰۰ جلدی آن را مورد بازنگری قرار داد. بروس به‌سـبب انجام کار مذکور از کالج ترینتی دوبلین (Trinity College Dublin)، درجۀ دکترای افتخاری الهیات دریافت کرد.

در سـال ۱۸۹۵ نسخۀ کامل و ویرایش‌شدۀ کتاب‌مقدس بروس توسط BFBS در لایپزیک چاپ شـد. بروس به‌سبب انجام چنین خدمت پیشـگامانه که بیست سال به طول انجامید، دکترای افتخاری الهیات از آکسفورد (Oxford) نیز دریافت کرد.

1. Waterfield, Robin, Christians in Persia, G. Allen & Unmin, London, 1973, pp. 115, 179, 180.
2. Wright, Von Denis. The English Amongst the Persians: imperial Lives in Nineteenth-Century Iran. Tauris. 2001. p.118.

بنجامین لبری

کشیش بنجامین لبری همکاری خود را با مرکز مبشران کلیسای مشایخی ارومیه از سال ۱۸۶۰ آغاز و تا سال ۱۹۰۶ ادامه داد. او همواره در رأس خدمات ادبی-انتشاراتی مرکز میسیون ارومیه قرار داشت و با دقت و توجه بسیار به ریزترین نکات، کارش را انجام می‌داد. خدمت او در بخش ادبیات مسیحی میسیون همواره نام وی را در کنار دکتر پرکینز چون خالقان زبان سریانی جدید قرار داده است.

بنجامین لبری (۱۹۰۶-۱۸۶۵)
Benjamin Labaree

کار ویرایش کتاب‌مقدس (عهدعتیق و عهدجدید) آشوری که در دوره‌های اولیهٔ کار میسیون در ارومیه ترجمه شده بود، از سال ۱۸۸۱ یا ۱۸۸۴ تحت سرپرستی بنجامین لبری آغاز شد. کمیته‌ای از محققان و ویرایش‌گران آشوری متشکل از کشیش اوشانا از تخومه، شماس بابا از روستای کوسی، رابی اورهام از روستای گلپاشین، کشیش یوسف از روستای وزیرآباد و کشیش اوشانا، یکی از مدرسان کالج ارومیه، همکاران کشیش لبری در پروژه مورد اشاره بودند.

آن نسخهٔ ویرایش شدهٔ کتاب‌مقدس آشوری پس از برخی کارهای تکمیلی (که با همکاری فرستادگان مرکز میسیون ارومیه به آمریکا انجام شد)، به سال ۱۸۹۳ توسط انجمن کتاب‌مقدس آمریکا در شهر نیویورک به چاپ رسید.

هدف اصلی از ویرایش کتاب‌مقدس آشوری تهیهٔ نسخه‌ای قابل فهم برای آشوریانی بود که به گویش ارومیه سخن نمی‌گفتند. در نتیجه بسیاری از واژه‌های آذری و فارسی ترجمهٔ نخستین جای خود را به واژه‌های سریانی دادند.

شکل متفاوت برخی واژه‌ها، و ارجاع‌های متعدد و آموزنده در پاورقی، و زمان مربوطه در بالای صفحه‌ها قرار داده شده بود.

کشیش بنجامین لبری به برخورداری از شخصیتی قدیس‌گونه شهرت داشت؛ مرگ او که در سال ۱۹۰۶ در راه آمریکا در دریا رویداد، خسارت بزرگی برای مرکز میسیون ارومیه بود و آن را دچار زحمت ساخت.

---

1. Malick, David G. The American Mission Press. Atour Pub. 2008. p.86.
2. Murre-van der Berg, Helen. The Missionaries' Assistants. University of Leiden. p. 7.
3. ABCEM. Historical sketch of the missions in Persia. Philadelphia, 1911. P. 26.

بنیامین بدل

بنیامین بدل در سال ۱۸۴۴ در خانواده‌ای از اهالی روستای آشوری‌نشین آده در حوالی ارومیه به دنیا آمد. او تحصیلات ابتدایی را در روستای آده و تحصیلات بالاتر را در شهر ارومیه گذراند. سپس توسط جیمز وات، نمایندهٔ انجمن کتاب‌مقدسه بریتانیا و خارجه در ایران، استخدام شد. انجمن کتاب‌مقدس، بنیامین را جهت آشنایی و فراگیری نحوهٔ توزیع کتاب‌مقدس و به مشارکت گذاشتن انجیل با دیگران به تفلیس فرستاد. بنیامین پس از گذراندن دورهٔ آموزشی لازم در سال ۱۸۷۸ به روستای آده در حوالی ارومیه بازگشت و نخستین کتاب‌فروشی آن روستا و کل آن منطقه را گشود.

بنیامین پس از چندی کتاب‌فروشی را در اطراف تفلیس ادامه داد و در سال ۱۸۸۱ به بغداد فرستاده شد تا با همکاری فردی از ارامنه، به‌نام مگردیچ، خدمت مذکور را در آن شهر و بصره و حوالی آن ادامه دهد. او از آنجا به شیراز رفت و در مدت کوتاهی بیش از دو هزار جلد کتاب‌مقدس (شامل بخش‌های مجزای آن) به فروش رساند. اما آخوندهای شهر که از استقبال مردم از کتاب‌مقدس به‌شدت نگران بودند از طریق قوهٔ قهریه وی را بازداشت و به زندان افکندند. آخوندها در تمام مناطق شیراز و بازار آن اعلامیه‌هایی نصب کردند و از آن طریق از مردم خواستند که از خرید کتاب‌مقدس خودداری کنند. از سوی دیگر، به بنیامین نیز تذکر جدّی داده شد که در صورت ادامهٔ آن کار کشته خواهد شد. اما بنیامین با بی‌اعتنایی به آن تهدیدها بساط خود را در زیر یکی از همان اعلامیه‌ها پهن و فروش کتاب‌مقدس را از سر گرفت.

گورگیز، هانیبال، روستای آده در گذر زمان، ص. ۸۱-۸۲

بنیامین بدل خدمت خود را ۴۱ سال با امانت ادامه داد. خدمت او یکی از حماسی‌ترین حکایت‌های توزیع انجیل در مناطق مختلف ایران را خلق کرد. بدل نمونه‌ای برجسته از آن قسم مردانی بود (در بین ارامنه نیز نظیر این بسیار مشاهده شده است) که با وجود رویارویی با جفای مُستمر و مخالفت با فروش و توزیع نسخ کتاب‌مقدس و عهدجدید، به تمامی نقاط کشور سفر می‌کردند؛ تا بدین‌گونه به تحقق پیشگویی بوچانان در مورد انتشار کتاب‌مقدس

در پارس یاری رسانند. دختر او مارگارت نخستین، همسر کشیش عدل نخستین، اولین نمایندهٔ انجمن کتاب‌مقدس پارس، است که خوشی و بشاشیت پدر خود را صرف‌نظر از رویارویی همیشگی با خطر دائمی زندان، فلک یا سنگسار شدن در مسافرت به یاد دارد.

Waterfield, Robin, Christians in Persia, London, G. Allen & Unmin, 1973, p. 180.

طهماسب (توماس) آقامالیان

طهماسب آقامالیان در ۲ سپتامبر ۱۹۰۰ در لیلاهان-کامارا (اراک) زاده شد. تحصیلات ابتدایی خود را در زادگاهش گذراند؛ و در ۲۶ نوامبر ۱۹۲۲ با دوشیزه آنوش حق‌وردیان ازدواج کرد؛ و خانوادهٔ آنان به‌تدریج با زاده شدن هفت فرزند به خانوادهٔ بزرگی تبدیل شد.

نامبرده در سال ۱۹۲۹ در انجمن کتاب‌مقدس استخدام و در شهرهای مختلف به توزیع و فروش کتاب‌مقدس پرداخت. نامبرده ۱۲ سال در شهرهای تبریز، مشهد، همدان و تهران مشغول خدمت بود.

طهماسب (توماس) آقامالیان
(۱۹۶۳-۱۹۰۰)

طهماسب آقامالیان با سخت‌کوشی فراوان کتاب‌مقدس و مباحث الاهیاتی را می‌آموخت و در انتقال آن به دیگران بسیار امین بود. نامبرده همچنین با اشعار و سروده‌های روحانی خود «ساز» می‌نواخت و از این طریق کلام خدا را به جانهای بسیاری می‌شنواند. در حقیقت سازِ او، آن آلت موسیقی اصیل ایرانی، به گسترش ملکوت الهی و جلال نام مسیح خدمت می‌کرد.

انجمن کتاب‌مقدس روزی آقامالیان را به منظور فروش کتب ادبیات مسیحی و نسخ عهدجدید به همراه کارگری که وی را در جابجایی کتب مدد می‌رساند به تُربت‌جام فرستاد. در آنجا مردم از کتب وی استقبال فراوانی کردند و شمار زیادی از آنها را خریدند. اما ناگهان دو مرد تنومند به بساط ایشان نزدیک و همراه با تهدید به وی دستور دادند شهر را ترک کند. آنان اغلب کتب فروخته شده را نیز از مردم پس گرفتند و بهای‌شان را از وی ستاندند. آقامالیان که از آن رویداد بسیار ناخشنود بود به اجبار همراه با کارگر خود وسیله‌ای کرایه کرد و از شهر دور شد و در نهایت تصمیم گرفت در کنار کاروانسرایی متروک شب را به صبح رساند. اما صبح روز بعد در کمال شگفتی آن دو مرد تنومند را بر بالای بستر خود یافت. آنان از وی تقاضا می‌کنند که به تُربت‌جام برگردد و کتبش را در آنجا بفروشد. او که از آن

پیشنهاد شگفت‌زده شده بود از ایشان دلیل تغییر رفتارشان را می‌پرسد. آنان به وی اطلاع می‌دهند که از روز پیش در تعقیب وی بودند و قصد داشتند تا او را در جای مناسبی بیرون از شهر بکشند. اما در تاریکی شب منظری نورانی و شگفت‌انگیز چون فرشتهٔ خداوند در کنار بستر وی مشاهده کردند و از کشتن وی صرف‌نظر نمودند؛ و حال قصد دارند وی را در فروش کتب مدد رسانند. آقامالیان که از حکایت و رفتار آن مردان تنومند مسلمان بسیار شگفت‌زده شده بود همراه با آنان به شهر مزبور برمی‌گردد و تمامی کتب را به کمک آن مردان به سرعت می‌فروشد.

طهماسب (توماس) آقامالیان به همراه خانواده

او پس از اتمام کار در تُربت‌جام به تهران برمی‌گردد. مسئولان انجمن کتاب‌مقدس از بازگشت زودهنگام وی به تهران شگفت‌زده شدند! زیرا آنان یقین داشتند که کسی قادر به فروش سریع آن مقدار کتب ادبیات مسیحی و انجیل در چنین فرصت اندکی نخواهد بود. آقامالیان حکایت خود را با آنان درمیان می‌گذارد و موجبات شگفتی و شکرگزاری ایشان را نیز فراهم می‌کند.

کار آقامالیان در سال ۱۹۳۸ به شهر اصفهان منتقل می‌شود و او افزون بر اصفهان در شهرهای شیراز و چابهار و حوالی آنها نیز خدمت فروش کتب ادبیات مسیحی-عهدجدید و به مشارکت گذاشتن انجیل را با مردم مشتاق ادامه می‌دهد.

طهماسب آقامالیان در اصفهان در جلسهٔ بحث و مناظره‌ای که توسط برخی از بهاییان آن شهر ترتیب داده شده بود شرکت کرد و با دفاعیات محکم و بیانی مؤثر موفق شد بسیاری از مخاطبان خود را مجاب سازد که مسیح تنها راه راستین رسیدن به خداست. اما برخی از بهاییان از او خشم می‌گیرند و به منظور انتقام‌گیری با سم مهلکی او را مسموم می‌کنند. با این حال، آقامالیان به فیض خداوند از آن سوءقصد جان به در برد، اما رهایی از تأثیرات آن سم و مداوای وی هفت سال به طول انجامید. او طی آن مدت از خدمت خود دور ماند.

آقامالیان در سال ۱۹۵۲ به تهران رفت و در یکی از بانکهای آن شهر استخدام و مشغول به کار شد. در همان حین در جلسات خانگی برادر قاراپت مقردیچیان شرکت می‌کرد و در تمام مدت اقامت خود در تهران در منطقه بهجت‌آباد مبشری امین و وفادار بود.

مطالعات کتاب‌مقدس برای او از ارزش فراوانی برخوردار بود و با علاقه و جدیت فراوان همواره به مطالعهٔ عمیق آن می‌پرداخت و در اغلب موارد با برادر قاراپت مقردیچیان پیرامون برخی از آموزه‌های مسیحی بحث می‌کردند.

آقامالیان، شـیخ امین و خداترس کلیسای انجیلی یوحنا (تهران) بود، کسی که تا آخرین دقایق عمر خود خداوند زنده و کلیسای وی را با امانت و راستی خدمت کرد.

طهماسـب آقامالیان در روز ۱۸ نوامبر ۱۹۶۳ در شـهر تهـران در خداوند خوابید و در آرامگاه سلیمانیه (آرامگاه کلیسای انجیلی تهران) به خاک سپرده شد.

۱) هواساپیان، آبراهام. تاریخ یکصد سالهٔ کلیسای انجیلی ارامنهٔ ایران. تهران، ۱۹۷۶، ص. ۲۶۹ و ۲۷۰.
۲) داویدیان، استر. کلیسای برادران ارمنی از ایران تا آمریکا. ۲۰۰۷، ص. ۳۹ و ۴۰.
۳) مصاحبهٔ با اعضای خانوادهٔ توماس آقامالیان.

بیلی گراهام، واعظ و نویسـندهٔ پُرآوازهٔ مسـیحی، در کتاب خود تحت عنوان «فرشتگان» حکایتی از مردی ایرانی که فروشندهٔ دوره‌گرد انجیل در کشورش بود به شرح ذیل نقل می‌کند:

«از فروشندهٔ دوره‌گرد ایرانی انجیل پرسیده شد که آیا او پیشتر اجازهٔ فروش انجیل را داشـت. فروشندهٔ انجیل پاسخ داد: "بله، چرا که نه! ما همیشه اجازه داشتیم که انجیل را در تمامی مناطق کشور بفروشیم."»
مرد با شـگفتی پرسـید: «پس چگونه بود که همواره تو را سربازانی احاطه کرده بودند؟ من سـه مرتبه قصد یورش به تو را داشـتم، اما هر بار با دیدن آن سربازان نتواستم قصدم را عملی سازم. حال دیگر در پی آسیب رساندن به تو نیستم.»

سپس بیلی گراهام از خوانندگان کتابش می‌پرسد: «آیا آن سربازان موجوداتی آسمانی بودند؟»

Graham, Billy, Angles: God's Secret Agents, Thomas Nelson, 1995. p 8.

نشست شماری از مسئولان و کتابفروشان انجمن کتاب‌مقدس
(باغ بشارت کلیسای انجیلی ایران، نیاوران)

محل سابق انجمن کتاب‌مقدس (بریتانیا و خارجه) در خیابان قوام‌السلطنهٔ تهران

فصل پنجم

مبشران کلیساهای کانگرگیشنال و مشایخی آمریکا در ارومیه

یکی از دروازه‌های شهر ارومیه، ایران، سدهٔ نوزدهم
(برگرفته از گزارش ارسالی مبشران
آمریکایی به هیأت بشارتی در فیلادلفیا)

گروه تحقیق

در سال ۱۸۲۹[۱] کشیش الای اسمیت و کشیش تیموتی دوایت[۲] از طرف «هیأت کمیسیونرهای آمریکایی برای میسیون‌های خارجی» (ABCFM)، در بوستون به منظور تحقیق جهت یافتن مناطق و مردم نیازمند خدمت به منطقهٔ شمال‌غرب پارس فرستاده شدند. دل آنان به شکل خاصی به آشوریان نستوری ستم‌دیدهٔ دشت ارومیه در اطراف دریاچهٔ ارومیه

۱. الای اسمیت خود درکتاب Missionary Researches زمان دیدار از پارس را سال ۱۸۳۱ اعلام می‌کند و سایر منابع تاریخی نیز همان تاریخ را تأیید می‌کنند. از این‌رو، به نظر می‌رسد زمان مورد نظر آرتور براون (۱۸۲۹)، از دقت لازم برخوردار نباشد. م.

2. Rev. Eli Smith & Rev. Timothy Dwight

فصل پنجم ۸۰

متمایل شـد. در نتیجه هیأت مورد اشاره میسیونی جهت خدمت به آن مردم تأسیس کرد که در دوره‌ای طولانی «میسیون نستوریان» خوانده شد.

الای اسمیت

الای اسمیت به همراه همسر

الای اسمیت در نورثفوت ایالت کنتیکت آمریکا زاده شد و از دانشگاه یل (Yale) در سال ۱۸۲۱ مدرک کارشناسـی و در سال ۱۸۲۶ از دانشـگاه علم الهی اندوور مدرک کارشناسی ارشد گرفت.

اسمیت توسط هیأت کمیسـیونرهای آمریکایی برای میسیون‌های خارجی به مالت فرستاده شد. او که پیشـتر در زبان یونانی، لاتین، و عبری تبحّر داشت، و دانـش قابل قبولی نیز در زبان‌های فرانسـه، آلمانی و ایتالیایی کسـب کرده بود به آموختن زبان ترکی و ارمنی پرداخت.

کشـیش الای اسمیت (Eli Smith)، به همراه کشیش تیموتی دوایت (Timothy Dwight)، پس از سـفری طولانی در ارمنستان (شامل ارمنستان غربی) در یازده مارس ۱۸۳۱ شهر سلماس را به مقصد ارومیه ترک کردند. آنان در نظر داشـتند تا حد امکان از روسـتاهای آشـوری اسقف‌نشین دیدار کنند و مذاکراتی را با اسقفان کلیسای شرق (در آن هنگام نستوری) انجام دهند.

آنان در دشـت ارومیه در ابتدا راه روسـتای آشوری‌نشین جاملاوا (جمال‌آباد) را در پیش گرفتند که در چهار فرسـخی خسروآباد، دیگر روسـتای آشوری‌نشین (از توابع سلمـاس)، قرار داشـت. با وجود این که اسقف در آن هنگام در روسـتا نبود، کشیش کلیسای شرق استقبال گرمی از آنان به جا آورد و به ایشـان پیشنهاد کرد که امـکان استقرار در منزل وی یا اصطبلی بزرگ برای آنان مهیاسـت. آن کشیشـان آمریکایی اصطبل را انتخاب کردند و چندی از ورود ایشان نگذشته بود که آشـوریان مشتاق محل اقامت آنان را پُر ساختند. چنین استقبال پُرشوری نه‌تنها در جاملاوا بلکه در آدا، اردوشاهی، آرمودآغاج، کوسـی، نَزی و ... نیز از سوی آشوریان تکرار شـد و آنان را مُجاب کرد که آشـوریان دشـت ارومیه (و به احتمال فراوان هم‌کیشان کوه‌نشین آنان)، بدون هیچ تردیدی پذیرای خدمت مبشران پروتستان خواهند بود.

از همین‌رو آنان به هیأت کمیسـیونرهای آمریکایی برای میسیون‌های خارجی گزارش دادند که هیچ قومی را به اندازهٔ آشـوریان ارومیه نیازمند و مشتاق دریافت کمک نیافتند. هیأت مورد اشاره بر اسـاس گزارش دریافتی از افراد مورد بحث در نهایت تصمیم گرفت مبشران آمریکایی را کمتر از سه سال بعد برای نخستین بار رهسپار ارومیه در پارس سازد.

Biographical Dictionary of Christian Mission, Macmillan Reference,
Smith, Eli, Missionary Research in Armenia,

لازم به ذکر است که ABCFM جهت بررسی اوضاع و یافتن بسترهای مساعد خدمت در پایتخت و نواحی مرکزی ایران نیز مبشری به‌نام جی. ال. مریک (James Lyman Merrick)، را در نوامبر سال ۱۸۳۴ رهسپار پارس ساخت. نامبرده در پاییز سال ۱۸۳۵ به تبریز رسید. او سپس همراه با دو مبشر آلمانی هیأت بازل (Basel Mission)، از تهران، اصفهان و شیراز دیدن کرد. به هنگام دیدار آنان از اصفهان هنگامه‌ای برپا شد. بعدها آشکار شد شماری با انتشار اخباری مبنی بر ورود مبشران جهت برانداختن اسلام، مردم شهر را تحریک می‌کردند. حاکم اصفهان در نهایت مجبور شد جهت محافظت از جان مریک و همراهانش سی نفر سرباز مسلح را با آنان همراه سازد.

Merrick, J. L. An Appeal to the American Board of Commissioners for Foreign missions. Wood.1847. pp. 22, 23.

سرانجام مریک گزارشی به هیأت فرستاد که تا حد زیادی نومید کننده بود: «کورسوی امیدی برای آغاز کار بشارتی در تهران دیده می‌شود، اما بسیار باریک است. اما اوضاع اصفهان چون تاریکی شب ظلمانی است.»

Flynn, Thomas. The Western Christian Presesence in the Russias & Qajar Persia. Brill. 2017. p. 643.

در نتیجهٔ آن گزارش ABCFM مجاب شد که هنوز شرایط کار در مناطق مرکزی پارس فراهم نیست، و در نتیجه خدمات خود را برای چند دهه در همان مناطق شمال‌غرب و در میان آشوریان دشت و کوه‌نشین متمرکز کرد.

پیشگامان خدمت در پارس

در سال ۱۸۳۳ جاستین پرکینز[1] استادی از کالج امهرست (Amherst)، نخستین مبشری بود که هیأت (ABCFM) جهت گسیل به پارس برگزید. نامبرده به همراه همسرش در ماه سپتامبر همان سال سفر دریایی خود را به مقصد پارس آغاز و پس از سالی به تبریز رسید.

در سال ۱۸۳۵ دکتر عسائیل گرانت[2] پزشکِ مبشر، به دکتر پرکینز پیوست. گرانت نیز چون پرکینز همسرش را به همراه داشت. گروه کوچک آنان روز ۲۰ نوامبر ۱۸۳۵ ارومیه را مرکز برپایی نخستین مرکز میسیون در پارس جهت خدمت به آن مردم قرار داد.

جاستین پرکینز (۱۸۰۵-۱۸۶۹)
Justin Perkins

پرکینز در مورد آن رویداد چنین می‌نویسد:

«ورود ما جهت اقامت بین آنان (آشوریان)، با قوی‌ترین حد شادی ممکن از جانب تمامی اقشار خوش‌آمد گفته شد. مسلمانان نیز در حد بالایی از این رویداد خُرسند شدند. نستوریان برخی از روستاها جهت ابراز شادی خود در جماعت‌های بزرگ با طبل و سُرنا به استقبال ما آمده بودند، آنان حتی با پافشاری ما نیز حاضر به توقف آن کار نشدند.»

---

1. Justin Perkins; 2. Dr. Ashahel Grant

پرکینز ثابت کرد که خادمی وقف‌شـــده است، به‌طوری که خدمتی پُرشور و مفید را طی سی و شش سال به آن مردم ارائه کرد.

هدف «میسیون نستوریان» آماده کردن کلیسای نستوری برای رهبری نهضت اصلاحات روحانی در آسیا قرار داده شده بود.

جاستین پرکینز

جاســـتین پرکینز در روز پنجم ماه مارس ۱۸۰۵ در هولی‌یوک ماساچوست زاده شد. او ایام کودکی خود را در مزرعهٔ خانوادگی گذراند. جاستین در هجده سالگی از تجربه‌هایی روحانی برخوردار شد، ســـپس به منظور تحصیل به آکادمی وستفیلد پیوست. پرکینز در سال ۱۸۲۹ با نمراتی عالی از کالج امهرست فارغ‌التحصیل شـــد و جهت ادامهٔ تحصیل وارد آموزشگاه علم الهی اندوور شد. پرکینز پس از تکمیل تحصیل خود سالی را در آکادمی امهرست تدریس کرد و در سال ۱۸۳۳ از سوی کلیسای مشایخی (پرزبیتری) به مقام کشیشی دستگذاری شد. او روز ۲۱ جولای ۱۸۳۳ با دوشیزه شارلوت باس ازدواج کرد. پرکینز و باس در طول زندگی مشترک خود صاحب هفت فرزند شدند که شش تن از آنان در پارس درگذشتند. تنها فرزندی که برای آنان در پارس باقی ماند هنری مارتین پرکینز بود که به اتفاق والدین خود به آمریکا بازگشت.

سپس کشیش جاســـتین پرکینز به منظور خدمت به هیأت کمیسیونرهای آمریکایی برای میسیون‌های خارجی (ABCFM) پیوســـت. هیأت مذکور نیز تصمیم گرفت بر اساس گزارش دریافتی از الای اســـمیت و تیموتی دوایت، پرکینز را به منظور خدمت به آشوریان نستوری رهسپار پارس سازد.

در نتیجه پرکـــینز به همراه همسرش در سپتامبر ۱۸۳۳ ســـفر دریایی خود را به مقصد پارس آغاز کرد. او نخســـتین مبشری بود که از ســـوی هیأت کمیسیونرهای آمریکایی برای میسیون‌های خارجی به منظور استقرار و خدمت در پارس به آن کشور فرستاده می‌شد.

ســـرانجام پرکینز در ارومیه مستقر و خدمت خود را در بین آشـــوریان ارومیه و حوالی آن آغاز کرد. او به‌زودی با آداب و رســـوم آشوریان آشـــنایی یافت و زبان آنان را فرا گرفت. پرکینز موفق شـــد به ســـرعت محبت و اعتماد آن مردم را جلب کنـــد. او همانند آنان لباس می‌پوشـــید و کلاه پوستی بلند ۶۰ سانتی بر ســـر می‌گذاشت. او در گفتگو با آشوریان آنان را «قوم من» خطاب می‌کرد. رهبران کلیســـاهای آشـــوری از همان بدو ورود مبشران کلیسای مشایخی آمریکا به ارومیه، درهای کلیساهای خود را به روی آنان گشودند و در نتیجه فرصت مساعدی برای خدمت نصیب مبشران شد.

Perkins, Henry Martin. Life of Rev. Justin Perkins.
Elder, John. History of the American Presbyterian Mission in Iran.

در ماه اکتبر سال ۱۸۳۴ پرکینز به همراه هاس، یکی از مبشران هیأت بازل، سفری مقـدماتی به ارومیه داشت. آنان در روســـتای گـــولان (Gavalan)، مار یوحنا، اسقف کلیسای نستوری، را ملاقات کردند؛ اســـقف آموزش زبان آشـــوری به پرکینز را بر عهده گرفت. آنان همچنین

دیداری با پاتریارک کلیسای نستوری داشتند که طی آن پاتریارک ایشان را به گرمی پذیرفته بود.

کار پرکینز برای زبان سریانی موفقیتی بزرگ بود. او زبان مورد استفاده آشوریان را به زبانی نظام‌مند با قابلیت چاپ تغییر داد. در آن هنگام زبان سریانی مورد استفادهٔ کلیسای نستوری، زبان گویش ادسا بود و در میان مسیحیان عادی کمتر کسی آن را درک می‌کرد. زبان محاورهٔ آشوریان با آن تفاوت داشت و پرکینز و همکارانش زبان محاوره را در خدمت ترجمهٔ خود اساس قرار دادند و آن را به زبانی زنده و قابل فهم عموم تبدیل کردند.

ترجمهٔ کتاب‌مقدس به سریانی محاوره‌ای

ترجمهٔ عهدجدید پرکینز در سال ۱۸۴۶ به دو زبان سریانی جدید و قدیم در دو ستون موازی به چاپ رسید. در سال ۱۸۵۲ عهدعتیق به همان شکل چاپ شد. افزون بر این، نشریه‌ای تحت عنوان *اشعهٔ روشنایی* را منتشر کردند که کار انتشار آن حدود هفتاد سال دوام داشت.

پرکینز شیفتهٔ نقل قولی از هنری مارتین بدین مضمون بود: «حتی اگر قادر به مشاهدهٔ ایمان آوردن فردی بومی به مسیح نباشم، خدا قادر است صبر و استقامت مرا در کار، در راستای تشویق و برخیزاندن مبشرانی در آینده به‌کار گیرد.»

Waterfield, Robin. Christians in Persia, G. Allen & Unmin, London, 1973, pp. 95, 102, 105-106.

چاپخانهٔ میسیون کلیسای مشایخی در ارومیه (۱۹۰۴)

روفوس اندرســـون، سرپرست امور مبشـــران، پس از درگذشت پرکینز به سال ۱۸۶۹ در مورد وی گفت: «پرکینز پدر میسیون نستوری، و رسول آشوریان نستوری بود.»

Nielssen, Hilde. Protestant Missions and Local Encounters in the Nineteenth and Twentieth Cencuries: Brill 2011. p. 187.

نیاز به دستگاه چاپ برای مبشران کلیســـای مشایخی پس از استقرار در ارومیه به‌شدت محسوس بود. از این‌رو هیأت کمیسیونرهای آمریکایی برای میسیون‌های خارجی (ABCFM) در ســـال ۱۸۳۷ دســـتگاه چاپی تهیه و آن را به مقصد ارومیه فرســـتاد. اما به دلیل مشکلات موجود بر ســـر راه انتقال آن از مسیرهای کوهستانی، از ترابوزان به قسطنطنیه بازگردانده شد. دو ســـال پس از آن ماجرا، ساخت دســـتگاه جدیدی که از قابلیت باز و بسته شدن قطعات برخوردار بود به هیأت مورد اشـــاره امکان بخشید که دستگاه چاپ موردنظر را فراهم و آن را همراه مبشـــری به‌نام ادوارد بریت که چاپگر بود به ارومیه بفرستد. مردم در ارومیه علاقهٔ زیادی به آن نشان می‌دادند و از کار آن شـــگفت‌زده شده بودند. در همان حال کتاب‌مقدس در دســـت ترجمه به زبان سریانی محاوره‌ای نستوریان (آشـــوریان) بود. برخی از کشیشان نستوریِ (آشـــوری) قابل در کار ترجمهٔ کتاب‌مقدس به مبشـــران کمک می‌کردند. پیش از تکمیل ترجمهٔ کتاب‌مقدس، قطعه‌هایی از آن توسط همان دستگاه چاپ شد. حال مفاد دشوار کتاب‌مقدس باستانی آشـــوریان به زبانی قابل‌درک برای همهٔ افراد چاپ و در دسترس قرار می‌گرفت. آشـــوریان همکار مبشران، از دیدن زبان چاپ شدهٔ خود در ابتدا مبهوت و از خود بیخود شدند، اما وقتی توان صحبت یافتند بانگ زده گفتند: «زمان تمجید خدا به‌سبب شروع کار چاپ در بین مردم ما فرا رسیده است.» حروف چاپ و کلیشه‌هایی که در ارومیه ساخته

WORKMEN OF OROOMIAH PRESS.

شد زیباترین حروف موجود سریانی شناخته شدند و مورد استفادهٔ برخی از چاپگران آثار شرقی در آلمان و انگلیس قرار گرفتند. افزون بر این، نشریهٔ اشعهٔ روشنایی، و فصل‌نامهٔ حاوی دروس مدرسهٔ یکشنبه در حد وسیعی چاپ و پخش می‌شد. سپس مقام‌های ترک، چاپ و پخش کتب و نشریه‌ها را در ترکیه منع کردند، کاری که بسیار مورد تأسف است و آشوریان کوهستان را از بهره‌مندی از ادبیات خود محروم می‌کند.

به استناد مدارک موجود چاپخانهٔ کلیسای مشایخی-انجیلی در ارومیه که کار خود را از سال ۱۸۳۹ آغاز کرد تا سال ۱۹۱۷ موفق به چاپ ۳۶۸, ۷۷۹, ۱۵۱ صفحه کتاب و نشریه شده بود.

Historical sketches of the missions under the care of the Board Missions of the Presbyterian Church. Philadelphia 1891, p. 224.
Under The War Clouds in Urmia, West Persia, 1914-1918.
Malick, David G. The American Mission Press. Atour Pub. 2008. p. 10.

جاستین پرکینز خدمات ادبی و برگردان کتاب‌مقدس به زبان سریانی محاوره‌ای را به کمک برخی از نستوریان ارومیه انجام داد. کشیش دنخا (Dinkha)، و شماس ایشو (Eshoo)، دو تن از نستوریان (آشوریان) کوه‌نشین، نخستین همکاران پرکینز در حوزهٔ خدمات ادبی بودند. دنخا از اهالی تیاری و ایشو از گَوَر بود. دنخا از سال ۱۸۳۷ به آن سو، کمک شایانی به انتشار کارهای مبشران کلیسای مشایخی در ارومیه کرد.

سپس دو مرد نستوری جوان خدمت دنخا را در ترجمهٔ کتاب‌مقدس پیگیری کردند. آنان شماس یوسف از روستای دیگاله، و شماس یونان از روستای آدا، در حوالی ارومیه بودند. هر دوی آنان دانش‌آموختهٔ آموزشگاه مبشران کلیسای مشایخی در ارومیه و محققانی قابل بودند که افزون بر سریانی کلاسیک، در زبان‌های عبری، یونانی، انگلیسی و فارسی نیز تبحُر داشتند. پرکینز در نوامبر ۱۸۴۶ نامه‌ای بدین مضمون به دبیر هیأت کمیسیونرهای آمریکایی

نشریهٔ اشعهٔ روشنایی (زاریرا د باهرا)

برای میسیون‌های خارجی نوشت: «من هم‌اکنون دستیارانی در کار ترجمه و بازخوانی دارم که مردانی جوان و بسیار جالب‌توجه‌اند. یکی از آنان شماس یوسف از روستای دیگاله است. او مدت سه سال با من کار می‌کند. من در این سرزمین یا حتی جای دیگری به‌ندرت کسی را دیده‌ام که با او برابری کند. او دستیار ماهر و باکفایتی است. او همچنین محقق قابلی در زبان عبری است. دیگر دستیارم شماس یونان از روستای آده است، او تا اندازه‌ای جوان‌تر است، اما حتی اگر پشت سر یوسف قرار گیرد، فاصله‌ای بسیار قلیل با وی خواهد داشت.»

کشیش یونان در مراسم بزرگداشت دکتر جاستین پرکینز در ارومیه که با شنیدن خبر درگذشت وی در آمریکا برگزار شد گفت: «من از ابتدای کار ترجمهٔ عهدجدید و عهدعتیق با وی بودم، من شاهدم که او چگونه روز و شب کار می‌کرد. حال به همهٔ خانه‌ها بنگرید، به کلیساها، از کوهستان تا دشتها و دره‌ها، از قصبه‌ها تا دهات و دهستان‌ها؛ آنها همگی به‌سبب مشقات دکتر پرکینز مملو از کتاب‌مقدس شده‌اند.»

برگرفته از:

Murr-van den Berg, Heleen, The Missionaries' Assisstants, Univercity of Leiden.

قسمت عمده‌ای از خدمت پرکینز به حوزهٔ ادبی محدود می‌شد. او افزون بر شکل دادن به الفبای جدید سریانی، ایجاد زبان نوشتاری و ترجمهٔ عهدجدید و عتیق (۱۸۵۲-۱۸۴۶)، در آخرین سالهای اقامت در ارومیه تفاسیری بر کتابهای پیدایش، خروج و دانیال نوشت. به احتمال فراوان پرکینز آغازگر انتشار نشریهٔ زاریرا د-باهرا (اشعهٔ روشنایی)، بود که از سال ۱۹۱۸-۱۸۴۹ در ارومیه چاپ و در بین آشوریان پخش می‌شد. شمار مشترکان آن بین ۷۰۰-۳۵۰ بود. اما بی‌تردید شمار خوانندگان آن بسیار بیشتر از آن گروه بود. نشریهٔ مذکور افزون بر پارس در کشورهایی چون آمریکا و روسیه نیز به دست خوانندگانش می‌رسید.

در نخستین سالهای انتشار نشریهٔ اشعهٔ روشنایی بیشتر مقاله‌های آن توسط مبشران آمریکایی نوشته می‌شد. در آن هنگام نقش آشوریان ارومیه در انتشار مجله به ترجمه و ویرایش نوشته‌های مبشران محدود بود. با این حال، با افزایش سواد آشوریان ارومیه (و روستاهای حوالی آن) آنان سهم بیشتری در تهیهٔ آن یافتند و آن نشریه در اواخر سدهٔ نوزدهم به مرکز مهم بحث و تبادل‌نظر در جامعهٔ ایشان بدل شد. مسئولان نشریه نه تنها مقاله‌های پروتستانها بلکه کارهای دیگری از جمله مباحث موجود دربارهٔ رابطهٔ پروتستانها با کلیسای باستانی نستوری و ارتباط با کلیسای کاتولیک را می‌پذیرفتند و آنها را در نشریه جا می‌دادند.

در حدود هفتاد سال پس از انتشار نشریهٔ زاریرا د-باهرا (اشعهٔ روشنایی)، نوادگان منتشرکنندگان نخستین آن در ارومیه انتشار نشریه‌ای غیردینی تحت عنوان کوخوا (ستاره) را در چاپخانهٔ میسیون آمریکایی همان شهر آغاز کردند. انتشار زاریرا د-باهرا (اشعهٔ روشنایی) کماکان تا سال ۱۹۱۸ و خروج بزرگ مسیحیان از آذربایجان ادامه یافت.

Murr-van den Berg, Heleen, The Missionaries' Assisstants, Univercity of Leiden, pp. 5,6.

مار یوحنا، اسقف کلیسای شرق

مار یوحنا

مار یوحنا، اسقف کلیسای شرق (نستوری) ارومیه، نخستین چهرهٔ مهمی بود که مبشران پروتستان را در ابتدای کار به گرمی پذیرفت. او طی سالها حمایت قدرتمندی از مبشران پروتستان به جا آورد. در سال ۱۸۴۲ پرکینز او را با خود به آمریکا برد. اسقف یوحنا در آمریکا به‌شدت تحت‌تأثیر زندگی مسیحیان آمریکایی قرار گرفت، و از سوی دیگر ملاقات‌کنندگان خودش را نیز تحت‌تأثیر قرار داد. اسقف یوحنا پس از بازگشت به پارس تصمیم به ازدواج گرفت تا از نمونهٔ کشیشان پروتستان پیروی کند. اسقف یوحنا در قسمت عمده‌ای از دوران زندگی خود به حمایت از مبشران کلیسای مشایخی ادامه داد، اگرچه در دوران رویگردانی و مخالفت خانوادهٔ پاتریارک نستوری با پروتستانها روزهای دشواری را سپری کرد و مجبور به انجام مانورهای سختی مابین دو جناح شد. اسقف یوحنا در سال ۱۸۷۴ درگذشت و در کلیسای باستانی حضرت مریم (ننه مریم) ارومیه در کنار مزار شماس اسحق، برادر پاتریارک نستوری، به خاک سپرده شد.

Murr-van den Berg, Heleen, The Missionaries' Assisstants, Univercity of Leiden. pp. 10, 11.

اسقف یوحنا به هنگام آغاز کار آموزشگاه دخترانهٔ فیسک حمایتهای تعیین‌کننده‌ای از تحصیل دختران انجام داد و زمانی که مردم از فرستادن دخترانشان به مدرسه پرهیز می‌کردند با سپردن دو دختر خُردسال بستگان نزدیک خود به خانم فیسک تابوی مورد اشاره را شکست و مسیر تحصیل دختران را هموار ساخت.

الدر، جان، تاریخ میسیون آمریکایی در ایران، تهران. نور جهان. ص. ۱۳ و ۱۴.

کشیش اوراهم از اهالی گوک‌تپه نیز یکی دیگر از نخستین یاران پروتستان‌های اولیه بود. او به همراه اسقف یوحنا، آموزگار زبان آشوری جاستین پرکینز در دورهٔ اقامت آنان در تبریز و سپس ارومیه بود. کشیش اوراهم دستیار اصلی پرکینز در سالهای اولیهٔ اقامت او در ارومیه بود. او در تغییر الفبای قدیمی سریانی به جدید، فراهم کردن منابع درسی مورد نیاز مدارس، و تدریس در مدرسهٔ میسیون در ارومیه با پرکینز همکاری می‌کرد. به هنگام درگذشت کشیش اوراهم در سال ۱۸۷۱ نشریهٔ زاریرا د-باهرا نوشت: «کشیش اوراهم و اسقف یوحنا نخستین کسانی بودند که آقایان پرکینز و دکتر گرانت را پذیرفتند. کشیش اوراهم در سال ۱۸۴۸ برای آموزش زبان آشوری به آقای کاکران رهسپار ارزروم شد. او در سالهای اولیهٔ ترجمهٔ کتاب‌مقدس نیز به پرکینز کمک می‌کرد.»

Murr-van den Berg, Heleen, The Missionaries' Assisstants, Univercity of Leiden

فصل پنجم

دکتر گرانت،
نخستین پزشکِ مبشرِ آمریکایی در پارس

دکتر گرانت
Asahel Grant

عسائیل گرانت روز هفدهم آگوست ۱۸۰۷ در شهرک مارشال، واقع در ایالت نیویورک، زاده شد. او دومین فرزند پسریِ ویلیام و راشل گرانت بود. بی‌تردید وجود آن والدین پارسا، گرویدن عسائیل به ایمان مسیحی در سنین جوانی، و رشد و پرورش در خویی تقدیس‌شده به‌واسطهٔ ایمان، تدارکی الهی برای آن مبشر آتی بود.

گفته شده است که ویلیام گرانت از دعای روزمره برای فرزندان خود غافل نمی‌شد و راشل گرانت، مادر خانواده، نیز جهت دعا و طلبیدن رحمت خدا برای فرزندانش، آنان را با خود به پستوی خانه می‌برد.

عسائیل گرانت به مدرسه‌ای در یک مایلی محل سکونت خانواده فرستاده شد. او در سال‌های بعد در کنار دروس مدرسه، به مدت دو نیم‌فصل درس‌هایی در دانشگاه گذراند، و نیم‌فصلی را نیز در کالج همیلتون (Hamilton College)، صرف فراگیری شیمی کرد. زمانی که شانزده ساله بود در مدرسه به کار آموزش پرداخت و کار او موفقیت‌آمیز بود؛ و در همان حین، به تحصیلات دانشگاهی خود ادامه داد و سرانجام تحصیلات پزشکی خود را با دکتر هستینگس از کلینتون آغاز کرد، و سپس سال پایانی تحصیلات پزشکی را با دکتر داگلاس، جراح برجسته، در شهر یوتیکا (Utica)، گذراند.

با وجود این، عسائیل گرانت هنوز فردی مسیحی نبود و همچون همسالان خود عیاشی و بی‌بند و باری می‌کرد. در حقیقت دعاهای نوزده سالهٔ والدینش در آن هنگام به‌تدریج پاسخ می‌یافت. فقدان نوشته و نقل‌قولی از چگونگی ایمان آوردن عسائیل افسوس‌برانگیز است. اما ما این اندازه آگاهیم که زمانی فرا رسید که او تنها مشتاق شادی خداوند بود، چیزی که قادر به یافتن آن نبود. از این‌رو، چون فرد گناهکاری که شایستهٔ هلاکت بود و نمی‌توانست نجات خود را از مسیح مطالبه کند، خویشتن را به رحمت الهی سپرد و به‌واسطهٔ ایمان از آرامش و سلامتی روح برخوردار گشت.

سپس دکتر عسائیل گرانت به کلیسای مشایخی (پرزبیتری) کلینتون پیوست، و از آن پس، اشتیاقی عمیق به خدمت بشارتی در دلش پدید آمد. او در بیست سالگی با دوشیزه الکتا لومیز از تورینگتونِ کنتیکت ازدواج کرد. سالی پس از ازدواج، گواهینامهٔ پزشکی خود را دریافت و در صد و سی مایلی یوتیکا در نزدیکی مرز ایالات پنسیلوانیا اقامت گزید. دکتر گرانت در آنجا به مقام شیخ اداره‌کنندهٔ کلیسایی کوچک برگزیده شد، و به دلیل فقدان کشیش، گرانت اغلب برای جماعت کلیسا موعظه می‌کرد.

بعدها یکی از دوستانش خطاب به هیأت کمیسیونرهای آمریکایی برای میسیون‌های خارجی (ABCFM) نوشت: «اگر جایی سراغ دارید که نیاز به خدمات پزشکی و شجاعت وجود دارد، گرانت مرد آن میدان است. در صورتی که دعوت شود، بی‌هراس چون سربازی برای مسیح خواهد کوشید.»

چهار سال پس از زندگی مشترک همسر گرانت بر اثر بیماری درگذشت و خود او نیز مشرف به موت گردید. اما گرانت در نهایت بهبود یافت و پس از اندکی عازم شهر یوتیکا در ایالت نیویورک شد و در کلیسای اول مشایخی آن شهر به مقام شیخ کلیسا برگزیده شد. در آنجا گرانت خبردار شد که هیأت کمیسیونرهای آمریکایی برای میسیون‌های خارجی در پارس به پزشکِ مبشر نیازمند دارد. از این‌رو، دعا و تفکر در مورد امکان خدمت در پارس را آغاز کرد. او روزی از خود پرسید: «من کجا می‌توانم بیش از پیش مفید واقع شوم و سبب تقویت ایمان مردم گردم؟ در کشور خود یا خارج؟ در این جا ممکن است سبب کاسته شدن دردها و تداوم زندگی‌های مفید شوم. اما اگر به خارج بروم اینجا افراد دیگری وجود دارند که این خدمات را به مردم ارائه کنند، به‌طوری که جای خالی من محسوس نباشد. اما در خارج صد برابر بیشتر می‌توانم سبب کاسته شدن درد شوربختان شوم، شاید سبب نجات جان مبشرانی باشم که جهت تحقق هدف کلیسا تخمین ارزش جان آنان امکان‌ناپذیر است، و این کاری است که هیچ فرد دیگری آن را انجام نمی‌دهد. در این جا فرصت‌های زیادی برای خدمت به مسیح دارم؛ اما آنان چه؟ در مقایسه با مردمی که در خارج هستند، شاید منِ تنها راهنمای روحانی هزاران نفری باشم که به فرد دیگری دسترسی ندارند.»

Lurie, Thomas, Mountain Nestorians, Boston, Gould & Lincoln, 1853, pp. 13-20, 22, 25.

سرانجام گرانت در سال ۱۸۳۵ با جودیت کمبل (Judith Campbell) ازدواج کرد و به اتفاق همسرش راهسپار ارومیه در پارس شد. بدین‌ترتیب نام او چون دومین پزشک مبشری ثبت شد که هیأت کمیسیونرهای آمریکایی برای میسیون‌های خارجی به خارج فرستاد.

در سال ۱۸۳۹ همسر و دو دختر دکتر گرانت در ارومیه درگذشتند. گرانت در سال‌های بعدی پنج مرتبه جهت ارائهٔ خدمات به نستوریان کوه‌نشین به کردستان سفر کرد. او در آنجا در جستجوی محلی جهت استقرار و ارائهٔ خدمات در منطقه بود و در نهایت مدرسه و درمانگاهی در محل تأسیس کرد. به نظر می‌رسد که در آنجا به‌خاطر نوع خدمت و خط‌مشی سیاسی مبشران کلیسای انگلیس با آنان به مباحثه می‌پردازد. دکتر گرانت در حین خدمت به تیفوئید (حصبه) مبتلا شد و درگذشت. با درگذشت او ارائهٔ خدمات (پزشکی) به نستوریان کوهستان برای مدتی متوقف شد.

دکتر گرانت اعتقاد داشت که نستوریان بازماندگان ده سبط گمشدهٔ اسرائیل‌اند، و این ایدهٔ خود را در کتابی با همین عنوان انعکاس داد.

Anderson Gerald, Biographical Dictionary of Christian Mission, Grand Rapids, Michigan. 1999. p. 256.

مهارت پزشکی گرانت به سرعت وی را مشهور ساخت. بیماران از فواصل دور جهت دریافت خدمات درمانی به او مراجعه می‌کردند. آخوندهای مسلمان از روی حق‌شناسی

حاشـــیهٔ جامهٔ وی را می‌بوسیدند. مســـافرت‌های گرانت به منظور ارائهٔ خدمات پزشکی به نســـتوریان کوهســـتان بارها جان وی را به هنگام روبه‌رو شـــدن با اکراد بی‌رحم به مخاطره انداخـــت. به‌طوری که چند مرتبه توســـط راهزنان کُرد گرفتار و تنها به‌ســـبب میانجی‌گری بزرگان قبایل کُرد که پیش‌تر از خدمات پزشـــکی وی در ارومیه بهره‌مند شـــده بودند، جان ســـالم به در برد. قتل‌عام آشوریان به دست اکراد که در ســـال ۱۸۴۳ به کشتار هزاران نفر از مســـیحیان و اسارت شمار زیادی از آنان مُنجر شد[1] مانع ســـفرهای وی و ادامهٔ کار در میان کوه‌نشـــینان نستوری شد. دو سال پس از آن واقعه، دکتر گرانت که از خدمات دشوار خسته، فرسوده و بیمار شده بود، درگذشت. در مراسم تشیع جنازهٔ وی هزاران تن از مردم از هر طبقه با چشمان گریان شرکت کردند و جسم وی را به خاک سپردند.

نخستین مدرسهٔ میســـیون در ســـال ۱۸۳۶ در انباری با هفت دانش‌آموز پسر در ارومیه تأسیس شد. تعداد دانش‌آموزان در روز بعد به هفده تن رسید. در سال ۱۸۳۸ نخستین مدرسهٔ دخترانه توسط خانم گرانت آغاز به‌کار کرد.

پس از درگذشت خانم گرانت، در سال ۱۸۴۳ فیدلیا فیسک (Fidelia Fiske)، آمـوزگاری که بـعدها شهرت زیادی یافت، با هدف ادارهٔ مدرسهٔ دخترانه از راه رسید.

جودیت گرانت، مؤسس نخستین مدرسهٔ دخترانه در ارومیه

جودیت (کمبل) گرانت، مبشـــر آمریکایی، و همســـر دکتر عسائیل گرانت بود. او توسط عمه‌اش، ســـابرینا، که در کنتیکت عضو معروف تیم پزشکی بود، پرورش یافت. جودیت که در زبان فرانسه، لاتین و یونانی تبحّر داشت، در ادبیات روم و یونان و همچنین رشتهٔ ریاضی نیز آموزش‌هایی دریافت کرده بود.

بدین‌ترتیب او عالی‌رتبه‌ترین دانش‌آموختهٔ زن در تیم اولیهٔ میســـیون بود. جودیت پس از پذیرفته شدن توسط هیأت کمیسیونرهای آمریکایی برای میسیون‌های خارجی در سال ۱۸۳۵ با دکتر گرانت ازدواج و جهت خدمت به نســـتوریان روانهٔ پارس شـــد. او در پارس در ارائهٔ خدمات پزشکی به همسرش کمک می‌کرد و همچنین به آموزش زنان نستوری می‌پرداخت. جودیت گرانت به‌زودی از توانایی تکلم به زبان ترکی و خواندن متون سریانی نیز برخوردار شد و از این‌رو اسقفان نستوری با خرسندی از وی در جغرافیا و کتاب‌مقدس یونانی آموزش می‌یافتند. جودیت با وجود از دست دادن یکی از چشمهایش به دلیل بیماری، در سال ۱۸۳۷ آموزشـــگاهی دخترانه تأســـیس کرد. پس از مرگ ناگهانی وی اسقفانی که از وی تعلیم یافته بودند به دست خود جسد او را در محوطهٔ کلیسا به خاک سپردند.

جودیت گرانت طی چهار ســـال زندگی مشـــترک با دکتر گرانت در ارومیه صاحب یک پســـر و دو دختر (دوقلو) شد. دختران در سال ۱۸۳۹ اندکی پس از درگذشت مادرشان از پا

---

۱. در این جا Arthur Brown تاریخ متفاوتی برای قتل‌عام گســـترده‌ای که توســـط بدرخـــان و نورالله، امیران کُرد بوهتان و حکاری، ضد آشوریان حکاری و تیاری انجام دادند، ارائه می‌کند. اما اشاره‌ای به منبع اطلاعات خود ندارد.

درآمدند. با این حال، هنری مارتین، پسر دکتر گرانت، که در سال ۱۸۳۶ زاده شده بود، دوام آورد. گرانت سالی پس از مرگ همسرش که در سال ۱۸۳۹ رویداد، همراه با پسرش به آمریکا بازگشت و مسئولیت مراقبت از وی را به والدین خود سپرد.

Anderson Gerald, Biographical Dictionary of Christian Mission, Grand Rapids. 1999. p. 257.
Denoon, Dave. Out of Persia-Judith Sabrina Lathrop Campblell Grant. From the Tower Room. 7th March 2015.

«سفر ما از ارزروم به تبریز بیست و هشت روز به طول انجامید. هفته‌ای پس از رسیدن به تبریز دکتر گرانت جهت یافتن منزلی در ارومیه و تدارک امور به آن شهر رفت. او پس از دو هفته اقامت در ارومیه دیروز (۱۵ اکتبر ۱۸۳۵)، به تبریز برگشت. دکتر از این که فرماندار ارومیه وی را به گرمی پذیرفته بود، و نیز منزلی در آنجا یافته بود، خرسند است. او به من اطلاع داد که فرماندار با او به گرمی برخورد کرده و وی را در یافتن منزلی مناسب یاری کرده بود. افزون بر این نستوریان با آغوشی گشاده آمادهٔ پذیرفتن ما هستند.

... زنان نستوری عاشق بچه‌های خود و به‌طور خاص پسران خود هستند؛ و ما امیدواریم که زمانی برسد که آنان تحصیل دختران را نیز در حد و اهمیت تحصیل پسران بپذیرند. البته آنان از گشایش مدرسه‌ای که ما به تازگی برای دختران آغاز کرده‌ایم خرسند به نظر می‌رسند ...»

همگی به یاد داریم وقتی مدرسهٔ دخترانهٔ ما گشایش یافت خانم گرانت با چه اشتیاقی و بی‌تابی آموزش دختران را بر عهده گرفت. هنگامی که اوضاع جسمانی خانم گرانت فرصت حضور در کلاس را از وی گرفت بچه‌ها را یک تا دو ساعت در روز در منزل خود می‌پذیرفت و آموزش آنان را ادامه می‌داد.

Campbell, William W. *A memoir of Mrs. Judith Grant.* New York. J. Winchester. 1844. pp. 102, 103, 133, 153.

فیدلیا فیسک، مدیر آموزشگاه پرآوازهٔ فیسک در ارومیه

فیدلیا در اول ماه می ۱۸۱۶ در شلبورنه آمریکا زاده شد. از چهار سالگی به مدرسه رفت. گفته شده است در هشت سالگی کتاب *Magnalia Christi Americana* نوشتهٔ کوتن ماتر و کتاب الهیات تیموتی دوایت را می‌خواند. در سیزده سالگی وقتی آموزگار مدرسهٔ یکشنبه با او و سایر شرکت‌کنندگان در کلاس در مورد لزوم برخورداری از ایمان و رابطه‌ای شخصی با خدا صحبت کرد، دریافت که انسانی گمراه و محتاج نجات است. فیدلیا در روز ۱۲ جولای ۱۸۳۱ به همراه نوزده تن دیگر در کلیسا به ایمان خود اعتراف و به عضویت کلیسا پذیرفته شد. او در سال ۱۸۳۹ وارد آموزشگاه هولی‌اوک شد.

Guest, William. Fidelia Fiske. London. 1875. pp. 11-16.

فیدلیا فیسک به دلیل بیماری (ابتلا به تیفوئید) سال تحصیلی ۱۸۴۱–۱۸۴۰ را از دست داد، اما در حالی که هنوز توان جسمی خود را به‌طور کامل باز نیافته بود در پاییز ۱۸۴۱ به کالج بازگشت و

فیدلیا فیسک
Fidelia Fiske

تحصیلات خود را تکمیل کرد. فیدلیا تحصیل در کالـــج را مدیون مری لیون (Mary Lyon) بود، زیرا مری لیون نخستین آموزشـــگاه دخترانهٔ آمریکا را به‌نام *Mount Holyoke Seminary* ســـالی پیش از پیوستن فیدلیا به آن تأســـیس کرده بود. فیدلیا یکی از متـــعهدترین دانشـــجویانی بود که آن مـدرسهٔ نوین به جامعه ارائه می‌کرد. چیزی به اتمام تحصیلاتش نمانده بود که دوســـتانش در مورد خدمت در پارس با او صحبت کردند. ... ســـرانجام او تصمیم گرفـــت جهت خدمت به پارس برود و ســـفر خود را اول مارس ســـال ۱۸۴۳ از بوســـتون آغاز کرد. او در طول ســـفر نامه‌ای شامل این جمله به خواهرانش نوشت: «مفید واقع شـــدن من در حـــد زیادی به دعای شما بستگی دارد. خواهران برای من دعا کنید.»

اوضاع ارومیه او را بُهت‌زده ســـاخت. وضع بهداشتی خانه‌ها بسیار بد بود، مردها، همسر خود را کتک می‌زدند؛ زنان احترامی برای شوهران خود قائل نبودند؛ با وجود فقدان امکانات شمار بچه‌های خانواده بسیار زیاد بود؛ بیمار به حال خود رها می‌شد تا بمیرد. فیدلیا با وجود دلتنگی برای خانواده، مســـئولیت مدیریت مدرسهٔ شبانه‌روزی را پذیرفت. پانزده سال بعد او هنوز مدیر مدرســـه بود، اما در آن هنگام مدرسه چهل نفر دانش‌آموز دختر داشت. او می‌باید روستاییان را مُجاب می‌کرد که اجازه دهند دخترانشان برای مدتی مُجرّد بمانند و به تحصیل بپردازند. فیدلیا که از مهارت‌های پرســـتاری خود مردم را به‌طور رایگان بهره‌مند می‌ساخت دوستان زیادی یافت.

اما سلامت جســـمانی و نور چشـــمانش به حدّی افت کرد که او مجبور به کناره‌گیری از خدمت شد. از این‌رو، در سال ۱۸۵۸ آن زن چهل و دو ساله آمادهٔ بازگشت به آمریکا بود. او در پایان راه بر سرمایهٔ خدمت خود نگاهی انداخت، به هنگام ورودش به پارس هیچ زن مسیحی را نمی‌شناخت، اما در زمان ترک آنجا ۹۳ نفر را می‌شناخت که اغلب از شاگردان خودش بودند.

فیدلیا در چند سال از عمر باقی ماندهٔ خود به تدریس پرداخت و با وجود ضعف جسمی، کتابی در مورد زنان پارسی به نگارش درآورد. او در سن چهل و هشت سالگی درگذشت.

Graves Dan, Faithful Fidelia Fiske Sailed for Persia. Christianity.com. June 2007.

سرخوردگی از روند اصلاحات در کلیسای شرق

هیأت در پارس نیز همانند ســـوریه هیچ طرحی جهت تأســـیس کلیسایی مستقل و مجزا از کلیســـای باستانی در دست نداشت. در حقیقت مبشـــران کلیسای مشایخی آموزش یافته

بودند تا مردم را مُجاب سازند که هیچ برنامه‌ای جهت تأسیس کلیسایی مجزا و منفرد از کلیسای باستانی ندارند؛ و در عوض در نظر دارند تا به فیض خدا کلیسای باستانی را جهت تأثیرگذاری روحانی بر آسیا تقویت کنند. دکتر شِد در این باره می‌نویسد: «به مدت بیست سال تلاش برای اصلاح کلیسای باستانی بدون دخالت در تشکیلات آن ادامه یافت، لیکن بعدها مبشران امید به آماده‌سازی، اصلاح و تغییر آن را از دست دادند.»

اما به ظاهر تلاش جهت احیای آن کلیسا بیهوده می‌نمود. اسقفان کلیسای مورد بحث که در ابتدای کار رفتاری دوستانه داشتند به‌تدریج رفتاری خصمانه در پیش گرفتند و به آزار آن گروه از نستوریانی پرداختند که با کمک مبشران از تجربیات زندهٔ روحانی برخوردار شده بودند. کشیشان و مردم ناآموخته و خرافاتی بودند؛ و عبادت آنان همانند آن چه که در بسیاری از کلیساهای ارامنه جریان داشت، مِن‌مِن کردن به زبان مرده‌ای بود که کسی نمی‌توانست آن را درک کند. روبرت اسپیر[1] پس از دیدار از پارس در سال ۱۸۹۶ می‌نویسد:

> «تشکیلات کلیسایی آنان (نستوریان) مستبدانه است. مذهب آنان تقلید و تحریفی از مسیحیت است. آنان مانعی گذرناپذیر برای تبشیر مسلمانانند. با این حال، نادیده گرفتن آنان موجبات شرمساری و ملامت خواهد بود و هیأت آمریکایی با روحی مسیحی از چنین اقدامی پرهیز می‌کند. هدف کار ما با این کلیسا، هدایت پیروان آن به باور انجیلی نبوده است؛ و ما در حقیقت در پی یاری‌رسانی و احیای آن بوده‌ایم. کلیساهای انجیلی بدون تأثیرپذیری از هیأت آمریکایی به رشد خود ادامه می‌دهند. مشک کهنه شراب نو را نمی‌پذیرد. کلیسای ارامنهٔ گریگوری نیز مردانی را که حیات روحانی تازه‌ای یافته‌اند تکفیر کرده است. در حالی که آن حرکت به واقع تنها در راستای احیای آن کلیسا بود. در پارس به درستی یا به اشتباه مسیحیان انجیلی در حال دور شدن از آن چیزی هستند که به نظر غیرقابل اصلاح می‌نماید.»

نهایی شدن جدایی و تشکیل کلیسای انجیلی

مسیحیان نستوری برخوردار از تجربه‌های روحانی پس از رانده شدن از کلیسای باستانی به مبشران روی آوردند. آنان به‌طور طبیعی در مراسم عبادتی مبشران پذیرفته شدند و اجازهٔ شرکت در آیین عشاءربانی نیز به ایشان داده شد. در همان هنگام که شمار روستاهای گرونده به باور پروتستانها در حال افزایش بود، کشیشانی نیز به باور مسیحیان انجیلی روی آوردند. پس از مدتی کشیشان روستاها و دیگر رهبران حرکت اصلاحی در گردهمایی که توسط مبشران تدارک دیده شده بود، شرکت کردند. آنان اعتقادنامهٔ سادهٔ ایمان و آیین‌نامهٔ اداره و انضباط کلیسا را پذیرفتند. نخستین گردهمایی در سال ۱۸۶۲ برگزار شد. سپس نظام‌نامه‌ای که پیشتر تأیید شده بود در گردهمایی سال‌های ۱۸۷۸ و ۱۸۸۷ بسط یافت. در ادامهٔ راه آن کلیسای اصلاح‌شدهٔ

1. Robert E. Speer

MISSION CHAPEL AT OROOMIAH, PERSIA.

نخستین عبادتگاه مسیحیان انجیلی ارومیه
پس از تعطیلی مرکز میسیون در ارومیه به سال ۱۹۳۴، محوطهٔ فوق به مجتمع آموزشی دولتی تعلق گرفت که برای اهالی ارومیه با نام مدرسهٔ شاهدخت و سپس لعیا شناخته شده‌تر است.

نوبنیاد چهار انجمن را سازمان‌دهی کرد که سه مورد از آنها در پارس و یک مورد هم در ترکیه، در بین آشوریان کوه‌نشین قرار داشت. انجمن‌های مورد اشاره به اتفاق شورایی را شکل دادند که به عضویت اتحادیهٔ جهانی کلیساهای پرزبیتری و اصلاح‌شده درآمد.[۱]

کلیسای انجیلی مورد بحث به‌طور مُستمر در قوت و منش مسیحی می‌افزود. بسیاری از مسئولیت‌های اجرایی کلیسا به کمیته‌ای نُه نفره که کمیتهٔ بشارت خوانده می‌شد و اعضای آن توسط شورا انتخاب می‌شدند، واگذار شد. در مورد خدمات آموزشی نیز کمیته‌ای تحت عنوان کمیتهٔ آموزش و پرورش که اعضای آن نیز توسط شورا انتخاب می‌شدند، تشکیل شد. کمیته‌ای سه نفره که مدیر شورا را نیز شامل می‌شد، همان وظیفه‌ای را که در کلیساهای شرقی به اسقفان محول می‌شد، به عهده داشت. نشست‌های منظم کمیته‌ها، انجمنها و شورا سهم زیادی در ثبات ایمان، سازمان و حیات کلیسا داشت.

خدمات بشارتی کلیسای ارومیه

به‌واسطهٔ خدمات وقف‌شدهٔ مردان جوانی که پیغام نجات را به مناطق دوردست می‌بردند، نوری از این کلیسای انجیلی به مناطق دور تابیدن گرفت. به‌طوری که دو تن از مبشران کلیسای انجیلی ارومیه از بوهتان[۲] در دویست مایلی جلگهٔ رود دجله، دیدن کردند و بدین‌ترتیب

۱. جامعهٔ جهانی کلیساهای اصلاح‌شده (WCRC)، طی نامه‌ای به شورای کلیسای انجیلی ایران در سال ۲۰۱۰ پذیرش شورای نوپای کلیسای انجیلی پارس به عضویت آن اتحادیه را به سال ۱۸۸۸ مورد تأیید قرار داد و مدعی شد که در سال مورد اشاره دو تن از رهبران کلیسای انجیلی ایران در مجمع عمومی آن اتحادیه شرکت کرده بودند. م.

2. Bohtan

کار بشارت در روستاهای آن منطقه نیز آغاز شد. کار در چندین منطقهٔ کوهستانی و دیگر مناطق دورافتاده به طریقی مشابه شروع شد. تأسیس مراکز تبریز، سلماس، مراغه و همدان توسط واعظان کلیسای انجیلی ارومیه صورت گرفت.

یکی از همان واعظان تا زمان درگذشت خود سی و دو سفر طولانی به نقاط دوردست پارس انجام داده بود. یکی دیگر از آنان فروشندهٔ سیّار انجمن کتاب‌مقدس بریتانیا و خارجه در پارس شرقی و جنوبی شد، او مردی بسیار شُجاع بود. مبشران مورد اشاره و اشخاص مشابه از جملهٔ افرادی بودند که زندگی خود را به‌خاطر نام خداوند عیسای مسیح به مخاطره می‌انداختند.

کشیش یعقوب دیلاکو، یکی از همان مردان غیور و از جان گذشته‌ای بود، که حدود چهل سال از زندگی خود را وقف موعظهٔ انجیل و آموزه‌های آن در روسیه کرد. او در نهایت در سیبری شرقی درگذشت. کشیش یعقوب به منظور موعظهٔ انجیل به آنجا رفته بود و سرانجام در اثر تحمل سختی‌های بسیار و جفا درگذشت. این موارد نمونه‌هایی از بیداری در بین مسیحیان نستوری غیور در کار بشارت بود، واقعیتی که به پدران آنان آوازه‌ای در تاریخ کلیسا بخشیده است.

بنای استیجاری مدرسهٔ دخترانهٔ ارامنهٔ میسیون کلیسای مشایخی در روستای هفتوان سلماس در سال ۱۸۹۰

Woman Works for Woman & Persia Western Mission

محوطهٔ مدرسهٔ دخترانهٔ ارامنهٔ میسیون کلیسای مشایخی در روستای هفتوان سلماس در سال ۱۸۹۰

Woman Works for Woman & Persia Western Mission

کشیش یعقوب دیلاکو، مبشری غیور از ارومیه

کشیش یعقوب دیلاکو

او در سال ۱۸۲۳ در روستایی به‌نام قرجلو، در سه فرسنگی ارومیه، زاده شد. مراحل ابتدایی تحصیل را در زادگاهش طی کرد، و سپس در سال ۱۸۵۳ به آموزشگاه کلیسای مشایخی (انجیلی) واقع در روستای سیر پیوست. یعقوب پس از گذراندن دورهٔ پنج‌سالهٔ آموزش موفق به دریافت گواهینامهٔ پایان دوران تحصیل شد تا بتواند در مدرسهٔ ارومیه تدریس کند.

یعقوب دیلاکو که پیشتر مرتبه‌ای به روسیه سفر کرده بود در ارومیه به مسئولان کلیسا مراجعه و ماجرای سفرش به روسیه را با آنان در میان گذاشت. در نتیجه به وی پیشنهاد شد جهت ارائهٔ خدمات روحانی به آشوریان ساکن تفلیس، به آن شهر برود. در نتیجه او به تفلیس نقل‌مکان کرد و در آن جهت تأمین نیازهای خود به سختی کار و اما روزهای یکشنبه را صرف موعظه به آشوریان تفلیس می‌کرد.

یعقوب دیلاکو در سال ۱۸۶۲ توسط مار یوسف، اسقف ناحیهٔ بوهتان، که در آن هنگام در ارومیه به سر می‌برد به مقام کشیشی دستگذاری شد. سپس کشیش دیلاکو به روسیه بازگشت و به خدمت خود ادامه داد. او بارها توسط نیروهای دولتی روسیه دستگیر شد و هر بار از مهلکه جان سالم به در برد. او در روسیه با جماعت ملکان آشنا شد و به تبشیر و آموزش آنان پرداخت. یعقوب در سال ۱۸۶۷ به ارومیه بازگشت و از جانب اسقف یوحنا، ارتقاء مقام داده شد؛ به‌طوری که اجازهٔ تربیت کشیش و دستگذاری یافت. او در بازگشت به روسیه کار با ملکان را ادامه داد، بار دیگر به دلیل شکایت کشیشان محلی به محکمه برده شد، اما در نهایت به دلیل فقدان مدرکی محکمه‌پسند تبرئه و به میان مردم بازگشت.

کشیش دیلاکو، آن مبشر خستگی‌ناپذیر، بعدها به آیین باپتیست گروید و از همین‌رو سبب گسترش باورهای مسیحیان باپتیست در بین ملکانهای روسیه شد. آن مبشر شگفتی‌ساز طی دوران خدمتش در روسیه دوازده مرتبه دستگیر و زندانی شد، بارها تحت شکنجه جسمی و روحی قرار گرفت، به کرات گرفتار توفانها و کولاکهای سخت استپ‌های سیبری شد، اما با وفاداری به موعظهٔ خبر خوش نجات در سرزمین‌هایی که هزاران کیلومتر دورتر از زادگاهش قرار داشت، ادامه داد.

کشیش دیلاکو پس از آزادی از آخرین حبس خود در ایام کریسمس جهت سرکشی به اعضای کلیسا سفری به روستاهای اطراف شهر محل اقامتش انجام داد و در نهایت به روستای جلچک، واقع در ۵۰ کیلومتری شهر رسید؛ اما در آنجا بیمار شد و در نهایت در

روز ۲۷ فوریهٔ ۱۸۹۸ در همان جا درگذشت. مراسم خاکسپاری وی با شرکت گروه کثیری از مسیحیان منطقه به‌طرز باشکوهی برگزار شد.

تلخیص از کتاب: گورگیز، هانیبال، روحانیون برجستهٔ آشوری، تهران، انتشارات کلیسای انجیلی آشوری تهران، ۱۹۹۲. ص. ۴- ۱۴

دلایل نهایی شدن جدایی مبشران پروتستان از کلیسای شرق در سدهٔ نوزده

همان‌طور که پیشتر ذکر شد کلیساهای آمریکایی پس از برخورداری از تجربه‌های عمیق و شگفت‌انگیز روحانی، که در تاریخ آن کشور به بیداری‌های بزرگ شهرت یافت، گسیل مبشران به اقصاء نقاط جهان را از اواخر سدهٔ هجدهم آغاز و در طول سدهٔ نوزدهم به آن تداوم بخشیدند.

1. Edwin Orr, Prayer & Revival
2. Toni Cauchi, *The First Great Awakening-Jonathan Edwards*, Revival Library.
3. Elder, John. *The History of the Presbyterian Mission in Iran*. Tehran. 1954. The Ligth of the world. p.2.

در نهایت هیأت کمیسیونرهای آمریکایی برای میسیون‌های خارجی (ABCFM) بر اساس گزارش بسیار خوش‌بینانهٔ فرستادگان خود به شمال‌غرب پارس و با در نظر گرفتن سابقهٔ درخشان کلیسای شرق در امور بشارتی و شور موجود در بین آشوریان دشت ارومیه، تصمیم به فرستادن مبشران خود به ارومیه و گشایش مرکز میسیون در آن شهر گرفت.

رهبران کلیسای شرق به هنگام ورود مبشران پروتستان آمریکایی به ارومیه از آنان به گرمی استقبال کردند اما بعدها به‌تدریج بر اساس دلایلی چند از آنان روی برگرداندند! در ذیل برخی از علل رویگردانی و نهایی شدن شکاف مورد بحث پیشنهاد می‌شود:

۱. چشم‌داشتی غیرقابل اجابت

آشوریان کوه‌نشین سدهٔ نوزده امپراتوری عثمانی از خودمختاری خودخوانده‌ای در سرزمین‌های بکر اجدادی خود که درون مرزهای آشور باستان قرار داشت، بهره‌مند بودند. آنان سکان رهبری کلیسای شرق (نستوری) را در دست داشتند و در مقایسه با آشوریان دشت ارومیه فشار اسلام را در مقیاس بسیار کمتری حس می‌کردند. با این حال، آن مردمان در نظر اکراد که خود را ارباب منطقه به‌شمار می‌آوردند، همواره در قامت رقیب و تهدیدی جدّی می‌نمودند. رهبران کُرد از اواسط سدهٔ هجدهم به این سو، یورش‌های خونینی را به مناطق آشوری‌نشین آغاز کرده بودند که از آن جمله می‌توان به یورش سهمگین رواندوز، یکی از رهبران کُرد منطقه، به آشوریان ساکن عراق شمالی به سال ۱۸۲۹ اشاره کرد.

Gorgis, Deacon Asman Alkass. Jirah Fi Tarikh Al- Syrian. 1980. pp.1

یورش خونین مورد اشاره واخواست سُفرای کشورهای اروپایی از دولت عثمانی را در سال ۱۸۳۰ به دنبال داشت. اقدام اروپاییان، تُرکان را واداشت تا برقراری صلح و امنیت را

از رشید پاشا، فرماندار اســـتان، مطالبه کنند، مأموریتی که رشید پاشا در سال ۱۸۳۴ به انجام رساند.

Baum & Winkler. The Church of the East: A Concise History. p. 125.

با وجود این، خصوصمت ســـران کُرد همچنان پایدار بود و در برخی مواقع یورش‌هایی به مناطق آشوری‌نشین انجام می‌دادند که از آن جمله می‌توان به یورش سال ۱۸۳۲ المیرگور، یکی از رهبران کُرد، به دیر معروف رابان هرمز و کشتار متعاقب آن اشاره کرد.

Yosif Habbi. Dair Rabban Hurmiz, 1977. p. 27.

از این‌رو، توقع آشـــوریان از مبشـــران خارجی همکیش خود چیـــزی بیش از دریافت کمکهای روحانی، آموزشـــی و بهداشتی-درمانی بود که آنان ارائه می‌کردند. در حقیقت آنان چشم‌انتظار دریافت مراقبت و وجوه مالی از کشورهای غربی بودند.

The Independent-Vol 39, p. 881

در این راســـتا می‌توان به نامه‌ای که به ســـال ۱۸۶۸ توسط شـــماری از رهبران آشوری کوه‌نشـــین جهت درخواست کمک به انگلیس فرستاده شد، اشاره کرد. آن نامه را سه اسقف، پنج مَلِک یا فرمانده محلی، ســـی و دو کشـــیش و یازده شماس کلیسای آشوری (نستوری) امضاءکرده بودند. همین توقعات بعدها ســـبب نزدیکی آشـــوریان کوه‌نشـــین تحت‌فشار به کلیسای انگلیکن و ارتدوکس روس شد.

Waterfield, Robin. Christians in Persia. London, 1973. P.125.

بدین‌ترتیب آشکار است که کمکهای مورد اشارهٔ مبشران پروتستان نمی‌توانست آشوریان کوه‌نشـــینی را که جهت حفظ امنیت و موجودیت خود در برابر تهدید امیران و پاشاهای کُرد توقعی ورای آن خدمات داشتند، خرسند سازد.

۲. وعده‌های غیرقابل اجابت

از ســـوی دیگر نباید نقش و رویکرد متفاوت مبشران انگلیسی فعال در منطقه را در تغییر رفتار رهبران کلیســـای شرق بی‌تأثیر دانست. روبین واترفیلد اشـــاره دارد که جورج پرسی بدگر، الاهیدان و ناشر انگلیکن، در ملاقات با پاتریارک شمعون ۱۷ ابراهیم، وی را به رسیدن کمکهایی (در برابر تهدید اکراد) امیدوار ساخته بود.

Waterfield, Robin. Christians in Persia. London, 1973. P.107

از سوی دیگر پیشتر اشاره شـــد که دکتر گرانت از رویکرد به باور وی نادرست مبشران انگلیسی ناخرسند بود و پیرامون آن با بدگر به مباحثه پرداخته بود.

هیأت بشـــارتی آمریکایی پارس نیز بعدها طی نامه‌ای در اعتراض به اســـتقرار میسیون انگلیســـی در بین آشوریان کوه‌نشـــین می‌نویسند: «ما تفکری را زیر ســـؤال می‌بریم که در صدد تأســـیس هیأت بشارتی رقیب در بین مردمی است که جمعیتی محدود دارند، از خویی دگرگون‌پذیر برخوردارند، به‌ســـبب سخاوتی غیرحکیمانه بسیار فقیر شده‌اند، و حاضرند هر کسی را خواه روس، فرانسوی یا انگلیسی با وعدهٔ حمایت سیاسی بپذیرند ...»

Waterfield, Robin, 1976, p. 126.

افزون بر این، جورج پرسی بدگر با حمایت اسقف اعظم کانتربوری و اسقف لندن در سال ۱۸۴۲ فعالیتهایی را از جانب مسیحیان سریانی‌زبان شرقی (آشوریان نستوری) آغاز کرد. نامبرده در ماه مارس ۱۸۴۳ از سفیر انگلیس در باب‌عالی (عثمانی) درخواست کرد تا حاکمان عثمانی را به انتصاب شمعون ۱۷ ابراهیم، پاتریارک نستوری، به فرمانداری استان حکاری ترغیب کند.

Baum & Winkler, 2003, pp. 126-127.

از همین‌رو، رهبران کلیسای شرق که از تهدید و فشار مُستمر اکراد بیمناک بودند با تعریف جدید و متفاوتی از امکان کمکهای هم‌کیشان غربی روبه‌رو شدند و به آن دل بستند. در حقیقت مبشران انگلیسی و بعدها میسیون ارتدوکس روسی مستقر در ارومیه امید آن مردم ستم‌دیده را شعله‌ور ساختند، اما بعدها عدم تحقق آن وعده‌های بزرگ در میانهٔ سدهٔ ۱۹ و دهه‌های آغازین سدهٔ ۲۰ به یأس و دلسردی انجامید.

۳. قتل‌عام گستردهٔ آشوریان به دست اکراد در سال ۱۸۴۳

در سالهای ۱۸۴۶ و ۱۸۴۷ دو شهروند انگلیسی به نامهای سر هنری لایارد (Sir Henry Layard)، و هنری رآس (Henry Ross)، که به‌سبب سالها سکونت در موصل، شناخت کافی از منطقه داشتند و تجربهٔ بسیاری اندوخته بودند از صحنه‌های قتل‌عام مسیحیان آشوری دیدن کردند. لایارد از استان‌های شرقی و رآس از بقیهٔ مناطق و تیاریِ بالا و پایین به شکل عمده دیدن کردند. آنان گزارش‌های تکان‌دهنده‌ای از صحنه‌های (استخوان‌های) باقیمانده از قتل‌عام تهیه کردند:

> «باید به یاد داشت که بدرخان بیّ در سال ۱۸۴۳ به منطقهٔ تیاری تجاوز و با بی‌رحمی تمام نزدیک به ده هزار نفر از ساکنان (مسیحیان آشوری) آنجا را قتل‌عام کرد، و گروه بزرگی از زنان و کودکان را با خود به اسارت بُرد ...»

Hirmis Aboona. Assyrian, Kurds, and Ottomans:
Intercommunal Relations on the Periphery, Camberia Press, 2008, p. 211

پاتریارک کلیسای شرق از آن مهلکه جان سالم به در برد، اما بسیاری از نستوریان از جمله دو تن از برادران پاتریارک در آن قتل‌عام هولناک کشته شدند. روبین واترفیلد بر این باور است که رویداد مورد اشاره احساسات نستوریان کوه‌نشین را به زیان آمریکاییان برانگیخت.

Waterfield, Robin, 1976, pp. 107, 108.

آشوریان از بابت عدم مداخلهٔ آمریکاییان در کشمکش مابین ایشان و اکراد برآشفتند. با این حال، بر اساس شواهد موجود آن ناخرسندی را می‌باید بیش از آشوریان دشت ارومیه به آشوریان کوهستان، و بیش از عامهٔ مردم به رهبری کلیسا که در آن هنگام در اختیار آشوریان کوه‌نشین بود محدود ساخت. زیرا آشوریان دشت ارومیه حتی پس از آن رویداد در برابر فرمان پاتریارک مبنی بر بسته شدن مدارس مبشران کلیسای مشایخی مقاومت و از گردن نهادن به آن پرهیز کردند.

Elder, John. The History of the Presbyterian Mission in Iran, Theran. 1954, Light of the World, pp. 14, 22.

با این حال، رویداد مورد اشاره را می‌توان یکی از دلایل تعیین‌کنندۀ عبور رهبری کلیسای شرق از مبشران کلیسای مشایخی آمریکا به‌شمار آورد.

۴. اصلاحات از پایین

با وجود این که مبشـــران کلیسای مشـــایخی (پرزبیتری) آمریکا در نظر داشتند کلیسای باســـتانی را به فیض الهی و تلاش ســـخت خود از درون اصلاح و احیا سازند، عدم توجه به ساختار متفاوت و حتی تغییریافتۀ این کلیسای شرقی در نهایت موجب شد تا آن اصلاحات از پایین نه‌تنها پشـــتیبانی رهبران کلیسای باستانی را از دســـت بدهد، بلکه در نهایت آنان را مانعی در برابر خود بیابد.

تاریخ کلیســـاهای شرقی از جمله کلیســـای پارس به‌روشنی بیانگر این واقعیت است که حکومتها اغلب از رهبران ارشـــد کلیسا توقعی بیش از ارائۀ خدمات روحانی به اعضای خود داشته‌اند و به شکلی آنان را به‌سوی تقبل برخی مسئولیت‌های متفاوت سوق داده‌اند، روندی که تا به امروز نیز ادامه دارد. برای نمونه می‌توان به فشار وارده از سوی شاپور دوم، امپراتوری ساســـانی، به شمعون برصباع، کاتولیکوس کلیسای پارس، جهت گردآوری مالیات در تاریخ باستان کلیسای پارس اشاره کرد. کاتولیکوس در پاسخ به پادشاه گفت: «من شبان گله‌ام، و نه گردآورندۀ مالیات!» پاسخ رهبر ارشد کلیسای پارس حاکی از مقاومت وی در برابر پذیرش مسئولیت‌های غیرروحانی است.

Samuel Moffatt. A History of Christianity in Asia, 1998, Orbis Books, p. 140.

با ایـــن حال، در اغلب مقاطع تاریخی مســـئولیت مورد بحث به رهبران کلیســـا واگذار می‌شد. در سال ۱۸۴۴ امپراتوری عثمانی، پاتریارک کلیسای شرق (نستوری) را در مقام رهبر تام‌الاختیار مســـیحیان سریانی‌زبان شـــرقی قرار داد. بی‌تردید او در قبال اختیاری که از نظام عثمانی یافته بود، می‌باید در راســـتای اجرای قانون می‌کوشید و مالیات مُقرّر را گردآوری و به دولت تحویل می‌داد.

Baum & Winkler, 2003, p. 12.

بـــا وجود این کـــه پاتریارک مورد بحث حتی پیش از انتصاب رســـمی از نقش بســـیار قدرتمندی در تصمیم‌گیری کلان مرتبط با جامعۀ مســـیحیان ســـریانی‌زبان شرقی برخوردار بود، شناســـایی وی در مقام رهبر قوم از ســـوی دولت عثمانی به پیشـــوایی مذهبی-سیاسی وی رســـمیت و مشروعیت بیشتری می‌بخشـــید. از همین‌رو، در اغلب مواقع به دلیل وجود مسائل کلان سیاسی، اجتماعی و اقتصادی، اوضاع روحانی کلیسا به موضوعی ثانویه بدل و یا حتی نادیده گرفته می‌شـــد. در مقابل، خاستگاه مبشران کلیسای مشایخی تفاوتی اساسی با بستر و محیط کلیسای شرق داشـــت. جدایی دین از سیاست در جوامع غربی از مدتها پیش موضوع پذیرفته‌شـــده‌ای بود. کلیساهای غربی با وجود برخورداری از دول قدرتمند، نیازی به دخالت در دیگر عرصه‌ها نمی‌دیدنـــد. از همین‌رو، اغلب در صدد ارائۀ خدمات روحانی و اجتماعی محض بودند. در حالی که مبشـــران آمریکایی در همکاری با کلیســـای شرق، با

کشیشان، اسقفان، و پاتریارکی روبه‌رو بودند که اغلب در کسوت پیشوایانی ظاهر می‌شدند که در پی حل و فصل تمامی مشکلات روزمره و حتی مهم جامعه خود از جمله مسائل کلان سیاسی-امنیتی بودند! از همین‌رو، رهبری کلیسای شرق به دلیل برخورداری از ساختار، خط‌مشی و رویاهایی متفاوت به اصلاحات مدنظر مبشران پروتستان توجه نکرد و در نهایت مسیر آن را مسدود ساخت.

۵. دانش و امکانات غیرقابل قیاس

با وجود این که هدف اولیهٔ مبشران آمریکایی گشایش کلیسایی مستقل از کلیسای شرق نبود، اما عواملی چند به این جدایی کمک کرد، که از آن جمله می‌توان به بیداری‌های روحانی که پس از سال ۱۸۴۶ به وقوع پیوست و نارضایتی آشوریان را از سبک زندگی، خدمت و اندوختهٔ روحانی رهبران کلیسای باستانی فراهم آورد، اشاره کرد. افزون بر این، دانش کتاب‌مقدسی غیرقابل مقایسه، زندگی وقف شده، شیوه‌های مدیریتی پیشرفته، امکانات آموزشی-پزشکی، سبک جذاب زندگی غربی، و بنیهٔ مالی مناسب و برتر مبشران آمریکایی به تنهایی کافی بود که شکافی در حال رشد را به شکلی ناخواسته و اما محسوس در بدنهٔ کلیسا ایجاد کند.

هوراتیو ساوتگیت (Horatio Southgate)، پس از سفری به پارس و ملاقات و سپری کردن ایامی چند با مبشران آمریکایی دربارهٔ آنان می‌نویسد: «هدف مبشران آمریکایی برانداختن کلیسای نستوری نیست، کلیسایی که تمام تلاش آنان کمابیش به آن محدود شده است. مبشران آمریکایی کوچک‌ترین دخالتی در اجرای مراسم مذهبی نستوریان ندارد. حتی همکاران مبشران در مراسم عبادتی و جشن‌های نستوریان آزادانه شرکت می‌کنند. هدف مبشران آمریکایی آموزش آموزه‌های مذهبی برگرفته از کلام خداست، و همچنین ارائهٔ آموزش‌های لازم غیردینی است ... اما شاید زمانی فرا رسد که آن گروه از نستوریان منورگشته از دانش روحانی کلام خدا، دریابند که کلیسایشان از برخی جنبه‌ها از تقدس ایمان و عمل رسولانی فاصله گرفته است. شاید آن هنگام روحیهٔ تفحص و پرسشی ایجاد شود که به اصلاح هر آن چه تباه شده انجامد ... اما نگرانی ما از زمانی است که این تلاش‌ها کافی نباشد. زمانی که مبشران فعال در بین کلیساهای شرقی نه‌تنها خود به هر طریق ممکن باید از ایجاد شقاق پرهیز کنند، بلکه تمام توان خود را صرف جلوگیری از بروز دودستگی در آغوش کلیسا سازند. در حقیقت ما امید بسیار اندکی به احیای روحانی این مذهب بدون تکان شدید و آشوب داریم.

Southgate, Horatio. Narrative of a Tour Through Armenia,
Kuristan, Persia, and Mesopotamia: ... D. Appletton & Co. 1840. pp. 303, 304.

بی‌تردید دلایل دیگری نیز برای چنین رخدادی بزرگ و تعیین‌کننده می‌توان پیشنهاد کرد که در حوصلهٔ این کتاب نمی‌گنجد.

مؤلف

فصل ششم

تغییر رویکرد مبشران پروتستان در پارس

تحویل میسیون کلیساهای پروتستان به کلیسای مشایخی

در سال ۱۸۷۰ «میسیون نستوریان» نام خود را به «میسیون پارس» تغییر داد. تغییر مزبور پافشاری آشکاری بر هدف به مشارکت گذاشتن انجیل با تمامی اقشار جامعهٔ ایرانی بود. در سال بعد، پس از اتحاد کلیساهای مشایخی محافظه‌کار با سایر کلیساهای مشایخی در آمریکا، امور میسیون به منظور تجدید سازمان به میسیون خارجی کلیسای مشایخی (پرزبیتری) سپرده شد. روند انتقال به‌گونه‌ای موزون صورت پذیرفت و کلیسای مشایخی با خرسندی مبشران پُرشماری را از میسیون کانگرگیشنال (Congregational Mission)، پذیرفت و در خود جای داد. در آن هنگام میسیون خط‌مشی گسترش فعالیت را دنبال و تدابیری به منظور گشایش مراکز جدید اندیشید. به‌طوری که مبشران انجیلی در سال ۱۸۷۲ در تهران، در سال ۱۸۷۳ در تبریز و در سال ۱۸۸۰ در همدان نیز مستقر شدند.

فواصل طولانی مابین مراکز مورد اشاره، دشوار بودن ارتباط، تنوع زبانی و دلایل پُرشمار دیگری مُنجر به تقسیم درون‌سازمانی در میسیون به سال ۱۸۸۳ شد. به‌طوری که مراکز ارومیه و تبریز میسیون غرب و مراکز تهران و همدان میسیون شرق را تشکیل دادند. قطب شرقی میسیون بعدها با آغاز کار چهار مرکز دیگر دامنهٔ فعالیت وسیع‌تری یافت. مراکز رشت و قزوین در سال ۱۹۰۶ تأسیس شد (مرکز قزوین در سال ۱۹۱۸ از فعالیت بازایستاد)، و مراکز کرمانشاه و مشهد به ترتیب در سالهای ۱۹۱۰ و ۱۹۱۱ آغاز به‌کار کردند.

مرکز اصلی مستقر در ارومیه (که پس از به قدرت رسیدن محمد رضا شاه در سال ۱۹۲۵ به رضائیه تغییر نام یافت) از تاریخ مهمی برخوردار است. حوزهٔ مرکز مذکور در شمال‌غرب پارس در ۴۸۰ مایلی شمال‌غرب تهران مابین کوههای برافراشته کردستان در شرق و دریاچهٔ ارومیه در غرب واقع شده بود. شهر ارومیه در منطقهٔ بسیار حاصلخیزی از پارس قرار گرفته است. دشت ارومیه آب مورد نیاز خود را از سه رود جاری در منطقه فراهم می‌سازد. آن شهر تا پیش از جنگ جهانی اول چهارصد روستا داشت. از آن تعداد، شصت روستا مسیحی‌نشین، بیست روستای دیگر نیمی مسیحی و نیمی دیگر مسلمان و بقیهٔ روستاها به‌طور کامل مسلمانان‌نشین بودند.

بیداریهای گستردهٔ روحانی

خدمات پروتستان‌ها همان‌طور که پیش‌تر شرح آن گذشت از ارومیه آغاز شد. آن خدمات بشارتی سالها با جدّیت، اما به ظاهر با کمترین نتیجه دنبال می‌شد. در آوریل ۱۸۴۵ کشیش دیوید استادارد[1] به دوستانش در آمریکا چنین نوشت:

«آیا دوستان میسیون از خدای رحمتها درخواست نخواهند کرد تا حضور قدرتمند روح‌القدس را جهت چیرگی پیغام انجیل بر غرور، بی‌ایمانی، و کژانگاری عمیق دل انسانی و استقبال از عیسای مسیح چون نجات‌دهنده، دوست، و همراه افاضه کند؟»

دانش‌آموزان آموزشگاه دخترانهٔ فیسک (ارومیه، سدهٔ ۱۹)
آرشیو شورای کلیسای انجیلی ایران

دعای یادشده در عرض نُه ماه پاسخ یافت. بیداری روحانی در ابتدا در مدارس دیوید استادارد و فیدلیا فیسک آغاز و دانش‌آموزان را به‌شدت تحت‌تأثیر قرار داد. به‌طوری که دانش‌آموزان به‌طرز عمیقی احساس گناه می‌کردند و نیاز به دعا برای آنان محسوس بود. در نتیجه آنان به‌طور جدّی به دعا روی آوردند. در مارس ۱۸۴۶ جاستین پرکینز نوشت:

«بیداری روحانی هنوز با شور و قدرتی فزاینده در حال گسترش است. ما از شگفتی و خوشی بی‌وصفی مملو شده‌ایم، دانش‌آموزان دو آموزشگاه پسرانه و دخترانهٔ ما به خانه‌های خود در روستاها بازگشتند و از طریق دعاها و شهادت‌های خود آتشی در آنجا برافروخته‌اند. والدین و دوستان آنان که به‌طور مستمر برای دیدار شاگردان و مشاهدهٔ کار خدا به آموزشگاهها می‌آیند خود نیز در آنجا ملاقات و تبدیل می‌شوند و ایمان می‌آورند.»

1. David Stoddard

گروهی از آشوریان انجیلی روستای گوک‌تپه، درمحوطهٔ کلیسای انجیلی روستا
عکس فوق مربوط به دوره‌های بعدی (حدود ۱۹۴۵) است.

پس از سه سال، در ژانویهٔ ۱۸۴۹ درست در همان هنگام که پرکینز کار ترجمهٔ کتاب‌مقدس به زبان سریانی جدید را به اتمام رساند دومین موج بیداری روحانی از راه رسید. آن بیداری به روستاها نیز گسترش یافت. در گوگ‌تپه کمابیش تمامی ساکنان آن روستای بزرگ تحت‌تأثیر بیداری قرار گرفتند. در روستای مورد اشاره یکی از اسقفان کلیسای نستوری به گناهان خود اعتراف و با قدرت تازه‌ای به موعظهٔ انجیل پرداخت. افرادی که پیش‌تر هرگز دعا نکرده بودند، شروع به دعا در مقابل انظار عموم کردند و زندگی بسیاری به‌گونه‌ای اساسی تغییر یافت.

کشیش دیوید استادارد (۱۸۵۷-۱۸۱۸)
David Stoddard

کشیش دیوید استادارد

دیوید استادارد روز دوم سپتامبر ۱۸۱۸ در نورتهمپتون به دنیا آمد. او هشتمین فرزند خانوادهٔ خود بود. دیوید والدینی پارسا داشت و مادرش او را از طفولیت وقف خدمت خداوند ساخته بود. او از کودکی آموخته بود که به زبان بچگانه با پدر آسمانیش سخن گوید

و به‌تدریج خواندن کتاب‌مقدس را نیز فرا گیرد. دیوید بعدها به راند هیل که آکادمی مشهوری در ماساچوست بود، پیوست.

در سنین جوانی دیوید ایامی فرا رسید که او در دل خود حس الزامی برای گناهانی که پیشتر مرتکب شده بود، داشت. در سال ۱۸۳۳ او به نیویورک رفت. در آن ایام شور و اشتیاقی روحانی در شهر مورد اشاره پدید آمده بود. دیوید استادارد در مورد آن دیدارش این‌گونه می‌نویسد:

«به منزل عمویم رفتم، و دیدار من از آنجا به دلایل بسیاری جالب بود. وقتی در نیویورک به منزل عمویم رسیدم، او بی‌درنگ باب صحبت را با من گشود و از من خواست تا توبه کنم! آن روز جمعه ۲۶ آوریل ۱۸۳۳ بود. عصر آن روز به جلسۀ موعظۀ چارلز فینی رفتیم و وعظ او مرا تحت‌تأثیر قرار داد. وقتی به خانه برگشتم عمویم بار دیگر با من صحبت کرد و من به او قـول دادم که خداوند را خدمت خواهم کرد. پس از صحبت با عمو در مورد صداقت خودم فکر کردم و دریافتم که قول من آن قدر هم صادقانه نبود. صبح روز بعد (یکشنبه) برای شنیدن موعظۀ دکتر لانسینگ به کلیسا رفتیم، بعد از ظهر به موعظۀ دکتر اسکینر، شبان چارلز فینی، گوش دادیم؛ و عصر یکشنبه بار دیگر از موعظۀ چارلز فینی بهره بردیم. هر سـه نفر از صمیم دل و تأثیرگذار موعظه کردند. در تمام طول روز من احساس می‌کردم که فردی بدبخت و فلک‌زده‌ام. با این حال، سعی داشتم آن را به‌نوعی مخفی کنم. روز بعد در جلسـه‌ای شـرکت کردم که ما را به‌سوی تفتیش زوایای مخفی دلمان هدایت می‌کرد، در آن جلسـه متوجه شـدم که دلم چه اندازه شریر است! روز سه‌شنبه سعی کردم تمام وقتم را صرف خدمت خداوند کنم. از این‌رو، در ساعات صبح به پخش جزوه‌های بشارتی پرداختم؛ اما بـعد از ظهر همان روز احساس کردم محبت کافی نسبت به مسیح در دلم وجود ندارد. مشکل این بود که من به دنبال شـواهدی برای اثبات محبت خود نسبت به مسیح پیش از آغاز خدمت به او بودم. اما حـالا دریافته‌ام که وقتی ما به تمامی دل خود او را خدمت کنیم، خود گواه عشق ما به اوست.»

استادارد جوان به سال ۱۸۳۴ در حالی که دانش‌آموز کلاس دهم مدرسه بود توسط والدینش به کالج ویلیامز (Willimas College) فرسـتاده شـد. او در پایان نخسـتین سال تحصیلی از کالج ویلیامـز به کـالج یل (Yale College) رفت. سرانجام دیوید به فیض الهی و در تماس با برخی از دانشجویان مسیحی کالج یل دل خود را تسلیم خداوند کرد و در نامه‌ای به مادرش نوشت:

«مــن اطمینان دارم که خداوند دعاهای تو را شــنید و بر من نظر رحمت انداخته اسـت. خداوند بر بندۀ ناتوبه‌کاری چون من رحمت فرمود تا دریابم که چه اندازه بینوا هستم و به نجات وی متوسل شوم ...»

استادارد در سال ۱۹۳۸ از کالج یل فارغ‌التحصیل شد و خیلی زود در مقام مربی در کالج مارشال در پنسلوانیا مشغول به‌کار شد.

در سپتامبر ۱۸۴۲ درست پس از آن که دیوید استادارد موعظهٔ انجیل را آغاز کرده بود یکشنبه‌ای را در میدلبوری گذراند. در همان هنگام کشیش جاستین پرکینز که به همراه مار یوحنا، اسقف نستوری، به آمریکا آمده بود در آن شهر به‌سر می‌برد. پرکینز به منظور ترغیب کلیساهای آمریکایی جهت حمایت از خدمات بشارتی هفته‌ای را در آن منطقه به سر می‌برد، او به هنگام ملاقات دیوید استادارد احساس کرد مرد صادق و کوشایی را در برابر چشمان خود دارد که مناسب خدمت در ارومیه است.

استادارد احساس می‌کرد که در غرب بیش از هر جای دیگری می‌تواند مفید واقع شود. از این‌رو، تنها وعده‌ای که در پاسخ به پرکینز داد دعا کردن در مورد پیشنهاد پیوستن به *میسیون برای نستوریان* بود.

استادارد پس از چندی جهت شرکت در گردهمایی به نورویچ رفت. در آنجا در کمال شگفتی دریافت که هم‌اتاق دکتر پرکینز است. در آن هنگام، پرکینز فرصت را غنیمت شمرد و بار دیگر وی را ترغیب کرد تا جهت پیوستن به خدمت *میسیون برای نستوریان* به همراه وی به ارومیه برود. استادارد پس از سومین جلسهٔ صحبت با دکتر پرکینز در نهایت تصمیم گرفت به‌سان مبشری مسیحی زندگی خود را وقف خدمت خداوند سازد. او در سال ۱۸۴۳ به مقام کشیشی دستگذاری شد.

کشیش استادارد روز ۱۴ فوریهٔ ۱۸۴۳ با دوشیزه هریت بریگز (Harriet Briggs)، ازدواج کرد و در روز اول مارس ۱۸۴۳ رهسپار ارومیه، واقع در شمال‌غرب پارس، شد. آنان روز ۱۴ جون همان سال به ارومیه وارد شدند. ورود آنان نیز استقبال گرم آشوریان دشت ارومیه را به دنبال داشت و شور و شوق مردم ایشان را بسیار خرسند و دلگرم ساخت.

در ارومیه، کشیش استادارد به دیگر مبشران کلیسای مشایخی در روستای سیر، در پنج مایلی ارومیه، پیوست.

در آنجا او به سرعت به فراگیری زبان آشوری پرداخت و پس از پنج ماه آموزش توانست برای نخستین بار جای ثابتی در آموزش جوانان آشوری بیابد. جاستین پرکینز نیز تأکید داشت میسیون در نظر دارد پس از تکمیل دانش کشیش استادارد در زبان آشوری مسئولیت آموزشگاه پسرانه را به وی سپارد. استادارد بعدها در مورد آموزشگاه پسرانه نوشت: «ما نقش آموزشگاه خود را برای این مردم بسیار مهم می‌دانیم. هم‌اکنون پنجاه پسر و مرد جوان در آن مشغول به تحصیل هستند و با وجود این که آنان هنوز دانش کافی برای قرائت مناسب و درک کامل کتاب‌مقدس به زبان خود ندارند، اما در سایر علوم آموزش لازم را دریافت می‌کنند. امروز عصر در کلاس آقای جونز مربوط به ستاره‌شناسی شرکت کردم، به نظر می‌رسد که بچه‌ها علاقهٔ زیادی به آن نشان می‌دهند. آنان هر روز صبح در منازل ما، در عبادت خانوادگی شرکت می‌کنند. سپس شماس ایشو با موعظه‌ای سی دقیقه‌ای از قسمتی از کتاب‌مقدس برنامهٔ روزانه آموزشگاه را آغاز می‌کند. او با انرژی و روش مناسبی این کار را انجام می‌دهد ...

روستای سیر، واقع در پنج مایلی ارومیه
محل استقرار میسیون آمریکایی از مارس ۱۸۴۱

خدمت صادقانه و در عین حال همراه با فروتنی دیوید استادارد در آموزشگاه پسرانه و کلیساهای روستاهایی چون گوک‌تپه که مسئولیت آن را بر دوش گرفته بود با بیداری‌های روحانی بزرگی همراه بود. طی آن بیداری‌ها صدها تن تصمیم به پیروی مسیح گرفتند و جماعت‌های بزرگی به کلیساهای محلی پیوستند. شماری از کسانی که به کارهای خلاف، دزدی و حتی قتل شهرت داشتند به‌واسطهٔ عمل قدرتمند روح‌القدس در برابر خداوند زانو زدند؛ و برخی از آنان زندگی خود را وقف موعظهٔ انجیل در بین مردم منطقه ساختند.

دیوید استادارد در اواخر سال ۱۸۵۶ به منظور حل برخی از مشکلات اداری و قانونی اقامت مبشران آمریکایی ساکن در ارومیه به تبریز رفت و در انتهای سفرش به بیماری تیفوس مبتلا و در روز ۲۲ ژانویهٔ ۱۸۵۷ پس از ماهی دسته و پنجه نرم کردن با بیماری به شکلی نابهنگام درگذشت.

استادارد که خود پیشتر از تجربه‌های روحانی عمیقی برخوردار شده بود یکی از مؤثرترین مبشران کل تاریخ ۱۴۰ سالهٔ مرکز میسیون در ارومیه بود. مدارس میسیون تحت رهبری وی بیداری‌های گسترده و ثمربخشی را تجربه کردند. استادارد افزون بر دستاوردهای روحانی در حوزهٔ ادبی نیز خدمات ماندگاری داشت که از آن جمله می‌توان به تهیهٔ دستور زبان سریانی اشاره کرد. کتاب دستور زبان مورد اشاره در سال ۱۸۵۵ جهت استفاده در دسترس مدارس و عموم قرار گرفت.

دکتر پرکینز در مراسم ختم دیوید استادارد گفت:

«پس از آمدن کشیش دیوید استادارد به پارس سه مورد بیداری روحانی گسترده در آموزشگاه پسرانهٔ تحت مدیریت وی روی داد. افزون بر این، دو دورهٔ بیداری محدودتری نیز تجربه شد که طی آنها افراد بسیاری خود را تسلیم نجات‌دهنده کردند. در دوران خدمت وی ما هیچ سالی را بدون دریافت نشانی از حضور خاص خداوند و برکات وی سپری نکردیم ... کشیش استادارد در مقام مبشر و واعظ، و فراتر از آن در مقام مردی مسیحی، فردی احیاگر بود. او مشتاق فرا رسیدن بیداری بود، برای آن دعا می‌کرد و به شکلی مستمر جهت پدیدار شدن دوبارهٔ آن ایام بیداری و تازگی تلاش می‌کرد ... او اغلب در نامه‌هایش اشتیاق خود برای خدمت تا پای مرگ در پارس و آرمیدن در کنار مردمی که زندگی‌اش را وقف سعادت روحانی آنان ساخت، ابراز می‌کرد. اشتیاق دل او به وی عطا شد و وی در نهایت در کنار نستوریان ... آرمید.»

Stoddard, David. Missionary to the Nestorians.

اسقف یعقوب
دانش‌آموختهٔ آموزشگاه علم الهی میسیون کلیسای مشایخی در ارومیه

"Bishop Jacob."

یکی از نخستین افرادی که زندگی‌اش طی آن بیداریهای قدرتمند روحانی دگرگون شد، اسقف یعقوب بود. از آن جایی که او پیشتر فردی واجد شرایط و نامزد احراز مقام اسقفی در کلیسای باستانی نستوریان بود چنین لقبی به وی داده شده بود. او به هنگام تحصیل تحت‌نظر کشیش دیوید استادارد در آموزشگاه مبشران پروتستان واقع در روستای سیر تحولی روحانی را تجربه و سپس از نامزدی احراز مقام اسقفی چشم پوشید. او در سال ۱۸۵۰ ازدواج کرد. فرد مورد بحث، پس از تکمیل دورهٔ تحصیل علم الهی خود به روستای بزرگ سپرغان، از توابع ارومیه، فرستاده شد و مدت بیست و هفت سال در آن روستا خدمت کرد. کار در سپرغان دشوار بود اما او مردی با پشتکار فراوان و سرسخت بود و شخصیتی قوی داشت. افزون بر این، همسری عالی به‌نام مورسه در کنار وی بود. خدمت اسقف یعقوب به اتفاق همسرش ثمر فراوانی در بر داشت و خداوند به‌واسطهٔ خدمات آنان جانهای بسیاری را از تاریکی به‌سوی نور رهنمون شد. سپس اسقف یعقوب در روستای مورد بحث کلیسایی بنا کرد.

اسقف یعقوب دو مرتبه همراه با همسرش، مورسه، به انگلیس سفر کرد و از طریق حمایت دوستان انگلیسی خود در قالبی جداگانه اما هماهنگ با میسیون مبشران پروتستان، خود را وقف موعظهٔ انجیل عیسای مسیح به یهودیان و مسلمانان ساخت.

اسقف یعقوب در آخرین مراحل زندگی و خدمت خود در راستای ایجاد هماهنگی و همدلی در بین فرقه‌های مسیحی فعال در بین مردم خود بسیار کوشید.

او در تابستان گذشته درگذشت. مراسم خاکسپاری وی بسیار مفصل و چشمگیر بود. بسیاری از نمایندگان کلیسای باستانی آشوریان، کلیسای کاتولیک و کلیساهای انجیلی در مراسم مورد اشاره شرکت کردند. احساس مشترک آن مردم این بود که مرد خوبی که متعلق به همهٔ ما بود درگذشت.

Church at Home & Abroad, Philadelphia 1895, p. 17.

در سال بعد بیداری دیگری در زمان مشابه (۱۳ ژانویه) در هر دو آموزشگاه آغاز شد، و این در حالی بود که آن آموزشگاه‌ها شش مایل از یکدیگر فاصله داشتند و هیچ ارتباطی بین آنها وجود نداشت.

روز ۲۱ فوریه ۱۸۵۰ آقای کوهن[1] از ارومیه نوشت:

«این مسیحیان نستوری ثابت کرده‌اند که اهل دعا هستند. بسیاری از آنان ساعتهای متمادی به اتفاق یکدیگر بر زانوها در دعا هستند؛ و اغلب صدای دعای آنان به‌طرز لذت‌بخشی به گوش می‌رسد.»

دانش‌آموزان آموزشگاه دخترانهٔ فیسک، (ارومیه، سدهٔ ۱۹م)

---

1. Rev. George W. Cohan

طی یکی از همین بیداریهای اولیه بود که شماس گیورگیز، مبشر کوه‌نشین، دل خود را به مسیح سپرد. او دزد بود و به جسارت و جنایت شهرت داشت. نامبرده دو دختر خود را به مدرسهٔ فیسک فرستاده بود و در زمان برگزاری جلسهٔ بشارتی به دیدن آنان آمد. او و همراهانش مسلح بودند. او در ابتدا با مشاهدهٔ الزام قدرتمند شاگردان خشمگین شد، اما سخنان فیدلیا فیسک به دلش رسوخ کرد و توبه‌ای مشابه توبهٔ پولس رسول شخصیت وی را متحول ساخت، به‌طوری که نامبرده بقیهٔ عُمر خود را وقف رفت و آمد به نزد آشوریان کوه‌نشین و بیان حکایت نجات‌دهنده‌ای که یافته بود، کرد.

ارسال گزارش‌های مشابه پس از تحویل مسئولیت کامل میسیون پارس به کلیسای مشایخی نیز ادامه داشت. در ۲۳ ژانویهٔ ۱۸۷۷ دکتر جورج هولمز[1] گزارش داد که ازدحامی دو هفته‌ای (شبانه‌روزی) در کلیسای ارومیه شکل گرفته بود و شمار زیادی حق‌جو ثبت‌نام شدند. در ژانویهٔ ۱۸۸۶ دکتر لبری گزارش کرد:

> «در اواسط هفتهٔ دعا، بیداری بی‌سابقه و قدرتمندی در چندین روستا آغاز شد. اعضای کلیسا تجربه‌های روحانی تازه‌ای یافتند. پیر و جوان ایمان آوردند و دل خود را تسلیم خداوند می‌کردند و در برابر انظار عموم به ایمان خود اعتراف و زندگی خود را وقف مسیح می‌ساختند. تمامی اعضای کلیساهای آن روستاها تحت‌تأثیر پیام انجیل واقع شده‌اند.»

دکتر شِد[2] در ماه فوریهٔ همان سال می‌نویسد:

> «خانم شِد و من شنبهٔ گذشته را در روستای دیزج‌تکیه گذراندیم؛ جایی که کار خاص خدا از هفتهٔ دعا آغاز و در حال پیشرفت است. بیداری تمامی یکهزار نفر اهالی روستا را تکان داده است و شماری از افراد سخت‌دل تحت الزام قدرتمندی قرار گرفته‌اند.»

در نامه‌ای دیگر در ماه می همان سال دکتر شِد ادامه می‌دهد که بیداریها تداوم دارد و هفده کلیسا را تحت‌تأثیر برکت خود قرار داده است. بیش از ۵۰۰ تن به جمع حق‌جویان اضافه شده‌اند و شمار افرادی که دل خود را تسلیم نجات‌دهنده کرده‌اند بیش از تمامی آنانی است که طی بیست و پنج سال کار میسیون در پارس به آن کار مبادرت ورزیده بودند؛ و بیش از نصف آنان مرد هستند.

کار مبشران سیّار میسیون افزون بر دشت ارومیه در بین آشوریان کوه‌نشین و همچنین اکراد چپاولگر همسایه نیز ادامه یافت. کشیش ادموند مک‌داول[3] طی سالهای بسیاری مسافرتهای طولانی و در برخی مواقع پرمخاطره‌ای را به آن منطقهٔ بکر و وحشی انجام می‌داد. کار بشارت سیّار به‌تدریج گسترش بیشتری یافت و از سواحل غربی رود دجله نیز فراتر رفت. آن خدمت

---

1. George W. Holmes; 2. Dr. Shedd; 3. Rev. Edmund McDowell

گروهی از کشیشان و مبشران آشوریان کوه‌نشین در سدهٔ ۱۹م

وردا، یوئیل. The Flickering Light of Asia

چنان ثمراتی به بار آورد که در ســـال ۱۸۹۲ مرکز میســـیون پارس غربی در موصل گشایش یافت. مرکز مورد اشاره بعدها به مرکز فعالیت‌های میسیون در بین‌النهرین تبدیل شد.

خدمات آموزشی

خدمات آموزشی از همان ابتدای کار مورد توجه و تأکید خاص قرار گرفت. پیشتر اشاره شـــد که نخستین مدرسهٔ میسیون در ســـال ۱۸۳۶ با هفت دانش‌آموز پسر که روز بعد شمار آنان به دو برابر افزایش یافت در انباری آغاز به کار کرد. کار مدرسه در سالهای دشوار بعدی چند مرتبه متوقف شـــد. در سال ۱۸۷۰ مدرسهٔ پسرانه به محل آموزش نوایمانان و داوطلبان ورود به خدمت تبدیل شـــد. زمانی که امور میســـیون طی ســـال ۱۸۷۱ به کلیسای مشایخی (پرزبیتری) محول می‌شد، کشـــیش ژوزف ج. کاکران[1] مدیر مدرسهٔ مذکور، نیز همراه با آن به کادر میســـیون کلیسای مشـــایخی انتقال یافت. اما نامبرده در همان سال پس از نزدیک به ربع ســـده خدمت که به گسترش تشکیلات آموزشی پزشـــکی منطقهٔ ارومیه منجر شده بود، درگذشت. خدمت کشیش کاکران، توسط همسر وی به مدت بیش از بیست سال ادامه یافت. در سال ۱۸۸۱ آموزشگاه به مکان جدیدی انتقال یافت، و عنوان کالج ارومیه به آن داده شد.

در آن هنگام پنج نفر از دانشجویان پسر در رشتهٔ الاهیات، سه تن در رشتهٔ پزشکی، پانزده نفر در بالاترین کلاس آن مشغول به تحصیل بودند، و افزون بر این شانزده تن دیگر نیز سال نخســـت تحصیل خود را سپری می‌کردند. شـــش تن از کُل این دانشجویان مسلمان بودند.

1. Joseph G. Cochran

MISSION SEMINARY AT OROOMIAH.

بنای آموزشگاه کلیسای مشایخی در ارومیه
از کتاب: هفت سال سکونت در پارس، دکتر پرکینز

دانشجویان کلاس علم الهی و کالج، ارومیه، آوریل ۱۸۹۸
کلیسا در خانه و خارج

فصل ششم

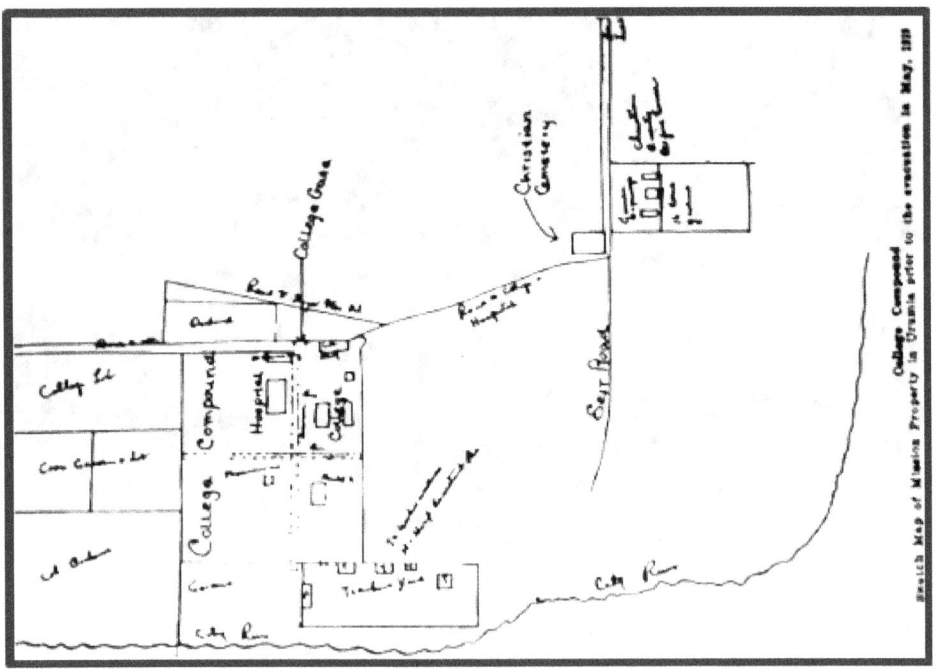

کروکی محل کالج میسیون کلیسای مشایخی در ارومیه
واقع در خیابان دانشکدهٔ امروزی، محل کنونی دانشگاه ارومیه

در پاسـخ به درخواست فزایندهٔ تحصیل در بین (پسران) مسـلمان، در سال ۱۹۰۴ مدرسهٔ جداگانه‌ای بدین منظور در شهر دایر شد که شمار دانش‌آموزان آن (که شامل شماری یهودی نیز می‌شـد) به یکصد نفر بالغ می‌شد. در سال ۱۹۱۳ مدرسهٔ مورد اشاره با کالج ارومیه ادغام و عنوان مدرسهٔ آمریکایی پسـران را بر خود گرفت. کشیش ویلیام شِد به سمت مدیریت و کشیش هوگو مولر[1] به سمت معاونت مدرسه منصوب شدند.

آموزشگاه دخترانهٔ فیسک

کار آموزشگاه فیسک از مدرسهٔ کوچکی که خانم گرانت در سال ۱۸۳۸ تأسیس کرده بود آغاز و سپس شکوفا شـد. آن آموزشگاه عنوان خود را از دوشیزه فیدلیا فیسک گرفته بود. دوشـیزه فیسک در سال ۱۸۴۳ با تأیید و انتصاب کمیسیونرهای آمریکایی برای میسیون‌های خارجی (ABCFM) به همراه آقای پرکینز و همسـرش به ارومیه وارد شـد. او در سال ۱۸۵۸ به‌سـبب مشکلات جسـمانی مجبور به کناره‌گیری از خدمت شـد، اما یادگاری از خدمتی وقف‌شـده از خود به جا گذاشت. نامبرده پس از بازگشت به آمریکا تلاش زیادی جهت

---

1. Hugo Muller

آموزشگاه فیسک، ارومیه، سدهٔ ۱۹
کلیسای در خانه و خارج

گسترش روحیهٔ بشارتی در آموزشگاه دینی دخترانهٔ مونت هولیوک[1] (دانشگاهی که از آن فارغ‌التحصیل شده بود)، و همچنین کلیساهای نیوانگلند انجام داد. تاریخ آموزشگاه دوشیزه فیسک و جانشینان وی مملو از بیداریهای پُرشمار روحانی است که در نتیجه گروه بزرگی از جوانان آشوری را در ایمان مسیحی راسخ و پُر شور ساخت و حقیقت انجیل را به بسیاری از روستاهای دشت ارومیه و گوشه و کنار کوههای کردستان رساند. سیرت روحانی که بر مدرسهٔ فیسک ممهُور شده بود در دوران مدیریت دوشیزه سوزان رایس[2] نیز تداوم داشت و در سال‌های بعد نیز همچنان پابرجا ماند. بعدها مدرسه‌ای روزانه مختص یهودیان و همچنین شبانه‌روزی مختص دختران فارس از هر طبقهٔ اجتماعی گشایش یافت. شمار زیادی مدرسهٔ روستایی در روستاهای دورافتاده نیز گشایش و هزاران تن از توانایی خواندن کتاب‌مقدس برخوردار و برخی از آنان به خادمانی فعال تبدیل شدند.

خدمات پزشکی

خدمت پزشکی مرکز مورد بحث نیز همان‌طور که پیش‌تر اشاره شد توسط پزشکی ماهر و شکیبا به‌نام عسائیل گرانت در سال ۱۸۳۴ آغاز شد. پس از درگذشت گرانت در سال ۱۸۴۵، خدمات پزشکی توسط شمار دیگری از پزشکان متعهد دنبال شد. در سال ۱۸۷۸ دکتر ژوزف پ. کاکران[3] به اتفاق همسرش از راه رسید.

دو سال بعد هدیه‌ای از سوی دوستان وی از کلیسای مشایخی (پرزبیتری) وست‌مینستر بوفالو،[4] نیویورک، اهداء شد و کاکران را قادر ساخت تا ساختمان مناسب و مجهزی را بنا کند.

آن ساختمان بیمارستان وست‌مینستر نام گرفت؛ کاکران آن را مرکزی برای روشنگری، امید و محبت ساخت که مردم نیازمند را از هر طبقه، نژاد و باور از فاصلهٔ ۱۵۰ مایلی به‌سوی خود جذب می‌کرد. شهرت بیمارستان و پزشک محبوب آن از طریق ارائهٔ خدمات درمان

1. Mont Holyoke; 2. Miss Susan Rice; 3. Joseph P. Cochran; 4. West Minister Presbyterian Church of Buffalo

سرپایی و سیّار که سالانه هزاران تن را در بر می‌گرفت در پارس، شرق ترکیه و جنوب روسیه بسیار گسترش یافت.

ژوزف کاکران ۱۲ ساله در کنار پدر و برادران (سال ۱۸۶۷)

ژوزف کاکران (۱۹۰۵-۱۸۵۵)، پزشـــکِ مبشر کلیسای مشـــایخی، در پارس بود. او در روستای سیرِ ارومیه، واقع در شمال‌غرب پارس، از والدینی مبشر زاده شد و در پانزده سالگی با هدف تحصیل به آمریکا رفت. کاکران پس از به پایان رســـاندن دورهٔ دبیرستان در مدرسهٔ بوفالو، جهت ادامهٔ تحصیل در رشتهٔ پزشـــکی به دانشگاه یل (Yale)، پیوست. او سرانجام در سال ۱۸۷۷ مدرک دکترای خود را از کالج پزشکی و جراحی نیویورک دریافت کرد. کاکران در نهایت تصمیم گرفت در مقام پزشـــکِ مبشر کلیســـای مشایخی در پارس خدمت کند. از این‌رو پس از ازدواج با کاترین داله (Katharine Dale)، در سال ۱۸۷۸ به ارومیه برگشت.

کاکران افزون بر ارائهٔ خدمات پزشـــکی، نخستین بیمارستان میســـیون را نیز در ارومیه تأســـیس کرد. او چندین پزشک بومی آموزش و تربیت کرد، جهت ارائهٔ خدمت به سفرهای پُرمخاطره تن داد، دوســـت و مشاور فرمانداران دولتی، رؤسای قبایل کُرد و برخی از اعضای خانوادهٔ ســـلطنتی شد. او مشاور و مدبری حکیم و در عین حال پزشکی زبردست بود. دکتر کاکران ویژگی و توانایی‌هایی داشـــت که وی را به شـــهروند برجســـته و متنفذ ارومیه بدل ســـاخت. او به زبان مردم محلی به‌طور کامل تسلط داشت، به‌طوری که به ترکی و آشوری با مردم محلی سخن می‌گفت؛ کاکران فرهنگ و نحوهٔ تفکر آن مردم را می‌شناخت؛ او پزشکی امروزی در منطقه‌ای روستایی و ناشناخته بود؛ کاکران پیش از گسترش ملی‌گرایی و مقاومت با خارجیان که طی سدهٔ بیست پدید آمد، خدمت خود را به پایان برد.

کاکران که به‌ســـبب ارائهٔ خدمات پزشکی بی‌وقفه از پای درآمده بود در پنجاه سالگی در ارومیه درگذشت. تمام ارومیه برای کاکران ماتم گرفت.

Gerald Anderson, Biographical Dictionary of Christian Mission, pp. 140-141.

قسمت عمدهٔ هزینهٔ ســـاخت بیمارستان وست‌مینســـتر و مخارج پزشکان آمریکایی آن در ارومیه بین ســـالهای ۱۸۸۱ تا ۱۹۱۸ از ســـوی فردی ســـخاوتمند به‌نام ساموئل کلمنت (Samuel Clement)، از بوفالو، نیویورک تأمین می‌شـــد. در مجمـــوع ۳۴ دانش‌آموخته حاصل حضور و فعالیت‌های آن سال‌های پزشـــکان آمریکایی در ارومیه بود، که از آن تعداد ۲۹ تن آشوری، و ۵ نفر باقی مانده همه از مسلمانان شهرستان خوی بودند.

گورگیز، هانیبال. تاریخچهٔ دانشکدهٔ علوم پزشکی ارومیه، انتشارات دانشگاه علوم پزشکی تهران. ص۱۳-۱۴.

نامهٔ دکتر اوشانا بدل، دانشجوی دکتر کاکران:

«دکتر کاکران در ســـال ۱۸۷۸ به ارومیه، واقع در شمال‌غرب پارس آمد و آموزش شش دانشجوی پزشکی از جمله نویسندهٔ این نامه را بر عهده گرفت. در آن هنگام دکتر کاکران در روستای سیر زندگی می‌کرد و برای تدریس به شهر می‌آمد. او دو مرتبه در هفته برای تدریس و معاینـــهٔ بیمارانی که در درمانگاه منتظرش بودند به شـــهر می‌آمد. سالی پس از آن به ســـاختمان تازه کالج، که توسط دکتر شِد ساخته شـــده بود نقل‌مکان کرد. دکتر کاکران در همـــان محوطه خانه‌ای جهت اقامت بنا

کرد. در سال ۱۸۸۰ شـیخ عبیدالله به ارومیه و برخی دیگر از نقاط پارس یورش آورد. دکتر کاکران در آن هنگام مانع کشـتار مردم و سبب نجات جان بسیاری شد و روستاهای زیادی را از غارت اکراد رهانید. دکتر کاکران پس از ورود سپاه پارس به منطقه در سال بعد، کار بنای بیمارستان را آغاز کرد.

دکتر ژوزف کاکران در کنار شیخ عبیدالله

دکتر کاکران خود شـاگردی بود که از طریق زندگی، استادش عیسای مسیح را به تصویر می‌کشـید. او از سویی، جسم مردم را معالجه، و از سوی دیگر، از طریق موعظهٔ کتاب‌مقدس راه نجات جان را به آنان نشان می‌داد. ... او در ابتدا شماری نسخهٔ کتاب‌مقدس جهت انجام مراسـم عبادت صبح و عصر در بیمارستان فراهم کرد. بر طبق روال موجود او در جلسه‌های عبادتی حاضر می‌شـد و به بیمارانی که به آنجا می‌آمدند دلسوزی و محبت نشان می‌داد. او با شاگردان دانشجوی خود نیز مهربان و صبور بود. وقتی دانشجویان از مشکلات خود به‌طور مستمر شکایت می‌کردند، او صبورانه به آنان گوش می‌داد و هرگز اظهار خستگی نمی‌کرد. به این ترتیب، اعتمادشـان را جلب و سپس کارش را با آنان آغاز می‌کرد. به‌سبب همین اعتماد، آنان به رهنمودهای وی در مورد نجات گوش می‌سپردند، و این‌گونه شد که قابل‌اعتماد بودن و نام نیک وی در کل کشور شهرت یافت.

دکتـر کاکران برای انجام برخی از کارهای میسیون در مواقعی به تهران می‌رفت. او در آنجا موفق به درمان برخی از بیمارهای سـخت شـد و به‌واسطهٔ همین موفقیت‌ها نزد شاه و صاحب‌منصبان پایتخت نیز شهرت یافت. دکتر کاکران در تبریز، مراغه، ساوجبولاغ و نواحی اطراف، سنا، سقز، لجن، سولدوز، اشنویه، مرگور، ترگور، سومای‌برادوس، انـزل، سـلماس،

خوی، ماکو و ... شهرت بسیار داشت. افزون بر این، آوازهٔ وی در مرزهای امپراتوری عثمانی به موصل، رواندوز، نوچیا، گَوَر، و بین تمامی عشایر نیمه‌مستقل حکاری، باز، جیلو، تخومه، پیراری، بَروَر، وان، البک، و ... نیز رسیده بود. اهالی ایروان، نخجوان و ... نیز وی را به‌خوبی می‌شناختند. مردم از تمامی نواحی مورد اشاره جهت دریافت خدمات درمانی نزد وی می‌آمدند؛ و این در حالی بود که اغلب آنان باور مذهبی متفاوتی داشتند. آنان از مسلمانان شیعه و سنی، آشوریان، ارامنه، یهودیان و ... بودند. برجسته‌ترین ویژگی دکتر کاکران این بود که تمامی آن مردمان را به یکسان درمان می‌کرد و هیچ تفاوتی مابین آنان قائل نمی‌شد.»

Archive of Presbyterian Historical Society

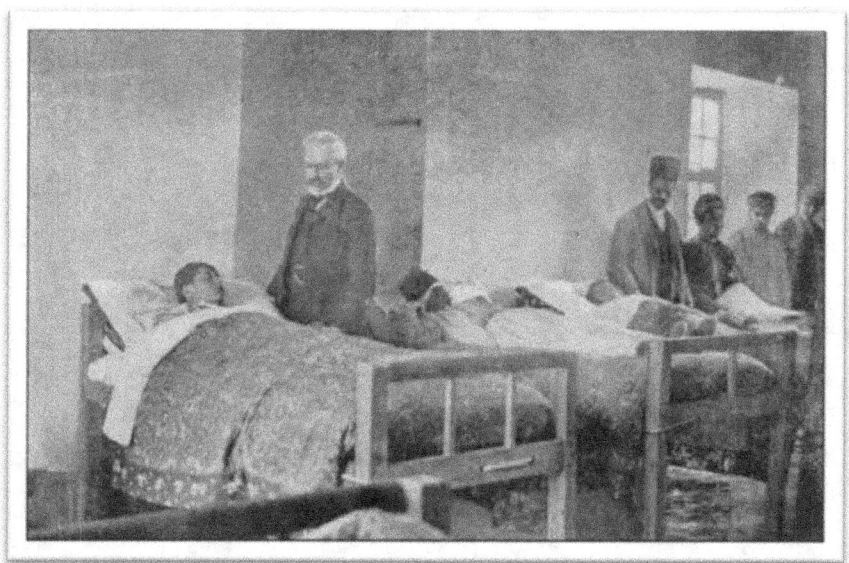

دکتر کاکران در بیمارستان کلیسای مشایخی ارومیه (سدهٔ ۱۹)

نامهٔ رابی اپریم در مورد دکتر کاکران:

«پیش از بیماریم نیز دکتر کاکران را می‌شناختم. اما شناختم از وی در دوران بستری شدنم در بیمارستان بسیار افزایش یافت. به‌طوری که می‌توانم ادعا کنم که وی چیزی بیش از پزشک بود.

دکتر کاکران در بسیاری از رشته‌های تخصصی پزشکی مهارت داشت که از آن جمله می‌توان به چشم‌پزشکی، جراحی و ... اشاره کرد. مسلمانان شیعه، اکراد، ارامنه، آشوریان، یهودیان، پارسیان، روسیان و گرجیان از روسیه، ترکان، و ... جهت درمان نزدش می‌آمدند.

او به هنگام درمان بیمارانش بسیار خوش‌برخورد و روحیه‌بخش بود و با دلسوزی کار می‌کرد. با رنجوران رنج می‌کشید، برخی مواقع به‌سبب رنج بیماران شب را به روز می‌کرد و نمی‌خوابید. به بیوه‌زنان و یتیمان یاری می‌رساند و آنان را آموزش

> می‌داد. در یک کلام، او چون پـدری مهربان و راهنمایی حکیم برای تمامی مردم بود. با وجود این که آموزگاری حکیم، پزشکی زبردست و واعظی توانا بود، برای همه دوستی حقیقی نیز شمرده می‌شد.
>
> دکتر کاکران در برخورد با افراد اقشار مختلف جامعه مهارت بسیار زیادی داشت. به‌طوری که با افراد بیسـواد، یا صاحب‌منصبـان حکومتی و نجبا رفتاری درخور داشت. بسـیاری از صاحب‌منصبان افزون بر مشکلات جسمانی جهت مشورت در دیگر امور به نزدش می‌آمدند. در نظر آنان وی نه‌تنها پزشـکی مسـتقل، بلکه شاهزاده و یا شاهی می‌نمود. صاحب‌منصبان مملکت، رؤسای قبایل کُرد، شیوخ، سنیان، و رهبران کلیساهای مختلف جهت مشورت به او مراجعه می‌کردند. روزی کنسول دوم ترکان به من گفت: «در صورتی که می‌خواهی دکتر کاکران را به‌درستی بشناسی باید به ترکیه، تا موصل سفر کنی تا دریابی که والیان، قائم‌مقام‌ها و پاشاها تا چه حد وی را تکریم می‌کنند.»

دکتر کاکران شـخصیتی قدیسـانه داشـت. او جهت معالجهٔ بیماران خـود همواره به قدرت خدا توکل می‌کرد. روحی فروتن داشـت، گرسنگان را غذا می‌داد، برهنگان را رخت می‌پوشـاند، و فقرا را تکریم می‌کرد. توانمندان و بومیان منطقه را نیز دوسـت می‌داشت. او جهت ارائه خدمات پزشکی به بیماران، متحمل سرمای سخت و گرمای طاقت‌فرسا می‌شد. از همین‌رو، مردم وی را مرد خدا، انسان خداترس و مقدس لقب داده بودند.

برخی اوقات بیمارسـتان به مدرسـهٔ الاهیات می‌ماند. بحث دینـی مابین افراد صورت می‌گرفت. از دوران بستری شدنم روزی را به یاد دارم که سیّدی در آنجا بود. دکتر کاکران از من خواست تا در مورد ایمانم با او سخن بگویم. در پایان صحبت، او پرسید که برای نجات یافتن چه باید کرد؟ البته، ما به او گفتیم که باید به عیسای مسیح ایمان آورد و او در حالی که تحت‌تأثیر قرار گرفته بود بیمارستان را ترک کرد. بسیاری هستند که به هنگام ترک بیمارستان تحت‌تأثیر کلام خدا قرار گرفته‌اند. روزی یکی از صاحب‌منصبان مسـلمان در ارومیه به من گفت: «اگر انسان خوبی در دنیا وجود دارد، او دکتر کاکران است.»

Archive of Presbyterian Historical Society
Photo from: Malick, David G. The American Mission Press. Atour Pub. 2008. p. 103.

به قلم کشیش لبری

درسـت چهار هفته پیش بود که دکتر کاکران پس از جلسـهٔ مبارک عشاءربانی، لب به شـکایت از تب و درد بسیار زیاد اسـتخوان‌هایش گشود. او طی دو یا سه روز بعد کارش را ادامه داد و به بیماری خود توجهی نکرد، زیرا یکی از رهبران برجستهٔ مذهبی شهر به تیفوئید مبتلا شـده بود و دکتر کاکران به دلیل برخورداری از روحیهٔ وقف و فداکاری بی‌نظیر، خود را متعهد به سرکشـی هر روزه به بیمار می‌دانست. او تا روزی که به دلیل ضعف در محوطهٔ

دکتر ژوزف کاکران (۱۹۰۵-۱۸۵۵)

حیاط منزل مجتهد مسلمان از حال رفت به آن کار ادامه داد. حتی در آن هنگام نیز دکتر کاکران به فکر نیازهای درمانی خود نبود. او با لبخندی بر لب به ما گفت که پس از ناتوانی و بی‌حسی به خودم توجه خواهم کرد و شما کسی را برای رسیدگی به من فرا خواهید خواند. اما آن اشتباه بزرگی بود. او بیماری خود را تب حاصل از شکستگی استخوان تشخیص داده بود و احساس می‌کرد نمی‌تواند تیفوئید باشد؛ و پس از گذشت دو هفته به‌واسطهٔ مشورت با دکتر میلر و برخی از پزشکان محلی او بر بیماری خود واقف شد. سپس رضایت داد تا تلگرافی به دکتر وانمن در تبریز ارسال شود. دکتر وانمن بی‌درنگ رهسپار ارومیه شد و دو روز بعد این جا بود؛ و از زمان آمدن با مهربانی و کفایت بر بالین وی حضور داشت. هر کار ممکن صورت گرفت، اما آن بیماری چیزی نبود که بتوانیم متوقفش کنیم. تب او از بین رفت اما قلب و دیگر اندام داخلی‌اش دچار زبونی شده بود. در حقیقت تیفوئید او را نکشت بلکه کار سخت و بارهای طاقت‌فرسایی که بر دوش داشت وی را از پا درآورد. دکتر کاکران به‌تدریج ناتوان‌تر می‌شد تا سرانجام شب پنجشنبه تمام اعضای مرکز میسیون به دلیل پیش‌بینی نزدیک شدن لحظهٔ وداع او در اتاق مجاور گرد آمدند. از ساعت شش عصر تا ساعت سه صبح ما در کنار تختش نظاره‌گر نحوهٔ تنفسش بودیم و انتظار داشتیم تا هر آن آخرین نفس خود را بکشد. سرانجام روح آن بزرگوار با شتاب جهت دریافت پاداش سماوی روانه شد. او یکی از شریف‌ترین و برجسته‌ترین مردانی بود که من افتخار آشنایی با آنان را یافتم.

Archive of Presbyterian Historical Society

آرامگاه دکتر ژوزف کاکران

مشرف به ساختمان کلیسای انجیلی در روستای سیر، ارومیه

نقل شده است که او هر صبح از فراز کوه سیر در حالی که به شهر ارومیه می‌نگریست دعا می‌کرد تا خداوند نسلی خداترس در آن شهر برخیزاند.

بیماران بیمارستان در ارومیه

از وان: سه نفر بیمار داریم، یکی از آنان ترک، دیگری ارمنی و سومی آشوری نستوری است. هر دو چشم فرد نستوری تحت عمل جراحی (آب‌مروارید) قرار گرفت و او با چشمانی بینا و با شادی بی‌وصف آنجا را ترک کرد. به نظر می‌رسد افرادی که برای عمل آب‌مروارید می‌آیند بیش از سایر بیماران سپاسگزارند.

پاییز گذشته دو زن نستوری از سولدوز، منطقه‌ای در جنوب ارومیه به فاصلهٔ دو روز سفر به این جا آمدند. آنان تیره‌ترین زنانی بودند که من طی این مدت طولانی دیده‌ام. آنان نمی‌توانستند به زبان خودشان (آشوری) صحبت کنند و فقط به ترکی سخن می‌گفتند، زیرا برای مدت زیادی بین مسلمانان زندگی کرده بودند. آن زنان چیزی در مورد مسیح نمی‌دانستند، و به من گفتند: «خدا ما را خلق و در جای خودمان قرار داد، از این‌رو او می‌تواند بر ما نظاره کند و سرگرم باشد.» آنان فقط چند روز اینجا بودند، از این‌رو تشخیص و انتخاب مهمترین مطلب جهت آموزش ایشان دشوار بود.

در برخی اوقات ما بیمارانی از طبقهٔ بالای جامعه داریم که جهت دریافت خدمات درمانی به سراغ‌مان می‌آیند. در تابستان گذشته (۱۸۹۳)، درست پس از آن که اتاقهای خود را نظافت و لحاف، فرشها و پرده‌ها را شستیم و آمادهٔ مرخصی بودیم، ناگهان زنی کُرد در مقابل دروازهٔ ما پدیدار شد. او مادر، بچه، چندین ندیمه، و شش غلام مرد به همراه داشت. او پیشتر در مقطعی در بیمارستان بستری شده بود، و حال مرتبه‌ای دیگر بیمار و سفر سه روزه‌ای را

جهت رسیدن به محل ما انجام داده بود. پذیرش آنان آسان نبود، اما ما نمی‌توانستیم از پذیرش آنان پرهیز کنیم. از این‌رو، دو اتاق را به سرعت آماده و پیش از فراهم شدن شام، میوه و نان به آنان دادیم. آن زن یکی از سه همسر شوهرش بود، و به من گفت که زندگی‌اش به دلیل مرگ پسرانش اندوه‌بار است. او حال تنها چند دختر دارد و همین مسئله سبب شده است تا مورد لطف شوهرش قرار نگیرد. افزون بر این، هووهایش رفتار بدی با وی داشتند.

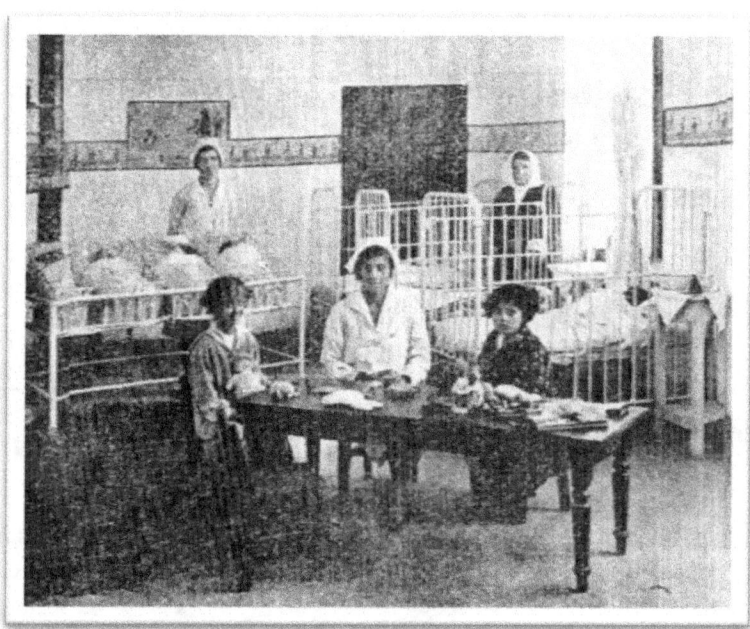

کاترین کاکران (همسر دکتر کاکران)
آرشیو کلیسای مشایخی (پرزبیتری) آمریکا در فیلادلفیا

بخش کودکان بیمارستان میسیون کلیسای مشایخی در ارومیه

خانم مری شوفلر لبری، همسر بنجامین لبری، در کتاب «بچه‌ای در میان» اظهار می‌کند که آمار مرگ و میر کودکان طی سدهٔ نوزده در پارس ۸۵٪ و در سوریه ۷۵٪ بود! او در پاسخ به این پرسش که بزرگ‌ترین نیاز کودکان پارسی چیست، از مردی که فرزند مبشری آمریکایی بوده و در پارس زاده شده بود نقل می‌کند: «در وهلهٔ نخست کودکان پارسی در منزل به محیط مناسبی احتیاج دارند.»

خانم لبری در ادامه می‌نویسد: «آموزگار مدرسهٔ میسیون با یکی از دانش‌آموزان پارسی کلاس در مورد لزوم انجام نظافت شخصی صحبت می‌کرد. سپس دانش‌آموز در پاسخ گفت: متوجه همه اینها هستم اما پدر من همسران پُرشماری دارد و من چگونه می‌توانم آموخته‌های خود را در منزل پیاده کنم!» خانم لبری در ادامه پایین بودن سطح بهداشت، و

۱۲۴ فصل ششم

فقدان شناخت کافی از رژیم غذایی مناسب کودکان، را نیز از عوامل اصلی مرگ و میر بالای کودکان برمی‌شمارد.

Mary Labaree, THE CHILD IN THE MIDST, Foreign Missions, West Medford, Massachusetts, 1914

ابراهیم کوچک را در منزلی ویران با اوضاع جسمانی به‌شدت نامناسبی می‌یابند و او را به بیمارستان میسیون تحویل می‌دهند. سپس ابراهیم ۱۸ ماه پس از دریافت مراقبتهای لازم دارویی، بهداشتی و غذایی آمادهٔ ترک بیمارستان بود.

آرشیو کلیسای مشایخی (پرزبیتری) آمریکا در فیلادلفیا

اوضاع ناپایدار امنیتی ارومیه و خدمت فداکارانهٔ مبشران

شرح رویدادهای ناگواری که مابین سال‌های ۱۹۱۴ تا ۱۹۱۸ (جنگ جهانی اول) در ارومیه و نواحی اطراف آن رخ داد در قسمت‌های بعدی ارائه خواهد شد. موقعیت سوق‌الجیشی ارومیه با قرار گرفتن آن در مرز مشترک پارس با ترکیه و روسیه، آن شهر را محل جنگهای مکرر سپاهیان ستیزه‌گر، صحنهٔ شهادت و ازخودگذشتگیِ قهرمانانهٔ مبشران آمریکایی و مسیحیان پارسی، ساخته بود. در آنجا مردان و زنان متحمل مشقاتی شدند که بی‌تردید از آنان مدتهای مدیدی در هر دو کشور پارس و آمریکا با قدردانی یاد خواهد شد.

افزون بر اسامی که پیشتر ذکر شد، می‌توان از افراد ذیل نیز یاد کرد:

کشیش کوهن و همسرش که خدمت سی سالهٔ آنان پیش از محول شدن امور به کلیسای مشایخی آمریکا آغاز شده بود؛ فرزند آنان کشیش فرد کوهن و همسرش که خدمتشان سی و نه سال یعنی از ۱۹۲۴–۱۸۸۵ به طول انجامید؛ کشیش جان شِد و همسرش که خدمت سی و شش ساله‌ای از ۱۸۹۵–۱۸۵۹ در ارومیه داشتند. کشیش شِد در آن دوره برای کلیسای در حال رشد انجیلی نقش کشیش، اسقف و پاتریارک را ایفا کرد. در زمان درگذشت وی که در

سال ۱۸۹۵ واقع شد، برای او در مقام «رکن اصلی حکمت و قدرت» ماتم گرفتند. کشیش بنجامین لبری که خدمت وی از ۱۹۰۶-۱۸۶۰ به طول انجامید، به دلیل ارائهٔ خدمات ادبی و برخورداری از شخصیتی روحانی شهرت داشت. خانم لبری هم سی و نه سال در کنار همسرش خدمت کرد. کشیش بنجامین دبلیو. لبری، فرزند آنان نیز یازده سال در آن عرصه خدمت کرد و در سال ۱۹۰۴ به دست راهزنان کشته شد. زمانی که خبر ناگوار کشته شدن وی به آمریکا رسید، کشیش روبرت لبری مسئولیت شبانی خود را ترک و پس از مسافرتی طولانی به ارومیه رسید تا خدمت برادر خود را ادامه دهد، خدمتی که به همراه خانم لبری ادامه یافت و دورهٔ پنجاه و شش سالهٔ خدمت خانوادهٔ لبری را در ارومیه تکمیل کرد.

خدمات بشارتی از همان ابتدا به‌واسطهٔ کشمکش دوره‌ای مابین ترکان، پارسیان، ارامنه، آشوریان و با تهاجم گروه‌های پُرشمار اکراد کوهستان که به قصد چپاول و کشتار ساکنان دشت به آنجا سرازیر می‌شدند، دچار وقفه می‌شد، به‌طوری که مسیحیان به‌طور متناوب مورد جفا و چپاول قرار می‌گرفتند و مجبور به جلای وطن می‌شدند. برخی از مبشران نمی‌توانستند در آن اوضاع به‌کار ادامه دهند، اما شماری «چون آن نادیده را می‌دیدند» دشواریها را تحمل می‌کردند. سرانجام اوضاع خاص حاکم بر آن منطقه سبب شد تا میسیون در ۱۹۳۴ به اجبار آن مرکز تاریخی را تعطیل کند که شرح آن در فصول بعد تقدیم خواهد شد.

دکتر جان شِد

دکتر جان شِد روز ۱۲ آوریل ۱۸۹۵ در ارومیه درگذشت. اوضاع جسمانی او در طول چند ماه گذشته شکننده بود. طی زمستان گذشته بیماری او به درازا کشید و خانواده و همکاران وی را در حالتی از بیم و امید نگاه داشت.

دکتر جان شِد (۱۸۹۵-۱۸۳۳)
John Shedd

نخستین سالهای خدمت دکتر شِد در ارومیه صرف کارهای اولیه و زیربنایی شد. در آن هنگام به نظر می‌رسید که توان جوانی وی را پایانی نیست. او از انجام هیچ کار دشواری دریغ نمی‌کرد ... مسافرتهای هر سالهٔ وی به کوهستان‌های بکر و ناهموار کردستان شخصیت وی را چون مردی مبشر، مُصمم، وقف‌شده و حکیم به تصویر می‌کشید. او که به دلیل سرمای هولناک زمستان و گرمای سوزان تابستان فرصت محدودی برای انجام سفر و ارائهٔ خدمات به آن منطقه داشت با آغاز فصل بهار مسافرت خود را از سر می‌گرفت. او بسیاری از مواقع به هنگام مسدود شدن مسیر، قاطر خود را رها می‌کرد تا همراه

بـــا خادم کُردی که لحاف و لباس‌های اندک وی را حمل می‌کرد با پای پیاده از لایه‌های برف فراز گذرگاه‌های خطرناک و کف دره‌ها به منظورملاقات، ارائهٔ مشاوره، و تقویت جماعتهای کوچک مســیحی (نستوری) در نام خداوند عیسای مســیح بگذرد. او در تمام طول فصول مناسب سال به خدمت در مناطق کوهستانی ادامه می‌داد و به سختی حاضر می‌شد به ارومیه برگردد. در حقیقت دکتر شِد در فصل تابستان برای مدت کوتاهی آن هم جهت بردن خانوادهٔ خود به منطقهٔ مورد بحث به مقر میســیون در ارومیه برمی‌گشــت. حضــور خانواده در کار آموزش کتاب‌مقدس و ارائهٔ خدمات عمومی کمکی برای وی محسوب می‌شد.

دکتر شِد مرد کار و عمل بود. انجام هر کار نیکی که می‌توانست مُنجر به پیشرفت انجیل مســیح و یا خدمتی انسانی به‌شــمار رود برای وی حکم آب و غذا را داشت. ذهن دکتر شِد بیش از جسمش فعال بود. او در اوضاع دشوار قادر بود تدبیر و چاره‌جویی کند.

ذهن وی پس از بالا رفتن سن، حتی در آخرین سالهای عمر نیز کشش و توان ایام جوانی را از دســت نداده بود! او در ســنین بالا هنوز به هنگام روبه‌رو شدن با اوضاع و رویدادهای تازه هوشــیار و آمادهٔ ارائهٔ پیشنهادهای مناسبی جهت اقدام لازم بود. من به‌ندرت کسی چون دکتر شِد را دیده‌ام که از توان مشاهدهٔ تمام عواملی که موضوعی را احاطه کرده‌اند، برخوردار باشد. او مطالعهٔ زیادی داشت و در صحبت خود توان درک حکیمانهٔ آن موضوعات را بروز می‌داد.

دکتر شِــد پس از ده سال خدمت ســخت در ارومیه به آمریکا بازگشت. او در همان ابتدا دعوتی جهت تدریس از دانشــگاه بیدل (Biddle)، دریافت کرد. دکتر شِــد به‌سبب توصیه و اصرار خانواده‌اش که به دلیل تحلیل رفتن اوضاع ســلامتی وی مخالف بازگشتش به ارومیه بودنــد، دعوت تدریس را پذیرفت. او در طول چند ســال تدریس تمام توان خود را صرف کار بردگان آزاد شــده ساخت؛ و پس از چند سال به هنگام بازگشت به پارس در سال ۱۸۷۸ حکایتی از مجاهدت پشت سر باقی گذاشت.

دکتر جان شِــد پس از بازگشت به پارس در سال ۱۸۷۸ بی‌درنگ به ریاست کالج ارومیه منصوب شد، و در همان حین سهم عمده‌ای از مسئولیت نظارت بر امور کلیسا را نیز بر دوش گرفت. در آن دوره توان او در ســازماندهی در هر دو حوزهٔ فوق مجال بروز یافت. دکتر شِد در نظر کشیشان و رهبران محلی کلیســا حرمت و اکرام زیادی یافته بود و در قامت رهبری ظاهر شد که آنان با خرسندی می‌توانستند وی را پیروی کنند. در موردی پس از ورود مبشران انگلیکن به ارومیه و تمســخر اعضای کلیسای انجیلی به دلیل نداشتن اسقف و سر کلیسا از جانب آنان، یکی از کشیشان سرشناس محلی کلیسای انجیلی در پاسخ به طعنه‌های مبشران انگلیکن گفته بود: «به آنان بگویید ما دکتر شِــد را در مقام کشــیش، اسقف و پاتریارک خود داریم.»

اعتقادنامهٔ ویرایش شــدهٔ ایمان، عبادت‌نامه و آیین‌نامهٔ اداری کلیسا کارهایی است که از دکتر شِــد برای کلیســای پارس به یادگار مانده‌اند. آن کارها از مطالعهٔ دقیق، گسترده و نگاه فراخ او به نیازهای کلیسای در حال شکل‌گیری پارس حکایت دارد.

دکتر جان شِد به مدیریت شورای کلیسای مشایخی (انجیلی) که به زبان آشوری کنوشیا نام داشت نیز برگزیده شد. بر اساس مقررات شورا دورهٔ مدیریت آن به سه سال محدود می‌شد. او در سمت مدیر شورا تلاش کرد تا کلیساها را در قالب نظم جدیدی بیش از پیش هماهنگ و هم‌دل سازد. سمت مورد اشاره وظایف پُرشماری را بر دوش وی نهاد به‌طوری که حتی پس از پایان دورهٔ مدیریت نیز انجام شماری از آن وظایف را بر دوش داشت و به تازگی از انجام آنها معاف شده بود.

او همواره به موانع و مشکلات موجود بر سر راه به مشارکت گذاردن انجیل با مسلمانان پارسی می‌اندیشید. دکتر شِد جهت برآوردن آن نیاز و برای هدایت شور و شوق برادران جوان بومی به‌سوی کلیسا (و حفظ آنان از مخاطراتی که می‌توانست ایشان را به دیگر مسیرها جذب کند) میسیون داخلی (هیأت بشارتی داخلی) را شکل داد. هیأت مورد اشاره در وهلهٔ نخست به منظور به مشارکت گذاشتن انجیل با غیرمسیحیان شکل داده شد. دکتر شِد با توسل به شور بشارتی و حکایت‌های عملکرد کلیسای باستانی نستوری و با استفاده از منش و نگرش‌های روحانی خود بر آن شد تا راهکاری جهت خدمت هیأت مورد اشاره تدوین کند، که در نهایت ثمر فراوانی داشت. سالی پیش، در حالی که غرق خدمات مختلف کلیسایی بود دربارهٔ خدمت هیأت مورد اشاره نوشت: «ما نیروی کار بزرگی داریم، و وظیفهٔ من این است که افرادی را بیابم تا اعضای گروه را در همین مسیر حفظ کنند ...»

همکاران دکتر شِد از آخرین سال خدمتش چون یکی از مهمترین سالهای زندگی وی یاد خواهند کرد. یکی از دلایل اهمیت سال مورد اشاره، تلاش، سازماندهی و برپایی کنفرانسی برای مبشران توسط دکتر شِد در همدان بود. دکتر جان شِد بر اساس رویا و نگرشی که نسبت به کشور پارس داشت و به‌واسطهٔ برخورداری از ایمانی پُرنشاط و اطمینان از نقشه و هدف پُرفیض خدا جهت رستگاری آن سرزمین، کنفرانسی متشکل از مبشرانی به نمایندگی از تمامی کلیساهای محلی انجیلی پارس در همدان با موضوع هدایت الهی برگزار کرد. اشتیاق روحانی فراوان و قدرتی که مشخصهٔ عمق کنفرانس بود، ورای انتظار دکتر شِد بود. او در پایان کنفرانس مورد اشاره با روحی مسرور نوشت: «همگی از ایمانی مملو هستند که در پی برکت یافتن این سرزمین از جانب خداست. شور و نشاطی در دل همگی ما جهت اتحاد با خداوندمان وجود دارد.»

Church at Home and Abroad, Philadelphia 1895, pp. 488-490.

بنجامین وودز لبری

بنجامین وودز لبری، فرزند بنیامین لبری و الیزابت وودز، بود. او در سال ۱۸۶۵ در روستای سیر ارومیه زاده شد. نامبرده بعدها جهت ادامهٔ تحصیل به آمریکا بازگشت. بنجامین در آمریکا با دوشیزه مری شافلر ازدواج کرد و سپس به اتفاق همسرش برای خدمت به آشوریان ارومیه به زادگاهش بازگشت و از سال ۱۸۹۳ تا زمان کشته شدنش در سال ۱۹۰۴ به‌طور عمده در حوزهٔ ادبی و آموزشی خدمت کرد.

بنجامین وودز لبری (۱۹۰۴-۱۸۶۵)
Benjamin Woods Labaree

کشـــیش بنجامین وودز لبری روز ۹ مارس ۱۹۰۴ به اتفاق همراه آشوری‌اش در سلماس به‌شکل وحشیانه‌ای توسط گروهی از اعضـــای قبیلهٔ کُرد بک‌زاد به قتل رسید. گفته شد که مقتول با ضربات پُرشمار اسلحه‌ای سرد مضروب و سپس کیلومترها بر زمین کشـــیده شـــده بود. ضارب مردی به‌نام میر غفار بود. انگیزهٔ قتل از آن جایی ناشـــی می‌شد که پیشتر مبشران کلیسای مشایخی مرکز ارومیه به اتفاق مبشران کلیسای انگلیکن خواهان تحت‌تعقیـــب قرار گرفتـــن قاتل فردی آشوری شـــده بودند که از قضا شهروند انگلیس نیز محسوب می‌شد. قاتل آن مرد آشوری یکی از آخوندهای منطقه بود. پیگیری موضوع قتل آن مرد آشوری خشم آن آخوند مسلمان را برانگیخت، و در نهایت وی تصمیم به انتقام‌گیری از مبشران و به‌طور خاص شخص دکتر کاکران گرفت. بدین‌ترتیب مشخص شد که میر غفار، کشیش وودز لبری را به اشتباه به جای دکتر کاکـــران کشته بود. این موضوع تأثیری منفی بر روحیات دکتر کاکران داشت و او را بسیار آزرده‌خاطر ساخت.

مرکز میســـیون کلیسای مشایخی که از تکرار و گســـترش آن نوع اعمال خشونت‌آمیز بر ضد مبشران آمریکایی در منطقه بیمناک بود موضوع قتل کشیش لبری را با جدیت دنبال و به دستگاه دیپلـوماتیک آمـریکا متـوسل شـد؛ و از آن جایی که فرد آشـوری کشته شده (مـورد اشـــاره در فوق) از قضا شهروند انگلیس نیز بود تلاش آمریکاییان حمایت انگلیس را نیز در پی داشت.

اما فرماندار ارومیه تمایلی جدی برای پیگیری موضوع از خود بروز نمی‌داد. گفته می‌شد که فقدان نیروی نظامی کافی جهت مواجه با اکراد مسلح از سویی، و ذی‌نفع بودن در روابط پیچیدهٔ قبیله‌ای وی را از اقدامی جدّی در این راستا بازمی‌داشت. افزون بر این، از آن جایی که میر غفار، قاتل کشیش لبری، از شجرهٔ اسلامی معتبری برخوردار بود مسئولان دولتی ارومیه تمایلی به تنبیه او از خود نشان نمی‌دادند. زیرا بر اساس فقه اسلامی مرد مسلمان به‌سبب قتل کافر تنبیه و قصاص نمی‌شود.

تعلل و وقت‌کشی صاحب‌منصبان دولتی مســـتقر در ارومیه و تبریز خشم کاردار آمریکا را برانگیخـــت. زیرا بهانهٔ فقدان نیروی نظامی در منطقه برای وی قابل‌قبول نبود. از این‌رو او به حمایت از طرح بریتانیا مبنی بر لزوم فرســـتادن نیروی نظامی قدرتمندی از سوی تهران به منطقه حمایت کردند. دستگاه دیپلوماسی آمریکا دو سال را صرف پیگیری این موضوع کرد،

و در نهایت تلاش آنان به نتیجه رسید. به‌طوری که سرانجام نیروهای دولتی جهت دستگیری جنایتکاران و تنبیه قبایل حامی جنایت رهسپار شدند. اما نیروهای کُرد از تسلیم کردن متهمان به قتل کشیش لبری پرهیز و به داخل مرزهای عثمانی گریختند. نیروهای پارسی به تعقیب آنان پرداختند، اما قوای عثمانی به مقابله با نیروهای پارس برخاستند و مانع تکمیل عملیات آنان شدند.

در نهایت پس از مدت‌ها تجسس و مراقبت میرغفار شناسایی، دستگیر و به تهران منتقل شد. گفته شده است که وی در محکمه‌ای به حبس ابد محکوم شد، زیرا به نظر می‌رسید که شاه به دلیل تبار مذهبی معتبر وی مانع صدور حکم اعدام برای او شده بود. اما مقرر شد تا دولت پارس رقمی معادل ۳۰۰۰۰ دلار غرامت به بیوهٔ کشیش لبری بپردازد.

پیگیری پروندهٔ قتل کشیش بنجامین وودز لبری از سوی مرکز میسیون کلیسای مشایخی ارومیه و ترغیب سیاستمداران بریتانیایی-آمریکایی جهت مطالبهٔ مجازات مسببان آن جنایت، پیامدهای محسوس و تعیین‌کننده‌ای در آن دوران پُرآشوب داشت. به‌طوری که آن حامل پیام روشنی به برخی قبایل متخاصم کُرد و همچنین صاحب‌منصبان دولتی در منطقه بود. آنان پس از حل و فصل ماجرا دریافتند که تکرار چنین فجایعی هزینه‌های سنگینی در پی خواهد داشت و همین موضوع حاشیهٔ امنیتی برای کادر میسیون مورد بحث در دوران هرج و مرج پیش از آغاز جنگ جهانی اول، در طول آن و سال‌های پس از جنگ فراهم آورد؛ و ایشان را قادر ساخت تا خدمات میانجی‌گرانه، مراقبتی، امدادی، پزشکی و روحانیِ ورای انتظاری در آن دوران دشوار به سیل پناه‌جویان مسلمان و مسیحی منطقه ارائه و حماسه‌هایی ماندگار در تاریخ کلیسای پارس بیافرینند.

1. Cottam, Richard. Iran & the United States: Cold War Case Study. Pittsbourgh, 1989, p.30.
2. Grabill, Joseph. Protestant Diplomacz & the Near East. Minneapolis, University of Minnesota Press, 1971. p.138.
3. Malick, David. The American Mission Press. Atuor Pub. 2008. p. 98.
4. Becker, Adam. Revival and Awakening. Chicago. University of Chicago press. 2015. p. 270.
5. Atees, Sabri. Ottoman-Iranian Boardelands: Making a Boundary. Cambridge, Cambridge University Press. 2015. p. 246.
6. Mission's perports in Presbyterian Historical Society archive.
7. Mrs. Labaree Refused 50,000$ Indemnity. The New York Times. July 17, 1906.

فصل هفتم

مرکز تهران

تهران پایتخت پارس

دومین مرکز میسیون و در حقیقت نخستین مرکز پس از تحویل خدمت کشور پارس به کلیسای مشایخی، در تهران گشوده شـــد. تهران، پایتخت و مرکز اسلامی کشور، عرصهٔ آسانی برای کار نبود. اما مبشران باور داشتند که به‌سان پولس رسول در سدهٔ نخست میلادی، ضروری است که مسیح در شهرهای بزرگ کشور و به‌طور خاص شهری که بر حیات ملی آن تأثیر غالبی دارد، موعظه شـــود. از آن جایی که ارتفاع فلات در تهران به ۳۸۰۰ پا می‌رســـد، هوا به غیر از فصل تابستان در بقیهٔ فصول سال بسیار لذت‌بخش است. شهر مورد بحث در سالهای اخیر به ســرعت رشد یافته است؛ به‌طوری که در حال حاضر جمعیت آن به ۳۲۰۰۰۰ نفر بالغ می‌شود. ســـفارتخانه‌ها و چندین شرکت اروپایی و آمریکایی، شمار قابل‌توجهی شهروند خارجی را در تهران گرد آورده‌اند. خیابان‌های مفروش، اتومبیل‌ها، هواپیماها، اتوبوس برقی شهری، چراغ برق، تلفن، رادیو، رستوران و سالن‌های عکسهای متحرک به تهران سیمایی امروزی بخشیده است.

خیابان مشرف به مرکز میسیون در تهران (سال ۱۸۸۳)
(خیابان ۳۰ تیر کنونی)
آرشیو کلیسای مشایخی (پرزبیتری) آمریکا در فیلادلفیا

پیشگامان خدمت در تهران و گشایش مرکز

در سال ۱۸۷۲ کشیش جیمز باسـت،[1] که به منظور دیدار از مناطق شرقی پارس سفری طولانی را از ارومیه آغاز کرده بود به تهران رسید. او سپس در همان سال به همراه همسرش جهت برپایی دومین مـرکز میـسیون به پایتخت فرستاده شد و مورد استقبال مسلمانان و ارامنهٔ شهر قرار گرفت. در سال ۱۸۷۴ کشـیش ژوزف پاتر،[2] به آنان پیوست. نخستین هدف مبشران برپایی جلسـههای عبادتی برای عموم بود. در ابتدا، علت اصلی شـرکت مردم در جلسههای عبادتی کنجکاوی بود، اما به‌تدریج اشتیاق آنان برای شنیدن کلام عمق یافت و به محرک اصلی ایشان برای آمدن به کلیسا بدل شد. پس از چندی اشتیاق شرکت در آن جلسه‌ها به حدی فزونی گرفت که دولت بیمناک شد. از این‌رو، غیرمسیحیان برای مدتی از شرکت در جلسه‌های عبادتی یا تحصیل در مدارس مبشران باز داشته شدند.

جیمز باست، نخستین شبان کلیسای انجیلی تهران، به همراه خانواده، و دیگران مبشران
(تهران ۱۸۷۶، محوطهٔ فعلی شورای کلیسای انجیلی ایران در خیابان ۳۰ تیر)
آرشیو کلیسای مشایخی (پرزبیتری) آمریکا در فیلادلفیا

کار با ارامنه و فارس‌زبانان

کار با ارامنه طی بیست و پنج سال نخست فعالیت مرکز مورد بحث، محور اصلی خدمت بود، اما بعدها به‌تدریج کار در بین مسلمانان در اولویت قرار گرفت.

1. James Bassett; 2. Joseph Potter

ج. ال. پاتر، شبان کلیسای انجیلی تهران، در اواخر سدهٔ نوزدهم
الدر، جان، تاریخ میسیون آمریکایی در ایران

در سال ۱۸۸۳ کلیسایی با گنجایش ۳۰۰ نفر ساخته شد. موعظه به زبان فارسی به‌طور مرتب انجام می‌گرفت. اما به درخواست جماعت خارجی ساکن تهران، برگزاری جلسهٔ عبادتی به زبان انگلیسی نیز در دستور کار مبشران قرار گرفت. دکتر روبرت اسپیر در گزارش خود از سفر به پارس به سال ۱۹۲۲ نوشت: «این کلیسای تهران و کار آن بی‌همتاست. کلیسا سازمانی واحد دارد که از طریق کمیته‌ای متشکل از چهارده مرد و زن اداره می‌شود. کمیتهٔ مزبور متشکل از نوکیشان مسیحی، ارامنهٔ انجیلی و مبشران آمریکایی است. در برخی از جلسه‌های عبادتی همهٔ اعضا به اتفاق جمع می‌شوند. در شماری دیگر از جلسه‌ها ارامنه و نوکیشان مسیحی به شکلی جداگانه و به زبان خود عبادت می‌کنند. هر یکشنبه جلسهٔ عبادتی فارسی با شرکت شمار زیادی از پارسیان، که اغلب برخی از آخوندها و سیدها (اولاد پیامبر اسلام) را نیز شامل می‌گردد، برگزار می‌شود؛ که طی آن، آنان شاهد موعظهٔ ساده و روشن انجیل توسط هم‌قطاران سابق خود (مسیحیان نوکیش) هستند.»

جلسهٔ عبادتی عید میلاد مسیح در کلیسای انجیلی تهران (۱۹۱۰)
محوطهٔ فعلی شورای کلیسای انجیلی ایران در خیابان جمهوری، خیابان ۳۰ تیر،
آرشیو شورای کلیسای انجیلی ایران

منصور سنگ، درویشی مسیحی، که به مبشری توانا تبدیل شد. او کتب ادبیات مسیحی را به نقاط مختلف کشور می‌برد و در شهرها و روستاهای دورافتاده بین مردم پخش می‌کرد.

آرشیو کلیسای مشایخی (پرزبیتری) آمریکا در فیلادلفیا

اعضای کلیسا در سالهای ۱۹۲۵-۱۹۲۴ روحیهٔ استقلال‌طلبی از خود بروز دادند و خواهان برخورداری از جلسهٔ عبادتی منحصر به خود شدند. آنان در این راستا وجوهی جهت برپایی عبادتگاهی گرد آوردند. عبادتگاه مورد نظر در سپتامبر سال ۱۹۲۵ تقدیس شد. در دسامبر همان سال اساسنامهٔ جدیدی برای کلیسا تهیه و اختیار گردید و پیشرفت کار با جذب بیست عضو که یازده تن از آنان نوکیش بودند، گزارش شد. بدین‌ترتیب شمار کل اعضای کلیسا به یکصد و چهل و سه نفر افزایش یافت. جماعت مورد بحث به رشد خود ادامه داد به‌طوری که در سال ۱۹۳۴ به اندازه‌ای بزرگ شد که مکان برگزاری عبادت به تالار سخنرانی مخصوص مدرسهٔ پسرانه انتقال یافت.

خدمات بشارتی

کار بشارت از طریق موعظه و ملاقات‌های شخصی به‌طور پیوسته در شهر ادامه داشته است. مرکز تهران در منطقه‌ای با جمعیت بزرگی نزدیک به دو میلیون نفر فعال است. کارکنان مرکز به منظور انجام خدمت مورد اشاره به‌طور پیوسته در آن عرصهٔ وسیع سفر می‌کنند. در طول سالها هر یک از بیست و هشت مبشر سعی کردند که ماهی از سال را به خدمت بشارت سیّار اختصاص دهند؛ و این کار افزون بر سایر مسافرت‌هایی بود که در قالب خدمت خود انجام می‌دادند.

چهار مدرسهٔ یکشنبه به زبان فارسی، ارمنی و انگلیسی اداره می‌شوند. انجمن‌های پرورش و توسعهٔ اصول مسیحی[1] در مدارس دختران؛ و انجمن‌های مردان جوان[2] فارس، یهودی و ارمنی در کالج، فعالند. در کنار فعالیت‌های فوق گردهمایی‌های زنان و کلاس‌های آموزش آموزه‌های دینی آنان نیز برقرار است.

مبشران سیّار کلیسای مشایخی در پارس

کلیسا در خانه و خارج، سدهٔ ۱۹

1. Christian Endeavour Societies; 2. Young Men's Christian associations

خدمات پزشکی

خدمت پزشـــکی در تهران طریق موفقی جهت دسترسی به افرادی بوده است که به‌سبب نیازهای جســـمانی به مبشـــران روی می‌آورند و غیر از آن مبشـــران از هیچ مجرای دیگری امکان دسترســـی و کار با آنان را نمی‌یافتند. بیمارستانی در سال ۱۸۹۲ توسط دکتر جان جی. ویـشارد[1] که نزد پارسـیان و خارجیان از شــهرت و نـفوذ زیادی بـرخوردار بود تأسیس شد. شاهزاده‌ای پارسی هزینهٔ بخش زنان و بیماران مسلول را پرداخت کرد.

نمایی از بیمارستان میسیون کلیسای مشایخی در تهران
ویشارد، جان. بیست سال در پارس

افـزون بر خدمات گستردهٔ درمانی و جراحی، بیمارستان چند دوره دانش‌آموختگان رشتهٔ پزشکی نیز داشت که هم‌اکنون برخی از آنان پزشکان ممتاز شهر به‌شمار می‌آیند؛ و یکی از آنان پزشک مخصوص خانوادهٔ سلطنتی است. تاکنون چندین کلاس تربیت پرستاری نیز برگزار و دانشجویان آن فارغ‌التحصیل شده‌اند و در حـال حاضر شماری نیز تحت آموزش قرار دارند.

تأسیس بیمارستان در تهران

میســیون کلیسای مشـــایخی مدتی را صرف بحث و گفتگو پیرامون تأسیس بیمارستانی در تهران کرده بود. آنان در نهایت در سال ۱۸۸۷ زمینی را برای ساخت بیمارستان مورد نظر خریدند. اما ناصرالدین شاه با اعلام شرایط خود تحقق پروژهٔ مورد اشاره را کمابیش ناممکن ساخت. زیرا بر اساس شرایط او هیچ زنی نمی‌باید در بیمارستان پذیرفته می‌شد؛ و افزون بر این، هر روز یکی

1. John G. Wishard

فصل هفتم ۱۳۶

از اعضای کادر بیمارستان می‌باید اذان می‌خواند! از این‌رو، به مدت چند سال پیشرفت اندکی در راستای تأسیس بیمارستان حاصل شد.

نمایی از بخش زنان بیمارستان کلیسای مشایخی در تهران

سلطنت طویل ناصرالدین شاه قاجار که از سال ۱۸۴۸ آغاز شده بود با ترور وی در ۱۸۹۶ به پایان رسید. پس از ترور شاه، مقام‌های دولتی دکتر جان ویشارد، رییس بیمارستان کلیسای مشایخی، را جهت مشورت احضار کردند. از این‌رو، دکتر ویشارد یکی از پزشکانی بود که گواهی فوت پادشاه قاجار را امضاء کرد.

Heravi, Mehdi. Iranian-American Diplomacy. Ibex Pub. 1999.p. 16.

سرانجام، در سال ۱۸۹۳ پزشکِ مبشر دیگری به‌نام جان ویشارد (J. G. Wishard)، از راه رسید و اوضاع را به‌گونه‌ای اداره کرد که شرایط فوق مورد چشم‌پوشی قرار گرفت و بیمارستان ساخته شد. ویشارد در طول ده سال[1] خدمت خود تأثیر زیادی بر جا گذاشت، و زندگی‌نامه‌ای که در ایام اقامتش در پارس به نگارش درآورد شامل مطالب خواندنی زیادی است. نامبرده در طول زمان اقامتش در تهران با پزشکان هندی-اروپایی شرکت تلگراف در کار آموزش پزشکی نوین به شماری از جوانان پارسی همکاری کرد. جزوه‌ای که ویشارد به هنگام شیوع وبا به سال ۱۹۰۴ در تهران به نگارش درآورده بود به فارسی ترجمه و در سطح وسیعی منتشر و پخش شد. سازماندهی او در امور امداد و مراقبت‌های بهداشتی به الگویی برای عملکردهای آتی مشابه بدل شد.

Waterfield, Robin, Christians in Persia. London, 1973. P. 135.

---

۱. با توجه به شواهد پُرشمار و همچنین عنوان «بیست سال در پارس» که دکتر ویشارد برای کتاب خود برگزیده است به نظر می‌رسد که آقای واترفیلد در مورد مدت اقامت وی در ایران دچار اشتباه شده است. م.

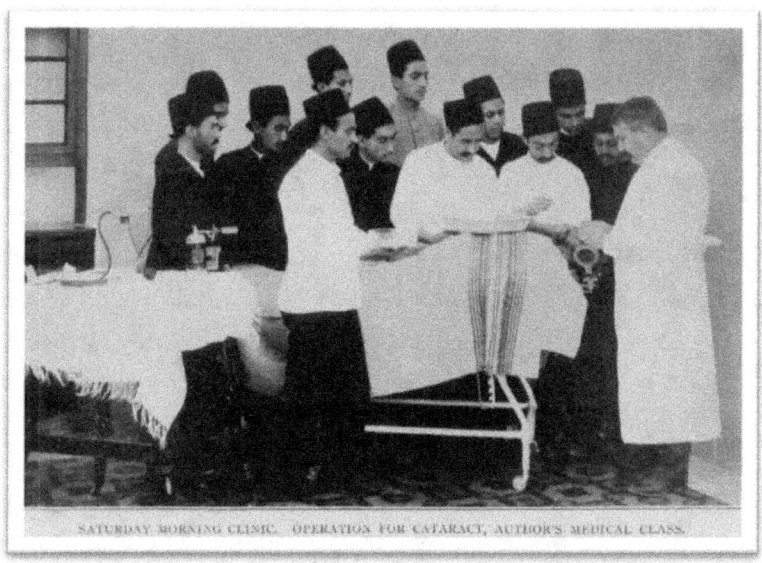

دکتر جان جی. ویشارد به همراه دانشجویان پزشکی خود
تأسیس بیماستان در تهران

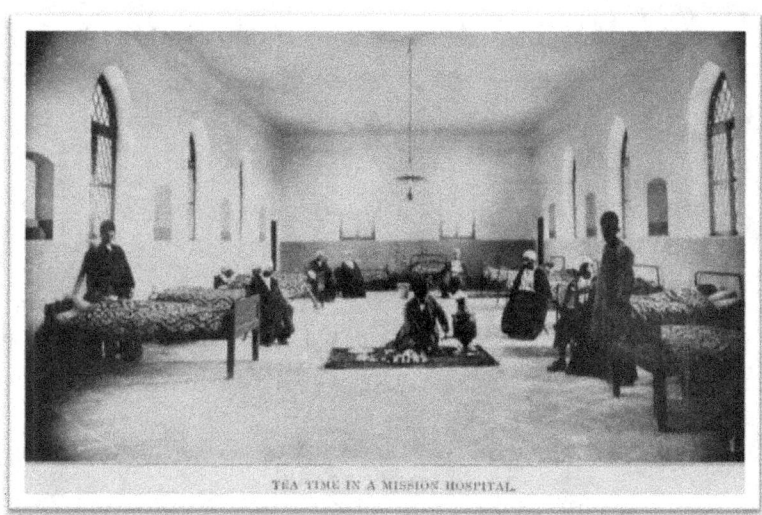

بیمارستان کلیسای مشایخی آمریکا در تهران (وقت صرف چای)

در حال حاضر میسیون کلیسای مشایخی در قالب میسیون شرق پارس به ارائهٔ خدمات پزشکی در شهرهای تهران، همدان، قزوین، کرمانشاه، و رشت ادامه می‌دهد، و خدمت مشابهی توسط میسیون غرب پارس در شهرهای تبریز و ارومیه، واقع در استان آذربایجان، به مردم آن مناطق ارائه می‌شود. هم‌اکنون میسیون از وجود دوازده پزشک که نیمی از آنان پزشکان زن هستند بهره می‌برد. گروه پزشکی مورد اشاره تنها یک پرستار آموزش‌دیده در

کنـــار خود دارد. آنان با همین کادر محدود پنج بیمارســـتان و ده درمانگاه را اداره می‌کنند و سالانه دست‌کم پنجاه هزار بیمار را تحت درمان قرار می‌دهند.

افزون بر کمبود بسیار گســـتردهٔ پزشک در مناطق دورافتادهٔ پارس، حتی شهرهای بزرگ آن کشـــور از جمله تهران نیز نیاز فراوانی به پزشـــک دارند. تهران، پایتخت پارس، با سیصد هزار نفر جمعیت، که از قطار شهری، چراغ‌برق، فروشگاه‌های بزرگ، بانک، تلفن، اتومبیل، و دیگر نمادهای ظاهری و فریبندهٔ تمدن غربی بهره‌مند است تنها پانزده پزشک مجرب دارد که این تعداد شامل پزشکان آمریکایی و اروپایی نیز می‌شود. در حالی که، شهر محل اقامت من در آمریکا با جمعیتی مشابه تهران از وجود کمابیش ششصد پزشک ثبت شده بهره می‌برد.

Wishard, John. Twenty Years in Persia, Fleming H. Reveall Co, New York, 1908. pp. 216-218.

دکتر ژوزف رایت کوک

دکتر ژوزف رایت کوک
(۱۸۸۳-۱۹۳۲)

در ســـال ۱۹۱۶ دکتر ژوزف کـــوک از مرکز تهران که زیرمجموعهٔ میســـیون شرق اســـت پروژهٔ ارائهٔ خدمات ســـیّار پزشـــکی را در مناطق کوهســـتانی البرز آغاز کرد. هدف او رســـیدن به شصت مایلی شمال تهران بود. در آن سفر مبشـــری بومی و دو کارگر وی را همراهی می‌کردند. پس از چندین روز مســـافرت و ارائهٔ خدمات پزشکی به بیماران در مســـیر مورد نظر و انجام شماری عمل جراحی آب‌مروارید، گروه کوک به فیروزکوه رســـید و در باغی مشرف به رودخانه مستقر شد. فرماندار از محلی چادری برای آنان به عاریه گرفـــت. آن چادر محل زندگی، برپایی درمانگاه و انجام عمل جراحی آب‌مروارید بود.

در همان هنگام دکتر کوک با ســـفری هفت ســـاعته رهســـپار منزل فرماندار شـــد و عمل آب‌مروارید را بر چشـــمهای وی نیز انجام داد. فرماندار پیرمردی هشتاد ساله بود که در دوران جوانی مسئولیت تمام اسبهای شاه را بر عهده داشت؛ و از آن طریق ثروت هنگفتی اندوخته بود. در سال‌های اخیر وقتی شاه پیشین وی را ملاقات کرده بود و در پی آن نیروهای بختیاری از راه رسیده بودند، بسیاری از مادیان‌های وی تصاحب و به اموال او خسارت زیادی وارد شده بود.

گروه پزشکی مورد بحث از منزل فرماندار که در سوادکوه قرار داشت به‌سوی سمنان حرکت کردند. آنان در بین راه چنـــد ساعت در آب‌گرم توقف و در آن آب گرم گوگردی آب‌تنی کردند. در آن روز نزدیک به ۲۰۰ بیمار به آب‌گرم آمده بودند تا از بیماری‌هایی از هر قسم شفا یابند.

دکتر کوک در مورد سمنان می‌نویســـد: «امید جدّی و صادقانه‌ای در دل من شکل گرفته اســـت که روزی بیمارستان کوچکی در سمنان تأسیس کنیم. ســـمنان شهری با ۲۰۰۰۰ نفر جمعیت است و به احتمال فراوان بیش از ۱۵۰۰۰ نفر دیگر در روستاهای دشت یا کوهستان

و نواحی مجاور آن زندگی می‌کنند. جای تأسف است که دشت آن آب کافی برای مصارف کشاورزی ندارد. از این‌رو، محصول غذایی لازم می‌باید از جای دیگری وارد شود. ساکنان سمنان، مردمی خوش‌دل و مهمان‌نوازند. در طول مسیر تمامی مردان، زنان و کودکان به شما سلام و عرض ادب می‌کنند. آنان خارجیان را نجس به‌شمار نمی‌آوردند، بلکه چون برادر با ما رفتار می‌کردند. آنان ما را با خود به مسجد و اماکن مقدس می‌بردند و ما اجازه داشتیم که در همان ظروف خودشان غذا بخوریم. این اوضاع به‌سبب وجود مُجتهد کهن‌سالی شکل گرفته بود که به تازگی درگذشته بود. گفته می‌شد که وی بیش از صد سال عمر کرده بود. او بر تمامی منطقه قدرت داشت و در کل پارس فردی شناخته شده بود.»

مُجتهد مورد اشاره از روی منبر اعلام کرده بود که مسیحیان برادران مسلمانان هستند. آن مجتهد مسلمان خود نیز همچون برادر با مسیحیان رفتار می‌کرد. او همان فردی است که یکی از مبشران را دعوت کرده بود تا در مسجد جامع شهر سمنان موعظه کند. از آن پس، مسیحیان آزاد بودند که به مساجد سمنان رفت و آمد کنند. وقتی دکتر اسلستین جهت خداحافظی به منزلش رفته بود، آن مجتهد پیر دست او را گرفته و گفته بود: «در این کیش خود ثابت‌قدم باشید، حق با شماست.» آن پیرمرد کتاب‌مقدسی داشت که آن را به خوبی مطالعه کرده بود.

«با ترک سمنان در مسیری قرار گرفتیم که ۲۰۰۰ سال پیش اسکندر جهت تعقیب داریوش از آن گذر کرده بود ... پزشکی بومی و برجسته از سمنان ما را همراهی کرد و طی ماه بعد نیز با ما بود. او هر روز به ما کمک می‌کرد و تلاش داشت تا اطلاعاتی در مورد داروها کسب کند.»

«روز دوم به هنگام حرکت در آن مسیر داغ بیابانی، زنی را دیدیم که به همراه کودک بیماری بر چارپایی سوار بود و مردی با پای پیاده آنان را همراهی می‌کرد. پزشک سمنانی از آن پرسید: «کجا می‌روید؟» پاسخ دادند: «به سمنان نزد آن پزشک خارجی می‌رویم.» پزشک سمنانی به آن مرد گفت: «آن پزشک همین جاست، برگردید به دامغان، به شما رسیدگی خواهیم کرد.»

«آنان کودک خود را از جایی در ۴۰ مایلی جنوب شاهرود می‌آوردند. پس از دو روز، آن کودکی را که تنها پنج سال داشت تحت عمل جراحی قرار دادیم؛ و چند ساعت پس از عمل او را در حالی که در البسه‌ای چرکین پیچیده شده بود به کاروانسرایی منتقل کردند. طی هشت روز بعدی همواره به ما خبر می‌رسید که آن کودک مرده است. اما پس از انقضای آن مدت در کمال شگفتی او را نزد ما آوردند. آن کودک لباس بر تن داشت و به آهستگی در حال بهبود بود.»

«پدر آن کودک شب پیش از عمل جراحی به سراغ آخوند جوان روستا رفته بود تا نظر وی را در مورد عمل جراحی جویا شود. آن آخوند ۲۷ سال سن داشت و مردی معقول بود. او در پاسخ به پدر آن کودک گفته بود: «خُب، کودک در هر حال خواهد مُرد، پس بهتر است که عمل شود تا شانسی به او داده شود.»

«کار ما در دامغان با خوش‌رفتاری و در عین حال اشتیاقی منتقدانه تماشا می‌شد. یکی از شهروندان برجستۀ شهر محلی را جهت اقامت در اختیار ما گذاشت. آن مجهد جوان هم که پیشوای روحانی ارشد شهر و آن نواحی بود رفتار بسیار دوستانه‌ای داشت. او از زبونی اعصاب رنج می‌برد. خوشبختانه ما با مشاوره و دارو موفق شدیم به او کمک کنیم. او بابت آن کار مبلغ ۵۰ تومان به ما پرداخت کرد و افزون بر آن با ما دوست شد ...»

«سپس شاهزادۀ موروثی مازندران ما را دعوت کرد که چند روزی را صرف بررسی نیازهای نواحی کوهستانی قلمرو وی کنیم. پسر وی پیشتر در تهران بیمار من بود، از این‌رو، او خادمان و سواران خود را جهت همراهی ما در مسیر کوهستانی منتهی به خانۀ وی، نزد ما فرستاد ... ما ده روز مهمان او بودیم. اما آن مردم به‌طور مرتب ما را به مهمانی دعوت می‌کردند. دعوتها به‌طور خاص از طرف خانوادۀ شاهزادۀ مورد اشاره، صاحبان اصلی آن استان صورت می‌گرفت ... شماری از بیماران را به نزد ما آوردند. در بین آنان مرد هفتاد ساله‌ای نیز وجود داشت که از شدت درد نتوانسته بود در پنج ماه گذشته خوابی داشته باشد. عمل او یک ساعت و نیم به درازا کشید و ما ترتیبی دادیم که وی از مشکلات پُرشماری که داشت رهایی یابد. چهل نفر مرد و پسر جوان بیرون از محل کار ما انتظار می‌کشیدند.

چندین مرتبه نبض پیرمرد کمابیش متوقف شد. من هرگز چنین خونریزیی ندیده بودم، اما در نهایت کار به خوبی به پایان رسید. من از افرادی که بیرون انتظار می‌کشیدند پرسیدم: «آیا شما برای شفای او دعا می‌کنید؟» آنان با صدای بلند پاسخ دادند: «انشاالله». در نهایت خداوند به دعاهای ما پاسخ داد و آن مرد بهبود یافت.
«پیش از ترک محل شاهزاده مسعودالملک نامه‌ای به من داد که حاوی وعده‌ای از جانب وی برای ساخت و تجهیز بیمارستانی کوچک در محل بود. او متعهد شده بود که تمامی مخارج لازم را پرداخت کند؛ و در عوض از من خواسته بود تا پزشکی بومی را برای چهار ماه تابستان در آن منصوب کنم و خود نیز ماهی از سال در آنجا کار کنم.»
«خدمت سّیار ما هفت هفته به درازا کشیده بود. در آن مدت موفق به درمان ۳۵۰۰ بیمار، انجام ۱۳۰ عمل جراحی، و دریافت ۴۶۰ تومان (برابر یا ۵۰۰ دلار) پول نقد شده بودیم، که قسمت عمده‌ای از آن مبلغ صرف پوشش هزینه‌های سفرمان شد.

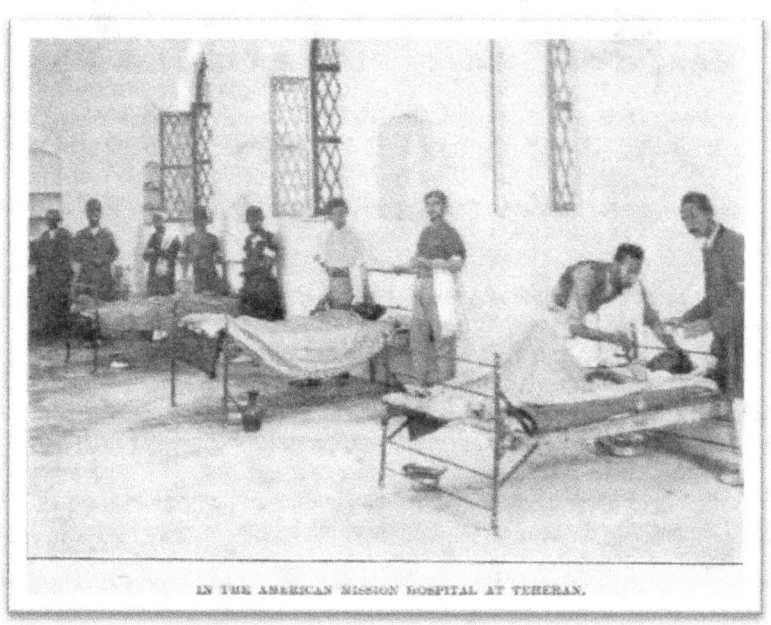

بیمارستان میسیون کلیسای مشایخی در تهران (اوایل سدهٔ بیست)
آرشیو کلیسای مشایخی (پرزبیتری) آمریکا در فیلادلفیا

ارائهٔ این نوع خدمات، قسمت جذاب خدمت پزشکی است. به جرأت می‌توان گفت که نود و هشت درصد عملهایی که انجام دادیم نتایج مثبت در بر داشت و به بهبود کامل بیماران انجامید. همچنین اطمینان دارم که بسیاری از آن بیماران در صورتی که در بیمارستانی عمل می‌شدند، می‌مردند. دلیل آن را درک نمی‌کنم، اما طی سه سالی که مشغول کار بودم مشاهده کرده‌ام که بسیاری از پارسیان در بیمارستان کار خوبی انجام نمی‌دهند. بیماران اغلب جدا از

دوستان، غذای سنتی و محیط خود، پژمرده می‌شوند و بدون دلیلی آشکار می‌میرند. اما امید است که پارسیان دریابند که می‌توان عمل جراحی موفقیت‌آمیزی با گروههای سیّار انجام داد.

The Board of Foreign Missions of the Presbyterian Church in the U.S.A. Team Work in Persia, New York. pp. 12-20.

MEDICAL CONFERENCE, TEHERAN 1933
From left: Drs. Lichtwardt and Schaffter, Miss Pease, Dr. Ellis, Dr. Bussdicker, Miss Fullon, Dr. and Mrs. Blair, Dr. Frame, Dr. Henriques, Miss Wooding, Dr. and Mrs. Hoffman.

نشست پزشکان میسیون کلیسای مشایخی در تهران (۱۹۳۳)
هافمن رولا

بیمارستان کلیسای مشایخی در تهران از چنان شهرتی برخوردار است که بیماران اغلب از شهرهای دور با هواپیما به آنجا آورده می‌شوند. برخی از اعضای کادر پزشکی بیمارستان درمانگاه‌هایی در روستاهای اطراف تهران به راه انداخته‌اند و سفرهایی به مناطق حاشیهٔ دریای خزر انجام می‌دهند. زیرا منطقهٔ مورد اشاره در عرصهٔ خدمات درمانی از جمله مناطق محروم کشور است و وابستگی شدیدی به خدمات پزشکی تهران دارد.

آغاز و توسعهٔ خدمات آموزشی

خدمات آموزشی مرکز تهران تنها چند ماه پس از گشایش آن آغاز شد. خدمات آموزشی با مدرسه‌ای سه کلاسه در مارس ۱۸۷۳ کار خود را شروع کرد. در سال ۱۸۸۷ مدرسهٔ مورد اشاره به دبستان ارتقاء سطح یافت و برای نخستین بار یکی از مبشران بیشتر وقت خدمت خود را به آن اختصاص داد. در سال ۱۹۰۰ آن مدرسه به دبیرستان تبدیل شد؛ و در سال ۱۹۱۳ به کالج کوچکی ارتقاء سطح یافت. کالج مزبور در سال ۱۹۲۵ به کالجی تمام‌عیار تبدیل شد و در ۲۵ مارس ۱۹۲۸ به‌طور موقت با دانشگاه ایالت نیویورک همکاری و در

گروهی از دانش‌آموختگان مدرسهٔ دخترانهٔ مرکز تهران
الدر، جان. تاریخ میسیون آمریکایی در ایران

۲۱ آوریل ۱۹۳۲ جهت اعطای مدرک کارشناسی به‌طور کامل مورد شناسایی قرار گرفت. در ۶ مارس ۱۹۳۴ شورای عالی وزارت آموزش عالی پارس مجوز ارائهٔ دروس دانشگاهی و آموزش عالی را که دریافت مدرک رسمی کشور را به دنبال داشت به آن اعطا کرد.

در سال اخیر ۸۵۶ دانش‌آموز از لایه‌های مختلف جامعهٔ پارس در مدرسهٔ میسیون در تهران گرد آمده‌اند. برخی از آنان از جاهای بسیار مُحقر و از گوشه‌های دورافتادهٔ کشور، گروهی از کاخهای سلطنتی، شماری از خانواده‌های نخبهٔ کشور، جمعی دیگر از فرزندان وزرای کابینه، و گروهی از خانواده‌های مهم آخوندهای مسلمان، و سرانجام عده‌ای از خیمه‌نشینان و قبایل کوچ‌نشین بیابانهای اطراف تهران و کوهستانهای مجاور برای تحصیل به آن پیوسته‌اند. در ابتدا، کمابیش تنها ارمنیان، زرتشتیان و یهودیان به‌شکل انحصاری در مدرسه نام‌نویسی می‌کردند. اما مسلمانان با مشاهدهٔ ارائهٔ خدمات آموزشی مناسب از سوی مدرسه، پسران خود را در آنجا نام‌نویسی کردند. در سال ۱۹۰۰ بیست و دو دانش‌آموز مسلمان در مدرسه مشغول تحصیل بودند و از آن پس شمار آنان به سرعت رو به افزایش گذاشت.

در مدرسهٔ مورد بحث شاگردان آمریکایی بار نمی‌آیند، بلکه چون شهروند تمام‌عیار کشور خود تربیت می‌شوند. بخش آموزش فارسی برنامهٔ تحصیلی توسعهٔ زیادی یافته است. به‌طوری که تمام دانش‌آموزان ارمنی، یهودی، آشوری، ترک و کُرد ملزم به یادگیری مناسب زبان فارسی هستند. دانش‌آموختگان تشویق می‌شوند که جهت انجام خدمت در شهرها و مناطق زندگی خود باقی بمانند. به واقع اغلب آنان در این مسیر حرکت کرده‌اند و در نقاط مختلف کشور مورد اعتماد هستند و به‌کار گرفته می‌شوند.

کیفیت و ثمرات کالج

کمک دانش‌آموختگان کالج به رشد و توسعهٔ جامعه سال به سال مؤثرتر و محسوس‌تر می‌شود. یکی از دانش‌آموختگان کالج نخستین و تنها فرد منتخب تمام مجالس (ملی) است که از بدو آغاز به‌کار دولت مشروطه در سال ۱۹۰۷ شکل گرفته‌اند. او در جایگاه یکی از افراد مؤثر در حیات سیاسی و اقتصادی کشور به‌کار خود ادامه می‌دهد. یکی دیگر از

دانش‌آموختگان با وجود جوانی و برخورداری از تجربه‌ای کمتر، نماینده‌ای مؤثر در مجلس به‌شمار می‌آید. معاون وزیر اقتصاد، کفیل وزارت آموزش و پرورش، معاون اول وی، رییس آموزشگاه پزشکی، مشاور حقوقی وزیر، معاون وزیر راه و ترابری، معاون وزیر کشور، رییس ضرابخانه، بازرس مالی راه‌آهن تازه، سرپرست قطارها، و همچنین صدها تن دیگر در خدمات دولتی مشغول هستند و در پیشه‌های مختلفی چون پزشکی، وکالت، آموزگاری، بانکدارانی، بازرگانی و تولید کالاهای صنعتی با امانت و تأثیرگذاری به کشور خدمت می‌کنند.

دانش‌آموزان مدرسهٔ ابتدایی پسران، سال ۱۹۱۹، در مقابل عبادتگاه کلیسای انجیلی تهران (بطرس رسول)
محوطهٔ فعلی شورای کلیسای انجیلی ایران، خیابان جمهوری، خیابان ۳۰ تیر (قوام‌السلطنهٔ سابق)،
آرشیو شورای کلیسای انجیلی ایران

یکی از اعضای هیأتی مالی (آمریکایی) در سال‌های ۱۹۲۲-۱۹۲۷ در سخنرانی برای دانش‌آموزان به ایشان خاطرنشان کرد که دانش‌آموختگان کالج میسیون در تهران کارایی به مراتب بیشتری از دیگر دانش‌آموختگان در اروپا و آمریکا از خود نشان داده‌اند. بازرگان دیگر آمریکایی که در سال ۱۹۳۱ چند ماه در تهران حضور داشت در مورد کالج گفته بود: «مؤسسه‌ای آموزشی است که نسل تازه‌ای در پارس پرورش داده است.» در همان هنگام، یکی از دانش‌آموزان سابق کالج که در آمریکا مشغول تحصیل علم پزشکی بود در صحبتی راجع به مرد پارسی دیگری می‌گوید: «مرد خوبی است، او هرگز در کالج تهران نبوده است، اما با تحلیل شخصیت او، شما به این فکر می‌افتید که می‌باید در کالج مورد بحث بوده باشد.»

بنای جدید کالج و توسعهٔ کار

مساحت محل اصلی کالج با وجود این که با خریداری دو جریب زمین در سال ۱۹۱۱ به دو برابر افزایش یافته بود، بار دیگر به سرعت توسعه یافت، به‌طوری که در سال ۱۹۱۳

کالج البرز در بیرون از دروازه‌های وقت تهران
تهران ۱۹۲۵
آرشیو شورای کلیسای انجیلی ایران

زمینی به مساحت چهل جریب در خارج از حصار شمالی تهران خریداری شد؛ و در سال ۱۹۲۱ هفده جریب دیگر نیز به آن اضافه شد.[۱] از این‌رو کالج در حال حاضر فضای فراوانی برای توسعه در اختیار دارد. چندین ساختمان خوش‌نما و امروزی در آن محوطه ساخته شده‌اند. ساختمان اصلی که هدیهٔ آقای رول‌ستون[۲] از اهالی دنور کلورادو است، یکی از خوش‌نماترین بناهای پارس به‌شمار می‌آید.

در روز گشایش آن در ۱۲ جولای ۱۹۲۵ تالار سخنرانی مملو از جمعیت بود، به‌طوری که بیش از هزار تن شامل تجار، آموزگاران، نویسندگان، نجیب‌زادگان، نمایندگان مجلس، وزرای کابینهٔ فعلی و گذشته و همچنین مردم عادی در آنجا گرد هم آمده بودند.

در سال ۱۹۲۹ دوستی آمریکایی که نمی‌خواست نامش فاش شود، از تهران دیدن کرد و به‌شدت تحت‌تأثیر کار کالج قرار گرفت. در نتیجه مبلغ ۵۵۰۰۰ دلار جهت ساخت تالار علوم به کالج هدیه کرد. بنیاد بنای مورد اشاره در ۲۷ جولای سال ۱۹۳۱ با حضور گروهی از افراد برجسته بنا نهاده شد.

---

۱. قطعه زمین مورد اشاره در چهاراه کالج امروزی واقع شده است که در آن هنگام بیرون از دروازهٔ تهران قرار داشت. بعدها به دلیل انتقال کالج آمریکایی به آن محل، چهارراه مشرف به آن به چهارراه کالج شهرت یافت. کالج آمریکایی بعدها کالج البرز نام گرفت.

2. A. A. Rollestone

کالج البرز، تهران ۱۹۲۵
آرشیو شورای کلیسای انجیلی ایران

این نخستین ساختمانی بود که به‌طور انحصاری به منظور آموزش علوم ساخته می‌شد. یکی از روزنامه‌های ممتاز شهر در صفحهٔ نخست خود مطلبی به این مضمون چاپ کرد:

«موضوعی که توجه کادر آموزشی کالج آمریکایی تهران را به خود جلب کرده است پُربار بودن مباحث و کنفرانس‌های علمی، ادبی، اجتماعی و اخلاقی برای دانشجویان است. بی‌تردید با افزودن این نوع برنامه‌ها به برنامهٔ عادی کالج می‌توان به نتایج بسیار خوبی دست یافت. به‌سبب علاقه، اخلاص و جدّیت کادر آموزشی این مؤسسه و به‌طور خاص شخص دکتر جردن، شاهد پیشرفت‌های برجستهٔ اخیر آن هستیم. مؤسسهٔ مورد بحث از اوضاع رضایت‌بخشی برخوردار است و در حال بهبود روزافزون و تکمیل است.»

سیرت مسیحی کالج مورد توجه مدیریت آن قرار دارد. سه انجمن «مردان جوان مسیحی» سازمان‌دهی شده‌اند. اعضای آنها را ارامنه، فارس‌ها و یهودیانی تشکیل می‌دهند که به باور مسیحیان انجیلی گرویده‌اند.

دکتر ساموئل مارتین جردن

جردن در شش ژانویهٔ سال ۱۸۷۱ در نزدیکی شهر استوارت‌تاونِ پنسیلوانیا (آمریکا) به دنیا آمد. نامبرده پس از اتمام تحصیلات کارشناسی، در سال ۱۸۹۸ موفق شد مدرک MD (کارشناسی ارشد در الاهیات) را نیز از دانشگاه پرینستون دریافت کند. افزون بر این،

دکتر ساموئل مارتین جردن
Samuel Jordan

جردن در سال ۱۹۱۶ از کالج لایف دکترای D.D (حکمت و فلسفه) گرفت؛ و در سال ۱۹۳۵ موفق شد از کالج واشینگتن و جفرسون دکترای J.D (حقوق) دریافت کند.

جردن در ۳۰ آگوست سال ۱۸۹۸ در کلیسای پرزبیتری به مقام کشیشی دستگذاری و از همان سال با پیوستن به کادر هیأت کمیسیونرهای آمریکایی برای میسیون‌های خارجی (ABCFM)، در مقام استاد به ایران رفت. او پس از سالی به سمت ریاست کالج انتخاب و منصوب شد. خدمات طولانی و پُربار دکتر جردن تا سال ۱۹۴۰ به طول انجامید. برخی دکتر جردن را (دست‌کم در عرصۀ آموزشی) تأثیرگذارترین شخصیت آمریکایی در ایران می‌دانند؛ و نقش او و مؤسسۀ آموزشی تحت‌مدیریتش را در مسیر تبدیل ایران از کشوری ضعیف در دوران قاجار به جامعه‌ای قوی و متمرکز در دوران رضا شاه پهلوی بسیار مهم قلمداد می‌کنند.

خدمات جُردن در دوران قاجار و پهلوی به‌طور رسمی مورد تقدیر قرار گرفت. مرتبۀ نخست در سال ۱۹۲۱ او به دریافت نشان درجه دوی علمی و در سال ۱۹۴۰ به اتفاق همسرش به دریافت نشان درجه یک علمی نائل شد.

در مورد خدمات دکتر جردن در ایران سخن بسیار گفته شده است. او مبشری توانا و استادی گران‌قدر و تأثیرگذار بود.

ملک‌الشعرای بهار در مورد او چنین گفته است:

تا کشور ما جایگه جردن شد	بس خارستان کز مددش گلشن شد
این باغ هُنر که دور از او بود، کنون	چشمش به جمال باغبان گلشن شد
نادانی چیست جز به غفلت مُردن؟	باید به علاج از این مرض جان بردن
گفتم که طبیب درد نادانی کیست؟	پیر خردم گفت که جردن، جردن!

در دوران پهلوی خیابان فعلی آفریقا به یادبود وی جردن نامیده شده بود. همچنین کتابی تحت عنوان «روش دکتر جردن» به قلم شکرالله ناصر در سال ۱۳۲۳ در تهران منتشر شد که شیوۀ کار او را معرفی می‌کرد.

دکتر جردن به دانشجویان می‌گفت:

«بچه‌ها مملکت شما سابقهٔ درخشانی دارد. بازگشت به آن روزگار پُرشکوه، بستگی به همّت، شجاعت و کوشش شما دارد. امیدوارم سخن من در گوش و دل شما جا گیرد و برای ملت و کشور خود مفید باشید.»

«من میلیونر هستم، زیرا هزاران فرزند دارم که هرکدام برای من، برای ایران و برای دنیا میلیونها می‌ارزند.»

۱. Encyclopedia Iranica
۲. پایگاه جامع تاریخ معاصر ایران
۳. سایت تحلیلی خبری عصر ایران

فعالیتهای بشارتی

انجمنی از دانش‌آموختگان مرد، خدمت به مشارکت گذاشتن پیغام انجیل با دانشجویان و مردان شهر را بر عهده گرفته است. کنفرانس دانش‌آموزان مسیحی که در ماه مارس ۱۹۲۸ به ابتکار کالج آغاز شد به کنفرانسی سالانه برای تمام دانش‌آموزان-دانشجویان مسیحی پارس تبدیل شده است؛ و برگزاری سالانهٔ آن تأثیر گسترده‌ای در پی داشته است. شمار شرکت‌کنندگان در کنفرانس‌ها از طرف کالج و دیگر مؤسسه‌های آموزشی مناطق مختلف کشور به‌طور معمول به یکصد تن بالغ می‌شود. طی این کنفرانسها هر فارس، ارمنی، آشوری، یهودی، یونانی و آمریکایی متعهد است که رفتار و برخوردی داشته باشد که دست‌کم به یک تن کمک کند تا شناخت تازه‌ای از مفهوم برادری بیابد. دکتر جردن، رییس کالج، می‌گوید: «به نظر می‌رسد که حس مسئولیت تازه‌ای نسبت به پارس و ورای همه چیز، حس مسئولیت و وفاداری تازه‌ای نسبت به مسیح، ارمغان برجستهٔ این کنفرانسها به شرکت‌کنندگان بوده است.»

نفوذ کالج و تغییر نام آن

کالج با برخورداری از اساتید کارآمد، کمیتهٔ بانفوذ مالی در آمریکا تحت ریاست دکتر جان مک‌کراکن، رییس سابق کالج لافایته[1] و امتیاز شناسایی کامل از طرف دولت پارس از نفوذ کم‌نظیری برخوردار شده است. شناسایی کامل از سوی مقام‌های مربوطهٔ پارس سبب شده است دانشجویان کالج از تمامی حقوق و امتیازهای موجود همسان دانشجویان دولتی بهره‌مند شوند. به تازگی به پیروی از ابلاغیهٔ رسمی وزارت آموزش عالی کشور مبنی بر لزوم انتخاب نامی ایرانی برای مؤسسه‌های خارجی نام کالج تغییر یافته است. هیأت امنای کالج در ابتدا عنوان «کالج ایران» نام اصلی کشور را پیشنهاد کرد، اما پیشنهاد مزبور با

1. Dr. MacCracken, former president of Lafayette

مخالفت مسئولان آموزش عالی روبه‌رو شد. زیرا آنان در نظر داشتند عنوان مورد اشاره را برای مؤسسه‌ای ملی حفظ کنند. سپس در سال ۱۹۵۳ نام «کالج البرز تهران» پیشنهاد و مورد تأیید مسئولان قرار گرفت. زیرا البرز نام رشته‌کوه مرتفعی است که برجسته‌ترین تصویر قابل روئیت از محوطهٔ کالج است.

آموزش دختران و توسعهٔ آن

جلب رضایت و مُجاب ساختن والدین پارسی برای تحصیل دختران در مقایسه با پسران دشوار بود. در پارس طی سده‌ها زنان در مقایسه با مردان حقیر شمرده شده‌اند. خانواده‌ها از وجود پسران خوشحالی می‌کردند و در مورد دختران بی‌تفاوتی از خود بروز می‌دادند. در این بین مبشران حکیمانه دریافتند که با نادیده گرفتن دختران نمی‌توان خدمت مؤثری در راستای پالایش جامعه و استحکام کلیسا انجام داد. از این‌رو، در سال ۱۸۷۴ در فاصلهٔ دو سال پس از آغاز به‌کار نخستین مبشران در تهران، مدرسهٔ دخترانه‌ای تأسیس شد که به ایران بیت‌ئیل شهرت یافت.

نخستین ساختمان مدرسهٔ دخترانهٔ مبشران مشایخی (ایران بیت‌ئیل) در تهران
تهران، خیابان ۳۰ تیر، محوطهٔ کنونی شورای کلیسای انجیلی ایران،
آرشیو کلیسای مشایخی (پرزبیتری) آمریکا در فیلادلفیا

زمانی زنان پارسی به سختی جرأت می‌کردند که حتی در خانه تحت‌آموزش قرار گیرند، و مدرسه‌ای مُختص زنان در پارس وجود نداشت؛ اما عملکرد مدرسه سال به سال بیش از پیش مورد توجه والدین پارسی قرار گرفت، و رغبت آنان جهت تحصیل دختران افزایش

یافت. برنامهٔ درسی دختران مشابه دروس پسران است. هم‌اکنون شمار شاگردان دختر به سیصد نفر می‌رسد که به شکل عمده ارامنه و فارس هستند. شمار دو گروه مورد اشاره کمابیش برابر است و شماری یهودی نیز در مدرسه مشغول به تحصیلند. سازمانی فعال متشکل از زنان دانش‌آموخته شکل گرفته است که گردهمایی‌ها، سخنرانی‌ها و همچنین انتشار مجله‌ای تحت عنوان *دنیای زنان* را برای زنان پارسی ترتیب می‌دهد که خود نیروی مؤثری جهت ارتقاء موقعیت زنان به‌شمار می‌رود. پنجاهمین سالگرد تأسیس ایران بیت‌ئیل در سال ۱۹۲۵ با حضور دانش‌آموختگان و شمار زیادی از مردم شهر جشن گرفته شد.

در ۱۹ اکتبر ۱۹۱۹ کمیتهٔ ماترک سِیج وابسته به هیأت بانوان نیویورک به اختصاص ۲۰۰۰۰۰ دلار جهت گسترش کالج زنان در پارس رأی داد؛ و مقرر شد به احترام بانو سِیج، نام وی را بر آن نهند. قسمتی از این وجه جهت تأسیس و تجهیز، و قسمتی دیگر نیز جهت ایجاد موقوفه‌ای در راستای حمایت از این فعالیت مورد استفاده قرار گرفت. به‌واسطهٔ این کمک مالی بسیار مؤثر، ملکی خریداری و فعالیت کالج آغاز شد. مؤسسهٔ مورد بحث موفقیت زیادی به‌دست آورد و هنوز از نفوذ گسترده‌ای برخوردار است. آن نخستین مؤسسهٔ آموزش عالی برای زنان در کل پارس به‌شمار می‌آید. مدرسهٔ فرزندان مبشران که سال‌ها در همدان مستقر بود در سال ۱۹۳۵ به تهران منتقل شد.

فصل هشتم

مرکز تبریز

تبریز، مرکز استان آذربایجان

سومین مرکز میسیون در شهر تبریز، واقع در ۱۸۰ مایلی شرق ارومیه و چهارصد مایلی شمال‌غرب تهران، گشایش یافت. تبریز مرکز استان آذربایجان، غنی‌ترین و زیباترین استان پارس، است. شهر از سه سمت در پناه رشته کوههای برافراشته و استواری واقع شده است. ارتفاع کوههای سمت جنوب به دوازده هزار پا می‌رسد، که از فراز آنها می‌توان قلۀ پوشیده از برف آرارات را در فاصلۀ ۱۴۰ مایلی دید. آب و هوای تبریز مشابه آب و هوای نیوانگلد، اما بلندی آن از سطح دریا در حدود ارتفاع کنتاکی است. تابستانهای آن گرم و خشک، اما هوای پاییزی آن بسیار فرح‌بخش است. ساکنان آن مردمی پرطاقت و جسورند و از بازماندگان تهاجم بزرگ ترکان به آسیای صغیر به‌شمار می‌آیند که با خون پارسی درآمیخته‌اند و مسلمانانی جدّی هستند. اقلیتی کوچک و در عین حال مهمی از ارامنه و آشوریان و همچنین شمار اندکی یهودی در آن شهر زندگی می‌کنند. زبان متداول تبریز ترکی (آذری) است.

نمایی از شهر تبریز، سدۀ نوزدهم
جویت، مری. خاطرات زندگی‌ام در پارس

فصل هشتم

دوشیزه مری جویت
جویت، مری. خاطرات زندگی‌ام در پارس

تبریز با ۲۴۰۰۰۰ نفر سکنه دومین شهر بزرگ پارس است که مرکز تجاری مهمی برای کشورهای مرکزی و شمال‌غرب اروپا به‌شمار می‌رود. شهر مورد بحث از جذبه‌های تاریخی غنی‌ای برخوردار است، زیرا از ایام قدیم بر مسیر کاروانهای تجاری هند به اروپا قرار داشته است. افزون بر این جادۀ ملل،[1] یکی از قدیمی‌ترین راههای شناخته شدۀ دنیا، از همین شهر می‌گذشت. مدتها پیش از عصر مسیحیت، اسکندر مقدونی و دیگر ارتش‌ها از طریق همین جاده قوای خود را منتقل می‌کردند.

از ایام قدیم، حصارهای شهر که در حال حاضر از بین رفته‌اند با حاشیه‌ای از باغها و گلهای زیبا احاطه شده بودند. در آن سو کشت‌زارها، تاکستان‌ها و باغستانهایی قرار دارند که طی بیش از هزار سال منطقه را با میوه و مرکبات خود مشهور ساخته‌اند. در آن سوی حصارها، خانه‌های یک‌طبقه با سقف مسطح یکنواختی قرار گرفته‌اند. این رشته خانه‌ها در فواصلی تنها با مساجدی پُرشمار و قلعه‌ای (ارگ) قطع می‌شوند.

بازارها و کاروانسـراهای تبریز اگر در تمامی شـرق بزرگ‌ترین‌ها و بهترین‌ها نباشند در پارس در ردیف نخسـت قرار دارند. آنها برای مبشران محل مناسبی برای ملاقات گروههای بزرگی از مردم به‌شمار می‌آیند. اغلب خیابانهای شهر، با پهنای ۱/۸ متر در حقیقت کوچه‌هایی بیش نیستند. ظهور اتومبیل سـبب شده است تا از سال ۱۹۲۶ به این سو، ساخت خیابانهای پهن با درختکاری در هر دو سو، آغاز شود. فروشگاه‌ها و مغازه‌های امروزی بسیاری از لوازم خانگی را که در فروشگاه‌های آمریکایی یافت می‌شوند به فروش می‌رسانند.

آرامگاه‌ها که پیشتر مراکزی غیربهداشتی بودند و چشم‌انداز نامطلوبی ایجاد می‌کردند حال به بیرون از شـهر منتقل و جای خود را به پارکهای عمومی داده‌اند. با وجود تمامی این اصلاحات، هنوز آب مورد نیاز شـهر که از مسـافتی طولانی از طریق مجراهای سیمانی و لوله‌های خاکی در کانالهای زیرزمینی به محل منتقل می‌شـود، غیربهداشتی است. وسایل و ظروف آشپزی مورد استفاده در مغازه‌ها، خانه‌ها و کشت‌زارها به واقع تغییر نیافته‌اند و همان ظروفی هستند که از زمان داریوش پادشاه استفاده شده‌اند.

---

1. The highway of the nations

پیشگامان خدمت در تبریز و تأسیس مرکز

جاستین پرکینز، نخستین مبشر پروتستانی، بود که در تبریز ساکن شد. در حقیقت او پس از سالی توقف در تبریز به ارومیه رفت و کار خود را از سال ۱۸۳۴ با مسیحیان نستوری آن منطقه آغاز کرد. در سال ۱۸۷۳ کشیشی بهنام پیتر ایستون[1] به همراه همسرش و دوشیزهای بهنام مری جُویت[2] مرکز میسیون را در تبریز تأسیس کردند. در سال ۱۸۷۶ کشیشی بهنام سموئیل وارد[3] به همراه همسرش و به اتفاق خانم لورتا ونهوک[4] به گروه نخست پیوستند. در سال ۱۸۷۸ کشیش جان رایت[5] به همراه همسرش نیز به آنان پیوست.

دوشیزه مری جُویت، سوار بر اسب به اتفاق همراهان در سفری بشارتی
در مقابل قهوهخانهای در مسیر، اواخر سدۀ نوزدهم
جویت، مری. خاطرات زندگیام در پارس

با وجود این که مبشران پروتستان در ابتدا از دوستی و همکاری مردم محلی بهرهمند بودند، اما خیلی زود مخالفت با آنان از جانب مسلمانان مُتعصب، اسقفان و کشیشان ارامنه و کاتولیک رومی آغاز و گسترش یافت. مبشران در آن اوضاع از خود بردباری نشان دادند و با گذشت زمان به مرور جای پایی بهدست آمد و کلیسایی با شش عضو تشکیل شد. نخستین مسلمانزادهای که به ایمان مسیحی گروید جهت حفظ جان خود مجبور به فرار از کشور شد؛ و در دورهای طولانی آنانی که به کلیسای مورد بحث میپیوستند در عمل از خانواده و جامعۀ خود رانده میشدند. سالها جلسههای عبادتی در منازل شخصی و کلاسهای مدرسه تشکیل

---

1. Rev. Peter Easton; 2. Mary Jewett; 3. Samuel L. Ward; 4. Loretta Van Hook; 5. John Wright

می‌شـــد، اما در نهایت در سال ۱۸۹۱ کلیسایی بنا شد. ده ماه بعد آن کلیسا به دستور مقام‌های دولتی تعطیل و برپایی جلســه‌های عبادتی و دیگر جلسه‌ها ممنوع شد. با این حال کلیسای تبریز پس از چند ماه کار خود را از سر گرفت.

خدمات بشارتی سیّار

مابین ســال‌های ۱۸۹۰ تا ۱۹۰۰ اعضای مرکز تبریز، خدمات سیّار گسترده‌ای در سراسر اســتان انجام می‌دادند. آنان به دلیل فقدان راه‌های مناسـب برخی مواقع مسـیرها را پیاده، اوقاتی ســوار بر اسب یا با کالسکه‌های دوچرخهٔ یک‌اسبه می‌پیمودند. دوشیزه جُویت نقش فعالی در خدمات سیّار و آموزشــی مرکز تبریز ایفاء کرد و پس از سی و شش سال خدمت خستگی‌ناپذیر در سال ۱۹۰۷ بازنشسته شد. دوشیزه جُویت در ۲۶ فوریهٔ ۱۹۳۱ در نیوبورگِ ایندیانا[1] درگذشــت و مطلب زیر در صورت‌جلسهٔ مراسم یادبود وی از سوی هیأت بشارتی کلیسای مشایخی آمریکا ثبت شد:

> «او حقیر شــمارندهٔ مشــکل و خطر، عمل‌گرا و ماجراجو، برخــوردار از توانایی سازگاری شادمانه با هر اوضاعی، سوارکاری شجاع، و مبشری خستگی‌ناپذیر بود. دوشـیزه جُویت در تبریز و در روستاهای اطراف آن این‌گونه خدمت کرد. او چند سال در شهرســتان میاندوآب، در جنوب دریاچهٔ ارومیه، تنها زندگی کرد. نامبرده در آنجا زنان را دور خــود جمع می‌کرد و نور تــازه‌ای از طریق خدمت وی بر بسیاری می‌تابید؛ و حیات، محبت و صلح برای آنان به ارمغان می‌آورد.»

گل رُزی که دوشیزه مری جُویت در سال ۱۸۸۶ در محوطهٔ مدرسه غرس کرد، ساختمان مدرسه قابل مشاهده است.
خاطرات زندگی‌ام در پارس

---

1. Newburgh, Indiana

خانه‌ای روستایی که دوشیزه مری جُویت و دیگر مبشران همراه
طی سفرهای بشارتی شش هفته در آن اقامت کردند.
جویت، مری. خاطرات زندگی‌ام در پارس

زنان ارمنی مشغول ریسندگی، بافندگی و حلقه کردن نخ، مراغه، اواخر قرن ۱۹
جویت، مری. خاطرات زندگی‌ام در پارس

خدمت بشارت سیّار به دلیل افزایش امنیت جاده‌های استان آذربایجان توسعهٔ چشم‌گیری یافته است. از این‌رو، مبشران امکان یافته‌اند به اتفاق همکاران پارسی خود سفرهایی طولانی در این راستا انجام دهند. در مواردی که شهرهای مهمی چون مراغه و زنجان مورد نظر است،

Missionaries of the Tabriz Station, Persia. Back row, left to right: Mr. Allen, Mrs. Cochran, Miss Burgess, Miss Lamme, Miss Schoebel, Mrs. Miller. Middle row: Hubert Packard, Margaret Allen, Mrs. Allen, Miss Bridges, Mrs. Richards, Mrs. Shedd, Dr. Shedd, Dr. Ellis (standing). Front row: Thomas Allen, Ruth Muller, Frank Packard, Mrs. Ellis, Mrs. Pflammer, Mr. Pflammer (killed by the Turks).

گردهمایی مبشران میسیون غرب کلیسای مشایخی در مرکز تبریز

A foreign Magazine 34/8, July 1919

زمان مسافرتها هفته‌ها و حتی ماهها به طول می‌انجامد. آنان اغلب در حومه‌های شهرها از روستایی به روستای دیگر می‌روند و به‌طور معمول در قهوه‌خانه‌های کنار جاده که طبق روال موجود گروهی در آنها گرد می‌آیند، جهت گشودن باب صحبت و بحث توقف می‌کنند؛ و یا در روستایی به مدت دو یا سه شب اتاقی اجاره می‌کنند. آنان از این طریق با مردمی ارتباط می‌یابند که از هیچ طریق دیگری نمی‌توانند پیغام انجیل را بشنوند. در سراسر این مناطق خانواده‌های تازه به میهن بازگشته یا پناهندگانی وجود دارند که به تازگی در منطقه استقرار یافته‌اند. آنان قدرشناس خدمات امدادی مبشران هستند و همین مسئله درهایی را برای خدمت به روی ایشان می‌گشاید.

کلیسای تبریز متشکل از قومیتهای گوناگون

کلیسای تبریز به مرکزی روحانی برای صدها تن (حتی افراد) غیرعضو بدل شده است. در آنجا جلسه‌های عبادتی به زبان‌های ترکی، انگلیسی، ارمنی و آشوری برگزار می‌شود. به‌طور معمول، ساختمان مدرسه یا خانه‌های مبشران محل برگزاری جلسه‌های دعاست. زنان پارسی به همراه زنان مبشران خانه به خانه می‌روند تا زنانِ طبقه‌های مختلف جامعه را دعوت و خدمات و درسهایی به آنان ارائه کنند. در پاییز هر سال کلیسا هفتهٔ کتاب‌مقدس را برگزار می‌کند و طی آن اعضای نسخی از کتاب‌مقدس می‌فروشند.

روحیهٔ استقلال مالی و خوداتکایی در حال رشد است و تمایل به حمایت از خدمت بشارتی در خارج از مرزهای کشور در تقدیم هدایا به‌کار بشارتی در چوسان[1] تجلی یافته است. در سال ۱۹۲۳ برپایی کنفرانسی سالانه برای خادمان مسیحی آغاز شد که جلسه‌ای بشارتی نیز به دنبال داشت. طی سالها نوکیشان مسیحی جلسه‌های جداگانهٔ خود را داشته‌اند، آنان هویّت گروهی خود را یافته‌اند و به مسئولیت خود در قبال به مشارکت گذاشتن پیامِ نجات با هم‌زبانان‌شان واقف شده‌اند.

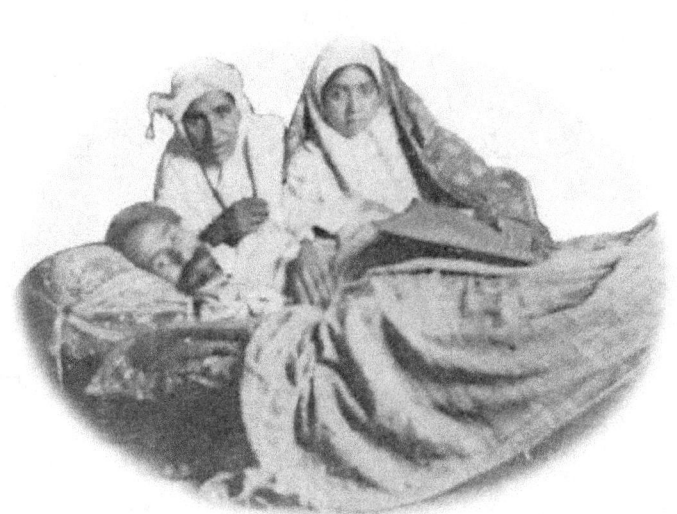

محمود به همراه مادر و خواهرش

یکی از خاطرات بسیار شیرینی که به یاد دارم حکایت محمود است. او فقیر گمشده‌ای در تبریز بود که به فیض الهی از تاریکی و گناه به نور حقیقت گذر کرد و زندگی مبارکِ رشک‌باری در مسیح یافت. وقتی با وی آشنا شدم، جوانی بیست و شش ساله بود. او پیشتر مردی تندرست، قوی و فعال بود که می‌توانست چهل مایل در روز با پای پیاده راه رود. اما ناگهان به بیماری بی‌درمان و عجیبی دچار شده بود. او دیگر توان کار نداشت و به‌شدت نیازمند کمک بستگانش بود. محمود سالهای زیادی در بستر بود و دستهایش خمیده و شَل شده بودند و توان حرکت دادن بدن نحیف خود را نیز نداشت. اما ذهن او عالی و صاف بود. در ملاقات نخست دریافتم که او افزون بر درد جسمانی، از روانی دردمند نیز رنج می‌برد. در همان حال او چیزی در مورد کتاب‌مقدس و نجات‌دهنده نمی‌دانست. محمود بسیار زودرنج و دلخور شده بود و از خدا به دلیل فقر و بیماری شکایت می‌کرد. برایش کتاب‌مقدس

---

۱. Chosen نام قدیمی کشور کره است و مردم کره طی سده‌ها کشور خود را چوسان نامیده‌اند.

خواندم و او با کنجکاوی زیادی گوش می‌داد. بعدها اغلب او را ملاقات می‌کردم و هر بار برایش قسمتی از کتاب‌مقدس را می‌خواندم و آن را توضیح می‌دادم، سپس به اتفاق دعا می‌کردیم. او در تنهایی به کلمات گرانبهایی که شنیده بود می‌اندیشید. به‌تدریج دوستان و همسایگانش نیز گرد آمدند تا به آنچه زنی مسیحی از کتاب می‌خواند گوش فرا دهند.

روزی به محمود پیشنهاد کردم که بهتر است خود درس بخواند و توانایی خواندن یابد. او به‌شدت از پیشنهاد من استقبال کرد. بدین‌ترتیب دانش‌آموزی دوازده ساله را مسئول آموزش وی قرار دادیم. محمود در درس خود به‌سرعت پیشرفت کرد. خیلی زود او از توانایی خواندن کتاب‌مقدس برخوردار شد و چقدر آن را دوست می‌داشت! کتاب‌مقدس به هنگام خواب زیر بالشش قرار داشت و در زمان بیداری در کنار بستر یا در دستهایش برای خواندن.

محمود هرگز از خواندن کتاب‌مقدس برای افراد گردش خسته نمی‌شد، و اغلب خواندن آن اشتیاق و مباحثاتی را ایجاد می‌کرد. بدین‌ترتیب محمود به مسیحی‌ای واقعی، ساده‌دل و فروتن تبدیل شد. من اوقات گرانبهایی را در کنار بستر وی داشتم.

در روزی پُر از شادی، فرستاده‌ای از جانب خداوند سر رسید و محمود را تعمید داد. افزون بر این، فرد مزبور آیین عشاءربانی را نیز با وی به جا آورد و آن نجات‌یافته را در کلیسای خداوند پذیرفت.

مادر محمود می‌گفت: «محمود دیگر غمگین نیست. حال، او بسیار شاد است، زیرا کتابش را بسیار دوست دارد و آن را همیشه می‌خواند. او دیگر خشم نمی‌گیرد و ناسزا و لعن بر لب نمی‌آورد؛ و مرا نیز آموزش می‌دهد.»

روزی یکی از دوستانش با دیدن کتاب‌مقدس در کنار بسترش به وی هشدار داده بود که ممکن است دچار همان بلایی شود که بر سر میرزا ابراهیم آمد و در نهایت خفه‌اش کنند! محمود پاسخ داد: «بیایند با من نیز چنین کنند، من هراسی ندارم.» در حقیقت او مشتاق بود با پیوستن به خداوند از محدودیت و درد این دنیا نیز رهایی یابد.

بعدها دوستان محمود، برایش خانهٔ بسیار کوچکی خریدند تا مجبور نباشد با آن جسم رنجور مدام از منزلی به منزل دیگر نقل‌مکان کند. او باور داشت که خداوند وی را به آن مکان آورده تا انجیل را به همسایگان و اهالی محل موعظه کند.

سرانجام ده سال پس از زندگی در ایمان، فرشتگان وی را به آسمان بردند اما یاد و رایحهٔ زندگی مقدس او در اذهان باقی ماند. او در طول آخرین دههٔ زندگی‌اش رنج بسیار کشید، بسیار آموخت، شادی بسیار کرد و در حالی که بر بسترش دراز کشیده بود، انجیل را برای بسیاری موعظه کرد؛ به‌طوری که زندگی بسیاری به‌واسطهٔ نمونه و آموزش وی تحت‌تأثیر قرار گرفت. تأثیرگذاری محمود ورای دایرهٔ دوستان و همسایگان بود، به‌طوری که او مرتبه‌ای مرا به گروهی از بستگانش در روستایی تحت عنوان سه‌تپه معرفی کرد و خدمتی مبارک و پُرثمر را پیش روی ما قرار داد.

Jewett, Mery. My Life in Persia, pp. 159-166.

رابی راشل (در عبری و آشوری راخِه تلفظ می‌شود)

من زنان معدودی را سراغ دارم که آموزگار کتاب‌مقدس باشند و بتوانند به ما در عرصهٔ آموزش کمک کنند. رابی راشل، مسیحی نستوری (آشوری)، از ارومیه، یکی از آنان بود. او زنی بی‌آلایش، بسیار کوشا، امین، و وقف‌شده بود که زندگی مسیحی خود را صرف خدمت کرد. از این‌رو، شایسته است در این قسمت از او به‌طرز خاصی یاد کنیم. او سالها در تبریز در بین زنان خدمت کرد تا آن که بیمار شد. پس از بیماری، دخترش او را به ارومیه برد تا در صورت فوت در شهر خودش باشد. غدد سرطانی تمام بدنش را فرا گرفته بود و مرگ به‌سان رهایی‌بخش شادی‌آوری از درد و رنج زمینی به سراغش آمد تا در آسمان با خوشی از زحمات خود بیارامد. با رفتن او از تبریز، تمام افرادی که در تبریز به ملاقاتشان می‌رفت تأسف می‌خوردند: «چرا رابی راشل به ملاقات ما نمی‌آید؟ او آموزگار و واعظ ما بود، ما مشتاقیم او نزد ما برگردد، زیرا کتاب‌مقدس را با مهارت به ما می‌آموخت.» طی سالها نامه‌ای را که رابی راشل به یکی از زنان مسیحی در آمریکا نوشته بود حفظ کرده‌ام. مطلب ذیل برگردان آن از زبان آشوری است:

> «خواهر عزیزم در مسیح، دلم مملو از محبت و آرزوی سلامتی برای توست. آرزو دارم با تکان دادن دست این سلامتی را به تو منتقل کنم و از تو می‌خواهم که از این طریق چند دقیقه‌ای مشارکت و مصاحبتی با هم داشته باشیم. قصد دارم از اوضاع برکت‌یافتهٔ حال حاضر کلیسای تبریز بگویم. سیزده سال پیش، به اتفاق خانواده‌ام دعوت شدیم تا در این کلیسا خدمت کنیم. ما با اشتیاق به تبریز آمدیم و آرزو داشتیم در این کشت‌زار مهیا سالها خدمت کنیم، اما بر حسب ارادهٔ خداوند چنین نشد. پیش از به پایان رسیدن نخستین سال خدمت، همسر، پسر و دخترم، آن هم طی یک ماه درگذشتند. من نیز چون نعومی دست خالی به ارومیه بازگشتم. این چهارمین سالی است که به خواست خدا بار دیگر به تبریز بازگشته‌ام و به‌سبب این فرصت دوبارهٔ خدمت بسیار مسرورم. در آن هنگام تنها دو خانواده را به منظور دعا ملاقات می‌کردم، حال شمار خانه‌هایی که با آزادی کامل می‌توانم به آنها داخل شوم به عدد شصت رسیده است! با وجود مخالفت بسیار، درِ منازلی که در آن هنگام به روی ما بسته بود به فیض خداوند و نجات‌دهندهٔ ما هم‌اکنون باز شده است. در بین مسلمانان افراد زیادی انجیل ما را می‌پذیرند، با این حال به دلیل فقدان آزادی دل ما برای آنان گداخته می‌شود. بسیاری اوقات به هنگام رفتن به منازل آنان یا پذیرش ایشان در منزل خود این شهادت را از زبان خودشان می‌شنوید: «به راستی مسیحیت حقیقت است، اما ما نمی‌توانیم به آن اعتراف کنیم! ما می‌ترسیم زیرا آزادی مذهب وجود ندارد.» خواهر عزیز تو نیز دعا کن تا خداوند بر حسب فیض رایگان خود درها را به سرعت به روی آنان بگشاید. خدمت عمدهٔ من در بین ارامنه است. ارامنهٔ تبریز مردمی مغرور هستند و در نظر آنان همهٔ مردم دنیا تک‌چشم‌اند، و تنها آنان از برکت دو چشم برخوردارند. کار با آنان بسیار

دشوار است زیرا مستلزم دور ریختن تمام امیدهای کاذب و اعتماد به کارهای نیک خود است. از این‌رو همواره باید کلام صلیب به ایشان موعظه شود؛ و آن کلام چون چکشی بر دل آنان کوبیده شـود. حال بسیاری حقیقت را دریافته‌اند. وقتی به منزل آنان می‌رویم پرسش‌های بسیاری به‌طور خاص در مورد مریم «مادر خداوند» می‌پرسند، زیرا آنان فکر می‌کنند که وی شفاعت‌کننده است. در ابتدا آنان به جای مسـیح در برابر مریم سر تعظیم فرود می‌آورند. ما تا جای ممکن به یاری نجات‌دهندهٔ خود به پرسـش‌های آنان از کتاب‌مقدس پاسخ می‌دهیم. آنانی که بر ضد ما ایستاده‌اند بسیار پُرشمار و توانمند هستند، اما کلام خدا قدرتمندتر است.»

Jewett, Mery. My Life in Persia, pp 167-169.

خدمات آموزشی

خدمات آموزشی مرکز تبریز از همان ابتدای فعالیت مرکز، آغاز شد. به‌طوری که دوشیزه جُویت پس از ورود به کشور بی‌درنگ دو مدرسهٔ کوچک تأسیس کرد. یکی از آنها تنها با سـه دانش‌آموز دختر ارمنی آغاز به‌کار کرد و هستهٔ اصلی مدرسهٔ فعلی صبح و شبانه‌روزی دخترانهٔ تبریز را شـکل بخشید. سال‌ها آذریان از فرسـتادن بچه‌های خود به مدرسه پرهیز می‌کردند و به همین دلیل نام‌نویسـی در مدرسـه تنها محدود به ارامنه و آشـوریان بود. اما آذریان نیز به‌تدریج فرزندان خود را به مدرسهٔ مورد بحث فرستادند و این روند تا حدی پیش رفت که بعدها بدنهٔ اصلی شـاگردان مدرسه را آنان شکل دادند. با موفقیت مدرسه، قسمت شبانه‌روزی نیز به آن اضافه شد.

خیابانی که جهت بهبود اوضاع شـهر احداث و در سـال ۱۹۲۶ گشایش یافت سه باب ساختمان محوطهٔ مدرسه را از بین برد و در سمتی تنها باریکه‌ای از آن ملک باقی ماند. غرامت ملک و سـاختمان‌های تخریب شده با درنگ پرداخت شد و از محل آن غرامت ساختمان‌های جدیدی در زمین مجاور ملک قدیمی بنا شـد که یکی از چشم‌اندازهای زیبای شهر را شکل داده است. جشن دانش‌آموختگان هر سـاله با حضور گروه بزرگی از والدین دانش‌آموزان مسلمان تبریز برگزار می‌شـود. برخی از دانش‌آموختگان در مدرسهٔ دخترانه‌ای که به تازگی توسط دولت تأسیس شده است، مشغول تدریس شده‌اند.

مدرسهٔ پسرانه توسط آقای ایستون اندکی پس از ورود وی به تبریز به سال ۱۸۷۳ تأسیس شـد. در ابتدا، آموزش فقط به زبان ترکی بود. اما بعدها تدریس به زبان ارمنی نیز در دستور کار قرار گرفت. این کار شالودهٔ مدرسهٔ پسرانهٔ میسیون را شکل داد، مدرسه‌ای که رشد خود را مدیون تلاش‌های کشیش سموئیل ویلسون و جانشینان وی است.

دکتر ویلسون به اتفاق همسرش سی و شش سـال (۱۹۱۶-۱۸۸۰)، خدمت صادقانه و وقف‌شـده‌ای در پارس انجام دادند؛ و یاد آنان نه تنها توسـط میسیون، بلکه هزاران پارسی همواره گرامی داشـته می‌شـود. مدرسهٔ تبریز هم‌اکنون بیش از ۳۵۰ دانش‌آموز دارد و درخواست‌های بسیاری از متقاضیان تحصیل به علت فقدان جا پذیرفته نمی‌شود.

سموئیل ویلسون

سموئیل ویلسون ۱۸۵۸-۱۹۱۶
Samuel G. Wilson

دکتر سموئیل ژوزف ویسلون روز ۱۱ فوریهٔ ۱۸۵۸ در پنسلوانیا زاده شد. او دانش‌آموزی اعجوبه بود، به‌طوری که در ۱۸ سالگی از دانشگاه پریستون مدرک کارشناسی گرفت، در سال ۱۸۷۹ از Western Theological Seminary مدرک کارشناسی ارشد دریافت کرد و در سال ۱۸۹۰ به مقام کشیش دستگذاری شد. سپس او رهسپار پارس شد و باقی عمر خود را چون مبشری در آنجا سپری کرد. او به سختی برای جذب یهودیان و مسلمانان به باور مسیحی کار کرد؛ و کتابهای او مملو از حکایتهای موفقیت‌آمیزی در آن راستا است.

ویلسون توجه زیادی به گروندگان به بهائیت داشت و به نوعی با آنان در رقابت بود. او تلاش داشت تا ایشان را مُجاب سازد. از این رو کتابی تحت عنوان «بهائیت و ادعای آن» (۱۹۱۵) به نگارش درآورد که در آن به شرح تاریخ و خداشناسی کیش بهائیت می‌پردازد. افزون بر این، او نویسندهٔ کتاب معروف «زندگی و رسوم پارسیان» (Persian Life & Customs)، نیز است. دکتر ویلسون در سال ۱۹۱۶ جهت ارائهٔ خدمات امدادی صلیب سرخ به پناه‌جویان ارامنه بازمانده از نسل‌کشی امپراتوری عثمانی به مرزهای شرقی آن کشور اعزام شد و حین کار در اوضاعی دشوار و زمستانی سرد بر اثر بیماری (تب تیفوئید) درگذشت.

مدرسهٔ (پسرانه) کلیسای مشایخی تبریز به مدیریت دکتر سموئیل ویلسون، ۱۸۹۶
کلیسای در خانه و خارج

مدرسهٔ دخترانهٔ میسیون کلیسای مشایخی تبریز ۱۹۰۸
جویت، مری. خاطرات زندگی‌ام در پارس

روبرت اسپیر، مبشر آمریکایی، فرد مورد بحث را یکی از تواناترین و شجاع‌ترین‌ها لقب داد و یادآور شد که زندگی طویل و وفادارانهٔ وی با پاداش و ثمر بسیار مزین شد.

Persian Life & Customs & Persia: Western Mission

دانش‌آموزان مدرسه مسئولیت انجمن پرورش و توسعهٔ اصول مسیحی را برعهده دارند و فعالیتهای بشارتی در مدرسه انجام می‌دهند. در کنار این فعالیتها، مطالعهٔ کتاب‌مقدس نیز صورت می‌گیرد. دانش‌آموختگان در بسیاری از عرصه‌ها از رهبران جامعهٔ خود به‌شمار می‌آیند.

خدمات پزشکی

خدمات پزشکی مرکز تبریز توسط دکتر جورج هولمز[1] که پیشتر در ارومیه خدمت می‌کرد، آغاز شد. دکتر هولمز به‌سبب مهارت و امانت در کار به چنان شهرتی دست یافت که پزشک مخصوص ولیعهد شد. در سال ۱۸۸۸ نخستین مرحله از ارائهٔ خدمات درمانی به زنان توسط دوشیزه دکتر مری بردفورد[2] آغاز شد. او افزون بر ارائهٔ خدمات درمانی به زنان و کودکان شهر، خدمات درمانی سیّاری نیز برای زنان مناطق کوهستانی کردستان ارائه می‌کرد. نامبرده در سال ۱۸۹۲ به هنگام شیوع بیماری وبا، آن شهر مصیبت‌زده را ترک نکرد و از این جهت شهرتی

---

1. Dr. George Holmes; 2. Mary Bradford

جهانی یافت و حکایتش در روزنامه‌ها نقل شد. در آن هنگام جهان‌گرد - خبرنگاری آمریکایی که از منطقه دیدن می‌کرد دوشیزه بردفورد را «قدیس حامی جذامیان» لقب داد.

گروه پزشکی سیّار مرکز تبریز در سفری جهت ارائهٔ خدمات پزشکی به مناطق محروم و دور افتادهٔ آذربایجان

دکتر مری بردفورد در سمت چپ تازیانه‌ای در دست دارد و آمادهٔ سوار شدن بر اسب است؛ و دوشیزه هولیدی سوار بر اسب با مقنعه و روبند سفیدرنگ.

پارس، میسیون غرب

بیمارستان میسیون در تبریز

جانشینان توانای دوشیزه بردفورد خدمات پزشکی وی را گسترش و بر کیفیت و کمّیت کار تا حد زیادی افزودند. هم‌اکنون بیمارستان کولتون-کیرکوود-واپیل هشتاد تخته‌خوابه است و تجهیزات امروزی و استاندارد به‌تدریج به آن اضافه می‌شود.

از بیمارستان مورد بحث همواره به‌سان بهترین ارائه‌کنندهٔ خدمات درمانی در سطح شهر نام برده می‌شود. پزشکانِ مبشر در هر مورد مهمی با پزشکان پارسی جلسهٔ مشاوره برگزار می‌کنند. بسیاری از بیماران بیمارستان و دو درمانگاه کلیسای مشایخی از روستاهایی که به فاصلهٔ دو تا سه ساعت راه و حتی برخی از آنان از روستاهایی به فاصلهٔ چهار روز راه می‌آیند. همهٔ مراجعه‌کنندگان پیام انجیل را چه در کنار تخت یا در اتاق انتظار دریافت می‌کنند. آموزشگاه تربیت‌پرستار بیمارستان نیز در سال ۱۹۲۱ کار خود را آغاز کرده است؛ آن سالانه شمار کمی دانش‌آموخته دارد. اما آنان با وجود کم‌شماری، افرادی ماهر و باتجربه‌اند. دانشجویان آموزشگاه مورد اشاره از طریق کار در بیمارستان و درمانگاه‌های کلیسای مشایخی تجربه کسب می‌کنند.

بخش هوای آزاد بیمارستان کلیسای مشایخی تبریز
بیمارستانهای آمریکایی در پارس

دکتر وانمن

دکتر وانمن
Dr. Vanneman

دکتر وانمن، دانش‌آموختهٔ ممتاز دانشگاه پنسلوانیا، با دو سال سابقهٔ کار در بیمارستان‌های پنسلوانیا در سپتامبر ۱۸۹۰ رهسپار پارس شد و در تبریز استقرار یافت. دکتر وانمن در سالهای نخست از ضعف و بیماری جسمی، دچار زحمت بسیار شد. اما با وجود این، به‌زودی زبان ترکی (آذری) را فراگرفت و از توانایی تأسیس درمانگاه برخوردار شد. آن درمانگاه در تمام مدت جهت ارائهٔ خدمات به بیماران باز بود و تنها در غیبت او تعطیل می‌شد. دکتر وانمن در دومین سال حضور در پارس نوشت: «از بابت کار خود در این جا بسیار خوشحالیم ... و خدا را در این جا بسیار نزدیک‌تر و عزیزتر احساس می‌کنیم ... کار ما در حقیقت کار خداست و زندگی خود را تحت مراقبت وی قرار داده‌ایم و از این بابت قانع و خرسندیم.» او همچنین اضافه می‌کند: «من نام، بلندپروازی، آرزوها و زندگی‌ام را نثار این خدمت کرده‌ام، اما هنوز احساس دین زیادی نسبت به خداوند دارم.» در سال ۱۸۹۶ زمانی که شاه وقت درگذشت، دکتر وانمن انتخاب شد تا با اسکورت

مخصوص به حضور شـــاه جدید به تهران برود. شاه به‌سبب خدمات پزشک مورد بحث در گذشته (زمانی که هنوز ولیعهد بود) و دوره‌های بعد، نشان شیر و خورشید به وی اهداء کرد. چهار سال بعد او دومین نشان را نیز از شاه دریافت کرد.

شیوع بیماری وبا، اسهال خونی، تیفوئید و تیفوس بر مشکلات و شایعات پیرامون جنگ اول جهانی افزود و مشـــغلهٔ دکتر وانمن را تا حد نهایی توانش بالا برد. او در دوران جنگ بار وظیفهٔ خزانه‌داری وجوه امدادی آمریکا را نیز بر عهده داشـــت. سرانجام دکتر وانمن در پاییز ســـال ۱۹۱۸ توسط قوای عثمانی دستگیر و چون اســـیر جنگی تا روزهای متارکهٔ جنگ در زندان ماند. دکتر وانمن طی چهل و سه سال خدمت تنها چهار مرتبه از مرخصی استفاده کرد. مرخصی‌های او نیز برخی مواقـــع تابع اوضاع بود و اوقاتی دیگر نیز به انتخاب وی صورت می‌گرفت. او در این باره می‌نویســـد: «من جای دیگری را در دنیا نمی‌شناسم که بتوانم در آن تا این اندازه مفید واقع شـــوم ... این زندگی در بهترین حالت، گذرا و فانی است و ما می‌باید بـــه زندگی جاویدی که در ورای آن قرار دارد، نظر کنیم.» او در اندک دفعاتی که در مرخصی خارج از کشور بود اغلب به دوستانش می‌گفت: «درمانگاه بسته است، باید زود برگردم.»

دکتـــر وانمن ده ماه پیش از مـــرگ از آخرین مرخصی خود بازگشـــت. در آن دوره کار درمانگاه به حد بی‌ســـابقه‌ای افزایش یافته بود. در ماه آخر تابســـتان (تا همان هفته‌ای که به بیماری منجر به مرگ مبتلا شـــد) هر روز صبح یکصد نفر بیمار را معاینه می‌کرد. اگرچه در آن هنگام نیاز به استراحت داشت، احساس می‌کرد که نمی‌تواند خدمتی چنین بزرگ را ترک کند؛ و در همان حین نیاز مالی جهت ادامهٔ کار نیز وی را تحت فشار قرار می‌داد. بدین‌ترتیب او تا آخرین روزهای عمرش از تلاشی بی‌وقفه دریغ نکرد.

دکتر وانمن، در آخرین بخش زندگی خود به برکت صفات شخصیتی قدرتمند، فروتنی، وقف و شـــهامت تعمُق یافته، نور و ســـلامتی بر تمام افراد گردش می‌تاباند. او دربارهٔ علت اصلی وجود این برکت در زندگی‌اش می‌گوید: «آن حاصل تماس پایدار با مســـیح اســـت.» زندگی روزمرهٔ وی در رابطه‌ای پیوســـته با آن نادیده ســـپری می‌شد و همین عامل وقوع هر نااطاعتی از رویای آسمانی را غیرمحتمل می‌ساخت. دکتر وانمن در طول زندگی‌اش دوست بسیار نزدیک خدا و انسان بود.

اغلب بیماران ما در تبریز از طبقهٔ فقیر جامعه هســـتند که جذبه‌ای برای مراکز پزشـــکی دولتی ندارند. آنان به شکل عمده روستایی‌اند و به‌طور معمول از روستاهایی به اینجا می‌آیند که ما پیشتر بیمارانی از آنجا داشتیم. افزون بر این، شمار قابل توجهی از افراد طبقه‌های بالاتر نیز از شهر و روستاها جهت دریافت خدمات به ما مراجعه می‌کنند. گروه متأخر از توان اجارهٔ اتاق خصوصی و پرداخت هزینه برخوردارند که به نوبهٔ خود به عملکرد بیـــمارستان کمک می‌کند. نمـــونه‌ای از حکایت نمایـــندگان طبقه‌های متفاوت جامعه در ذیل ارائه می‌شود:

> «حال، یکی از پرستاران ســـابق خودمان به همراه دختر نوزادش به دلیل ناخوشی به اینجا برگشته است. پیرزنی آشوری، که سالها از خدمهٔ خانواده‌ای انگلیسی بوده

است نیز این جاست! او به‌طور کامل ناشنواست و از ناخوشی‌ای که پمفیگوس نامیده می‌شود، رنج می‌برد. اما با وجود این، هنوز دوست دارد که لطیفه تعریف کند و مراتب سپاسگزاری خود را ابراز کند. بیماری دیگر، زن یهودی متشخصی است که مشکل حاد کلیه دارد و به احتمال فراوان زنده نخواهد ماند؛ و پسر کوچکی که به سل مبتلاست و بستگانش بیش از سالی است که او را در اینجا رها کرده‌اند. او بسیار سرزنده است، ... در همان بالکن بیماران، مسلولان دیگری نیز بستری هستند، ... در بین نوزادان دوقولوهایی وجود دارند که جزو ۷۱ نوزاد زاده‌شده در بیمارستان طی سال جاری می‌باشند. پیرزن ریزاندامی که پایش به دلیل قانقاریا قطع شده است به نظر می‌رسد شادترین بیمار بیمارستان و سبب ارتقای روحیهٔ دیگر بیماران است. و پسر کوچک چهار ساله‌ای که یکی از چشمانش را به دلیل تومور از دست داده است؛ و ما هنوز در مورد توقف یا برگشت بیماری اطمینانی نداریم.

In Persia American Hospitals in Persia Joint Report

مدرسهٔ تربیت پرستاری کلیسای مشایخی مرکز تبریز

خدمات پزشکی سیّار

گروه‌های سیّاری که جهت ارائهٔ خدمات پزشکی به اطراف گسیل می‌شوند مبشران پارسی را نیز به همراه خود دارند. آنان پس از ورود به شهر یا روستایی، خانه‌ای را در محل

به مدت دو یا سه روز اجاره و سپس کار درمانی خود را آغاز می‌کنند. همواره مردم رنجور و بیمار مشتاقانه در محل استقرار آنان اجتماع می‌کنند. مبشران نیز در همان حین خدماتی روحانی را به افرادی که در انتظار معاینه هستند ارائه می‌کنند. بیماران زیادی در نتیجهٔ این خدمات سیّار به بیمارستان میسیون می‌آیند.

در سال ۱۹۲۳ دکتر ویلدر الیز[1] به همراه همسر و کشیش چارلز پیتمن[2] شش ماه خدمت آزمایشی را در شهر زنجان واقع در ۲۰۰ مایلی شرق تبریز تجربه کردند. در سال ۱۹۲۸ آن خدمت تکرار و نتیجهٔ بسیار خوبی در بر داشت، به‌طوری که درمانگاه روزانه به‌طور متوسط به شصت بیمار خدمات پزشکی ارائه می‌کرد. در زنجان اتاقهایی جهت ارائهٔ خدمات اجاره شده بود، اما مشکل کمبود تجهیزات بسیار محسوس بود. به‌طوری که تنها ظرفیت بستری کردن ده تا دوازده بیمار وجود داشت. خدمت در آن شهر به شکل نویدبخشی گسترش یافت و در نتیجه در سال ۱۹۲۹ زنجان به زیرمجموعهٔ مرکز تبریز تحت سرپرستی آقا و خانم پیتمن و دکتر روبرت رایت و همسرش تبدیل شد.

هوارد باسکرویل

هوارد باسکرویل (۱۸۸۵–۱۹۰۹)
Howard Conklin Baskerville
قهرمانی ملی برای ایرانیان

هوارد ک. باسکرویل، از اهالی نبراسکا (Nebraska)، و دانش‌آموختهٔ دانشکدهٔ علم الهی پرینستون آمریکا بود. نامبرده پس از دریافت مدرک کارشناسی به منظور انجام خدمت رهسپار ایران شد. او در سال ۱۹۰۷ در تبریز با قراردادی دو ساله همکاری با مدرسهٔ پسرانهٔ مموریال تبریز متعلق به کلیسای مشایخی را آغاز کرد. باسکرویل جوانی آرمان‌گرا بود که در دوران آرمان‌گرایی ایرانیان به آن کشور پا گذاشته بود. سالی پیش از ورود باسکرویل به ایران، پادشاه ناخوش آن کشور در برابر خواست مردم سر فرود آورده بود و نخستین پیش‌نویس قانون مشروطه کشور ایران، با تاریخی ۲۵۰۰ ساله، را امضاء کرده و مجلس ملی ایران تشکیل شده بود. در آن هنگام تبریز قلب تپندهٔ مشروطه‌خواهی بود.

اما مظفرالدین شاه در ژانویهٔ ۱۹۰۷ درگذشت و پسرش محمدعلی شاه جانشین وی شد. پادشاه جدید هواخواه روسیه بود و از همین‌رو به مقابله با مشروطه‌خواهی برخاست.

1. Dr. Wilder P. Ellis; 2. Rev. Charles R. Pittman

او مجلس را به توپ بست! فرمان مشروطه تعلیق شد و سیاست‌مداران، روزنامه‌نگاران، و رهبران مشروطه به دار آویخته شدند.

در آن هنگام تبریز نیز به محاصرهٔ نیروهای دولتی در آمد و مردم شهر به دفاع از آن پرداختند. در همان حین باسکرویل که می‌توانست در کنسولگری آمریکا پناه گیرد و در امان باشد به منظور دفاع از شهر به نیروهای مشروطه‌خواه پیوست. در این باره از او چنین نقل شده است: «تنها تفاوت من با این مردم محل زاده شدن من است که فرق مهمی نیست.»

باسکرویل به فرماندهی یکصد و پنجاه نفر (فوج نجات) منصوب شد و وظیفه‌اش دفاع از استحکامات شهر بود. سه هفته بعد در روز ۱۹ آوریل ۱۹۰۹ در حین انجام مأموریتی جهت شکستن محاصرهٔ شهر و رساندن آذوقه به مردم، در ساعت شش عصر گلوله‌ای به قلب وی اثابت کرد و او را در جا کشت. باسکرویل به هنگام مرگ ۲۴ ساله بود.

The New York Times, Iran's Yankee Hero, by Farnaz Calafi, Ali Dadpay, Pouyan Mashayekh, 18 April 2009.

روز بعد طی مراسمی جسد وی در آرامگاه کلیسای انجیلی تبریز (واقع در انتهای خیابان شریعتی شمالی کنونی)، با حضور جمع کثیری از مردم به خاک سپرده شد. مراسم خاکسپاری او با حضور اعضای گروه خودش، تحت عنوان فوج نجات، گروه فداییان ارامنه، گرجیان، ارامنهٔ شهر، آمریکاییان ساکن تبریز و جماعت بسیار بزرگی از دیگر اهالی شهر تبریز برگزار شد.

Encyclopedia Iranica, Baskerville, Howard C.

احمد کسروی در کتاب تاریخ هجده سالهٔ آذربایجان از جشنی که به مناسبت پیروزی مشروطه‌خواهی در تبریز برپا شد سخن می‌گوید و دربارهٔ باسکرویل می‌نویسد: «یکی از

کارهای نیکی که در آن روزهای رخداد این بود که به دستور خیابانی یک «گاردن پارتی» برپا کردند که از درآمد آن خاکهای کشتگان مشروطه را بالا آوردند و در آن میان یادی از باسکرویل، جوان آمریکایی، کرده باشند و خیابانی و دیگران گفتارهایی راندند، و چنین نهاده شد که یک فرش گرانبهای ارجداری که دارای پیکرهٔ باسکرویل باشد ببافند و برای مادر آن جوان به آمریکا فرستند.»

کسروی، احمد، تاریخ هجده سالهٔ آذربایجان، جلد دوم، تهران، امیرکبیر، ۲۵۳۷، ص. ۸۸۰-۸۸۱.

در سال ۱۹۵۰ لوح یادبودی که حاوی شعری از عارف قزوینی در وصف هوارد باسکرویل بود بر مزار او در آرامگاه کلیسای انجیلی تبریز نصب شد که قسمتی از آن بدین مضمون است:

ای محترم مدافع حریّتِ عباد وی قائدِ شجاع و هوادار عدل و داد
کردی پی سعادتِ ایران فدای جان پاینده باد نام تو، روحت همیشه شاد

فصل نهم

مرکز همدان

شهر باستانی همدان (اکباتان)

خدمات مبشران کلیسای مشایخی برای مدت زمان قابل‌توجهی در شهرهای ارومیه (رضائیه)، تهران و تبریز متمرکز بود. اما بعدها میسیون چهار مرکز دیگر نیز تأسیس کرد.

گنج‌نامه در دوران قاجار
سنگ‌بشته‌های به جامانده از دوران هخامنشی
ویشارد، جان. بیست سال در پارس

یکی از آن مراکز در شهر همدان، واقع در ۲۰۰ مایلی جنوب‌غرب تهران، تأسیس شد. هوای فرح‌بخش آن در ارتفاع ۵۲۰۰ پایی سبب شده بود تا پادشاهان پارس (باستان) آن را اقامتگاه تابستانی خود قرار دهند. گفته شده است که کاخ سلطنتی بر فراز تپه‌ای واقع در ضلع شرقی شهر واقع شده بود. همدان در حقیقت همان شهر اکباتان تاریخ باستان مکتوب در باب ششم کتاب عزرا (کتاب‌مقدس) است؛ شهر مزبور همان جایی است که داریوش اول، پادشاه هخامنشی، فرمانی را یافت که به موجب آن یهودیان از کوروش اجازه یافته بودند

تا معبد خود را بازسازی کنند. همدان همچنین محل خاکسپاری استر ملکه و مردخای نیز است. جمعیت آن در حال حاضر ۴۰۰۰۰ نفر و اکثریت آن مسلمان است. اما جماعت بزرگی از یهودیان در کنار شماری از ارامنه و آشوریان در آن شهر زندگی می‌کنند.

کلیسای هاکس در همدان
آرشیو کلیسای مشایخی (پرزبیتری) آمریکا در فیلادلفیا

پیشگامان خدمت در همدان

در همان ابتدای کار، مرکز میسیون ارومیه، فروشندگان سیّار کتب مسیحی را از آن شهر به همدان اعزام می‌کرد. اما کار متمرکز و مُستمر از ۱۸۶۹ آغاز شد. کشیش جیمز هاکس[1] به اتفاق همسرش در سال ۱۸۸۰ وارد پارس شدند و اندکی پس از آن در سال ۱۸۸۲ در همدان به آقای دکتر الکساندر[2] و همسرش و دوشیزه آنی مونتگُمری[3] پیوستند. از آن پس همدان به یکی از مراکز میسیون تبدیل شد. روزهای آغازین، ایمانی قوی و دلی مُصمم می‌طلبید. اما از سوی دیگر، مخالفت اولیهٔ پارسیان به‌تدریج فروکش کرد و بسیاری از آنانی که در ابتدا به مخالفت با مبشران برخاسته بودند به مرور به دوستان خوبی برای آنان تبدیل شدند.

خانم هاکس تا سال ۱۹۱۹ به خدمت خود به زنان مسلمان، ارمنی و یهودی ادامه داد، و پس از سی و شش سال خدمت در زمان تصرف همدان توسط نیروهای انگلیسی در طول جنگ جهانی اول بر اثر ابتلا به تیفوس درگذشت. نمازخانهٔ زیبایی به یادبود «عشق وی نسبت به پارس، پارسیان، زبان آنان و همچنین عشقش نسبت به خداوندش» بنا شد.

---

1. James W. Hawkes; 2. Dr. Alexander; 3. Miss Montgomery

کشیش هاکس به تلاش خود تا ۲۱ آوریل ۱۹۳۲ ادامه داد و در آن روز پس از پنجاه و دو سال خدمت درگذشت. او افزون بر موعظه و خدمات سیّار، کارهای ادبی مهمی نیز انجام داد. پارسیان او را یکی از صاحبنظران برجستهٔ زبان و ادبیات خود بهشمار میآوردند. کشیش هاکس یکی از اعضای پرنفوذ کمیتهای بود که در سال ۱۹۱۲ ترجمهٔ کتابمقدس فارسی را ویرایش کرد. قاموس کتابمقدس هاکس (هزار صفحهای) در سال ۱۹۳۰ به چاپ رسید. تألیف قاموس کتابمقدس خدمت گرانبهایی بهشمار میرود.

کشیش کدی آلن[1] در نوامبر ۱۹۳۰ (برابر با پنجاهمین سالگرد ورود کشیش هاکس به پارس) به نمایندگی از طرف میسیون کلیسای مشایخی آمریکا گفت:

«شما به راستی برای همکاران خود الهامبخش بودهاید. چه حس رضایتی بیش از این میتواند به شما دست دهد وقتی به افراد پُرشماری فکر میکنید که توسط خدمت شما لمس شدند و مدد یافتند. چه شمار زیادی از اعضای ما در گذشته و تنها بهواسطهٔ کلامی از شما به مسیح ایمان آوردهاند، فقط خدا شمار آنان را به درستی میداند. اما بهطور قطع شمار زیادی از آنان را خودتان میشناسید. چه اندازه زیادند آنانی که بهواسطهٔ کمک، موعظهها، آموزش، خدمت و نمونهٔ شما به شخصیتی بالغتر و حیاتی وافرتر دست یافتهاند. مطمئن هستم که شمار زیادی در این جمع حاضرند که میتوانند به پا خیزند و از برکاتی که بهواسطهٔ خدمت شما دریافت کردهاند، صحبت کنند.»

اتاق نشیمن منزل کشیش جیمز هاکس در همدان
آرشیو کلیسای مشایخی (پرزبیتری) آمریکا در فیلادلفیا

میرزا سعیدخان (کردستانی) یکی از پزشکان معروف تهران، که از خدمت و زندگی کشیش هاکس برکت بسیاری یافته بود، خطاب به او نوشت:

---

[1] Rev. Cady Allen

«من بچه یتیم بی‌صاحبی بودم، که اهالی شهرم مرا مستوجب مرگ می‌دانستند. اما شما بر من شفقت کردید، مرا به همدان دعوت کردید تا محبت خدا را به من نشان دهید. من چارپایی اجاره و به‌طرز معجزه‌آسایی از دست جفاکنندگانم گریختم. ای کاش عکسی از آن روز داشتم تا نشان دهد با چه شرایطی وارد همدان شدم و بسیاری به‌سبب لباسهای مندرسم، مرا پسرکی ذغال‌فروش به‌شمار آوردند ...
بعضی از موعظه‌های شما را به خوبی به یاد دارم! آنها برای من غذا و زندگی بودند؛ به‌طور خاص آن دو موعظه در مورد نان و آب حیات و آن یکی در مورد لمس حیات‌بخش مسیح را به یاد دارم. به خوبی به یاد دارم روزی را که شما تدریس در نخستین مدرسهٔ همدان را شروع کردید! شما مدرسه را بسیار خوب اداره کردید، به‌طوری که در مورد شما گفته شده است که مدرسه را مثل ساعت اداره می‌کرد.
من هرگز نمی‌توانم آن منابع روحانی را که جهت هدایت من به درک مفاهیم عمیق‌تر به‌کار بردید، فراموش کنم. من و همسرم هرگز نمیتوانیم مهربانی و محبت شما و خانم هاکس را که در اوقات دشواری و خطر پناهگاه ما شدید فراموش کنیم؛ مانند همان ماه رمضان و در روزهای عزاداری برای علی که تمام شهر بر ضد ما برخاسته بود.»

جیمز هاکس

جیمز هاکس در سال ۱۸۵۳ در مانته‌زومای ایندیانا زاده شد. اما سالهای رشد و شکل‌گیری شخصیتش را در نزدیکی راکویل ایندیانا گذراند. هاکس پیش از پیوستن به کالج پرینستون، دو سال در کالج واباش به تحصیل پرداخت. نامبرده سپس جهت دریافت آموزش لازم برای خدمت مبشری به آموزشگاه علم الهی یونیون نیویورک پیوست. هاکس در سال ۱۸۸۰ خدمت خود را در پارس آغاز کرد. در پارس او و همسرش صاحب فرزندی (پسر) شدند که اندکی پس از زاده شدن درگذشت. همسر وی نیز در حین خدمت بر اثر تب تیفوئید درگذشت. اما هاکس در پارس باقی ماند و کار تألیف قاموس کتاب‌مقدس فارسی و ویرایش کتاب‌مقدس فارسی را پی گرفت.

جیمز هاکس
(۱۸۵۳-۱۹۳۲)

هاکس افزون بر خدمات پُربار ادبی مدرسهٔ پسرانه‌ای نیز در همدان تأسیس کرد. او به سال ۱۹۳۲ در سن هفتاد و هفت سالگی درگذشت.

James W. Hawkes Collection. Indiana State Library.

قاموس کتاب‌مقدس

جمیس هاکس نیک آگاه بود که کلیسا بدون مطالعهٔ عمیق و درک کتاب‌مقدس هرگز نمی‌تواند در آن ریشه بدواند و به ثبات لازم برسد. از این‌رو، او چهل سال از عمر خود را وقف مطالعه، تحقیق و تألیف قاموس کتاب‌مقدس ساخت. اثر مورد اشاره از بدو انتشار مورد استقبال اهالی کلیسا و بسیاری از دانشگاهیان و محققان دینی قرار گرفت. کتاب مرجع مزبور در سال ۱۹۲۸ برای نخستین بار در بیروت، لبنان، به چاپ رسید. بعدها انتشارات طهوری آن را در سال ۱۹۷۰ در تهران تجدید چاپ کرد. پس از نایاب شدن قاموس کتاب‌مقدس در سالهای پس از انقلاب ۱۹۷۹، سرانجام انتشارات اساطیر در سال ۲۰۰۴ بار دیگر آن را تجدید چاپ و در اختیار علاقه‌مندان و مُحققان قرار داد. مؤلف.

جیمز هاکس به اتفاق همسر در اقامتگاه خود در همدان

مدرسهٔ متوسطهٔ آمریکایی همدان (۱۹۳۲-۱۸۸۲)

در حدود سال ۱۸۸۱ م. آقای هاکس آمریکایی نظر به حس نوع‌پرستی و معارف‌پژوهی و بر حسب تقاضای عده‌ای از کلیمیان همدان مدرسه‌ای تأسیس و پس از سالی آن مدرسه با مدرسهٔ ارامنه که توسط آقای ابراهیم ساهاکیان اداره می‌شد، ادغام و تحت سرپرستی آقای هاکس به‌نام مدرسهٔ آمریکایی در نزدیکی حکیمخانهٔ معین شروع به‌کار کرد. از همان تاریخ هر ساله عده‌ای از محصلین مکاتب محلی و حتی از اطراف هم برای ادامهٔ تحصیل به این مدرسه می‌آمدند و نخستین جشن دانش‌آموختگی در سال ۱۸۸۷ برای سه تن از محصلان برگزار شد.

در سال ۱۸۸۸ آقای واتسن برای توسعهٔ کار مدرسه از آمریکا اعزام و سپس در سال ۱۹۰۱ آقای یور هم برای عهده‌داری آن خدمت از آمریکا وارد شد و با جدیّت شایان و قابل‌تقدیری به امور مدرسه مشغول گشت و بالاخره در سال ۱۹۰۸ موفق به ساختن بنای کنونی مدرسه گردید، و سپس آن را از محل اولیه به جای فعلی انتقال دادند. سپس مستر زوکلر در سال ۱۹۰۹ وارد و مدت دو سال ریاست مدرسه را عهده دار بودند.

نقل از کتاب تاریخچهٔ مدرسهٔ متوسطهٔ آمریکایی، چاپ کیمیا، همدان، ۱۹۳۲-۱۸۸۲

مبشران میسیون کلیسای مشایخی در همدان (۱۹۲۶ یا ۱۹۲۷)
آخرین ردیف از راست: کشیش زوکلر، کشیش جیمز هاکس و ...
آرشیو کلیسای مشایخی (پرزبیتری) آمریکا در فیلادلفیا

دکتر سعیدخان کردستانی

دکتر سعیدخان کردستانی
(۱۸۶۳-۱۹۴۲)

او در سال ۱۸۶۳ در خانواده‌ای مذهبی در شهر سنندج زاده شد. پدرش ملارسول از نسل علمای سرشناس اسلامی بود. او پیشتر از مرز ترکیه به سنندج مهاجرت کرده بود. ملارسول به علت داشتن سواد دینی در سنندج به دعانویسی و دعاخوانی روی آورده بود و با همین کار امرار معاش می‌کرد. از مجموع هشت فرزندی که همسرش برای وی به دنیا آورده بود، تنها سعید و برادر بزرگش محمد زنده ماندند. ملارسول خود آموزش سعید را بر عهده داشت. سعید در شش سالگی به‌واسطهٔ کتب پدرش به فراگیری عربی، قرآن و فارسی پرداخت. سعید سالها آیین‌های مذهبی را انجام می‌داد، او به هنگام راز و

نیاز و نماز در مسجد به‌گونه‌ای غرق عبادت می‌شد که آواز کسی را نمی‌شنید، و صبگاهان بر پشت‌بام مسجد اذان می‌خواند. پس از چند سال والدین سعید درگذشتند و دو روز پس از مرگ ملارسول، شیخ اعظم اهل‌سنت، سعید را در حضور جمع کثیری در مسجد مُعمم ساخت. بدین‌ترتیب او در سیزده سالگی به مقام آموزگاری و ملایی منصوب شد.

ملاسعید جوان در سال ۱۸۷۹ کشیش یوحنا، از کشیشان انجیلی ارومیه، و دو تن از همراهان وی را که به سنندج آمده بود، ملاقات کرد. ملاسعید آموزش زبان فارسی به کشیش آشوری را تقبل کرد تا در عوض زبان سریانی را از وی بیاموزد. به‌تدریج رابطهٔ آن دو تعُمق یافت و ملاسعید با دوستش کشیش یوحنا در مورد آیات کتاب‌مقدس به بحث و گفتگو می‌پرداخت. او شاهد مناظرهٔ کشیش یوحنا با یهودیان همدان نیز بود. اگرچه یهودیان از پذیرش استدلال‌های یوحنا مبنی بر ماشیح بودن عیسی پرهیز می‌کردند، اما آن مباحثه‌ها ناخواسته ملای جوان را تحت‌تأثیر قرار می‌داد.

ملاسعید پس از مطالعه و مقایسهٔ قرآن با کتاب‌مقدس در نهایت شبی این‌گونه دعا کرد: «ای خدای رئوف و مهربانم، در نظر تو چون همین خاکی هستم که بر آن افتاده‌ام، گناهکاری درمانده که به لطف و رحمت تو نیازمندم. اشک ندامت مرا ببین و نظر لطف را از من دریغ مفرما. اگرچه فقط مستحق قصاص و آتش جهنم هستم، التماس دارم بر من ترحم فرمایی. مرا شستشو ده، طاهر ساز، و به‌خاطر مسیح مقبول درگاهت بگردان.» کشیش یوحنا متوجه تغییری در زندگی آخوند جوان شده بود و در نهایت ملاسعید حکایتش را نقل کرد و پس از آن هر دو در حضور خداوند زانو زدند و به‌سبب آن رویداد وی را سپاس گفتند.

ملاسعید به مرور راز دلش را با برخی از دوستان در میان نهاد و از آنان خواست تا آن را فاش نکنند. اما سرانجام پزشکی یهودی که با وی هم‌صحبت شده بود رازش را دریافت و آن را برملا کرد. حال، او از هر سو دشنام و تهدید می‌شنید و پس از تلاشی نافرجام برای فرار، در نهایت به مدد برادرش از سنندج گریخت و به همدان رفت. او در همدان به آقای هاکس فارسی درس می‌داد و در مقابل از او انگلیسی می‌آموخت.

اقامت سعیدخان در همدان به او امکان داد تا تحصیل علم پزشکی را تحت نظر دکتر الکساندر آغاز کند.

سرانجام در سال ۱۸۸۷ سعیدخان در برابر گروه بزرگی به ایمان خود اعتراف کرد و تعمید گرفت. در بهار سال ۱۸۸۸ او با دختری ربکا نام، از آشوریان ارومیه (مقیم همدان)، ازدواج کرد. کشیش یوحنا، دوست سعیدخان، برای انجام مراسم ازدواج آنان از ارومیه به همدان آمده بود. اما ازدواج آنان که در ماه رمضان صورت گرفت مسلمانان شهر را برآشفت، به‌طوری که گروه بزرگی از مسلمانان جهت اعتراض مغازه‌های خود را بستند و به خیابان سرازیر شدند، آنان عهد کرده بودند تا کشتن سعیدخان مُرتد آرام نخواهند گرفت.

در همان حین دکتر الکساندر به اعتبار دوستی‌ای که با امام جمعه و حاکم همدان داشت به نزدشان رفت و از آنان درخواست کرد تا به ایشان مدد رسانده جماعت را پراکنده سازند، و آنان درخواست وی را اجابت کردند.

فصل نهم

سعیدخان در سال ۱۸۹۱ سفری به ارومیه داشت. آن سفر به وی فرصت بخشید تا انجیل را با بسیاری از همزبانان گُرد خود در شهرهای مسیر درمیان گذارد. سعیدخان در ارومیه دوستش کشیش یوحنا را بار دیگر ملاقات و در کلیسای او به زبان آشوری موعظه کرد.

او در سال ۱۸۹۲ پس از دوازده سال همکاری با میسیون که به وی فرصت داده بود در سمت دستیار پزشک و سپس پزشک مردم را خدمت کند و درسهای پُرشماری از آنان بیاموزد، از آن کار کناره گرفت.

دکتر سعیدخان برای ادامهٔ تحصیل در مقاطع تخصصی به سوئد و از آنجا به انگلستان رفت. او به هنگام گذر از دریای شمال از طریق کشتی، زوجی ایرلندی بهنام کاوانو را درمان کرد و سپس فرصتی یافت تا حکایت زندگی خود را با آنان درمیان گذارد. آن زوج بعدها او را به چارلز وارن، پزشک مشهور انگلیسی، معرفی کردند و از طریق مشورت با دکتر وارن او در مسیر مناسب ادامهٔ تحصیل قرار گرفت.

او دوره‌های تخصصی در کالبدشکافی و فیزیولوژی، چشم‌پزشکی و میکروب‌شناسی را گذراند. افزون بر این، خانوادهٔ کاوانو وی را با برادران پیلیموت نیز آشنا ساخت. جمع آنان مرکب از افراد تحصیل‌کرده و عامی بود اما صفا و صمیمیتی در بین آنان وجود داشت. آنان کشیشی نداشتند و معتقد بودند که روح‌القدس هدایتگرشان است. دکتر سعیدخان در سال ۱۸۹۵ به کشور بازگشت و در همدان به خانوادهٔ خود پیوست.

بر اساس گفته‌ها و نوشته‌های به جا مانده از دکتر سعیدخان کردستانی، او ثمر خدمت و زندگی مبشران کلیسای مشایخی (انجیلی) بود، آن مبشران فداکاری که در سدهٔ نوزدهم زندگی توأم با آسایش غربی را ترک و جهت خدمت به پارسیان رهسپار پارس، شده بودند.

دکتر سعیدخان مردی شجاع بود که تابوی کهن مرزهای به ظاهر غیرقابل گذر دین را شکست و از خود نمونه‌ای نیک برای همزبانان و سایر هموطنانش باقی گذاشت. او به ندای درون خود پاسخ داد و مهیای پرداخت هزینهٔ پیروی سرورش عیسای مسیح شد. او هدف نخست زندگی‌اش را شباهت هر چه بیشتر به مسیح قرار داد و در این راستا پیشرفتی شگرف داشت. افزون بر این، دکتر سعیدخان کردستانی مبشری توانا بود که حکایت زندگی‌اش به تنهایی شهادتی قدرتمند بر حضور، کار و محبت خداوند بوده است. او در هر فرصتی از محبت و قدرت خداوند با بیماران و سایر مردم سخن می‌گفت و سفرهای بسیاری جهت به مشارکت گذاشتن خبر خوش نجات در کنار ارائهٔ خدمات پزشکی به هموطنان خود انجام داد و حکایت رستگاری جان خود و محبت خداوندش را با صاحب‌منصبان کشور، روحانیان مسلمان، بستگان، و سایر هموطنانش در میان گذاشت.

دکتر سعیدخان پس از تکمیل دوره‌های تخصصی و بازگشت از انگلیس، به‌سان همدان در تهران نیز در منزل شخصی خود جلساتی عبادتی به سبک آن چه از برادران پیلیموت در انگلیس آموخته بود، ترتیب داد. در ابتدا فقط ارامنه، اما به‌تدریج یهودیان و مسلمان‌زادگان نیز در آن شرکت کردند. آن جلسات عبادتی، مشارکتی عمیق و بناکننده را برای شرکت‌کنندگان فراهم می‌ساخت. مشارکت مورد اشاره منشأ برکات بسیاری برای کلیسای ایران شد که از آن جمله می‌توان به کلیسای

برادران ارامنۀ تهران اشاره کرد که ثمر آن جلسات به‌شمار می‌آید. افزون بر این، آن مشارکتها بعدها خاستگاه برادر ست یقنظر، بنیان‌گذار کلیسای جماعت ربانی ایران، نیز شد.

منبع: پزشک محبوب، (اثر کدی آلن)، و سایر منابع.

کلیسای انجیلی همدان

کلیساهای همدان، شامل کلیسای ارامنۀ استپانوس مقدس با کشیشی ارمنی و مراسمی به زبان ارمنی نیز می‌شود. قسمتی از وجه مورد نیاز نخستین ساختمان از طرف شاه هدیه داده شد، اما کلیسا بعدها به شکل خودکفا کار خود را ادامه داد. پس از آن که دانش‌آموزان دختر و پسر یهودی مدرسه به ایمان مسیحی گرویدند، کلیسایی جداگانه در محلۀ یهودیان همدان در نزدیکی آرامگاه استر و مُردخای برای مسیحیان عبرانی‌نژاد بنا شد. به‌تدریج شماری از آشوریان پروتستان نیز در همدان اسکان یافتند. آنان به‌سبب رخدادهای جنگ جهانی اول از سال ۱۹۱۸ از ارومیه گریخته بودند. در همان حین، با گسترش کار در بین مسلمانان شمار ایمانداران فارس نیز افزایش یافت. از این‌رو سازماندهی دوبارۀ کار در همدان اجتناب‌ناپذیر می‌نمود. در نتیجه کلیسای انجیلی همدان در سال ۱۹۲۴ مرکب از آشوریان پروتستان، یهودیان، فارسی‌زبانانِ نوکیش و شمار اندکی از ارامنه سازماندهی شد. اعضای شرکت‌کننده در مدرسۀ یکشنبۀ کلیسا به دویست نفر بالغ می‌شد. کلیسا از همان ابتدا خودکفا بود و از محل وجوه خود زمینی را به ارزش ۳۰۰۰ دلار به منظور ساختمان‌سازی و قطعه زمین دیگری را برای آرامگاه خریداری کرد.

هم‌اکنون کلیسای همدان همچنان از محل درآمدهای خود به فقرا یاری می‌رساند و از کارهای بشارتی در پارس و خارج نیز حمایت می‌کند. اقوام مختلف فعال در کلیسا با وجود برخی تفاوتها با هماهنگی در کنار یکدیگر کار می‌کنند. یکی از بهترین نمودهای این همکاری جلسه‌های هفتگی بشارتی برای مسلمانان است.

هاکوپ مودویان

کشیش هاکوپ مودویان در اول دسامبر سال ۱۸۷۸ م. در واسپورگان ارمنستان غربی در خانواده‌ای مسیحی چشم به جهان گشود. او پس از تکمیل تحصیلات خود در زادگاهش، مابین سالهای ۱۸۹۳ تا ۱۹۰۴ در سمت آموزگار در مدارس مختلف و پُرشمار آن منطقه به تدریس پرداخت. مودویان در سال ۱۹۰۴ از سوی دکتر رینولدس (Dr. Renolds)، مبشر پروتستان آمریکایی فعال در منطقه، دعوت شد تا در مقام مدیر و مشاور ۳۴ مدرسۀ میسیون در آن نواحی کار کند. نامبرده خدمت مورد اشاره را تا سال ۱۹۱۴ ادامه داد. مودویان در سال ۱۹۱۵ به هنگام قتل‌عام

هاکوپ مودویان
(۱۸۷۸-۱۹۶۰م.)

ارامنه توسط دولت ترکیه به صف مدافعان آنان پیوست و در نبرد وان و اسپوراگان شرکت کرد و به واسطهٔ آن نبردها جان بسیاری از کشتار حتمی نجات یافت.

از آن جایی که گروههایی از ارامنهٔ شهر وان در تابستان ۱۹۱۵ به قفقاز گریختند، میسیون آمریکایی بر آن شد تا خدمات خود را در ایروان و سایر نواحی مشرف به آن متمرکز و به کودکان و سایر آوارگان جنگی کمکهایی ارائه کند. در آن هنگام، میسیون مدیریت چهار مرکز کمک‌رسانی را به هاکوپ مودویان سپرد. مودویان به طور همزمان با مرکز کمک‌رسانی اچمیاندزین به مدیرت هوهانس تومانیان، نویسندهٔ شهیر ارمنی، همکاری نزدیکی داشت.

به سال ۱۹۱۸ به هنگام اعلام استقلال ارمنستان، مجلس آن کشور هاکوپ مودویان را به سمت وزیر برگزید و وی در کنار هامو اوهانجانیان به مردم خود خدمت کرد. پس از تصرف ارمنستان توسط ارتش سرخ اتحادیهٔ جماهیر شوروی، مودویان به سال ۱۹۲۴ به ایران تبعید و از مسیر جلفا وارد تبریز شد.

مودویان در ماه می ۱۹۲۴، تنها پس از دو ماه اقامت در تبریز، جهت ارائهٔ خدمت شبانی به کلیسای انجیلی استپانوس مقدس همدان، به آن شهر دعوت شد. او در کلیسای مورد اشاره به عنوان شبان دستگذاری و انتصاب شد. میسیون آمریکایی، پس از جنگ دوم جهانی، کشیش مودویان را جهت خدمت سرکشی و نظارت بر کلیساهای شهرهای مختلف به تهران منتقل کرد. فرد مورد بحث، جهت ارائهٔ خدمات بشارتی و شبانی افزون بر تهران به شهرهای مختلف از جمله ملایر، اراک، کرمانشاه، قزوین و تبریز سفر می‌کرد. مودویان در ایران زبان فارسی را نیز آموخته بود و در خدمت خود از آن بهره می‌برد.

کشیش هاکوپ مودویان پس از انجام خدمتی طولانی و فداکارانه در ماه اکتبر ۱۹۶۰ به هنگام دیدار از کشور آمریکا، در خداوند خوابید.

ترجمه و اقتباس از کتاب:

هواسپیان، ابراهام، زندگی و خدمات هاکوپ مودویان، تهران. ۱۹۶۸ انتشارات مدرن

خدمات آموزشی

مبشران از همان ابتدا بر اهمیت آموزش واقف بودند. آقای هاکس بی‌درنگ پس از استقرار در همدان مدرسه‌ای برای پسران تأسیس کرد. آن مدرسه برای دانش‌آموزان ارمنی و یهودی سازماندهی شده بود، اما به‌تدریج آوازهٔ آن به‌سان بهترین مدرسهٔ آن بخش از کشور، دانش‌آموزان مسلمان زیادی را نیز به خود جذب کرد، به‌طوری که در حال حاضر نصف شاگردان آن از خانواده‌های مسلمان هستند. دوشیزه مونتگومری در سال ۱۸۸۲ مدرسه‌ای برای دختران تأسیس کرد که تحت مدیریتِ باکیفیت وی توسعه یافت و به مدرسهٔ Faith Hubbard فعلی تبدیل شد. دوشیزه مونتگومری تا سال ۱۹۱۷ مدیریت آن را بر عهده داشت. هر دو مدرسه بیش از ۲۰۰ نفر دانش‌آموز را ثبت‌نام می‌کنند که شامل دانش‌آموزان ارمنی، آشوری، یهودی و مسلمانان می‌شوند. هر دو مدرسه، مرکز قدرتمند تأثیرگذاریِ مسیحی و خدمات بشارتی نیز به‌شمار می‌آیند.

خدمات پزشکی

خدمات پزشکی مرکز به زمان ورود دکتر ادگار الکساندر در سال ۱۸۸۲ برمی‌گردد. او در سال ۱۸۹۲ از کار استعفاء کرد. با این حال، خدمات پزشکی مرکز توسط جانشینان وی تداوم یافت و تا به امروز در دو منطقهٔ همدان ادامه دارد. بیمارستان (یادبود) لیلی هولت[1] در قسمت جنوب‌غربی شهر قرار دارد، و درمانگاه (یادبود) وایپل[2] که به‌نام کشیش ویلیام وایپل و همسرش نامگذاری شده است در مرکز شهر واقع شده است. دکتر آلن، فرزند کشیش ویلیام وایپل پزشک جراح بیمارستان معروف پرزبیتری (مشایخی) نیویورک، است. بیمارستان و درمانگاه تحت سرپرستی دکتر آرتور فانک در قسمت عمده‌ای از کشور شناخته شده است و بیماران زن و مرد نه فقط از شهر بلکه از فواصل دور جهت بهره‌مندی از خدمات پزشکی به آنجا می‌آیند. کلاسهای تربیت پزشک و پرستار پارسی، سالها به‌طرز موفقیت‌آمیزی برگزار شده است. تاکنون بیست و دو پزشک پارسی از آن کلاس‌ها فارغ‌التحصیل شده‌اند که در حال حاضر بسیاری از آنان پزشکان سرشناس شهر همدان و دیگر شهرهای همجوار به‌شمار می‌آیند. متأسفانه مقررات اخیر دولت، بیمارستان‌های میسیون کلیسای مشایخی را از آموزش و تربیت پزشک بازمی‌دارد و همین تحول جدید کلاسهای پزشکی را از ادامهٔ راه بازداشته است.

در میان مبشرانی که خدمات برجسته‌ای در زمینهٔ پزشکی ارائه کردند می‌توان به دکتر ژوزف کوک[3] اشاره کرد که دانش‌آموختهٔ دانشگاه پرینستون و دانشکدهٔ پزشکی پنسلوانیا بود. او در سال ۱۹۱۲ به پارس رفت، اما به دلیل بیماری در سال ۱۹۱۷ مجبور به استعفاء شد؛ دکتر کوک پس از دوازده سال اقامت در کالیفرنیا در درمان بیماری سل شهرت زیادی به‌دست آورد، و وضعیت سلامت خودش بهبود کامل یافت. فرد مورد بحث در آن هنگام شغل پُرمنفعت خود را ترک و به اتفاق همسر هم‌فکرش به پارس بازگشت، زیرا آن دو مُجاب شده بودند که فراخوانی از جانب خدا برای خدمت در پارس دارند. کوک مردی توانا و برخوردار از استعدادها و مهارتهای نابی بود. به زبان فارسی آشنایی و تسلط کامل داشت و زندگی‌اش بر مسیح متمرکز بود. مرگ او در ۷ ژانویهٔ ۱۹۳۲ که بر اثر ابتلا به تیفوس در سن چهل و هشت سالگی رخ داد، زیان بزرگی برای همه محسوب می‌شد.

نمایی از بیمارستان لیلی هولت (کلیسای مشایخی) در همدان
عکس ارسالی از دکتر فانک به مرکز میسیون
آرشیو کلیسای مشایخی (پرزبیتری) آمریکا در فیلادلفیا

---

1. Lily Reid Holt Memorial Hospital; 2. Whipple Dispensary; 3. Joseph Cook (M.D)

کار در حوالی همدان

از همان ابتدا، مناطق دورافتادهٔ همدان مورد توجه خاص میسیون قرار داشته‌اند، و خدمات بشارتی در شماری از روستاهای ارمنی‌نشین در ۱۵۰ مایلی جنوب‌شرقی همدان با موفقیت آغاز شد. به‌طوری که پس از چندی مدارس ابتدایی کار خود را آغاز کردند و چندین گروه از نوایمانان سازماندهی شدند؛ شماری از آن گروه‌ها، کلیساهایی شکل داده‌اند.

چند تن از زنان پارسی در حال ترک درمانگاه دولت‌آباد
آرشیو کلیسای مشایخی (پرزبیتری) آمریکا در فیلادلفیا

مرکز دور افتادهٔ دولت‌آباد در پنجاه و هشت مایلی جنوب‌شرقی همدان، به‌طور خاص شرایط امیدوارکننده‌ای داشت. پزشکی مسلمان در آنجا زندگی می‌کرد که طی دوران تحصیلش در تهران و سپس به هنگام کار در همدان با مبشران مسیحی آشنا شد و احترام زیادی برای آنان قائل بود. او به‌طور خاصی دکتر جورج هولمز را اکرام می‌کرد. پزشک مورد اشاره علاقه داشت مدرسه‌ای پسرانه در دولت‌آباد داشته باشند. اشراف ۱۰۰۰ دلار به وی کمک کردند و او به اتفاق یکی دیگر از اهالی مورد اعتماد و برجستهٔ محل به همدان سفر کرد و رسید وجه مذکور را که برای ساخت مدرسه در بانک ذخیره شده بود به دفتر میسیون تحویل داد. تعهد میسیون ارائهٔ خدمات آموزشی- نظارتی بر کار مدرسه بود و بقیهٔ هزینه‌ها توسط اهالی دولت‌آباد تقبل می‌شد. در نهایت با درخواست مذکور موافقت شد و در بهار ۱۹۱۱ کشیش فرانسیس استد[1] به اتفاق همسرش جهت راه‌اندازی مدرسه به دولت‌آباد رفتند. در پاییز همان سال، کشیش جورج زوکلر[2] به سمت مسئول خدمات دولت‌آباد منصوب شد و سه سال کار مدرسه و خدمات بشارتی را به تنهایی پیش برد.

مرکز میسیون در دولت‌آباد
آرشیو کلیسای مشایخی (پرزبیتری) آمریکا در فیلادلفیا

در سال ۱۹۱۴ خانم دکتر زوکلر نیز به او پیوست. خانم دکتر زوکلر در دولت‌آباد درمانگاهی تأسیس و کار ارائهٔ خدمات پزشکی به زنان را آغاز کرد. نوایمانان نیز به‌تدریج در پیشبرد کار به آنان پیوستند و سرانجام در سال ۱۹۲۳ کلیسایی در دولت‌آباد شکل گرفت.

---

1. Rev. Francis Stead; 2. Rev. George Zoeckler

جورج زوکلر

جورج فردریک زوکلر (۱۹۴۸-۱۸۸۴) در بولتیمور مریلند زاده شد. او به سال ۱۹۰۳ از کالج کارول فارغ‌التحصیل شد، و در سال ۱۹۰۶ به شکل همزمان تحصیلات علم الهی خود را در آموزشگاه‌های علم الهی وکشا، ویسکانسین، و اوبورن به پایان برد.

سپس زوکلر از هیأت میسیون خارجی کلیسای مشایخی (PCUSA)، درخواست کار کرد و آن هیأت مقرر داشت که نامبرده رهسپار پارس شود.

قسمت عمده‌ای از خدمت وی در همدان و دولت‌آباد-ملایر انجام پذیرفت. زوکلر در بین سال‌های ۱۹۲۹- ۱۹۰۹ مدیر مدرسهٔ آمریکایی پسرانه در همدان و ملایر بود. زمانی که دولت ایران مسئولیت خدمات آموزشی را خود بر دوش گرفت، زوکلر خدمت بشارت سیّار در همدان و ملایر و حومهٔ آن شهرها را در پیش گرفت. افزون بر این، همان خدمت را در کرمانشاه نیز انجام می‌داد و در سالهای ۱۹۳۷-۱۹۳۶ مسئولیت نظارت بر ساخت بیمارستان کلیسای مشایخی کرمانشاه را نیز بر عهده داشت. زوکلر از آن پس مسئولیت نظارت بر ساخت سایر بیمارستانهای میسیون آمریکایی را نیز بر دوش گرفت.

زوکلر در کنار خدمت به توسعهٔ کشاورزی در مناطق روستایی نیز علاقه داشت. او معرفی‌کنندهٔ انواع سیبهای آمریکایی و برخی محصولات دیگر کشاورزی به ایران است. افزون بر این، فرد مورد بحث در طول اقامتش در پارس در چهارچوب شماری از کمیته‌های میسیون نیز خدمت کرد.

جورج زوکلر
George Zoeckler
مبشر کلیسای مشایخی در میسیون شرق پارس

ماریا دایتون آلن زوکلر
پزشکِ مبشر کلیسای مشایخی در میسیون شرق پارس

Presbyterian Historical Socitey, Biographial Sketch, papaers, 1912-1970.

ماریا دایتون آلن زوکلر

ماریا دایتون آلن زوکلر (۱۹۵۴-۱۸۸۴) در سال ۱۹۰۵ از کالج مانت هولیوک (Mount Holyoke Seminary)، فارغ‌التحصیل و در سال ۱۹۱۰ موفق به اخذ مدرک پزشکی از دانشگاه علوم پزشکی جان هاپکینز شد.

فرد مورد بحث نیز از هیأت میسیون خارجی کلیسای مشایخی (PCUSA)، تقاضای کار کرد. هیأت مورد اشاره، پس از بررسی نیازهای میسیون خود در ایران تصمیم گرفت وی را رهسپار آن کشور سازد. دکتر ماریا دایتون آلن در سال ۱۹۱۱ به مقصد تعیین‌شده رسید. او در سال ۱۹۱۴ با کشیش جورج زوکلر ازدواج کرد. قسمت عمده‌ای از خدمت آن دو در دولت‌آباد-ملایر انجام گرفت. خانم دکتر زوکلر مسئول ارائهٔ خدمت پزشکی در درمانگاه‌های شهر و روستاهای اطراف بود. او به اتفاق همسرش در دوران ساخت بیمارستان کلیسای مشایخی کرمانشاه رهسپار آن شهر شد.

جورج فردریک زوکلر به همراه همسر و دخترشان فرانسیس لوئیزا زوکلر، پارس سدهٔ ۲۰ م.
آرشیو کلیسای مشایخی (پرزبیتری) آمریکا در فیلادلفیا

فرانسیس لوئیزا زوکلر، تنها فرزند جورج و مری زوکلر، بود که در سال ۱۹۱۹ در همدان زاده شد. او در سال ۱۹۴۱ از کالج وُستر و همچنین در سال ۱۹۴۵ از دانشکدهٔ پزشکی دانشگاه جان هاپکینز فارغ‌التحصیل شد. او نیز به‌سان والدین خود جهت خدمت رهسپار ایران شد و در سال ۱۹۴۷ به مقصد رسید. نامبرده بین سالهای ۱۹۵۲-۱۹۴۷ و ۱۹۵۸-۱۹۵۵ تا زمان بسته شدن بیمارستان میسیون در کرمانشاه در آنجا خدمت کرد. او پس از مدت زمان کوتاهی کار در بیمارستان میسیون در رشت رهسپار مشهد شد و از سال ۱۹۷۰-۱۹۵۹ یعنی تا زمان تعطیلی بیمارستان میسیون در مشهد در آنجا خدمت کرد. بیمارستان میسیون در تبریز نیز در همان سال بسته شد و بدین‌ترتیب خدمات پُربار پزشکی کلیسای مشایخی در پارس پس از نزدیک به یکصد و چهل سال به پایان رسید. دانشگاه میشیگان در سال ۱۹۷۲ کرسی استادی بهداشت عمومی را به دکتر لوئیزا زوکلر اعطا کرد.

Presbyterian Historical Socitey, Biographial Sketch, papaers, 1912-1970.

فصل دهم

مراکز رشت و قزوین

مرکز رشت

شهر رشت

مرکز رشت در منطقهٔ استراتژیکی واقع در جلگهٔ بسیار حاصلخیز حاشیهٔ دریای خزر گشایش یافته است. شهر در حال حاضر ۸۰۰۰۰ نفر جمعیت دارد و مرکز یکی از پرجمعیت‌ترین و شکوفاترین استانهای پارس است. در شعاع چهل مایلی مرکز حدود ۳۰۰۰۰۰ نفر سکونت دارند. رشت در فاصلهٔ بیست و پنج مایلی بندر انزلی، مرکز تجارت

مسیر قدیمی عبور کاروانها در نزدیکی رشت
ویشارد، جان. بیست سال در پارس

پارس و روسیه واقع شده است. از بُعد سیاسی، آن منطقه‌ای توفان‌خیز است. پس از انحلال مجلس جدید توسط شاه در سال ۱۹۰۸، رشت جزء نخستین شهرهایی بود که بر ضد شاه قیام کرد؛ قیامی که تنها پس از گذشت چند ماه به تصرف تهران مُنجر و موجب برکناری شاه

شد. در سال ۱۹۱۱ وقتی که دولت روس بر اخراج مُرگان شوستر آمریکایی پافشاری می‌کرد، رشت یکی از شهرهایی بود که به تصرف آنان درآمد. سپاهیان روس در بازار رشت به‌سوی مردم آتش گشودند و چند نفر را به دار آویختند. در دوران جنگ، گروهی از ملی‌گرایان پارسی که مخالف خشونت اعمال شدهٔ روس و هواخواه ترکان و آلمانیان بودند در جنگل‌های اطراف رشت گرد آمدند. شمار آنان به‌تدریج افزایش یافت به حدی که به نیروی قوی بدل شدند.

میرزا کوچک‌خان (در وسط)
به همراه شماری از فرماندهان و محافظان
(منابع اینترنتی)

پس از فروپاشی قوای روسیه، آن نیروی شبه‌نظامی کنترل کامل استان را به دست گرفتند و در سال بعد پیشروی قوای بریتانیا را البته به‌گونه‌ای ناموفق به چالش کشیدند. آنان به ظاهر پس از پذیرش شکست از نیروهای دولتی در سال ۱۹۱۹ از قوای روسیه درخواست کمک و در سال بعد حکومتی کمونیستی به مرکزیت رشت را پایه‌گذاری کردند. اما تصرف مُجدد و استرداد استان مورد بحث توسط شاه فعلی (رضا شاه پهلوی) بر وجههٔ او افزود. سپس دولت نام بندر انزلی را به بندر پهلوی تغییر داد.

تأسیس مرکز رشت

پس از تلاش‌های اولیهٔ کارکنان ارمنی و آشوری میسیون برای کتاب‌فروشی سیّار و سرکشی‌گاه و بی‌گاه مبشران به شهر مورد بحث، در نهایت در سال ۱۹۰۲ با گشایش مرکزی در رشت موافقت شد. تعداد کم‌شماری از مسیحیان انجیلی در شهر حضور داشتند که به همراه

فرزندانشـــان هستهٔ اولیهٔ کار را تشکیل دادند. فعالیت مدرسه نیز برای آموزش فرزندان گروه مورد اشـــاره به‌زودی آغاز شـــد. در سال ۱۹۰۴ وبا در رشت شـــیوع یافت و مرکز کلیسای مشایخی در رشت خدمات وسیعی به شهروندان ارائه کرد. پیشتر پزشکی که در سال ۱۹۰۲ برای رشـــت در نظر گرفته شده بود، به مکان دیگری انتقال یافته بود، اما کشیش هری شولر[1] به اتفاق همسرش که سالها کار در بیمارستان را تجربه کرده بودند خدمات بسیار ارزشمندی به گروه بزرگی از افراد رنجور ارائه کردند.

خدمات پزشکی و آموزشی

بعدها مقامهای محلی تمایل یافتند بیمارســـتان تازه‌ساخت خود را تحت سرپرستی پزشک مرکز کلیســـای مشایخی رشت قرار دهند. از این‌رو دکتر داویدسون فریم[2] جهت ارائهٔ خدمات پزشکی در رشت تعیین شد. مخالفت مقامهای روس با فعالیت‌های مرکز کلیسای مشایخی در رشت تهدیدی برای وارد کردن آن مرکز به بازی‌های سیاسی بود. از این‌رو، مسئولان مصلحت را در توقف موقت فعالیت مرکز مورد بحث یافتند. اما پس از چند ســـال مرکز رشـــت فعالیت خود از سر گرفت و شمار کارکنان آن به‌تدریج افزایش یافت و به سیزده نفر رسید.

همان‌طور که اشاره شد، یکی از نخستین کارهای مرکز رشت راه‌اندازی مدرسه‌ای ابتدایی بود که جهت ارائهٔ خدمات آموزشـــی به فرزندان خانواده‌های مســـیحی پروتستان گشایش یافت. اما به‌زودی درخواســـت برای ثبت‌نام پســـران و دختران ارامنه، مسلمان و یهودی نیز مطرح شد. محدودیت کادر آموزشی و منابع مالی مرکز را مجبور کرد که تا چند سال ثبت‌نام را به شـــکل محدودی انجام دهد. اما افزایش روزافزون شمار درخواست‌کنندگان تحصیل و تنوع آن ســـبب شد تا مرکز مسیون در رشـــت در نهایت مدرسهٔ مورد اشاره را به دو مدرسهٔ مجزا تقســـیم کند. در ابتدا بار اصلی مدرسه بر دوش آقا و خانم شولر بود، اما در سال ۱۹۱۱ کشیش چارلز موری به مدرسهٔ پسرانه اعزام شد و در سال ۱۹۱۲ دوشیزه گریس موری نیز به مدرســـهٔ دخترانه پیوست. آقای موری تا سال ۱۹۱۸ به‌کار در مدرسهٔ پسرانه ادامه داد، اما در آن سال به دلیل درگذشت دکتر لوئیس اسلستین[3] به مشهد منتقل شد.

دوشیزه موری در ســـال ۱۹۱۵ با دکتر داویدسون فریم ازدواج کرد، اما به مدت دو سال تا زمان سررســـیدن دوشیزه برتا آمرمن[4] در سمت مسئول مدرسه به کارش ادامه داد. مدرسه در سال ۱۹۲۰ به دلیل تجاوز نیروهای بلشـــویک روسیه به استان شمالی پارس تعطیل شد. مدرسهٔ پسرانه در سال ۱۹۲۲ توسط کشیش پُل شِد[5] بازگشایی شد. دوشیزه هلن کلرک[6] نیز در سال ۱۹۲۳ مدرسهٔ دخترانه را بار دیگر راه‌اندازی کرد. از آن هنگام، رشد هر دو مدرسه با وجود آغاز به‌کار شماری مدرسهٔ دولتی همچنان تداوم داشته است.

دکتـــر فریم پس از کناره‌گیری از کار در بیمارســـتان دولتی، بودجـــه و تجهیزاتی جهت راه‌اندازی بیمارستان در اختیار نداشت. از این‌رو، خود را وقف ارائهٔ خدمات خصوصی، سیّار

1. Rev. Harry Shuler; 2. J. Davidson Frame; 3. Lewis F. Esselstyn; 4. Miss Bertha Amerman; 5. Rev. Paul Shedd; 6. Miss Helen Clarke

و کار در درمانگاه کرد. با این حال، نیاز به کار بیمارستان آن قدر محسوس بود که تلاشهای پُرشمار خودجوشی برای آغاز فعالیت آن صورت پذیرفت و سرانجام کار در ساختمانی یک‌طبقه با اتاقی سفیدکاری شده مخصوص انجام عمل جراحی و دو اتاق کوچک نیمه‌کاره و ایوانی برای بیماران آغاز شد. تنها افراد بسیار فقیر و یا بیمارانی با نیازهای اورژانسی حاضر می‌شدند برای درمان به چنین مکانی بیایند.

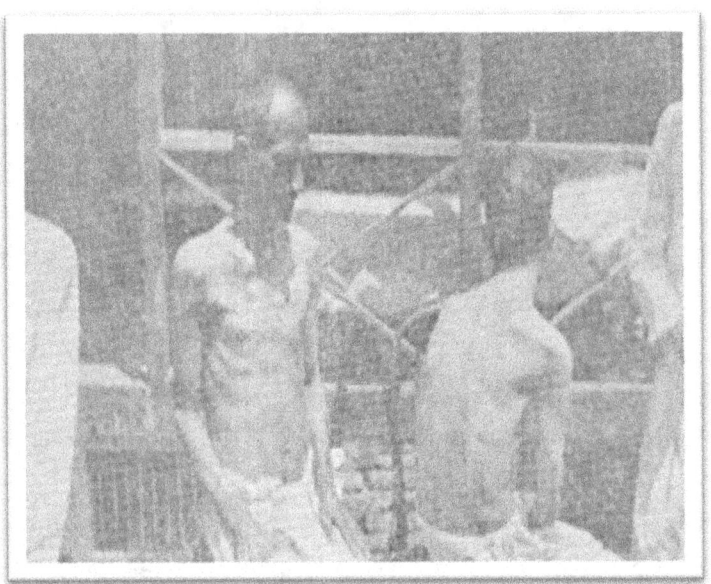

بخش مسلولان بیمارستان رشت
بیمارستانهای آمریکایی در پارس

در سال ۱۹۱۸ قحطی و نیاز شدید به خدمات امداد به حدی سخت و دردناک بود که مسیر خدمت دیگری را به روی مرکز گشود. میسیون توان اندکی در ارائهٔ خدمات امدادی و وجوه مورد نیاز داشت. اما پس از مدت کوتاهی هیأت امدادرسان آمریکایی-پارسی در رشت فعال شد. شهر مملو از افراد گرسنه‌ای شد که به آنجا هجوم آورده بودند، افرادی که بر اثر گرسنگی در خیابان جان می‌دادند. از این رو هیأت امدادرسان آمریکایی-پارسی تصمیم گرفت تا در کنار خدمات امدادی بیمارستانی نیز تأسیس کند. هجوم تازهٔ ارامنهٔ نیازمند از سمت قفقاز که به آن شهر راه یافته بودند بر نیازها می‌افزود. ۳۰۰ تن از ۱۴۰۰ ارامنه‌ای که به آنجا رسیده بودند نیاز به مراقبتهای پزشکی داشتند. در سال بعد، فرماندهان ارتش پارس خود به مدت شش ماه از امکانات بیمارستان بهره بردند. درآمدهای حاصل از آن مقطع، مسئولان مرکز رشت را قادر ساخت تا تجهیزاتی فراهم آورند و بدین‌ترتیب بیمارستان مورد بحث به‌تدریج در شهر و استان آوازه‌ای به هم رساند. وقتی که سپاهیان روس بلشویک در سال ۱۹۲۱ به آن استان پارسی تجاوز کردند، بیمارستان مورد بحث را نیز تصرف و

تا زمان اقامت خود در منطقه آن را در اختیار داشتند. نیروهای روس به هنگام عقب‌نشینی تمامی تجهیزات بیمارستان را با خود به روسیه بردند. در همان حین در سال ۱۹۲۰ میسیون کلیسای مشایخی در پارس از محل هدیهٔ یکی از مدارس یکشنبه سهمی به بیمارستان رشت اختصاص داد و از آن طریق قطعه زمینی خریداری شد. احداث ساختمان بیمارستان در سال ۱۹۲۵ به پایان رسید.

پس از جنگ، نگرش عموم به بیمارستان دگرگون شد و مردم از طبقات بالای جامعه نیز خواهان استفاده از امکانات پزشکی آن بودند و برای معالجه پول می‌پرداختند. درآمد حاصل از محل حق معاینه پرداختی بیماران در حال حاضر هشتاد درصد از هزینه‌های بیمارستان را تأمین می‌کند. البته حقوق کادر خارجی بیمارستان در آن هزینه‌ها منظور نمی‌شود.

دکتر داویدسون فریم (۱۹۴۲-۱۸۸۰)، و پرستاران بیمارستان کلیسای مشایخی رشت
آرشیو شورای کلیسای انجیلی ایران

کلیسای انجیلی رشت

انجام خدمات روحانی و بشارتی مرکز میسیون در رشت اغلب به دلیل فقدان کادر تمام‌وقت دچار آسیب شده است. با این حال افرادی که در خدمات آموزشی و پزشکی اشتغال داشته‌اند بخت خود را برای انجام خدمات بشارتی آزموده‌اند.

کمابیش، از همان ابتدا تعمید پارسیان گاه و بی‌گاه صورت می‌گرفت. در سال‌های ۱۹۱۵-۱۹۱۴ شمار اعضای کلیسای انجیلی رشت به بیست و پنج نفر افزایش یافت. با این حال، جنگ، قحطی و تجاوزهای مکرر سپاه روس، این گروه را متفرق ساخت، به‌طوری که در زمان از سرگیری کار در سال ۱۹۲۱ تنها چند نفر از آنان باقی مانده بودند. از آن هنگام تاکنون، حق‌جویان جدید از زمینهٔ اسلامی همواره در کلیسا حاضر می‌شوند و شمار آنان نه به‌سرعت اما به‌طور مُستمر در حال افزایش است.

مرکز قزوین

شهر قزوین

قزوین، واقع در ۱۰۰ مایلی شمال غرب تهران، در اوایل ۱۸۷۸ توجه هیأت کلیسای مشایخی را به خود جلب کرده بود. از این رو خدمات کتاب‌فروشی سیّار و موعظه توسط

مبشران سیّار در آن به تناوب انجام می‌شد. قزوین یکی از قدیمی‌ترین شهرهای پارس به‌شمار می‌آید و ویرانه‌های باستانی خاموش آن حکایت از شکوه گذشته‌اش دارد. آن شهر در دوره‌های متفاوت و طولانی یکی از مراکز فرمانروایان پُرشمار پیشین کشور بود؛ و گفته می‌شود که شاپور دوم، پادشاه ساسانی (۳۷۹-۳۰۹ م.)، آن را بنا کرده است. هارون‌الرشید، خلیفهٔ نامدار بغداد، در سال ۸۶۷ م. مسجدی در آن شهر ساخت. شاه طهماسب دوم، پادشاه صفوی، در سال ۱۵۴۸ قزوین را پایتخت خود قرار داد؛ و قصر سلطنتی در آن بنا کرد.

مرکز قزوین

عمارت چهل‌ستون قزوین، دوران صفوی
منابع اینترنتی

میسیون کلیسای مشایخی در سال ۱۹۰۶ مرکزی در قزوین تأسیس کرد که امور آن توسط مبشران ساکن در محل اداره می‌شد. با این حال، فعالیت آن در بین تُرک‌زبانان و کُردزبانان مستقر در محل ثمر چندانی در بر نداشت. دکتر الیشا لورنس[1] به همراه همسرش از کلیسای مشایخی، امور پزشکی-بشارتی مرکز را تا سال ۱۹۱۸ برعهده داشتند. آنان در آن سال به کشور ایالات متحده بازگشتند و سپس از کار کناره‌گیری کردند. میسیون خارجی کلیسای مشایخی نتوانست افراد دیگری برای ادامهٔ خدمت در مرکز قزوین بیابد، اما برخی از کارکنان مرکز تبریز که به دلیل سقوط تبریز به دست ترکان عثمانی از آنجا گریخته بودند، به شکل موقت در قزوین مستقر شدند. آنان در آن دوره برخی از خدمات را به مردم شهر ارائه می‌کردند اما همزمان با بازگشت آنان به تبریز و از سرگیری فعالیت مرکز آن شهر، فعالیت مرکز قزوین مختل و در نهایت متوقف شد و به تعطیلی کامل کشیده شد.

1. Dr. Elisha T. Lawrence

فصل یازدهم

مرکز کرمانشاه

شهر کرمانشاه

مرکز کلیسای مشایخی کرمانشاه در نتیجهٔ خدمات بشارتی سیّار مرکز همدان رشد یافت. شهر کرمانشاه در موقعیت خوش‌منظری قرار دارد. ارتفاع آن از سطح دریا حدود یک مایل است و کمابیش از هر سو با کوه‌هایی برافراشته احاطه شده است.

سنگ‌نگاره و سنگ‌نبشتهٔ آشوری در دوران شلمنصر پنجم، امپراتور آشور، به یابود پیروزی آشوریان بر اسرائیل و به اسارت درآوردن ده قبیلهٔ اسرائیلی (معروف به ده قبیلهٔ گمشده)، و انتقال آنان به قلمرو آشوریان.
استان کرمانشاه، ایران
Assyrian sculpture, Kermanshah, Shalmaneser, 1874, Antiqua Print Gallery

کرمانشاه در ۳۰۰ مایلی جنوب‌غربی تهران واقع شده است و نخستین شهر مهم پارس از مسیر بغداد به‌شمار می‌آید. جمعیت شهر در حال حاضر به ۷۵۰۰۰ نفر بالغ می‌شود - که شامل اقوام فارس، کُرد، یهود، عرب، ارمنی و آشوری است. حیطهٔ فعالیت مرکز کرمانشاه به‌طور تقریبی ۱۶۰۰۰ کیلومتر مربع (به اندازهٔ کشور سوئیس) است که ۳۰۰۰۰۰ نفر را در

دشــتها و کوهستان خود جای داده است. قســـمت عمده‌ای از اهالی منطقه را اکراد مسلمان تشــکیل می‌دهند که به‌طور عمده در کوهستانهای استان کرمانشــاه سکونت دارند. اگرچه آنان در جنگ بســیار سخت‌دلند، اما در ایام صلح بسیار مهمان‌نواز می‌باشند. آنان در حقیقت مردمی مســتقل به‌شــمار می‌آیند که عنوان رســمی و اســتقلال را کم دارند. این مردم طی ســده‌های متمادی خود را از زندگی مدنی دور نگاه داشــته‌اند. در سالهای اخیر دولت رضا شاه پهلوی آنان را خلع‌ســلاح و فرمانبردار دولت مرکزی ساخته است. دولت برنامهٔ ایجاد مدارس روستایی را در مناطق کُردنشین با پشت‌کار دنبال می‌کند. قبایل در شهرها اسکان داده می‌شوند و همین مسئله زبان و نگرش آنان را به‌طرز فزاینده‌ای پارسی می‌سازد. هزاران تن از اکراد به فرقهٔ بدعتکار «اهل حق» تعلق دارند. عقاید این فرقه با اسلام شیعی ناسازگار است و به مسیحیت شباهت‌هایی دارد. همین تشابه این بحث را دامن زنده است که احتمال دارد این مردم فرزندان مسیحیانی باشند که بعدها در اوضاعی خاص و تحت فشار اسلام به باورهای خود تغییراتی داده‌اند. صرف‌نظر از باورها، این مردم روابط دوستانه‌ای با مسیحیان دارند.

تصویر یکی از سنگ‌نگاره‌های طاق بستان که تحویل تاج ملوکانه از سوی اردشیر به شاپور اول را نشان می‌دهد

اس. جی. بنجامین، پارس

پیشگامان خدمت در کرمانشاه و تأسیس مرکز

کار در کرمانشاه (چون یکی از شاخه‌های مرکز همدان) به مدت چند سال تحت سرپرستی خانواده‌ای آشوری (از ارومیه) که مورد احترام و پذیرش همهٔ گروه‌های قومی-مذهبی شامل

مسلمان، اکراد، یهودیان و مسیحیان بود، ادامه یافت. مزیت و اوضاع مساعد کرمانشاه جهت تبدیل شدن به مرکزی برای خدمت به قبایل کُردِ نوار غربی پارس سبب شد تا در سال ۱۹۱۰ کشیش استِد[1] به همراه همسرش، اف. ام. استد، کرمانشاه را مرکز خدمات سیّار قرار دهند.

تصویر زنی کُرد
زنان کُرد و به‌طور خاص زنان کُرد کوه‌نشین نسبت به سایر زنان مسلمان از آزادی بیشتری برخوردارند و محجبه نیستند.
ویشارد، جان. بیست سال در پارس

خدمات پزشکی خانم استِد درِ خانه و دلِ مردم را به روی آنان گشود. خدمات کشیش استِد در دوران قحطی سالهای ۱۹۱۹-۱۹۱۸ فرصتهای جدیدی پیش روی آنان فراهم آورد. زوج مورد اشاره در دوران جنگ جهانی اول مراقبت از شماری بچه‌یتیم را در منزل خود برعهده گرفتند، و همین اقدام نخستین قدم در راستای تأسیس یتیم‌خانه‌ای بود که فعالیت آن تا سال ۱۹۲۵ که امکان ارائهٔ خدماتی به یتیمان وجود داشت، ادامه یافت. خانم استِد که زیر بار سنگین خدمت فرسوده شده بود در ۲۱ فوریهٔ ۱۹۲۲ درگذشت و دل همهٔ دوستان و آشنایان خود را پر از اندوه ساخت. او زندگی خود را در راه پارس داد. عبادتگاه Blanche Wilson Stead به یادبود زندگی نیک و وقف‌شدهٔ وی بنا شده است. آقای استِد در سال ۱۹۲۴ از همکاری با میسیون کناره گرفت و در زمینی در چند مایلی کرمانشاه مشغول کار کشاورزی و صنعتی شد.

به‌تدریج کادر و تجهیزات مرکز کرمانشاه تقویت یافت، اما آن به اندازه‌ای قوی نبود که بتواند به تمامی نیازهای موجود پاسخ دهد. به‌طوری که مرکز قادر به ارائهٔ آموزشهای خاص نبوده است. از این‌رو، زمانی که آشوریان کرمانشاه نیازمند مدرسه‌ای برای اولادشان بودند وجوه لازم را خود تهیه کردند. همچنین با وجود درخواستهای زیادی که برای تأسیس مدرسهٔ جداگانه برای فارسی‌زبانان وجود دارد، محدودیت بودجه، میسیون را وادار به چشم‌پوشی از آن طرح کرده است.

کشیش استد و همسرش دکتر بلنچ ویلسون

از اینجا، از مرز لرستان، که با قبایل ایلیاتی احاطه شده است و یکی از شگفت‌انگیزترین گوشه‌های جهان است از شما کمک می‌خواهم. پس از بیست و یک سال همکاری با میسیون

1. Rev. F. M. Stead

فصل یازدهم

کلیسای مشایخی آمریکا در پارس به منظور انجام خدمتی خاص در بین روستاییان مسلمان و قبایل منطقه از شغلم کناره‌گیری کردم. سالهای بسیاری به همراه همسر وقف‌شده‌ام که هم‌اکنون جهت دریافت پاداش در حضور خداوند است در روستاهای مسلمان‌نشین این منطقه خدمت کردم. از این جهت به شناخت روستاییان پارس بیش از اغلب مبشران نائل شدم؛ و در طول این مدت دریافتم که بهترین طریق نزدیکی، تأثیرگذاری و دسترسی به این مردم آموزش‌های کشاورزی-صنعتی در کنار موعظهٔ انجیل است.

کشیش استد و همسرش دکتر بلنچ ویلسون

حدود سالی پیش قطعه زمینی به مساحت چند هزار جریب خریدم که از چشم‌انداز زیبایی برخوردار است و در پانزده مایلی کرمانشاه در کنار رودی واقع شده است. قطعه‌زمین مورد اشاره را به منظور ایجاد مکانی جهت آموزش کشاورزی-صنعتی کودکان و جوانان به میسیون واگذار کردم. اما میسیون در آن هنگام تحقق و عملی ساختن رویای مزبور را ممکن ندانست. خدمات آموزشی میسیون آمریکایی محدود به چند شهر است و اغلب اقشار متوسط و بالای جامعه از آن بهره می‌برند. این منطقه از کشور پارس از خدمات بشارتی، اجتماعی و آموزشی میسیون کلیسای مشایخی بهره‌ای نبرده است و این در حالی است که میسیون کلیسای مشایخی تنها سازمانی است که در برخی از مناطق غرب کشور حضور دارد. من بابت تعهدی که جهت انجام خدمت مورد اشاره در دل دارم از همکاری با میسیون کناره‌گیری کردم.

من در نظر دارم بچه‌های روستایی را به مکان مورد اشاره بیاورم و آنان را دست‌کم به مدت دو سال آموزش دهم. آنان در این مدت خواندن و نوشتن به زبان خود را فرا خواهند گرفت، از کتاب‌مقدس خواهند آموخت، و همچنین مهارت‌های ساده‌ای از امور کشاورزی و صنعتی کسب خواهند کرد تا از توانایی ایستادن بر پاهای خود برخوردار گردند و در زندگی روستایی مفید واقع شوند. در برنامهٔ آموزشی بر کشاورزی، ریسندگی، بافندگی، نجاری و آهنگری ابتدایی تأکید می‌شود.

آرامگاه دکتر بلنچ ویلسون، همسر کشیش اف. ام. استد، در کرمانشاه

روستاییان این منطقه حتی با اصول اولیهٔ کشاورزی چون کشت نوبتی و کوددهی آشنایی ندارند. آنان از کودهای حیوانی چون سوخت

استفاده می‌کنند و آنها را می‌سوزانند. پارچه‌بافی این مردم با وسایل بسیار ابتدایی و توسعه نیافته انجام می‌گیرد. یک دستگاه بافندگی، ساخت سپاه نجات را از هند به ایران آوردم.

برای ریسندگی چرخهایی از لندن آورده‌ام. آنها بسیار ساده‌اند، به‌طوری که می‌توانم چرخهای مشابهی در کارگاه نجاری تولید کنم.

حتی اگر محصولات صنعتی و کشاورزی ما نتواند کفاف نیازهای دانش‌آموزان باشد، اما عامل مؤثری در آموزش آنان خواهد بود. در هر حال، این اول کار است و من نیاز دارم تا طی یکی دو سال آتی یعنی تا زمانی که آموزشگاه به خودکفایی دست یابد، حمایت شوم.

هم‌اکنون شش نفر را که پیشتر به اتفاق همسرم در پرورشگاه کرمانشاه تحت آموزش و تربیت قرار داده بودیم، همراه دارم تا دستیارانم در پروژهٔ مورد نظر باشند. از آن گروه شش نفره یک دختر و بقیه پسرند. آنان همگی مسیحیانی درخشان و وفادارند. آنان از پیوستن به کارهای درآمدزا خودداری و با محبت و وفاداری کم‌نظیری جهت انجام این خدمت بزرگ در کنار من مانده‌اند.

موارد اصلی مورد نیاز برای خدمت مورد اشاره: ساختمان، تجهیزات، بذر و مبلغ پانزده دلار هزینهٔ دو سال آتی برای هر یک از بچه‌هاست. از آن پس اطمینان دارم که محصولات صنعتی و کشت‌زار هزینهٔ کار را تأمین خواهد کرد. ساخت خوابگاه‌ها و سایر ساختمان‌های مورد نیاز به دلیل کمک بچه‌ها که اغلب کارها را خود انجام می‌دهند، با هزینه‌ای اندک امکان‌پذیر است.

برادر شما در خدمت خداوند،

اف. ام. استد

خدمات پزشکی

ارائهٔ خدمات پزشکی مرکز کرمانشاه در مقیاس کمابیش وسیعی با خدمت دو پزشکِ مبشر و پرستاری آمریکایی انجام می‌شود. بیمارستان میسیون در سال ۱۹۲۲ به‌سبب کمبود جا و بخش‌های نامناسب بسته شد. اما در سال ۱۹۳۲ بنای بیمارستان جدید وست‌مینستر با ظرفیت پنجاه تخت‌خواب و تجهیزات جدید به پایان رسید.

از آن جایی که بیمارستان مورد اشاره تنها بیمارستان غیرنظامی استان کرمانشاه به‌شمار می‌آید، صاحب‌منصبان شهر تمامی موارد تصادف و بیماران مستمند را به آنجا می‌فرستند. از این‌رو، خدمت بیمارستان فرصت مناسبی برای نشان دادن روحیه و منش مسیحی نسبت به کسانی است که احتمال دارد به‌سبب برخورداری از تعصُب مذهبی خود را از امکانات موجود محروم سازند. واقعیت فقدان مراکز درمانی ارائه‌کنندهٔ خدمات جراحی در سطح استان دلیل دیگری است که بیماران را به‌سمت غلبه بر تعصُب مذهبی و دریافت خدمات پزشکی لازم از بیمارستان میسیون کلیسای مشایخی سوق می‌دهد. بیمارستان مورد بحث در کرمانشاه به‌سبب ارائهٔ خدمات پزشکی سطح بالا، دلسوزانه و همچنین ارائهٔ خبرخوش نجات به مراجعه‌کنندگان، وسیله‌ای مؤثر در دست خداوند است.

بیمارستان جدید میسیون کلیسای مشایخی در کرمانشاه
بیمارستانهای آمریکایی در پارس

کلیسای انجیلی کرمانشاه

مرکز کرمانشـــاه خدمات بشـــارتی را با جدّیت ادامه می‌دهد؛ فرصتهای مساعدی نیز در دسترس آن قرار دارند. در حالی که در هیچ جایی هدایت مسلمانان به‌سوی مسیح کار آسانی نیست، اهالی کرمانشـــاه در قیاس با دیگر مناطق کشـــور از تعصب کمتری برخوردارند. از جلسه‌های موعظه و مطالعهٔ کتاب‌مقدس در طول هفته به خوبی استقبال می‌شود. به‌طوری که حدود ۳۰۰ نفر بزرگسال و خردسال هر هفته در آن جلسه‌ها شرکت می‌کنند.

در سال ۱۹۲۴ کلیسایی (انجیلی) با نُه نفر عضو رسمی تأسیس شد. کلیسای مورد اشاره دوره‌های جفا، بی‌تفاوتی، رکود ظاهری و همچنین رشُـــد ملموس را تجربه کرده اســـت، با این حال، از روند کلی رو به رشدی برخوردار است. به‌طوری که آخرین گزارش حکایت از وجود سی و هفت عضو رسمی است که در آیین عشاءربانی به اتفاق شرکت می‌کنند.

خدمت در بین زنان در قالب شـــش جلســـهٔ هفتگی صورت می‌گیرد؛ چهار جلسه برای زنان فارس و کرُد و دو جلســـه بـــرای زنان یهودی در جریان اســـت. مهمان‌نوازی یکی از هنرهای برجستهٔ پارسیان است. از این‌رو، درِ خانه‌های بسیاری به روی کارکنان میسیون باز اســـت. محدودیتهای سختی که زنان را احاطه کرده است اعتراف ایمان را برای آنان کمابیش غیرممکن می‌ســـازد. آنان تنها در صورت گرویدن شوهر به ایمان مسیحی یا برخورداری از رابطه‌ای بســـیار صمیمی با او می‌توانند ایمان خود را بروز دهند. با این حال، کار در بین آنان در جریان است و بذر ایمان کاشته می‌شود.

یکی دیگر از عرصه‌های مهم خدمت بشارتی کلیسای کرمانشاه، جماعت آشوریان شهر مورد بحث است. جماعتی نزدیک به هشتصد تن از آشوریان در دوران جنگ اول جهانی در

کرمانشاه پناه گرفتند. آنان در ابتدا سکونت خود را در کرمانشاه موقت به‌شمار می‌آوردند، اما با تداوم ناآرامی در ارومیه به ساکنان ثابت شهر تبدیل شدند. در پاسخ به نیاز جماعت مورد اشاره رابی شلیمون شاباز، دانش‌آموختهٔ آموزشگاه علم الهی مودی در شیکاگو، به خدمت روحانی فراخوانده شد تا شبانی آنان را برعهده گیرد. او با اقدامی فداکارانه کار پردرآمد خود را ترک و شادمان از فرصت انجام خدمتی روحانی با دستمزدی معادل نصف حقوق پیشین خود به کرمانشاه نقل مکان کرد. اندکی پس از آغاز به‌کار فرد مورد اشاره به سال ۱۹۲۷ اعضای کلیسای کرمانشاه به پنجاه و شش نفر افزایش یافتند؛ و هم‌اکنون شمار آنان به صد و ده نفر رسیده است. مدرسهٔ یکشنبه، انجمن پرورش و توسعهٔ اصول مسیحی و گروه خیاطی در آن کلیسا سازماندهی شده‌اند و به فعالیت خود ادامه می‌دهند. در سال ۱۹۳۱ صد و بیست نفر از آشوریان پناهنده از روسیه به مملکت خود بازگشتند و به ایشان اجازه داده شد تا در قطعه‌زمینی در چهل‌وپنج مایلی شهر که به شاه تعلق داشت، ساکن شوند. این در حالی است که با تأیید پذیرش دویست خانوادهٔ دیگر آشوری از جانب شاه احتمال می‌رود جماعت تحت شبانی رابی شاباز به گروهی بزرگ و کلیدی‌تر تبدیل شود.

کلیسای انجیلی کرمانشاه، سال ۱۹۲۷
آرشیو کلیسای انجیلی آشوری تهران

خط‌مشی مرکز میسیون در کرمانشاه در عرصهٔ خدمات بشارتی در سال ۱۹۲۵ به شرح زیر تعیین و تدوین شد:

«مطابق طرح کلان بشارتی برای منطقهٔ کرمانشاه، مرکز کرمانشاه یکی از مراکز تعیین‌کننده برای انجام این خدمات خواهد بود و از طریق آن و دیگر مراکز،

به‌واسطهٔ خدمات سیّار افراد بومی و داوطلب، روستاهای اطراف از خدمات بشارتی مورد نظر بهره‌مند خواهند شد. نخستین هدف ما بنای کلیسایی اصیل و قدرتمند در کرمانشاه است، کلیسایی که خود پاسخگوی نیازهای منطقه باشد و به‌واسطهٔ تربیت افراد داوطلب و همچنین تأمین هزینهٔ کارکنانش به خدمات روستایی مدد رساند.»

در راستای تحقق طرح فوق هر هفته مبشرانی به شهر صحنه، واقع در چهل‌وپنج کیلومتری شرق کرمانشاه اعزام و جلسات متناوبی در آنجا برگزار می‌شد. نتایج کار مزبور در ابتدا امیدوارکننده بود، اما وضع قوانین جدید مبنی بر منع فعالیتهای دینی خارجیان از سوی مقامهای دولتی اوضاع را دگرگون ساخته است.

فصل دوازدهم

مرکز مشهد

مشهد

آخرین مرکز میسیون کلیسای مشایخی می‌باید در مشهد، شهری با ۱۵۲۰۰۰ نفر جمعیت، تأسیس می‌شد. مشهد در ۵۷۶ مایلی شمال‌شرق تهران واقع شده است. آن شهر مرکز استان پرنفوذ خراسان است که مساحت آن به تنهایی ۱۵۰۰۰۰ مایل مربع است (به‌طور تقریبی یک‌چهارم کل مساحت مملکت پارس) و یک میلیون نفر جمعیت را در خود جای داده است.

کارگران مشغول نظافت خیابانهای مشهد (۱۹۱۵)
آرشیو دکتر هافمن، پزشک - مبشر میسیون کلیسای مشایخی

از آن جایی که مشهد در مرکز پارت باستان قرار گرفته است، از پیوندهای تاریخی قوی‌تری برخوردار است. آخرین لشکرکشی هارون‌الرشید، خلیفهٔ عباسی، با هدف فرو نشاندن شورشی در خراسان انجام گرفت. اما نامبرده همزمان با ورود به طوس بیمار شد و درگذشت. او در باغی که در شانزده مایلی طوس واقع شده است به خاک سپرده شد. اما مأمون، فرزند هارون‌الرشید، با سپاهی به‌سوی مرو حرکت کرد و آن شهر را مرکز حکومت

و مقر پشتیبانی نظام خلیفه عباسی در شرق قرار داد. مأمون، خلیفهٔ عباسی، بر آن شد تا با ابتکاری سیاسی شقاق موجود بین اهل سنت و شیعیان را ترمیم و آنان را متحد سازد. از این‌رو، امام علی‌الرضا، از اولاد پیامبر اسلام، را که رهبر شناخته‌شدهٔ معنوی شیعیان به‌شمار می‌رفت، ولیعهد خود قرار داد. در ایام اقامت در اردوگاهی در محدودهٔ آرامگاه هارون‌الرشید، امام علی‌الرضا درگذشت. پیروان امام شیعیان همواره بر این باور بوده‌اند که وی مسموم شده بود. مأمون، خلیفهٔ عباسی، با احترام زیادی جسد امام را در همان مکان (باغ سان‌آباد) به خاک سپرد. مکان مذکور بعدها به مشهد، یا محل شهادت امام هشتم شیعیان، تبدیل شد.

Crowd in the Shrine at Meshed during Ramazan. Photo sent by Mrs. Donaldson.

تصویری از تجمع آخوندهای مسلمان در آرامگاه امام هشتم شیعیان در مشهد در ایام رمضان

ارسال به میسیون در سال ۱۹۲۱ توسط خانم دونالدسون

در پی یورش وحشیانهٔ سپاه مغول در سدهٔ سیزدهم، طوس ویران شد و شهر جدیدی که گرد آرامگاه امام هشتم بنا شده بود به‌تدریج رشد و توسعه یافت. شهر مذکور همان شهر مشهد است که خارجیان آن را «مِشد» تلفظ می‌کنند. حکایت‌هایی در مورد معجزه‌های شفای حاصل از دعا به نام امام رضا و یا خوردن آب ممزوج با گرد و غبار جارو شده از آرامگاه وی در بین شیعیان نقل می‌شود. خاکسپاری مردگان در نزدیکی آرامگاه امام مزیتی خاص تلقی می‌شود که به باور برخی قیام همزمان با امام در روز داوری و قرار گرفتن در زمرهٔ حامیان محمد، پیامبر مسلمانان، را در پی خواهد داشت. بر همین اساس، نزدیک به هزار سال مبالغ گزافی به منظور خرید آرامگاه‌هایی در نزدیکی آرامگاه امام رضا هزینه می‌شد. طی سده‌ها کاروان‌های شتر راه خود را از میان بیابانهای دور به مشهد می‌یافتند و با خود افزون بر کالاهای تجاری، جسد مسلمانانی را که آرزوی آرمیدن در آرامگاه مشهد را ابراز کرده بودند از فواصل دور به آن شهر می‌آوردند.

نحوهٔ حمل اجساد مسلمانان مشتاق آرمیدن در کنار اولاد پیامبر به سمت قم یا مشهد
کریسون دبلیو. پی. بیداری شرق

پادشاهان مختلف پارس زیارتگاه پرشکوهی بر مزار امام هشتم شیعیان با گنبد و مناره‌هایی طلاپوش بنا کرده‌اند. در کنار آن مسجدی با گنبد بزرگتر فیروزه‌ای قرار دارد. کانون مقدس شهر مشهد عرصهٔ زیارتگاه مورد بحث است. افراد مذهبی به هنگام گذر از خیابان مجاور مقابل آن تعظیم و ادای احترام می‌کنند.

مبالغ هنگفتی از محل هدایای مردم به زیارتگاه جمع‌آوری می‌شود که دولت فعلی آن را در راستای منافع عمومی مصرف می‌کند و این کار موجبات شگفتی افراد سالمند را فراهم ساخته است. از محل هدایای زیارتگاه، دولت بیمارستانی مدرن و مدارسی (یارانه‌ای) دخترانه و پسرانه تحت عنوان «امام رضا» بنا کرده است. مدرسهٔ پسران با احتساب شعب خود ۷۰۰ دانش‌آموز دارد. خیابانها جهت تسهیل رفت و آمد پهن‌تر شده‌اند. از آن جایی که آرامگاه مشهور ضلع شمالی زیارتگاه مسیر گذر را مسدود می‌ساخت، صدها و بلکه هزاران مقبره به منظور احداث خیابانی جدید سنگفرش شد.

GRAVE-YARD ROUND THE SHRINE OF MESHED

بخشی از آرامگاه بسیار وسیع مشرف به حرم امام هشتم شیعیان در مشهد
سایکس. الا سی. پارس و مردمانش، سدهٔ نوزدهم

فصل دوازدهم

ورودی اصلی بیمارستان جدید شاه‌رضا، مشهد ۱۹۳۴
آرشیو کلیسای مشایخی (پرزبیتری آمریکا) در فیلادلفیا

دیدار رضا شاه پهلوی از مشهد به سال ۱۹۲۶
دیدار مورد اشاره اصلاحات و تغییراتی در سطوح آموزشی، ادارۀ امور موقوفات، و ... در پی داشت.
هافمن، رولا، ... مشهد شهر مقدس ایران

پیرا امیرخاص

واعظ و آموزگار پرآوازهٔ کلیسای انجیلی ارومیه، که در اواخر سدهٔ ۱۹ نزدیک به دو سال در مشهد خدمت کرد

پیشگامان خدمت در مشهد و تأسیس مرکز

میسیون از مدتها پیش در نظر داشت تا به آن شهر جالب وارد شود. مشهد افزون بر برخورداری از جمعیتی بزرگ و بکر (هنوز پای هیچ مؤسسه یا گروهی مسیحی به آنجا نرسیده بود)، از موقعیتی استراتژیک نیز برخوردار بود. آن به دلیل همجواری با کشور افغانستان می‌توانست کلید ورود آتی میسیون کلیسای مشایخی به آن کشور بسته باشد. اما مشکلاتی جدّی نیز وجود داشت. مشهد سالانه پذیرای ۱۰۰۰۰۰ زائر شیعه از سراسر دنیای شیعه بود، آن مُتعصب‌ترین شهر پارس به‌شمار می‌آمد و باور عموم بر این بود که مسیحیان در آنجا در امان نخواهند بود. با این حال میسیون برای استقرار در آن شهر دعا و برنامه‌ریزی لازم را انجام می‌داد. دیدارهای اولیه در سالهای ۱۸۷۸، ۱۸۹۴ و ۱۹۰۵ صورت پذیرفت.[۱]

سرانجام پس از بازدیدی در سال ۱۹۱۱، میسیون کشیش لوئیس اف. اسلستین را به همراه همسرش جهت برپایی مرکز به مشهد فرستاد. کار به مدت ده سال در ساختمانی استیجاری ادامه یافت، اما در سال ۱۹۲۱ قطعه زمینی به مساحت چهارده جریب (معادل ۱۰۳۶ متر مربع)، خریداری شد. در زمین مزبور بناهایی ساخته شد و قسمتی از آن با سلیقه‌ای قابل‌تحسین با شماری درخت، گل و چمن تزیین شد، و آن ملک در محل به «باغ آمریکاییان» شهرت یافت.

کشیش لوئیس اسلستین

نخستین مبشر ثابت میسیون در مشهد

---

۱. در سال ۱۸۷۸ آقای کشیش جیمز باست، شبان کلیسای انجیلی تهران، نخستین مبشر کلیسای مشایخی بود که به اتفاق دو تن به نامهای میشائیل و کاراپت، از کارکنان انجمن کتاب‌مقدس، جهت بررسی اوضاع کار در مشهد رهسپار آن شهر شده بود. سپس آقای لوئیس اسلستین (Rev. Lewis F. Esselstyn)، در سال ۱۹۰۵ برای بررسی مجدد اوضاع کار به شهر مورد اشاره سفر کرد؛ و بعدها آقای پیرا امیرخاص، یکی از واعظان و معلمان کلیسای انجیلی آشوری ارومیه در سالهای آخر سدهٔ ۱۹ خدمت توزیع کتاب‌مقدس و به مشارکت گذاشتن انجیل با اهالی شهر را بر عهده داشت. (جان الدر، میسیون آمریکایی در ایران، ص، ۷۴-۷۲).

کلیسای انجیلی مشهد

کلیسای انجیلی مشهد
مشهد، پشت باغ ملی

کار در مشهد به آهستگی و در عین حال به‌طور پیوسته تا به امروز در حال پیشرفت بوده است. در حال حاضر گزارشهای مرکز از کلیسایی سازمان‌یافته و سه گروه غیرسازمان‌یافته خبر می‌دهد که دارای هشتاد و نُه عضو بزرگسال و شانزده حق‌جوست. وابستگی و نزدیکی نوکیشان مسیحی به اعضای میسیون در این شهر یکی از مشکلات این مرکز بوده است. هیچ کارفرمای مسلمانی آنان را به‌کار نمی‌گیرد. از همین‌رو، سالها اعضای رسمی کلیسا تنها به افرادی محدود می‌شدند که در استخدام مرکز بودند یا به‌طور خصوصی توسط مبشران به‌کار گرفته می‌شدند.

کلیسای انجیلی مشهد
مشهد، پشت باغ ملی

با این حال، با افزایش شمار مبشران مرکز مشهد و گسترش ابعاد سازمانی و خدماتی آن، شمار اعضای کلیسا نیز افزایش می‌یابند.

اغلب خدمهٔ مسیحی تحت استخدام مرکز میسیون در مشهد به شکل صادقانه کار کرده‌اند، اما آنانی که به هر دلیل باید کار خود را ترک می‌کردند، یا افرادی که مرکز توان به‌کارگیری آنان را نداشت از کلیسا دور شده‌اند. تغییر اوضاع اجتماعی در سالهای اخیر و کاهش تعصُب و درک بهتر ماهیت سودمند کار مسیحی، به‌تدریج اوضاع کاریابی را برای نوکیشان مسیحی در محیط بیرون (غیر از میسیون) فراهم می‌سازد. با این حال، کار برای نوکیشان مسیحی هنوز هم به آسانی یافت نمی‌شود، درست به همان شکل که در دوران عهدجدید نیز مسیحیان با مشکلات مشابهی روبه‌رو بودند. در حقیقت در پارس نیز همان شیوهٔ پیشرفت تدریجی و با حوصله‌ای که کلیسا در امپراتوری روم در پیش گرفت، به خوبی ثمر می‌دهد.

خدمات آموزشی

خدمات آموزشی با کلاسهایی که در ابتدا در دو اتاق بیمارستان و سپس در محلی اجاره‌ای تشکیل می‌شد آغاز و سرانجام از سال ۱۹۲۹ به مدرسه‌ای مناسب منتقل و ادامه یافت. مدرسه با وجود مخالفت ناشی از ترس والدین مسلمان و رقابت موجود با مدارس تازه‌تأسیس دولتی موفق به جذب شمار محدودی از دانش‌آموزان پسر شد. محدودیتهای مقررات تازهٔ دولتی نیز بر مشکلات مدارس میسیون در سطح کشور افزوده است و از توان آنها می‌کاهد. اما اهمیت وجود مدرسهٔ میسیون در شهر مورد بحث دست‌کم همتراز دیگر مدارس آن در سطح کشور است. در فاصلهٔ ششصد مایلی مشهد هیچ مدرسهٔ پروتستان دیگری وجود ندارد. این منطقهٔ وسیع شامل شهرهای کوچک پرشماری است که در صورتی که به اندازهٔ کافی توسعه‌یافته بودند می‌توانستند فرزندان خود را به مدرسهٔ میسیون بفرستند.

کشیش لوئیس اسلستین

کشیش لوئیس اسلستین
Lewis s. Esselstyn

کشیش لوئیس اسلستین به همراه همسرش، در سال ۱۹۱۱ از سوی میسیون به مشهد فرستاده شد. او خانهٔ کوچکی در نزدیکی میدان ملی (یا مردم) مشهد اجاره کرد. به‌زودی کشیش مُسِن تاس با ریش بلند و قرمز، به چهرهٔ شناخته‌شده‌ای در شهر تبدیل شد. او در مشهد به ملاقات رسمی مقامات دولتی که پیشتر در تهران با آنان آشنا شده بود، می‌رفت. افزون بر این جهت کاشتن بذر کلام خدا به شهرهای دیگر سفر می‌کرد. کشیش اسلستین بیش از هر فرد دیگری در انجمن کتاب‌مقدس، نسخ اناجیل می‌فروخت.

او به ابتکار و چاره‌اندیشی شهرت داشت. روزی در مباحثه‌ای دشوار با جماعتی از آخوندهای مخالف گرفتار آمده بود و مشاهده کرد که خشم آنان در حال شعله‌ور شدن است. از این‌رو، به‌سوی مرد دیگری که در گوشه‌ای ایستاده بود برگشت و گفت: «آقای محترم، شما سر خود را تراشیده‌اید؟» آن مرد پاسخ داد: «بله چطور مگه؟» کشیش اسلستین پاسخ داد: «اما شما مشاهده می‌کنید که خدا سر مرا تراشیده است.» سپس رو به مرد دیگری در آن سو کرد و پرسید: «شما ریش خود را با حنا رنگ کرده‌ای؟» پاسخ شنید: «بله.» کشیش اسلستین پاسخ داد: «اما ریش مرا خدا حنایی کرده است.» در نتیجهٔ این تغییر صحبت همه خندیدند، و تنش فرونشست.

کشیش اسلستین از آمدن دکتر کوک و آغاز خدمات پزشکی در آن منزل محقر بسیار مسرور شد. خدمت دکتر کوک جماعتی را آنجا فراهم می‌کرد و کشیش اسلستین فرصت می‌یافت به آنان موعظه کند و انجیل بفروشد.

Hoffman, Rolla, Pioneering in Meshed, 1971, pp. 31-33.

کشیش اسلستین پیشتر با حاج ملاعلی، مجهد بزرگ سمنان، ملاقات کرده و با نامبرده دوست شده بود. از این‌رو، به هنگام سفر به سمنان حاج ملاعلی به گرمی از وی پذیرایی کرد. در ملاقات دوم کشیش اسلستین از روحانی مسلمان درخواست ملاقاتی خصوصی کرد تا در مورد تعالیم مسیح و راه نجات با او سخن گوید. پس از صحبت کشیش اسلستین، حاج ملاعلی فریادی زد و گفت: «شما طریق نجات را یافته‌اید. در ایمان خود پا بر جا بمانید.» سپس جلدی کتاب‌مقدس از کشیش اسلستین دریافت کرد.

مجتهد مسلمان، کشیش اسلستین و همراهش آقای دکتر جردن را برای عبادت روز جمعه به مسجد دعوت کرد. در مسجد با عزت فراوان آنان را پذیرفت و روبه‌روی جماعت بر فرش نشاند. پس از پایان مراسم عبادت، چندصد نفر از حضار در مسجد ماندند و کشیش اسلستین با شگفتی دریافت که حاج ملاعلی، امام جماعت، از وی دعوت می‌کند که بر بالای منبر برود و قدری برای مردم صحبت کند. کشیش اسلستین بالا رفت و روی زانوهای خود نشست. او با نقل حکایت پسر گمشده (انجیل لوقا ۱۵)، در مورد ضرورت توبه از گناه با مردم سخن گفت. پس از پایان صحبت بسیاری از حضار برخاستند و پیش آمدند و با حاج‌آقا و کشیش اسلستین دست دادند. مجتهد مسلمان در پایان خدا را شکر کرد و به او گفت: «شکر خدای را که اندرزهایی چنین سودمند به این مردم دادید. از شما بسیار ممنونم.» در تمام مدتی که اسلستین در سمنان اقامت داشت، از آزادی کامل برای تعلیم انجیل برخوردار بود، و مردم چنان هجومی برای شنیدن سخنان وی می‌آوردند که فرصت پذیرش همهٔ آنان را نمی‌یافت.

الدر، جان. تاریخ میسیون آمریکایی در ایران، تهران. نور جهان. ۱۹۵۴، ص. ۷۴.

کشیش لوئیس اسلستین در مورد اوضاع خدمت خود در مشهد می‌نویسد:

> «ما مشهد را غرق کلام خدا کرده‌ایم. در بازار به شکل پی در پی به من هشدار داده می‌شود که در صورت متوقف نکردن موعظه و فروش کتب مقدسه به دست کسی کشته خواهم شد. اما جملهٔ "لوئیس، من همواره با تو هستم" در گوشم طنین‌انداز می‌شود، از این‌رو، کار را ادامه می‌دهم. کتب‌مقدسه‌ای که در مشهد و اطراف آن به فروش رسیده است به‌سان بذر کاشته شده‌ای است که در صورتی که خسته‌خاطر نشویم در زمان مقرر آن را درو خواهیم کرد.»

امروزه افغانان، ازبکان، تاتاران، دراویش، مسافران پازخمی و حتی فقیرترین غلام اهل خراسان می‌توانند داستان عملکرد و آموزش عیسای مسیح را تهیه کنند. امروزه دیگر هیچ مسلمانی به چند مورد نقل‌قول غزالی از انجیل متکی نیست. روز تازه‌ای برای پارس و خاور نزدیک طلوع کرده است. حال، در هر جایی، عهدجدید بیش از نود و نُه کار به جا مانده از غزالی شناخته‌شده است. ما می‌توانیم به دور از اغراق بگوییم که عهدجدید دایرهٔ خوانندگان بیشتری می‌یابد. دراویش در اسلام به ملکوت خدا نزدیکند. از همین‌رو، شاید غزالی برای آنان حکم معلمی باشد که ایشان را به‌سوی مسیح رهنمون شود.

Zwemer, Samuel. A Moslem Seeker after God. pp. 293-294.

دکتر رولا هافمن به همراه همسر و همکاران
عید شکرگزاری ۱۹۲۰

دکتر رولا هافمن

رولا ادواردز هافمن، پزشکِ مبشر کلیسای مشایخی آمریکا بود که مدت ۴۲ سال در ایران خدمت کرد. او در سال ۱۸۸۷ در لایپزیک اوهایو زاده شد. هافمن در سال ۱۹۰۸ از کالج بیریا فارغ‌التحصیل شد و سال نخست تحصیلات پزشکی خود را در کالج پزشکی مبشری آمریکا گذراند. او در نهایت مدرک دکترای خود را از دانشگاه ریزرو غربی دریافت کرد. دکتر رولا هافمن در سالهای ۱۹۱۶-۱۹۱۵، ۱۹۳۳-۱۹۳۲، و ۱۹۴۲-۱۹۴۰ در تهران کار کرد. پزشک مورد بحث از سال ۱۹۴۷-۱۹۱۶ مسئول بیمارستان آمریکایی مشهد بود و از سال ۱۹۵۷-۱۹۴۸ نیز مسئولیت بیمارستان مسیحی رشت را بر عهده داشت.

Rolla Hoffman papers, 1915-1957, Archives West.

دکتر هافمن روز دهم جولای ۱۹۱۶ در مشهد جایگزین دکتر کوک شد. او در مورد اوضاع زندگی و آغاز همکاری با کشیش اسلستین می‌نویسد: «کارم را همراه با ایمان و ابتکار دکتر اسلستین با نُه ماه یادگیری زبان فارسی آغاز کردم. ما پرستاری برای انجام خدمات مربوطه نداشتیم، آب بهداشتی وجود نداشت، برق نیز نداشتیم و پولمان بسیار اندک بود. محل اقامتمان خانه‌ای بسیار مُحقر و اجاره‌ای با تعداد کمی تشک کثیف، چند تا میز و صندلی، اجاقی هیزم‌سوز، چراغی نفت‌سوز برای ضدعفونی کردن وسایل، و ... بود. ما تجهیزات جراحی و یا حتی مواد اولیهٔ داروسازی نیز نداشتیم. سپس دکتر اسلستین آشپزخانه و دستشویی را با مهارت سامان داد، تمام بازار را جهت یافتن و خرید پارچه و دیگر وسایل اولیه برای روپوش و ملافه، اسفنج لازم برای جراحی، لگن، تشتک، سماور برای تهیهٔ آب بهداشتی مورد نیاز کار، لحاف و پتو، و حتی برخی از اقلام دارو زیر پا گذاشت.

درمانگاه را در سپتامبر ۱۹۱۶ راه‌اندازی کردیم. بیماران کم‌شماری با ترس بسیار نزد ما می‌آمدند، زیرا آنان ما را کفاری خارجی، و مرا پزشک مسیحی نجسی به‌شمار می‌آوردند. خیلی زود عمل جراحی را آغاز کردم. جهت انجام بی‌حسی از نمک قلیایی محلی استفاده می‌کردم. اما بسیار مراقب بودم تا خطر نکنم زیرا اگر بیماری در درمانگاه ما می‌مُرد، مصیبتی به بار می‌آمد. کشیش اسلستین همواره آماده بود ریش بلندش را در روپوش جای دهد به من کمک کند یا به من کلروفرم بدهد، تا این که میرزا، دستیار تازهٔ من، مهارت کافی را کسب کرد. بسیاری از حکیم‌باشی‌های محلی برای تماشای عمل جراحی به درمانگاه می‌آمدند و از قدرت جادویی بی‌حس‌کنندهٔ موضعی شگفت‌زده می‌شدند.

مردم جهت دریافت خدمات پزشکی از روستاها
به درمانگاه کلیسای مشایخی می‌آیند و در برابر در ورودی ازدحام می‌کنند

چیزی نگذشت که گفته شد: «در بیمارستان آمریکایی کسی نمی‌میرد!» از آن پس بیماران بیشتری به درمانگاه آمدند و برخی از آنان توسط حکیم‌باشی‌ها به مرکز ما فرستاده می‌شدند. سپس جراحی‌های بزرگ‌تر و جدی‌تری انجام شد. به‌عنوان نمونه آب مروارید کهن‌سالان، سنگ‌مثانه، تومورهای کوچک، فتق، اما یکی از عمل‌های مفید و مؤثر انتروپیون (Entropion)، پلکهای برگشته به داخل در نتیجه تراخم بود. سنگ‌ریزهای داخل چشم نیز با استفاده از بی‌حسی داروهای موضعی به سرعت بیرون آورده می‌شد و درد بیمار را خیلی زود التیام می‌بخشید.

برخی از آخوندهای مسلمان در مراسم نماز جماعت بر ضد پزشک تازه موضع گرفتند. آنان ادعا می‌کردند که پزشک، نجس و خوک‌خوار است و پای مردم را می‌بُرد و از آنها داروهایی تهیه می‌کند، و او اطلاعی از رژیم غذایی مناسب ندارد.

اما ملک الاطباء (شـاه پزشکان)، و پسـرش مسیح‌السلطان (ماشـیح پادشاه)، رفتاری بسـیار دوستانه با ما دارند. من همکاری مسرت‌بخشـی با مسیح‌السلطان در راستای ترویج واکسیناسیون آبله و همچنین وارد کردن واکسن از هندوستان داشتم.

آبله کمابیش به‌طور روزمره مشـاهده می‌شـود، و در کنار قربانی‌های بسیاری که می‌گیرد، پیامدهای مخرب دیگری نیز دارد؛ به‌طوری که شمار زیادی از مبتلایان نابینا می‌شوند، صورتی زشـت می‌یابند، و برخی گرفتار دُمل یا چرک می‌شوند. با این حال، شمار اندکی از مردم حاضر به پذیرش واکسیناسـیون بودند و بسیاری آن را کفر به‌شمار می‌آوردند و معتقد بودند تنها خدا قادر به فرسـتادن یا پیشگیری از بیماری و مرگ است. در شمار کمی از روستاها زنان از چرکِ آبله واکسن تهیه می‌کنند؛ و این اقدام برخی مواقع واکنش‌های سخت بدن را به دنبال دارد.

در سـال ۱۹۱۷ وبا شیوع یافت. فرماندار، شاهزاده‌ای با سـبیل بلند، شمار زیادی پزشک را جهت تشـکیل کمیتهٔ بهداشـت فراخواند. دیوارآویزهای پارچه‌ای در بازار نصب شد که مردم را نصیحت می‌کرد فقط غذای پخته و آب جوشـانده بخورند، و پس از تماس با شـخص بیمار به‌طور قطع دستهای خود را بشویند ... پس از مهار بیماری کمیتهٔ مورد اشاره به‌کار خود ادامه داد و مسـئولان را ترغیب کرد تا خاکسپاری در آرامگاههای داخل شهر را متوقف و آب حمام‌های عمومی دست‌کم مرتبه‌ای در ماه عوض شود. اما به هیچ‌یک از آن پیشنهادها ترتیب اثر داده نشد.

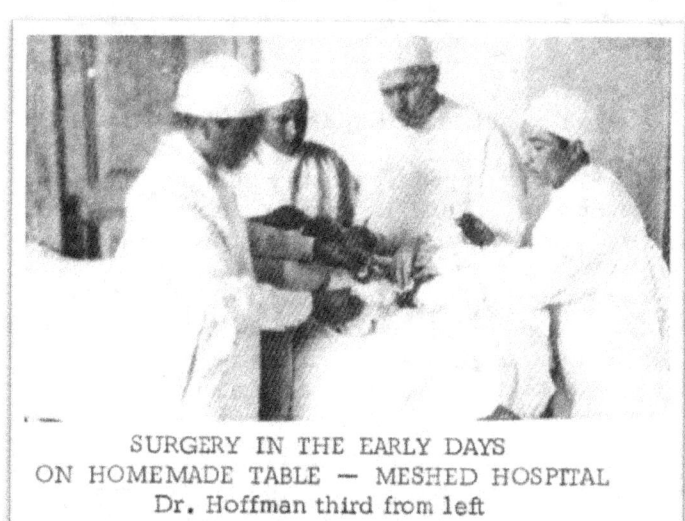

SURGERY IN THE EARLY DAYS
ON HOMEMADE TABLE — MESHED HOSPITAL
Dr. Hoffman third from left

دکتر رولا هافمن به همراه دستیاران خود در حال انجام عمل جراحی

روزی مرد هفده سـاله‌ای که از سنگ مثانه رنج می‌برد به مرکز ما آورده شد. بعد از عمل جراحی او درخواست کرد تا سنگ را به او نشان دهیم. او سنگ را از ما گرفت و به آن ناسزا گفت و سـپس افزود: «توی پدر سوخته، پدرسگ، تمام این سالها مرا شکنجه دادی. باشد که تا ابد در آتش جهنم بسـوزی.» طی ماه‌های آتی هر هنگام که مرا در خیابان می‌دید به‌سـویم می‌دوید و دستم را می‌بوسید و از بابت معالجه از من تشکر می‌کرد.

بی‌بی جان، زنی رنگ‌پریده و آماس کرده مبتلا به مالاریا بود. او به هنگام مراجعه به مرکز ما بچهٔ شش ماهه‌ای در شکم داشت. شوهر کُرد بی‌بی جان او را به دلیل عدم توانایی انجام کار، طلاق داده بود. او تحت معالجه قرار گرفت و با وجود این که بچهٔ خود را از دست داد، اما به‌تدریج سلامتش را بازیافت. پس از مرخص شدن به ما سرکشی می‌کرد و سپس از ما تقاضای کار کرد و گفت: «اینجا، محل خوبی است، من قصد دارم اینجا بمانم.» او به‌کار گرفته شد و پرستار-کارگر مرکز درمانی گردید. او مرتبه‌ای دیگر با مردی کُرد ازدواج کرد و سالها مددرسانی امین برای مرکز بود. او و شوهرش احمد، به ایمان مسیحی گرویدند و تعمید داده شدند ...

Hoffman, Rolla. Pioneering in Meshed, 1971, pp. 30-32

خدمات پزشکی

گروه پزشکی میسیون کلیسای مشایخی که کار خود را در سال ۱۹۱۵ در چند اتاقِ منزلی اجاره‌ای توسط پزشکی که هیچ دستیار آموزش‌یافته‌ای نداشت، آغاز کرده بود، در حال حاضر از بیمارستانی پنجاه تخت‌خوابه برخوردار است.

رولا هافمن در کنار همسرش هلن، و دو دخترش بتی و هریت

تجهیزات جدید دیگری به‌تدریج به بیمارستان ارسال می‌شود و دستیاران کافی نیز آموزش داده شده‌اند. ده‌ها هزار بیمار در بیمارستان اصلی، و چندین هزار نفر دیگر نیز توسط گروههای سیّار پزشکی در دیگر شهرهای استان خراسان و طی سفری که در سال ۱۹۲۴ به شهر هرات در کشور افغانستان صورت پذیرفت، تحت درمان قرار گرفته‌اند. آیا بیمارستان دیگری با چنین حوزهٔ کاری وسیعی در دنیا وجود دارد؟ آن تنها بیمارستان مسیحی است که در منطقه‌ای معادل وسعت نصف کل مساحت کشور ایالات متحده فعالیت می‌کند. نزدیکترین بیمارستان در غرب در فاصلهٔ ۵۶۰ مایلی آن در تهران قرار دارد، نزدیکترین بیمارستان در جنوب‌شرق در ۷۰۰ مایلی در شهر پیشاور هندوستان (پیش از استقلال پاکستان در سال ۱۹۴۷) است؛ و نزدیکترین آن در سمت شرق در ۳۰۰۰ مایلی در شهر پکن، پایتخت چین، فعالیت می‌کند.

هر ساله فهرست بیماران نشان می‌دهد که مردمانی تاجیک از آسیای میانه، ترک، افغان، هندی، عرب، روس، اروپایی، تاتار چادرنشین، ترکمن از سواحل دریای خزر و آرال، و پارسیانی از استانهای غربی کشور جهت دریافت خدمات پزشکی به بیمارستان مورد بحث مراجعه می‌کنند.

مراجعه‌کنندگان متنوع بیمارستان برخی مواقع کتب زیادی شامل کتاب‌مقدس از کارکنان مرکز خریداری می‌کنند و با خود به خانه می‌برند.

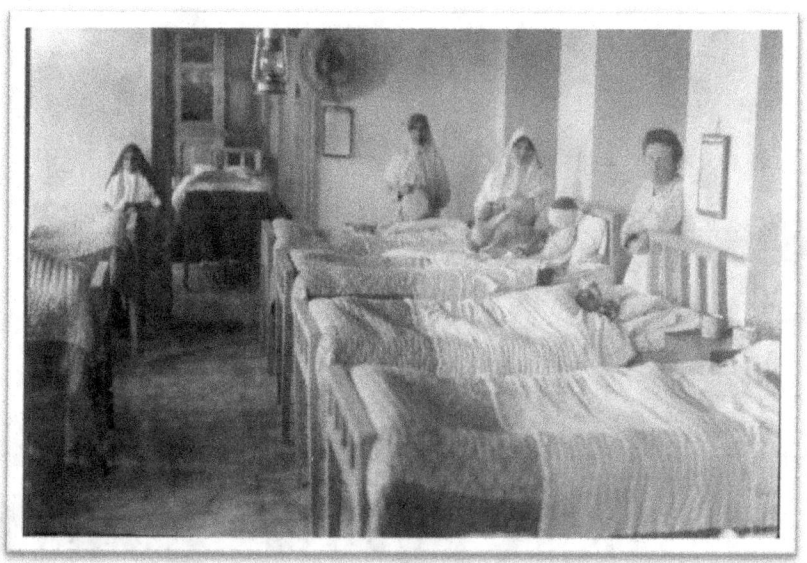

بخش زنان بیمارستان میسیون کلیسای مشایخی در مشهد
آرشیو کلیسای مشایخی (پرزبیتری) آمریکا در فیلادلفیا

اکثر بیماران بیمارستان مسلمان هستند و شماری از آنان زیارت‌کنندهٔ حرم امام هشتم شیعیان نیز می‌باشند. اما افزون بر مسلمانان، یهودیان، هندیان، سیکها و مسیحیان نیز برای دریافت خدمات پزشکی به بیمارستان می‌آیند. بیمارستان میسیون کلیسای مشایخی مشهد برای ۱۴۰ نفر جذامی در روستایی واقع در دو مایلی مشهد، خدمات پزشکی ارائه می‌کند. خدمت مذکور تنها کار درمانی سازمان‌یافته برای جذامیان در سطح کشور است. خط‌مشی بیمارستان ایجاب می‌کند که همواره معیارهای جهانی پزشکی را حفظ و نمونه‌ای برای دیگر بیمارستانها باقی بماند.

بیمارستان مشهد با پزشکان پارسی نیز همکاری دارد. به تازگی سمینارهای پزشکی و سلامت عمومی در زمینه‌های بهداشت، زه‌کشی فاضلاب و پیشگیری درمانی برگزار می‌شود. با وجود این که مرگ و میر کودکان و مادران به کندی کاهش یافته است، اما آن هنوز به‌طرز رقّت‌انگیزی قربانی می‌گیرد. از این‌رو توجه زیادی به ارائهٔ آموزشهای لازم به مادران، قابله‌ها، و ارتقای بهداشت صورت می‌گیرد. بیماران تهیدست می‌باید به شکل رایگان درمان شوند، اما آنانی که از توان پرداخت هزینه‌های درمانی برخوردارند باید هزینه‌ها را پرداخت کنند. بیمارستان هم‌اکنون از محل دریافت حق‌درمان قادر به تأمین کل هزینه‌های خود به غیر از پرداخت حقوق کادر خارجی است.

فصل دوازدهم

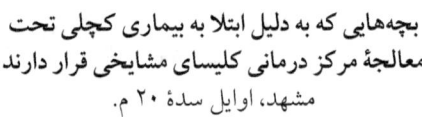

بچه‌هایی که به دلیل ابتلا به بیماری کچلی تحت معالجۀ مرکز درمانی کلیسای مشایخی قرار دارند
مشهد، اوایل سدۀ ۲۰ م.

کشیش پولس سعده، کشیش بیمارستان کلیسای مشایخی در مشهد، در کنار همسر و مادر
کشیش سعده بعدها به تهران انتقال یافت و شبانی کلیسای انجیلی آشوری تهران را بر عهده گرفت.

بیمارستان جدید میسیون کلیسای مشایخی در مشهد (۱۹۲۶)
آرشیو کلیسای مشایخی (پرزبیتری) آمریکا در فیلادلفیا

کاروانسرایی در نیشابور که در مقاطعی توسط پزشکان میسیون کلیسای مشایخی مرکز مشهد جهت ارائۀ خدمات پزشکی به اهالی نیشابور و روستاهای اطراف به مدت سی روز اجاره می‌شد. دکتر هوفمن در سالهای ۱۹۲۰، ۱۹۲۷، ۱۹۲۹ و ۱۹۳۰ کاروانسرای فوق را به مدت سی روز اجاره و در آن مدت به اتفاق برخی از همکاران به بیماران شهر و مناطق اطراف آن خدمات پزشکی ارائه می‌کرد. افزون بر این، دکتر هوفمن خدمات مشابهی را در سال ۱۹۲۸ در سبزوار، و در سال ۱۹۲۴ در هراتِ افغانستان ارائه کرد. دکتر لیتچواردت، همکار وی، نیز خدمات پزشکی مورد نیاز را در سالهای ۱۹۲۲ و ۱۹۲۷ در تربت، و در سال ۱۹۲۸ در تارشیز و قوچان به بیماران نیازمند ارائه می‌کرد.

Rolla Hoffman, Pioneering in Meshed, 1971. p. 78.

فصل سیزدهم

پارس و جنگ جهانی اول

درگیری ناخواسته در جنگ

بیانیه رسمی

در این موقع که متاسفانه نائره جنگ در اروپا مشتعل گردیده است دولت شاهنشاهی ایران بموجب این بیانیه تصمیم خود را به اطلاع عموم میرساند که در این کارزار بیطرف مانده و بیطرفی خود را محفوظ خواهد داشت.

نخست وزیر: جم

دولت پارس در طول جنگ اول جهانی (۱۸-۱۹۱۴) به‌طور رسمی بی‌طرف بود، اما به‌طور خاص در مراحل نخستین جنگ بسیاری از پارسیان هم‌دل آلمان بودند. دلیل این گرایش تعلق‌خاطر آنان به آلمان نبود، بلکه به‌سبب ترس و مشقاتی بود که پیشتر از سوی دولت و قوای روس به آنان وارد شده بود. افزون بر این، به باور آنان آلمان برندهٔ احتمالی جنگ بود و منافع ایشان ایجاب می‌کرد تا طرفدار پیروز احتمالی نبرد باشند.

با وجود این، بی‌طرفی تاکتیکی پارس نتوانست آنان را از مُصیبت حفظ کند. پارس توسط سپاهیان ستیزه‌گر اشغال و ویران شد. به‌طوری که مناطق زیبای شمال‌غرب آن صحنهٔ یورش‌های پی‌درپی بود و در نتیجه نبردهای متناوب چون سایر مناطق جنگی جهان ویران شد. سپاهیان روس و ترک در شمال‌غرب پارس با یکدیگر در نبرد بودند و ارومیه در اشغال سپاه روس بود. در جنوب قوای ترک و انگلیس بر سر تسلط بر چاه‌های ارزشمند و پالایشگاه‌های شرکت انگلیسی-پارسی که منطقه‌ای نزدیک به نیم‌میلیون مایل را شامل می‌شد و امتیازشان در سال ۱۹۱۴ به بریتانیا واگذار شده بود، در نبرد بودند. «قوای ترک و روس در طول جنگ پیشروی و عقب‌نشینی‌هایی را به‌طور متناوب انجام می‌دادند، اما در نهایت انحلال و عقب‌نشینی قوای روس و بازگشت آنان به کشورشان، چپاول مواد خوراکی و حتی تخریب خانه‌ها جهت استفاده از تیرهای سقف به جای هیزم از سوی ایشان را به دنبال داشت. در برخی مناطق، به دلیل احیای نظم و قانون پارس قادر به تهیهٔ آذوقه بود؛ اما تلفات جانی و مالی در غرب کشور به‌طرز وحشتناکی شدید بود.»[1]

کودتا و تغییر حکومت پارس

در حالی که امواج جنگ در حوالی تهران عقب و جلو می‌شد و نیروهای رقیب جهت کسب تسلط مشغول دسیسه و رقابت با یکدیگر بودند، تهران در دوره‌ای طولانی دیگ

1. Sir Percy Sykes, Persia, p. 173, Macmillan Co.

جوشـــان هیجان و زوال روحیه بود؛ اما وجود ســفارتهای اروپایی و آمریکا مانع از آســیب دیدن مبشران و دارایی کلیسای مشایخی در تهران شد. انقلاب ۱۹۱۷ روسیه در عمل منـاطق شـمالی پارس را از دست سپاه روس رهـایی بخشـید. از سـوی دیگر، در صورت تصویب قرارداد ۱۹۱۹ انگلیس-ایران، کل کشـور تحت تسـلط انگلیس قرار می‌گرفت. اما در سال ۱۹۲۱ کودتایی روی داد و در نتیجه نیروهای قزاق پارسی کنترل پایتخت و دولت را به‌دست گرفتند. در کمتر از سه ماه آن دولت سقوط و فرد جدیدی جایگزین نخست‌وزیر پیشین شد.[۱] پس از خارج شدن نیروهای انگلیسی از پارس، ترس از تجاوز دولت بلشویک روسیه فزونی گرفته بود و هیچ‌کس نمی‌دانســت که فردا آبستن چه رویدادهایی خواهد بود. ماه‌ها به همان روال گذشت تا اوضاع عادی شد.

کابینهٔ کودتای ۱۹۲۱، سید ضیاالدین طباطبایی، نخست وزیر در وسط، و رضاخان میرپنج، فرماندهٔ قزاق ایرانی، در سمت چپ
(منابع اینترنتی)

ارومیه (میسیون غرب)

در ارومیه ویرانیِ جنگ بســیار حُزن‌آور و غیرقابل تحمل بــود و دوره‌ای از خونریزی و دردی جانکاه را در پی داشــت. این اوضاع تا حدی از قرار گرفتن آن شهر در نزدیکی مرزهای ترکیه و استقرار اکراد در نوار کوهستانی گرد آن ناشی می‌شد. دیگر دلیل آن، حضور بزرگترین جمعیت مســیحی پارس در دشت ارومیه و دشــت‌های کوچک‌تر مناطق شمالی آن در طول سده‌ها بود. جماعت مسیحی مورد اشاره با ســرازیر شدن هزاران مسیحی پناه‌جو از مرزهای ترکیه بزرگتر شــد و آماج آز و حرص مســلمان قرار گرفت. در نتیجه برخی از غم‌انگیزترین صفحات گزارش‌های سالانهٔ میسیون در کنار خدمات قهرمانانهٔ مبشران آن به ثبت رسید.

---

۱. در این جا اشــارهٔ Arthur Brown به آقای ســید ضیاالدین طباطبایی است که پس از کودتای ۱۹۲۱ (سوم اسفند ۱۲۹۹) مدت سه ماه سمت نخست وزیری را به عهده داشت، و سپس جای خود را به آقای احمد قوام‌السلطنه داد. م.

چپاول و قتل‌عام سال ۱۹۱۵ در ارومیه

در زمستان ۱۹۱۵ توفان ویرانگر چپاول، قتل‌عام، و تجاوز دشت ارومیه را درنوردید. منطقه در هراسی از پیش‌روی و عقب‌نشینی متناوب نیروهای روس و ترک به‌سر می‌برد. در آن دوره، قدرت فرمانروایان پارس تنها شکلی ظاهری داشت. در دوره‌ای اکراد اختیار منطقۀ مورد بحث را در دست گرفتند و پیامد آن قتل‌عام جماعت‌های چهل، پنجاه تا ۲۰۰۰ نفری مسیحیان ارومیه بود. محوطۀ مرکز میسیون کلیسای مشایخی در ارومیه طی دورۀ مذکور بارها پناهگاه گروه‌های ۵۰۰ تا ۱۵۰۰۰ پناه‌جویانی شد که از ترس خطر مرگ، گرسنگی و طاعون در آن پناه می‌گرفتند.

آن گروه از پناه‌جویان مسیحی (آشوریان و ارامنه) که از نسل‌کشی ۱۹۱۵ ترکان جان به در برده‌اند به‌سوی ارومیه سرازیر و در چنین اوضاعی در آن شهر پناه گرفته بودند.
(منابع اینترنتی)

نیروهای متخاصم روستاها را ویران و هزاران مرد، زن و کودک را کشتند؛ صدها زن و دختر بینوا را به اسارت بردند.

خاکسپاری اجساد پناه‌جویان محاصره شدهٔ مسیحی محوطهٔ مرکز میسیون در ارومیه، روزانه پنجاه تا صد نفر از آنان به علت ابتلا به بیمارهای مُسری جان می‌سپردند.

پیش از ورود نیروهای مار شمعون بنیامین، پاتریارک کلیسای شرق، به ارومیه، مسیحیان از ترس جان به محوطه‌های میسیون آمریکایی و فرانسوی ارومیه که پرچم آن دو کشور را بر فراز خود داشت، پناه می‌بردند. با این حال، بسیاری از آنان در راه متوقف و توسط مسلمانان به قتل می‌رسیدند، و زنان به اسارت برده می‌شدند. وردا، یوئیل

The Flickering Light of Asia

خروج آشوریان از ارومیه و فرار به‌سوی قفقاز در زمستان ۱۹۱۵

آموزشگاه فیسک در ارومیه

یکی دیگر از مراکز پناه گرفتن پناه‌جویان مسیحی، ارومیه - ۱۹۱۵ وردا، یوئیل.

The Flickering Light of Asia

ویرانه‌های مرکز میسیون کلیسای مشایخی در ارومیه که طی جنگ اول جهانی
پناهگاه گروه‌های بزرگی از مسیحیان و مسلمانان شهر بود و در حین جنگ تخریب شد.
آرشیو کلیسای مشایخی (پرزبیتری) آمریکا در فیلادلفیا

در ابتدای سال ۱۹۱۵ ناگهان قوای روسیه ارومیه و سلماس را تخلیه کردند. در نتیجه حدود ۱۵۰۰۰ تن از مسیحیان وحشت‌زده به غیر از افراد ناتوان یا بی‌خبر از تحولات، از شهر گریختند و راه روسیه را در پیش گرفتند. در سرمای شدید اواسط زمستان بسیاری از آنان در طول مسیر جان سپردند، افراد کهن‌سال و کودکان به دلیل بی‌رمقی، فرسودگی و سرمای شدید از پا درمی‌آمدند. بسیاری از آنان حتی پس از گذر از مرز روسیه به دلیل بیماری جان دادند. خروج قوای روسی فرصتی برای اکراد فراهم کرد تا بی‌درنگ به‌سوی دشت بی‌دفاع ارومیه یورش برند. در نتیجه سیلی از جماعت‌های مسیحی به محوطهٔ مرکز میسیون در ارومیه پناه آوردند. تمام کلاس‌های در دسترس، سردابه‌ها، راهروها، پستوها، دفاتر کار و کلیسا پُر از پناه‌جویان شد. آموزشگاه فیسک مرکز توفان بود. از سویی بچه‌ها زاده و از سویی دیگر مردم بیرون در آشپزخانه جان می‌سپردند. از پستوی زیر پله‌ها برای نگهداری افرادی که در آن اوضاع دچار جُنون می‌شدند، استفاده می‌شد. حدود ۴۰۰ نفر در یک کلاس درس پناه گرفته بودند که در طول شب جایی برای دراز کشیدن نداشتند. ۳۰۰۰ نفر از پناه‌جویان در کلیسا اسکان گرفته بودند که اوضاع به مراتب بدتری داشتند. هیچ قلمی قادر به توصیف هراس و اندوه آن ایام نیست. سه مورد قتل‌عام (از پناه‌جویان داخل محوطه)، طی آن ماه‌ها روی داد، به‌طوری که هر مرتبه پنجاه تا هفتاد تن از مردان از جماعت مورد اشاره جدا و تیرباران می‌شدند. افزون بر این، به‌طور معمول مردان برجستهٔ مسیحی از بین آن جماعت جدا و به جاهای نامعلومی منتقل می‌شدند تا جهت باج‌خواهی مورد استفاده قرار گیرند. از هجده نفر

کادر مرکز میسیون سیزده تن بیمار شدند و سه نفر از آنان جان سپردند. با این حال، کادر میسیون در تمام آن دوران وحشت با ایمانی بدون تزلزل و شجاعت به خدمت خود ادامه داد، شجاعتی که ثمر همان ایمان بود.

دکتر هری پاکارد

اکراد مسیحیان را می‌کُشند
مردان، زنان سالخورده و کودکان کشته می‌شوند و دختران به اسارت درمی‌آیند.
قتل‌عام در پارس

پزشک آمریکایی اهل کلورادو با به مخاطره انداختن جان خود ۳۰۰۰ نفر را از مرگ رهانید.

نیویورک- بر اساس متن تلگرام دریافتی از هیأت میسیون خارجی کلیسای مشایخی آمریکا تمامی مردان روستای بزرگ گلپاشین، در نزدیکی ارومیه توسط اکراد کشته شدند، زنان مورد تجاوز قرار گرفتند، یکی از مبشران آمریکایی مورد ضرب و شتم قرار گرفت، و شصت و پنج پناه‌جو از محوطه‌های میسیون فرانسوی (شصت تن)، و آمریکایی (پنج تن)، دستگیر و به دار آویخته شدند.

دکتر هری پاکارد
(۱۸۷۶-۱۹۵۴)

تفلیس- تلگرام و نامه‌های دریافتی از ارومیه حکایت از آن دارد که میسیون آمریکایی در اوضاع نومیدکننده‌ای است. ارتش منظم ترک به همراه شبه‌نظامیان کُرد مسیحیان آشوری ارومیه را قتل‌عام می‌کنند.

هری پاکارد، پزشک مرکز میسیون کلیسای مشایخی آمریکایی در ارومیه، (از اهالی پلابلو کلورادو)، با به مخاطره انداختن جان خود تلاش موفقیت‌آمیزی برای نجات جان ۳۰۰۰ نفر از مسیحیان آشوری روستای گوک‌تپه که در خطر قتل‌عام هولناکی توسط اکراد قرار داشتند، انجام داد. آشوریان گوک‌تپه آخرین مقاومت‌های خود را در برابر نیروهای مهاجم انجام می‌دادند.

آنان موفق شده بودند به مدت سه روز در برابر مهاجمان مقاومت کنند. اما پس از سه روز تمام مهمات آشوریان به اتمام رسیده بود. در همان هنگام دکتر هری پاکارد با شنیدن خبر محاصرهٔ گوک‌تپه به دست اکراد و قتل‌عام در شرف وقوع رهسپار محل شد. او پس از مذاکره و توافق با رؤسای کُرد در حالی که پرچم آمریکا را در دست داشت کمابیش تمامی جمعیت چند هزار نفری روستای مورد بحث را با خود از میان صفوف اکراد مسلح عبور داد و به محوطهٔ میسیون در شهر ارومیه منتقل کرد.

پانزده هزار نفر از مسیحیان سریانی (آشوری) در محوطهٔ میسیون کلیسای مشایخی آمریکایی، و هزار نفر در محوطهٔ میسیون کلیسای کاتولیک فرانسوی در ارومیه پناه گرفتند.

تصویر فوق از: وردا، یوئیل. *The Flickering Light of Asia*.
ویرانه‌های روستای گلپاشین، یکی از بزرگترین روستاهای مسیحی‌نشین ارومیه، که در سال ۱۹۱۵ پیش از سر رسیدن شبه‌نظامیان آشوری (کوه‌نشین) قتل عام، غارت و ویران شدند.

به تفلیس خبر رسیده است چندی پیش نیز شصت تن از مردان مسیحی پناه‌جوی محوطهٔ میسیون فرانسوی دستگیر و با وجود زاری و التماس راهبه‌ها به دار کشیده شدند.

اکراد در گلپاشین، روستای بزرگ آشوری‌نشین نزدیک ارومیه، به‌طرز عجیبی بی‌رحمانه عمل کردند. گلپاشین آخرین روستای مسیحی حفظ شده از مجموع ۱۰۳ روستایی بود که در ماه گذشته سقوط کرده بودند. اکراد مسلح همهٔ مردان مسیحی روستا را در خیابان جمع کردند و آنان را در گروه‌های پنج نفری به‌سوی آرامگاه روستا بردند و در آنجا به‌طرز وحشیانه‌ای کشتند.

اکراد این عمل را تا آخرین نفر (ذکور) ادامه دادند. دختربچه‌ها و زنان مسن را نیز کشتند و زنان مسیحی جوان‌تر را با خود به اسارت بردند.

در نتیجهٔ جنگ تاکنون ۱۲۰۰۰ نفر از مسیحیان آشوری به قفقاز گریخته‌اند و در آنجا پناه گرفته‌اند. حدود ۱۷۰۰۰ نفر به دلیل خطر قتل‌عام در شرف وقوع در محوطه‌های میسیون‌های آمریکایی و فرانسوی پناه گرفته‌اند؛ و تاکنون ۲۰۰۰۰ نفر از آشوریان از پای درآمده‌اند و مفقود شده‌اند. افزون بر این قسمت عمده‌ای از املاک آنان نابود شده است ...

The Haswell Herald, Kiowa Country, Colorado, Thursday, April 1. 1915,

حدود سه دهۀ پیش شمار اندکی از شاهدان عینی بازمانده آن رخداد حیرت‌انگیز را این‌گونه نقل کرده‌اند:

«اکرادی که چند روز پیش جهت رقم زدن سرنوشتی مشابه دیگر روستاهای مسیحی و قتل-غارت اموال و اسیر کردن زنان و دختران جوان به گوک‌تپه یورش آورده بودند با مقاومت شدید مردان روستا روبه‌رو و تلفات سنگینی متحمل شدند. از آن‌رو، آنان چنان خشمی گرفتند که قسم خوردند که همهٔ اهالی روستا را به قتل خواهند رساند. در نتیجه ایشان با انتقال نیروهای بیشتر عرصه را بر ساکنان روستا که کمابیش مهمات خود را به پایان رسانده بودند تنگ کردند. اما حکیم صاحاب (لقب دکتر پاکارد) با شنیدن خبر به محل شتافت و به دلیل آشنایی با سران کُرد که پیشتر از وی خدمات پزشکی دریافت کرده بودند آنان را مُجاب ساخت تا در عوض دریافت اسلحهٔ مسیحیان و غارت اموال آنان به ایشان امان دهند تا روستا را ترک گویند. مُجاب کردن آشوریان نیز آسان نبود زیرا آنان اعتمادی به وعدهٔ اکراد نداشتند و از تحویل اسلحه پرهیز می‌کردند. اما سرانجام به وعدهٔ دکتر پاکارد اعتماد کردند و اسلحه را بر زمین گذاشتند. اکراد که در هر دو سوی جاده دیوار مسلح هراسناکی شکل داده بودند گذرگاهی جهت گذر مسیحیان بازکردند! صحنهٔ شگفت‌انگیزی بود! درست همانند مسیری که خدا توسط موسی در دریا گشود تا قوم از مرگ حتمی رهایی یابند. حدود سه هزار نفر از اهالی گوک‌تپه نیز به فیض الهی و حکمت و فداکاری دکتر پاکارد از میان دریای خروشان خشم و غضب آن مردان بی‌رحم گذشتند و رهایی یافتند. م.

آرامگاه مسیحیان گوک تپه
که بر ویرانهٔ کهن آن روستا قرار گرفته است
سنگ قبر کوچ مانند مشخصهٔ دوران زمامداری ایلخانان است
Buamer, C. The Church of the East

اما سرانجام طی آن دورهٔ چند ماههٔ به‌شدت تأسف‌بار دکتر ویلیام شِد بار اصلی مسئولیت میسیون را بر دوش داشت. اما در عین حال همکاران او با فداکاری و مهارت کمک‌رسان

وی بودند. دکتر شِد به‌واسطهٔ تدبیر، دیپلماسی و نفوذ اخلاقی به‌طرز معجزه‌آسایی موفق شد تا موقعیت‌های بسیار خطرناکی را به‌طور متناوب مدیریت کند و جماعت‌های اشرار و تهدیدکننده را کمابیش از مقابل دروازه‌های محوطهٔ میسیون که هزاران تن در آن پناه گرفته بودند، برگرداند. کمابیش پنج ماه به بازگشت قوای روسیه به ارومیه و فراهم شدن آزادی و امنیت برای مسیحیان باقی مانده بود که تلاش‌هایی به منظور برانگیختن مسیحیان جهت بازگشت به خانه‌های ویران شدهٔ خود آغاز شد. کمیتهٔ امدادرسانی به آنان داس کوتاه، داس بلند و بیل می‌داد و چارپایانی به شکل امانتی جهت کشت زمین در اختیارشان قرار می‌گرفت. طی سال ۱۹۱۶ و قسمت عمده‌ای از ۱۹۱۷ خدمات امدادرسانی پُرشماری انجام گرفت و تلاش توان‌فرسایی در راستای احیای منابع غذایی منطقه از طریق توزیع بذر برای کشت بهاری و پاییزی صورت پذیرفت. در تمام آن دوره دکتر شِد خدمت متفاوتی را چون قاضی‌ای غیررسمی انجام می‌داد، به‌طوری که مسیحیان و مسلمانان پارسی به‌شکلی مشابه جهت دریافت مشاوره و مراقبت از ترکان و اکراد متخاصم سراغش می‌آمدند. دکتر شِد از صبح زود تا ساعات دیروقت شب مردم را با هر درخواستی که بتوان تصور کرد به حضور می‌پذیرفت و با صبر و فروتنی شگفت‌انگیزی به حکایتهای اندوه‌بار آنان گوش می‌داد و با ایشان همدردی می‌کرد.

سرانجام وقتی قوای روسیه در سال ۱۹۱۷ منطقه را تخلیه کردند پرسشی در مورد رفتن به روسیه یا انتظار تا سررسیدن قوای انگلیس، دیگر نیروی متفقان، مطرح شد که تصمیم‌گیری پُرشتابی را طلب می‌کرد. مردم با اتکاء به وعده‌های نمایندگان متفقان تصمیم به ماندن گرفتند، و آشوریان و ارامنه از هدف آنان حمایت کردند.

دکتر ویلیام امبروز شِد

دکتر ویلیام امبروز شِد، فرزند جان شِد کشیش و مبشر آمریکایی کلیسای مشایخی، در ارومیه بود که در سال ۱۸۶۵ در روستای کوچک آشوری‌نشین سیر، در شش کیلومتری شهر ارومیه، زاده شد. او به منظور ادامهٔ تحصیل رهسپار آمریکا شد و پس از فارغ‌التحصیلی از دانشگاه پرینستون به ارومیه بازگشت و بقیهٔ عمر خود را وقف خدمت به آشوریان آن سرزمین کرد. دکتر شِد در سال ۱۹۰۴ کتابی تحت عنوان «اسلام و کلیساهای شرقی: ارتباط تاریخی آنها» به نگارش درآورد.

دکتر ویلیام امبروز شِد

(۱۸۶۵–۱۹۱۸)

William Ambrose Shedd

یوئیل ورده، نویسندهٔ کتاب The Flickering light of Asia در مورد دکتر ویلیام امبروز شِد چنین می‌نویسد: «دکتر ویلیام شِد به‌طرز خاصی از سوی خدا برکت یافته بود. افزون بر صداقت، وقف و خرد، او بسیار حکیم بود، خصیصه‌ای که در آن دوران سخت به‌طور خاص مورد نیاز بود ... با سررسیدن ترکان تمامی کانالهای ارتباطی مسدود شد و با وجود باقی بودن امکان ارتباط پُستی، در آن اوضاع، چک، اسناد بانکی و دیگر مسیرهای انتقال وجه فاقد ارزش بود. از سوی دیگر، منابع مالی مرکز میسیون در ارومیه آن قدر اندک بود که نمی‌توانست کفاف نیازهای خیل پناهندگان را بکند. در نتیجه دکتر شِد نزد مسلمانان متمول شهر می‌رفت و از آنان وام می‌گرفت. آن مردان مسلمان بر اساس اعتمادی که به وی داشتند وجوه مورد نیاز را در اختیارش قرار می‌دادند. افزون بر اعتماد، دکتر شِد بهره‌ای با نرخ بالا نیز به آنان وعده داده بود. اما بانکداران مسلمان دلیل دیگری نیز برای پرداخت وام به دکتر شِد داشتند و آن ترس از ترکان عثمانی بود. این امکان وجود داشت که ترکان در آن اوضاع دشوار به جستجوی منابع مالی بپردازند و طلا و نقرهٔ برخی مسلمانان متمول ارومیه را تصاحب کنند ... ترکان به یاری برخی از مسلمانان ارومیه لیستی از اسامی افراد برجستهٔ آشوری تهیه و با زور اسلحه آنان را از پناهگاه‌شان خارج و به زندان منتقل کردند. ترکان هر روز آن مردان آشوری را از زندان خارج می‌کردند و به آنان اطلاع می‌دادند که روز تیرباران فرارسیده است. اما پس از گرداندن آنان در شهر بار دیگر به زندان می‌بردند و وجهی (فدیه) جهت آزادی از ایشان طلب می‌کردند. اما آن مردان پیشتر به همراه دیگر آشوریان تمام دارایی خود را از دست داده بودند و چیزی برای پرداخت فدیه نداشتند ... دکتر شِد با ارزیابی اوضاع باب مذاکره را با افسران ترک گشود ... و در نهایت با پرداخت وجهی (از طریق وام‌گیری مُجدد) اغلب زندانیان را آزاد کرد. نرخ فدیه از سه تا شش هزار دلار برای هر فرد تعیین شده بود.»

دکتر ویلیام امبروز شِد به همراه همسر و فرزندان

ویکتور شکلوفسکی، نویسندهٔ روس، که در سال ۱۹۱۷ در ارومیه بود در خاطرات خود از دکتر شِد نام می‌برد و وی را یکی از نمونه‌های تشویق‌آمیز انسانیت در میان خشونتی قلمداد می‌کند که در پارس و روسیه شاهد آن بود.

دکتر ویلیام شِد خود را وقف خدمت به آشوریان پارس کرد، همراه با آنان رنج کشید، جان هزاران نفر را از قتل‌عام و گرسنگی رهانید، و در نهایت در حین خدمت به آنان جان سپرد. دکتر شِد که همراه با آشوریان در سال ۱۹۱۸ ارومیه را به مقصد عراق ترک کرده بود در شاهین‌دژ به وبا مبتلا شد و درگذشت. جسدش را در همان حوالی به

خاک سپردند، اما بعدها همسرش محل خاکسپاری وی را شناسایی و جسدش را به آرامگاه کلیسای انجیلی تبریز منتقل کرد.

Shedd, Mary Lewis, The Messure of the Man. George H. Doran Compny. 1922
Werda, Joel E. The Flickering light of Asia

دکتر ویلیام امبروز شِد به همراه گروهی از پناهنگان مسیحی در محوطهٔ میسیون (شهر ارومیه)

پس از آغاز جنگ اول جهانی آشوریان (نستوریان) کوه‌نشـین که از ظلم مُستمر ترکان و اکراد به سـتوه آمده بودند، جانب نیروهای متفقان را گرفتند؛ و آرزو داشتند تا از سـلطهٔ امپراتوری عثمانی و غارت، ظلم و کشتار مداوم اکراد رهایی یابند. در نتیجه قوای قدرتمندی از سوی حکومت عثمانی به سمت بلندیهای محل سکونت آشوریان مسـیحی در جنوب شرق ترکیهٔ امروزی فرسـتاده شد. آشوریان کوه‌نشین چند مـاه در برابر آن نیروی پُرتوان دولتی و قبایل کُـرد متحـد آن مقاومت کردند. سرانجام در بهار ۱۹۱۵ حیدر بی، فرماندار موصل، سپاه بسـیار بزرگ و قدرتمندی متشـکل از ۴۰۰۰۰ نیـروی منظم ترک و شمار بزرگی از شـبه‌نظامیان قبایل کُرد را گرد آورد تا مقاومت آشوریان کوه‌نشین را در هم بشکند. نیروی مورد اشاره از جنوب به‌سـوی بلندیهای حکاری حرکت کرد؛ در همان حال سپاه بزرگ ۲۰۰۰۰ نفری دیگری از قوای منظم ترک از سمت شمال به محل سکونت آشوریان یورش آورد. آشوریان پس از چند ماه مقاومت در برابر آن ارتش قدرتمند در محاصره گرفتار شـدند و خطوط ارتباطی آنان با ارتش روسیه قطع شد. با اتمام منابع غذایی و مهمات، آشوریان کوه‌نشین که به سختی توسط نیروهای دولتی محاصره شـده بودند مجبور به فرار به سمت پارس از طریق اندک دره‌های تنگ کوهسـتانی بودند که هنوز مجراهای بازی به‌شـمار می‌رفتند. نیروهای ترک و کُرد در تمامی آن روزها در تعقیب و کشـتار مسیحیان کوه‌نشین بودند. در نتیجه چندین هزار تن که اغلب آنان را زنان و کودکان تشـکیل می‌دادند کشته یا در آن مسیرهای کوهستانی رها شدند تا جان دهند.

سرانجام ۳۰ تا ۳۵ هزار تن از آشوریان کوهستان از مرز پارس عبور و وارد دشت سلماس شـدند. آن گروه بزرگ که در دشت سلماس، روسـتاهای خوی و ارومیه پراکنده شده بود

نتوانست از تعقیب بیماریها رهایی یابد. افزون بر این، بسیاری از آنان گرسنه بودند و لباس و پناهگاهی نداشتند، از این جهت، تلفات جانی بسیار بالا بود. چند روز پس از ورود آنان به پارس، دکتر مکدول، که پیشتر در روستاهای کوهستانی آن مسیحیان را خدمت کرده بود، به همراه شماری از مبشران آمریکایی، و مقداری وجوه امدادی، به سلماس رسیدند.

دکتر ویلیام امبروز شِد در نوامبر ۱۹۱۵ خطاب به میسیون کلیسای مشایخی (پرزبیتری) آمریکا نوشت:

«زمستان دیگری در راه است، و شمار مسیحیانی که در منطقهٔ ارومیه غذایی در دسترس ندارند کمتر از ۱۵۰۰۰ نفر نیست. اغلب آنان خانه، لباس و منابع غذایی خود را از دست داده‌اند. افزون بر این، ۲۵۰۰۰ تن نستوری به‌طور کامل تهیدست از مرز ترکیه به اینجا آمده‌اند. پناهندگان ارامنه و دیگر مسیحیان تهیدست سلماس را نیز باید به جماعت مورد اشاره افزود. این جا نیاز شدیدی وجود دارد. کمیتهٔ خدمات امدادی که متشکل از کنسول محترم آمریکا در تبریز، مبشران آمریکایی و شماری از مبشران انگلیکن است در صورت برخورداری از وجوه لازم می‌تواند به‌شکل مؤثری پاسخگوی این نیازها باشد.

ساختمان اصلی کالج مبشران آمریکایی در ارومیه که در آن دوره به مرکز خدمات امدادی بدل شده بود

Naazem, Joseph. Shall This Nation Die? New York. Chaldean Rescue. 1920. pp. 232-234.
Shedd, Mary Lewis, The Messure of the Man. George H. Doran Compny. 1922. p.206.
Schauffler Platt, Mary. The War Journal of a Missionary in Persia.
New York, Foreigen Missions of the Presbyterian Church, 1915. p. 3.

آخوندهای مسلمان پس از جنگ ۲۲ فوریهٔ ۱۹۱۵ به دکتر ویلیام امبروز شِد پناه می‌برند

دکتر ویلیام امبروز در سال ۱۹۱۸ به منظور کمک و ایجاد آشتی میان آشوریان مسیحی و مسلمانان ارومیه و توابع آن، سمت نایب‌کنسول کشور ایالات متحدۀ آمریکا را به شکل افتخاری پذیرفت. همسر او در مورد رخدادهای روز ۲۲ فوریهٔ ۱۹۱۸ می‌نویسد:
«روز ۲۲ فوریهٔ ۱۹۱۸ دکتر شِد نشستی مشترک با سران مسیحیان و مسلمان در ارومیه داشت. طی آن نشست هر دو طرف متعهد شدند که به طرف دیگر حمله نخواهند کرد. اما به سختی ساعتی از آن مذاکره گذشته بود که مسلمانان به قسمت مسیحی‌نشین شهر یورش آوردند. مسیحیان آمادۀ نبرد نبودند. اغلب آشوریان مسلح به اتفاق خانواده‌ها در روستا بودند و با شنیدن نخستین صداهای گلوله

هر مرد و پسری که اسلحه‌ای داشت به‌جهت نجات جان خانوادهٔ خود آن را برداشت و نبرد از پشت‌بامها، پنجره‌ها، دروازه‌ها تداوم یافت. در آن هنگام آقا پطرس، فرماندهٔ آشوریان، گروهی را گرد آورد. اگر تلاش او و ملک خوشابه، یکی از واعظان کوه‌نشین ما، که به همان خوبی وعظ در نبرد نیز مهارت داشت، نبود، مسیحیان به شکل هولناکی قتل‌عام می‌شدند. آن دو فرمانده جنگ را ادامه دادند و در نهایت بخش دیگر شهر را نیز تصرف کردند.

دو روز بعد چندصد آخوند، تاجر، صنعتگر، و افراد برجستهٔ این شهر مسلمان در عقب سردار، فرماندار ارومیه، (در سال ۱۹۱۸)، در حالی که پرچمهای سفید و سبز اسلامی خود را در کپه‌های برف محوطه میسیون فرو کرده بودند در آن محوطه اجتماع کردند تا خود را به دکتر شِد بسپارند. این در حالی بود که آنان به عهد با وی خیانت کرده بودند و در صورت امکان باز خیانت می‌کردند، اما از اعتماد کردن به دکتر شِد هراسی نداشتند ...»

Shedd, Mary Lewis, The Messure of the Man: George H. Doran Compny. 1922 .pp.231-233.

گروهی از شبه‌نظامیان آشوری در ارومیه (سال ۱۹۱۸)

از کتاب زندگی ویلیام امبروز شِد

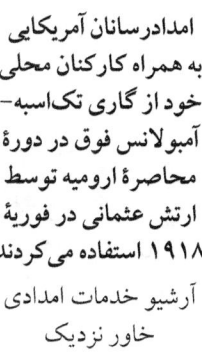

امدادرسانان آمریکایی به همراه کارکنان محلی خود از گاری تک‌اسبه-آمبولانس فوق در دورهٔ محاصرهٔ ارومیه توسط ارتش عثمانی در فوریهٔ ۱۹۱۸ استفاده می‌کردند

آرشیو خدمات امدادی خاور نزدیک

بدین‌ترتیب ارامنه و آشوریان بازمانده از نسل‌کشی دولت عثمانی که به ارومیه پناه آورده بودند، پیش از سقوط آن شهر به دست نیروهای منظم ترک از سمت دروازهٔ کُردی شهر ارومیه آن را در آگوست ۱۹۱۸ ترک می‌کنند (از کتاب زندگی ویلیام امبروز شِد).

مسیحیان نیروی نظامی نامنظم و نامرتبی داشتند؛ و در حقیقت آن نیروی چریکی نامنضبطی بود. با این حال آن نیرو جنگجویانی بسیار شجاع داشت، به‌طوری که در چهارده نبردی که طی شش ماه نخست سال ۱۹۱۸ در برابر نیروهای مسلمان پارسی، کُرد، و ارتش منظم ترک انجام دادند به پیروزی رسید.

خروج بزرگ مسیحیان از ارومیه

مقاومت در درازمدت ممکن نبود. از این‌رو، مسیحیان سراسیمه به‌سوی همدان گریختند. هزاران تن از مسیحیانی که از ارومیه گریختند در راه ورای توصیف هر قلمی دچار مُصیبت شدند. در طول مسیر قوای ترک و پارسی شش مرتبه به آنان حمله کردند. غذا کم بود و آب یافت نمی‌شد. اسهال خونی و وبا صدها تن را می‌کشت و دیگران به دلیل فرسودگی و بی‌رمقی از پا درمی‌آمدند.

درگذشت دکتر ویلیام شِد و استقرار در بین‌النهرین

دکتر ویلیام امبروز شِد در ششمین روز فرار بزرگ به وبا مبتلا شد و جسم فرسودهٔ او به سرعت تسلیم بیماری گشت و در نهایت درگذشت. در حالی که کاروان مصیبت‌زده همچنان به فرار ادامه می‌داد جسد دکتر شِد در کنار راه به خاک سپرده شد تا از زحمات خود آرامی گیرد.

انتشار خبر مرگ آن رهبر مسیحی در میان صفوف آن مردمان رنجور، نومیدی عمیق‌تری ایجاد کرد. آن مردم شکسته‌دل فریاد زده می‌گفتند: «حال ما چه کنیم؟ پدرمان درگذشت! ای کاش نیمی از این ملّت می‌مرد و تو زنده می‌ماندی!» مسیحیان ارومیه سه هفتهٔ دیگر

نیـــز آن فرار هراس‌آور را ادامه دادنـــد، در حالی که ترکان در تعقیب آنان بودند و پی‌درپی به ایشان یورش می‌آوردند؛ و این در حالی بود که نیروهای کم‌شمار بریتانیایی به‌ندرت حمایتی از آن جماعت به عمل می‌آورند. ســرانجام پس از طی آن مســیر طولانی در اواخر آگوست ۱۹۱۸ به همدان رسیدند و بی‌درنگ خدمات امدادی به ایشان ارائه شد. سپس ۵۰۰۰۰ نفر از پناه‌جویان در اردوگاه بزرگ (بادکوبه) در بین‌النهرین (عراق کنونی)، در چهل مایلی شــمال بغداد اسکان داده شدند.

آن جماعت مسیحی در بین‌النهرین تحت مراقبت نیروهای انگلیسی قرار گرفتند و آذوقهٔ مورد نیاز خود را نیز از آنان دریافت می‌کردند. خدمات روحانی نیز تحت نظارت کشــیش دکتر ادوارد مک‌دول و همسرش[1] به آن جماعت ارائه می‌شد.

حرکت مسیحیان ارومیه به‌سوی اردوگاه بادکوبه در بین‌النهرین
آگوست ۱۹۱۸ از آرشیو خدمات امدادی خاور نزدیک

برخورد ترکان عثمانی با مبشران آمریکایی

در همان حین، پس از سقوط دوبارهٔ ارومیه به دست ترکان، آنان املاک و امکانات میسیون را تصرف و مبشران کلیسای مشــایخی آمریکا را دو ماه زندانی کردند. در آنجا ترکان تمامی آذوقه و امکانات را مصادره و تنها سهم بسیار ناچیزی برای بیماران و یتیمان واگذاشتند. سپس بیماری مالاریای بسیار قدرتمندی مبشران و کارکنان مرکز را گرفتار کرد؛ و از سوی دیگر آبله و دیگر بیماریها قربانیهای زیادی از پناه‌جویان می‌گرفت. دوشیزه لنور شوئبل[2] مدیر آموزشگاه فیسک، درگذشت و در محوطه به خاک سپرده شد. در همان هنگام خانم ادموند مک‌دول نیز در آن شــرایط سخت از پای درآمد. سرانجام ترکان در اوایل اکتبر ۱۹۱۸ مبشران را از ارومیه اخراج و به تبریز فرستادند، جایی که در چهار سال بعدی ملجای کارکنان ارومیه بود.

1. Rev. Dr. And Mrs. Edward W. McDowell; 2. Miss Lenore R. Schoebel

اردوگاه پناهندگان مسیحی (ارومیه) در اردوگاه بادکوبهٔ بین‌النهرین
عراق امروزی، سالهای ۱۹–۱۹۱۸

اوضاع میسیون پس از متارکهٔ جنگ

متارکهٔ جنگ نیز نتوانست آرامشی برای پارس به همراه داشته باشد. در ماه می ۱۹۱۹ دکتر هری پاکارد و همسرش[1] به ارومیه بازگشتند. آنان قصد داشتند به آن گروه از مسیحیانی که از مهلکه جان سالم به‌در برده بودند خدمات پزشکی ارائه دهند و افزون بر آن خدمات امدادی برای افرادی که در دشت ارومیه قربانی گرسنگی می‌شدند، تهیه کنند.

کشیشان و شماسان کلیسای نستوری در بادکوبهٔ
بین‌النهرین، عراق امروزی، ۱۹۱۹
زندگی دکتر ویلیام امبروز شِد

در همان حین خصومت بین مسلمانان پارسی و اکراد بالا گرفت. دکتر پاکارد تلاش بی‌حاصلی برای ایجاد مصالحه انجام داد. در نهایت اکراد از ارومیه اخراج شدند. سپس مسلمانان متوجه مسیحیان شدند و با ورود به محوطهٔ میسیون آمریکایی در ارومیه چپاول و کشتار به راه انداختند. دکتر پاکارد با تلاش برخی از صاحب‌منصبان از محل خارج و به حیاط فرماندار منتقل شد و بدین‌ترتیب از مرگ نجات یافت. دکتر پاکارد و همسرش به همراه آن تعداد از مسیحیانی که از آن قتل‌عام جان سالم به در برده بودند در آن مکان به مدت چند هفته زندانی شدند؛ اما سرانجام با

---

1. Dr. and Mrs. Harry P. Packard

تدبیر شجاعانهٔ آقای گوردن پادوک، کنسول آمریکا، در تبریز[1] که به همراه کشیش هوگو مولر[2] و دکتر ادوارد دود[3] رهسپار ارومیه شده بود آزاد شدند. آن سه مرد با به مخاطره انداختن جانهای خود مبشران و حدود ۶۰۰ مسیحی بازمانده از آن قتل‌عام را به سلامت تا تبریز همراهی کردند.

شماری از آشوریان ارومیه در بازگشت از بین‌النهرین راه تبریز را در پیش می‌گیرند، ۱۹۲۲
خدمات امدادی خاورنزدیک

در سالهای پس از آن رخدادهای مصیبت‌بار، چندین بار مسافرت‌هایی از تبریز به ارومیه انجام گرفت. مبشـران پس از بازدید از منطقه هر بار با حکایت‌های اندوه‌باری از روستاهای متروک و در حال ویرانی، کپه‌های ویرانه‌ها در شهر و اسکلت‌های متحرکی (مردم قحطی‌زدهٔ نحیف) که در خیابان‌های خلوت ارومیه در حرکت بودند، به تبریز برمی‌گشتند.

تداوم آشـفتگی اوضاع سیاسی مانع بازگشـایی مرکز ارومیه تا ۲۸ نوامبر ۱۹۲۲ شد. در زمان مورد اشاره دوشیزه ادیت لم اجازه یافت تا به ارومیه برگردد. در ابتدای سال بعد، دیگر اعضای نیز مسـیر ارومیه را در پیش گرفتند، راهی که دلشـان در آرزوی پیمودنش می‌تپید. اما بازگشـت مابقی اعضای مرکز جهت بازسـازی اماکن ویران شده تا اواخر سال ۱۹۲۳ به طول انجامید. نخسـتین دیدار از بخش مسیحی‌نشین شهر شـوکه کننده بود، زیرا آن به‌طور کامل با خاک یکسـان شده بود. چیزی غیر از دیوارهای فرو ریخته که زمانی منزگاه دوستان و همسایگان بود باقی نمانده بود. روستاها و تاکستان‌های ویران شده و کشتزارهای پوشیده شده از علفهای هرز در مقایسه با چشم‌اندازهای پیشین ارومیه بسیار اندوه‌بار بود.

1. Mr. Gordon Paddock, the American Consul at Tabriz; 2. Rev. Hugo Muller; 3. Dr. Edward M. Dodd

یکی از مبشران مرکز مورد بحث در این باره می‌نویسد: «اوضاع مسیحیانی که به خانه‌ها و روستاهای ویران خود بازگشته‌اند به‌سبب تهیدستی و بیکاری به حدی دردناک و تأسف‌بار است که توصیف آن در توان کلمات نیست. بدتر از همه این موارد اوضاع نابسامان روحانی آنان است. نیاز به کلیساها، مدارس و بیمارستانها اگر بیش از پیش نباشد چیزی کمتر از آن نیست. آن گروه از مسیحیانی که طی این پاییز به وطن خود بازگشته‌اند با گرسنگی شدید جسم و جان روبه‌رو هستند.»

بازگشت مسیحیان به خانه‌های ویران شدهٔ خود پس از توقف جنگ، ربع نخست سدهٔ بیستم، ارومیه

میسیون شرق کلیسای مشایخی

میسیون شرق نیز با شش مرکز از پیامدهای مستقیم و غیرمستقیم جنگ در زحمت بود؛ و با وجود این که اموال خود را به‌طور مستقیم از دست نداد اما با وقفه‌های جدّی برای ادامهٔ کار روبه‌رو شده بود.

بیمارستان همدان توسط نیروهای روس اشغال شد. آنان قصد داشتند در بخشی که تنها ظرفیت مراقبت از بیست و پنج بیمار را داشت ۲۰۰ سرباز بیمار را بستری کنند. سپس ارتش بریتانیا بیمارستان را تصرف کرد و در ابتدا با تغییر کاربری، آن را چون سربازخانه مورد استفاده قرار داد، و سپس آن را به حالت پیشین خود برگرداند. امواج متوالی تجاوز نظامی از هر سو تأثیرهای اجتناب‌ناپذیر و تأسف‌باری بر کشور و مردم به‌جا می‌گذاشت. لشکرکشی و تصادم قوای نظامی درگیر در جنگ، به‌ویژه مناطق همدان و کرمانشاه را تحت‌تأثیر مخرب خود قرار داده بود.

در مشهد مرکز میسیون در اثر آتشی‌سوزی غیرعمدی از بین رفت. در سال ۱۹۲۰ ارتش بلشویک رشت را تصرف و تمام خارجیان از جمله مبشران کلیسای مشایخی را از شهر بیرون کرد. از این‌رو، کارکنان مرکز رشت جهت یاری‌رسانی به همکاران خود به کادر مراکز تهران و همدان پیوستند. مبشران با وجود تمامی تغییر و تحولهای سیاسی موفق به حفظ حضور خود در مراکز مورد اشاره شدند.

اوضاع در تبریز در دورهٔ جنگ و چند سال پس از پایان آن بسیار بی‌ثبات بود. در سال ۱۹۱۸ پیشروی نیروهای ترک به خروج و پراکندگی بزرگ مردم انجامید و در سال ۱۹۲۰ اوضاع سیاسی به‌سبب حملات نظامی نیروهای بلشویک و ترک و بی‌نظمی عمومی بسیار

مبهم بود؛ در نتیجه خدمات مبشـــران به کمترین حد ممکن رسید. کمابیش تمامی خارجیان از تبریز خارج و تنها دو نفر جهت حفظ مرکز مجبور به ماندن شـــدند. بقیهٔ کادر میسیون تبریز به تهران پناه بردند و مجبور شدند سال ۱۹۲۱ را نیز در آنجا سپری کنند. در زمستان ۱۹۲۲-۱۹۲۱ هزاران نفر از پناه‌جویان از روستاهای اطراف به تبریز سرازیر شدند. در آن هنگام مبشران مرکز تبریز نیز فرصت یافتند تا به ســـازمان‌های امدادی خاورمیانه بپیوندند و مشـــغول سازمان‌دهی خدمات امدادی و ایجاد اشتغال برای افراد تهیدست شوند.

شهدای خدمتی طاقت‌فرسا

در تمامی نقاطی که میســـیون فعالیت داشـــت کمبود شـــدید آذوقه پیـــش آمده بود و درخواســـت‌های بی‌امان برای دریافت خدمات امدادی ورای توان مبشـــران فرسوده مرکز تبریز بود. آنان مجبور به تحمل نگرانی و باری ســـنگین بودند، و با وجود این که آســـیبهای وارده به املاک و امکانات قابل قیاس با میســـیون غرب پارس نبود، اما تقلا و فشـــار بسیار ســـنگینی را به کادر مورد بحث وارد می‌ساخت. افزون بر خانم لوئیس ویلبر شِد، خانم مری مک‌دول، و دوشـــیزه لنور شوئبل، آقایان کشیشان لوئیس اسلستین، چارلز داگلاس[1] سموئیل جی. ویلســـون، ویلیام امبروز شِد و فردریک جسوپ[2] شهدای آن خدمت به غایت سنگین و اوضاع دشوار دورهٔ مورد بحث هستند.

1. Charles Douglas; 2. Fredrick N. Jessup

فصل چهاردهم

خدمت همدردی، بازسازی ویرانه‌های جنگ و رویارویی با محدودیت‌های تازه

ماری لوئیز شِد
(بیوهٔ دکتر ویلیام امبروز شِد)

در آن سالهای تاریکی، اندوه، گُشت و کشتار، کمبودها و بیمارهای واگیردار، مبشران و مسیحیان انجیلی پارس خدمات امدادی-پشتیبانی چشمگیری ارائه کردند که به نوبهٔ خود نفوذ بی‌سابقه‌ای در بین طبقه‌های مختلف جامعه به آنان بخشید. در آن دوران سختی پای مبشران به روستاهایی باز شد که طی صد سال خدمات بشارتی هرگز به حدود آنها نرسیده بودند. بیوهٔ دکتر ویلیام شِد مهمانی بود که درِ منازل مردم پراکنده در دشت ارومیه همواره به رویش باز بود. او طی اقامت‌های چند هفته‌ای در بین آن مردم، با نیازهای جسمی و روحانی آنان آشنا می‌شد و تا حد توان خدماتی به ایشان ارائه می‌کرد. همدردی بیوهٔ دکتر شِد با آن مردم رنج‌دیده سبب شد تا امکان ایفای نقش تسلی‌دهنده، مشاور و آموزگار را در بین آنان بیابد. در بهار سال ۱۹۲۹ او خطاب به هیأت چنین می‌نویسد:

«در هر روستایی سعی می‌کنم جلسهٔ دعای خانمها را سازماندهی کنم. آنان یک یا دو مرتبه در هفته با هم جمع می‌شوند. اما شمار اندکی از توانایی خواندن برخوردارند و رهبران بسیار کمی برای ادارهٔ امور وجود دارند. روز یکشنبه، گروهی از مردان کتاب‌مقدس به دست را مشاهده کردم که آن را با انگیزهٔ فراوان در جلسهٔ دعای یکشنبه مطالعه می‌کردند. یکی از آنان را به‌طور خاص زیر نظر گرفتم. او در سالهای جنگ، به منظور انتقام از عملکرد هولناک مسلمانان به ضد مسیحیان، دست به چپاول، ناسزاگویی، و حتی قتل زده بود. دو یا سه سال پیش او دل خود را به مسیح سپرد و از اعمال خود توبه کرد. حال او در حالی که کتاب‌مقدسی در دست و عینکهایی ناهمگون بر بینی داشت با جدّیت کلام خدا را مطالعه می‌کرد. هیچ چیز غیر از قدرت تبدیل‌کنندهٔ خدا نمی‌تواند چنین تغییری ایجاد کند. این حکایت تنها روستایی است که نیازی به ایجاد آشتی در آن دیده

نشـــد، و تنش پایداری در آن مشاهده نمی‌شود. کشـــیش کلیسا با حلم و فروتنی رشتهٔ صلح و ســـلامتی را در بین آنان حفظ می‌کند. او نمونه‌ای مناسب از مردی اســـت که تک قنطار خود را به خوبی به‌کار می‌گیرد. ما در اتاق پذیرایی منزل وی که بزرگ و انبارمانند بود جمع شـــدیم. آن جای نامناسبی بود، اما کلیسای روستا زنده است.»

شرکت‌کنندگان کانون شادی در منزل خانم کاکران (ردیف آخر نفر سمت چپ)
ارومیه، آرشیوکلیسای مشایخی (پرزبیتری) آمریکا در فیلادلفیا

دوشیزه ادیت لم خدمتی مشابه خدمت خانم شِـــد در روستاها را به شهروندان مسلمان ارومیه ارائه می‌کرد. او حامل پیام همدردی و شادی به منازل شهروندان مسلمان غنی و فقیر ارومیه بود.

کشیش ببله شمعون

ببله در ســـال ۱۸۶۳ در روستای بزرگ مسیحی‌نشـــین گوک‌تپهٔ ارومیه زاده شد. پدرش حکیم شمعون و مادرش الیشوا از ســـاکنان گوک‌تپه بودند. ببله در سال ۱۸۸۸ از آموزشگاه میســـیون آمریکایی در ارومیه فارغ‌التحصیل شـــد. او در همان ســـال با رابی مریم از اهالی روستای مسیحی‌نشین ساعتلوی ارومیه ازدواج کرد. ببله پس از اتمام دوران تحصیل، توسط میسیون در مقام آموزگار استخدام شد. با این حال، او پس از چندی جذب تجارت فرش شد و خدمت خود را رها کرد.

ببله که آن عرصه را پرسود یافته بود با سرمایه‌گذاری بیشتری تلاش کرد تا آن را به پیشه‌ای موفق و مستمر بدل سازد. اما طی یکی از سفرهای تجاریش به آمریکا به‌شکلی ناگهانی بیمار

کشیش بله شمعون
(۱۹۴۹-۱۸۶۳)

شد و پزشکی که بر بالین وی آمد به او اطلاع داد که تنها چند ساعت به پایان زندگی وی باقیست! از این‌رو، وی را ترغیب به نوشتن وصیت‌نامه‌ای کرد. بیله پس از رفتن پزشک، رو به‌سوی خداوندش کرد و در دعا به گناهی که با ترک گلهٔ خداوند با انگیزهٔ مال‌اندوزی مرتکب شده بود اعتراف و به خداوند وعده داد که در صورت یافتن شفای وی، باقیماندهٔ زندگی‌اش را وقف خدمت به کلیسای او خواهد کرد. دعای بیله با شتاب پاسخ یافت و پزشک و بسیاری از همراهان وی را در آن سفر دریایی شگفت‌زده ساخت. او پس از رسیدن به آمریکا در Milwaukee, Wisconsin به تحصیل مشغول شد. بیله شمعون پس از بازگشت به ایران مسئولیت کلیسای تبریز و سپس نظارت کلیساهای روستاهای گوک‌تپه و دیگاله را بر دوش گرفت. او به‌تدریج به واعظی قدرتمند و پُرآوازه بدل شد و به‌سبب برخورداری از خدمتی موفق به کلیسای شهر ارومیه دعوت و مسئولیت شبانی آن به وی داده شد.

اما همان‌طور که پیشتر اشاره شد ارومیه و دیگر نواحی شمال‌غرب ایران، طی جنگ جهانی اول رزمگاه سپاهیان منظم روسیه، ترکیه و همچنین شبه‌نظامیان کُرد و ... شده بود. در آن دوره پیشروی نیروهای ترک، دو مرتبه سبب فرار مسیحیان ارومیه از بیم قتل‌عام شد. نخستین فرار در سال ۱۹۱۵ روی داد؛ و چنان که پیشتر شرح آن گذشت در آن هنگام جماعتی مابین ۱۵ تا ۱۸ هزار نفر از مسیحیان در محوطهٔ میسیون آمریکایی پناه گرفتند و حدود ۱ تا ۲ هزار تن نیز در محوطهٔ میسیون کاتولیک جای داده شدند. باقی‌ماندهٔ جماعت مسیحی به‌سوی قفقاز گریختند. اما فرار بزرگ دیگری در سال ۱۹۱۸ روی داد که طی آن کمابیش تمامی جماعت مسیحی آذربایجان و آن گروه از مسیحیان ارمنی-آشوری مرزهای ترکیه که از نسل‌کشی ترکان جان سالم به‌در برده و در ارومیه و دشتهای اطراف آن پناه گرفته بودند، از آن منطقه گریختند. شماری از مسیحیان که در شهر باقی مانده بودند به‌سبب برخورداری از رابطهٔ دوستی با همسایگان و دوستان آذری خود به هنگام ورود ارتش ترکیه به ارومیه توسط آنان مخفی شدند. اما با انتشار پناه گرفتن برخی از مسیحیان در منازل دوستان و همسایگان آذری خود در ارومیه، مقامات ارتش ترک بیانیه‌ای صادر و ضرب‌الاجلی تعیین کرد که بر اساس آن آذریانی که به مسیحیان پناه داده بودند در صورت ادامهٔ کمک به‌شدت مجازات

می‌شدند. از این‌رو، آن جماعت مسیحی آواره و به دست سپاهیان ترک گرفتار و کشته شدند.

اما کشیش ببله شمعون یکی از سی نفر کشیش کلیسای انجیلی ارومیه و مناطق مجاور آن بود که در آن دوره، تن به جلای وطن دادند. پس از اتمام جنگ تنها دو تن از کشیشان انجیلی به ارومیه بازگشتند که یکی از آنان کشیش ببله شمعون بود. بقیهٔ آن گروه یا در طول جنگ به هر دلیل از دنیا رفتند یا در دیگر نقاط به کار پرداختند و به کشور بازنگشتند.

کشیش ببله شمعون، شبان، واعظ و آموزگار علم الهی بود. او پیش از فرار بزرگ نیز کشیش کلیسای انجیلی ارومیه بود و پس از بازگشت به سازماندهی دوبارهٔ آن کلیسا پرداخت. بنای عبادتگاه تازهٔ مسیحیان انجیلی در ارومیه تحت مدیریت کشیش شمعون و تلاش مستمر او در گردآوری کمک مالی از مردم سرانجام در سال ۱۹۲۷ بدون برج ناقوس فعلی به پایان رسید. آن کلیسا یکی از شانزده بنایی بود که پس از جنگ در ارومیه ساخته شد.

عبادتگاه و شماری از مسیحیان آشوری کلیسای انجیلی ارومیه که در دوران پس از جنگ اول جهانی توسط کشیش ببله شمعون بنا و دوباره سازماندهی شد
(تصویر فوق به دورهٔ پس از درگذشت کشیش ببله شمعون مربوط می‌شود)

کشیش ببله افزون بر انجام خدمات شبانی در همکاری نزدیک با مبشران کلیسای مشایخی آمریکا مشغول تدریس علم الهی جهت آموزش و تربیت نسل جدیدی از رهبران کلیسای دوران پس از جنگ بود. ثمر خدمات وی و دیگر همکارانش در آموزشگاه علم الهی دوران پس از جنگ جهانی اول ارائهٔ چندین کشیش، واعظ، مبشر و آموزگار کتاب‌مقدس تمام‌وقت به کلیسا بود که از آن جمله می‌توان به کشیش سرگیس صیاد، کشیش پنوئیل مرادخان، کشیش واسیل پیرویان و ... اشاره کرد.

مشایخ کلیسای ارومیه به پاس قدردانی از خدمات طولانی و مؤثر کشیش ببله شمعون پس از درگذشت وی، پیکر او را در حیاط خلوت کوچکی واقع در محوطهٔ کلیسای انجیلی ارومیه به خاک سپردند. آنان سنگ مزاری را که خود کشیش ببله پیشتر آماده و در آرامگاه روستای گوک‌تپه قرار داده بود به محل خاکسپاری وی منتقل و نصب کردند. هم‌اکنون بازدیدکنندگان از کلیسای انجیلی ارومیه به هنگام ورود به کلیسا آرامگاه وی را در کتابفروشی کوچک کلیسا مشاهده می‌کنند.

منابع:

۱) مصاحبه سال ۱۹۹۲ با آقای یوناتان سرونوس، شیخ بازنشستهٔ کلیسای انجیلی ارومیه، شاهد عینی فرار بزرگ و رویدادهای و تحولات پس از جنگ کلیسا و همچنین از بستگان نزدیک کشیش ببله شمعون.

۲) مصاحبهٔ سال ۲۰۰۸ در تهران با خانم شوشن مرادخان، همسر کشیش مرادخان، شاهد عینی تکمیل روند بنای عبادتگاه تازهٔ مسیحیان انجیلی ارومیه و گرد آمدن دوبارهٔ اعضای آن.

۳) اقتباس از کتاب By the Power of the Spirit به قلم استاد گرانقدر دکتر کنت توماس.

۴) توفیق، رحمت‌الله. تاریخچهٔ ارومیه. تهران، سال ۱۳۸۸، نشر و پژوهش شیرازه. ص. ۵۹.

ساخت عبادتگاه جدید و از سرگیری کار کلیسای انجیلی ارومیه

جمعیت بزرگی در نخستین صبح یکشنبه، کلیسای (انجیلی) آشوری تازه‌ساخت ارومیه را پُر کرده بودند. گروهی متشکل از نوزده نفر از بچه‌های کلیسا جلسهٔ هفتگی مخصوص خود را دارند، و نشانه‌هایی از تجربه‌های عمیق روحانی در بین شرکت‌کنندگان جلسه‌های متفاوت به چشم می‌خورد.

تداوم موعظهٔ انجیل در دوران جنگ

در دوران جنگ آشوریان نستوری و اکراد کوه‌نشین به محل مرکز میسیون ارومیه آمدند، در آنجا زندگی کردند، به موعظه‌ها گوش فرا دادند و بچه‌های خود را به مدرسه فرستادند. محوطهٔ مرکز میسیون در ارومیه در دوران جنگ به نوبت پناهگاه آشوریان، مسلمانان (آذری)، اکراد و یهودیان بود؛ و در آن دوران کمتر روزی را بدون درخواستی جهت ارائهٔ خدمات روحانی گذراند. شمار اکرادی که در دوران مورد اشاره به ایمان مسیحی گرویدند بیش از تمامی نوکیشان کُرد دو دههٔ پیش از جنگ بود. درست همانند آن چه در کتاب‌مقدس در مورد کلیسای اولیه آمده است همهٔ آنانی که پراکنده می‌شدند در هر جا کلام را موعظه می‌کردند. امروزه کمتر قصبه‌ای در کوهستانهای کردستان یا نواحی مشرف به آن در پارس

یافت می‌شود که آشنایی و شناخت آن از مسیحیت در مقایسه با دوران پیش از جنگ رشد نکرده باشد.

شماری از اعضای گروه بانوان کلیسای انجیلی ارومیه در دوره‌های بعدی

از سرگیری خدمات درمانی

خدمات درمانی میسیون شهرت خوبی در بین مردم منطقه دارد و آنان در تعداد زیاد از تمامی طبقه‌های جامعه جهت دریافت خدمات به درمانگاه و بیمارستان مراجعه می‌کنند. در چهار سال نخست بازگشت مبشران آمریکایی به ارومیه، ۸۰۰ تن در بیمارستان و ۵۰۰۰۰ نفر در درمانگاه پذیرش و مورد مداوا قرار گرفتند. سپس، بیمارستان جدید یادگار کاکران ارائهٔ خدمات جراحی و درمانی را با امکانات امروزی آغاز کرد.

ازسرگیریِ خدمات آموزشی

مدرسهٔ پسرانه

بازگشایی دو مدرسهٔ میسیون در ارومیه با مشکلات زیادی همراه بود. گرد آوردن و عادت دادن پسران و دختران به تحصیل پس از سال‌ها تبعید طولانی کار آسانی نبود. آنان به‌شدت تهیدست بودند و مشکل مسکن داشتند، اما به ظاهر موانع به مراتب بزرگ‌تری نیز در راه بود. یکی از مشکلات بزرگ دانش آموزان (پسر) خدمت اجباری سربازی بود؛ و افزون بر این، طبق دستور دولت، آموزش کتاب‌مقدس به دانش‌آموزان مسلمان می‌باید متوقف و با آموزش آموزه‌های قرآن و شریعت اسلامی جایگزین می‌شد. مبشران زیر بار درخواست مورد اشاره

بیمارستان یادگار دکتر کاکران در ارومیه
در محل کنونی بیمارستان عارفیان
(بیمارستانهای آمریکایی در پارس)

نرفتند و مباحثه‌ها به جایی رسید که مطالبه‌کنندگان دروس قرآن و شریعت اسلامی از موضع خود عقب نشستند. از سوی دیگر، آموزش کتاب‌مقدس هم از ساعات مقرر و اجباری کلاس درس حذف و به زمانی پس از ساعات مقرر کلاس منتقل شد که تنها دانش‌آموزان مشتاق و داوطلب را شامل می‌شد. بسیاری از دانش‌آموزان پسر بر اساس وعدهٔ مدارس دولتی مبنی بر تهیهٔ معافیت سربازی برای دانش‌آموزان خود از مدرسهٔ میسیون خارج به آن مدارس پیوستند. از سوی دیگر مدارس دولتی ارائهٔ بورس تحصیلی را نیز در دستور کار قرار دادند در حالی که میسیون بودجه‌ای برای آن کار نداشت. با این حال، مبشران به تلاش خود ادامه دادند و در سال ۱۹۲۸ شمار ثبت‌نام کنندگان دانش‌آموزان مدرسهٔ پسرانه به ۲۴۴ نفر رسید. از آن تعداد، چهل تن، شامل سه مسلمان‌زاده، ایمان خود به مسیح را اعتراف و جهت عضویت در کلیسای مبشران اقدام کردند. در آن سال، از بین بیست‌وپنج تن دانش‌آموختهٔ مدرسه نُه نفر خود را وقف خدمت خداوند کردند. از سال ۱۹۲۹ مدرسه به ساختمان جدیدی[۱] که به‌شدت مورد نیاز بود انتقال یافت و تکمیل آن بر امتیازها و نفوذ مدرسه افزود.

آموزشگاه دخترانه (فیسک)

آموزشگاه فیسک نخستین بخش از زیرمجموعه‌های میسیون بود که ساختمان جدید خود را در سال ۱۹۲۸ تکمیل و با خشنودی فراوان مراسم گشایش آن را برگزار کرد.[۲] ثبت‌نام سال بعد نیز نشان داد که آموزشگاه دانش‌آموزی را از دست نداده است؛ و دختران دانش‌آموز به‌سبب جذبهٔ مدرسه از بالاترین طبقه‌های جامعه نیز به آنجا می‌آمدند. به‌رغم وجود شور

---

۱. مدرسهٔ پسرانهٔ میسیون آمریکایی در ارومیه همان مدرسهٔ واقع در چهارراه خیابان امام و خیام شمالی است که پس از واگذاری به دولت در سال ۱۹۳۴رضاشاه نامیده شد. در سال ۱۹۷۳ با احداث خیابان خیام شمالی ملک مذکور به دو قسمت تقسیم شد. سپس کاربری آن تغییر یافت اما تاکنون هر دو قسمت مذکور مورد استفادهٔ وزارت آموزش و پرورش قرار دارد. م.

۲. مدرسهٔ دخترانهٔ میسیون آمریکایی در مرکز ارومیه پس از واگذاری به دولت در سال ۱۹۳۴ شاهدخت نامیده شد. پس از پیروزی انقلاب ۱۹۷۹ به لعیا تغییر نام داده شد.

ملی‌گرایی مدارس مرکز میسیون ارومیه به دلیل برخورداری از معیارهای بالای آموزشی تحسین مقامهای دولتی را نیز برمی‌انگیخت و در نهایت تقدیرنامهٔ رسمی مقامات آموزشی به دو مدرسهٔ مورد بحث اهداء شد.

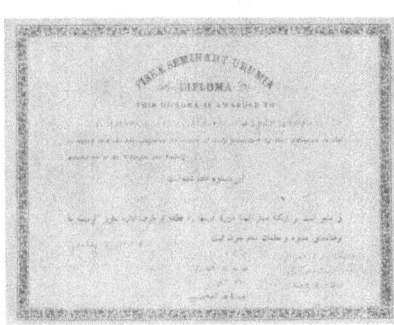

شماری از دانش‌آموزان آموزشگاه فیسک
و
نمونه‌ای از مدرک پایان دورهٔ تحصیل
آرشیو کلیسای انجیلی آشوری تهران

برچیدن مرکز میسیون در ارومیه

امید به گسترش خدمات مرکز میسیون در ارومیه با تصمیم دولت که در ظاهر مبشران آمریکایی را به شکل مستقیم هدف قرار نداده بود، در هم شکست. ارومیه به دلیل قرار گرفتن در فاصلهٔ دوری در شمال‌غرب پارس و نزدیکی آن به مرزهای ترکیه و روسیه و حضور قبایل قدرتمند، چالاک و چپاولگر کُرد در مناطق مشرف به آن، همواره صحنهٔ دسیسه‌چینی و ناآرامی بسیار بود؛ و موقعیت خاص شهر مورد بحث آن را مرکز توفان و مشکلات می‌ساخت. افزون بر این، وفاداری برخی از نستوریان به حکومت مرکزی مورد تردید بود و گفته می‌شد که فرستادگان روسیه در بین آنان فعالیت دارند. در چنین اوضاعی، دولت تصمیم گرفت به تمامی خارجیان ابلاغ کند که جهت اتخاذ و اجرای برخی تصمیم‌های ضروری در منطقه که می‌باید بدون ایجاد گرفتاری خارجی برای کشور صورت می‌پذیرفت، ارومیه را ترک کنند.

دولت پیشنهاد کرد در قبال حق تملک بر تمامی اموال میسیون در مرکز ارومیه، مبلغ ۱۷۸۰۰۰۰ ریال (معادل ۱۰۶۸۰۰ دلار)، وجه نقد پرداخت کند، به میسیون اجازهٔ ثبت قانونی

بدهد، حق تملک میسیون بر آرامگاه مبشران آمریکایی در روستای سیر را برای همیشه به رسمیت بشناسد، و به مبشران فعال در ارومیه اجازه دهد تا پس از ترک رضائیه[1] به هر جای دیگری از پارس بروند. افزون بر این، به میسیون اطلاع داده شد که دولت تمایل دارد مجوز و فعالیت همهٔ بیمارستان‌های میسیون در سراسر کشور را به غیر از رضائیه تأیید کند:

«بیمارستانها می‌توانند با کادری متشکل از پانزده پزشک و دست‌کم یک پرستار آمریکایی (برای هر بیمارستان)، با حق تقسیم و توزیع کادر به بهترین شکل ممکن در نقاط مختلف جهت پاسخ به نیازهای آن مؤسسه‌ها فعالیت داشته باشند؛ بدیهی است که تمامی این پزشکان و پرستاران جهت کار در پارس می‌باید مجوز لازم را کسب کنند.»

آرامگاه مبشران کلیسای مشایخی
روستای سیر واقع در شش کیلومتری ارومیه، اواسط سدهٔ ۱۹
از کتاب خاطرات کشیش استادارد

در کنار تمامی موارد فوق، میسیون می‌تواند دریافت مجوز رسمی برای ادامهٔ کار هشت دبیرستان (در سطح کشور)، و کالج آمریکایی تهران را محتمل بداند.
مسئولان دولتی اعلام کردند که محدودیتی برای کار در سایر مناطق کشور وجود ندارد؛ از سوی دیگر، پذیرش توافق فوق از سوی میسیون کلیسای مشایخی نظر مساعد دولت

۱. رضا شاه پس از رسیدن به قدرت نام ارومیه (عنوانی آشوری به معنی محل یا شهر آب) را به رضائیه تغییر داد. اما پس از پیروزی انقلاب ۱۹۷۹ صاحب‌منصبان کشور بی‌درنگ نام آن بار دیگر به اورمیه تغییر دادند. با این حال، حکومت اسلامی بعدها در دوران ریاست جمهوری آقای هاشمی رفسنجانی اقدام به تغییر نام اورمیه به ارومیه کرد تا پیشینهٔ تاریخی و مفهوم آشوری آن را از اسناد و اذهان محو کند. م.

و مساعدت‌های آن را در قبال کار میسیون در سایر مراکز به دنبال خواهد داشت؛ و تنها ملاحظه‌های سیاسی-نظامی در قبال اوضاع خاص غرب پارس و نزدیکی رضائیه به مرزها، سبب ارائهٔ چنین درخواستی شده است. آنان اطمینان دادند که طرح مورد بحث به هیچ‌وجه به منظور کاستن از آزادی مذهبی آشوریان مسیحی یا جذب و هضم مذهبی آنان نیست. از این گذشته، حتی احتمال دارد در آینده بتوان امکان بازگشایی مرکز میسیون در ارومیه را مورد توجه و بررسی دوباره قرار داد.

سفارتخانهٔ آمریکا در تهران به میسیون کلیسای مشایخی توصیه کرد که درخواست دولت را بپذیرد. در نتیجه میسیون پارس اتخاذ این موضع را به هیأت میسیون خارجی کلیسای مشایخی در آمریکا توصیه کرد. آن ایام، روزهایی پُر از اندوه برای مبشران، دوستان آنان در هیأت و کلیسای ارومیه بود، زیرا مبشران اشتیاق بسیار زیادی جهت ادامهٔ کار نیکویی که در ارومیه انجام می‌گرفت، داشتند. اما روشن بود که جایگزینی برای آن درخواست وجود ندارد. از این‌رو، در روز ۱۸ دسامبر ۱۹۳۳ «هیأت میسیون خارجی کلیسای مشایخی رأی داد که میسیون کلیسای مشایخی در پارس از اختیار لازم جهت آماده‌سازی مقدمات انتقال مبشران از ارومیه مطابق طرح دولت پارس برخوردار است.» سرانجام در روز ۱۶ آوریل ۱۹۳۴ «صورت‌جلسه‌ای مبنی بر توقف فعالیت مستقل مرکز ارومیه از روز ۱۶ مارس ۱۹۳۴ تهیه شد.»

این تغییر چه تأثیری بر گروه‌های کوچک مسیحی که حال بدون شبانان مبشر خود رها شده بودند، می‌گذاشت؟ هیأت تنها می‌توانست از میسیون بخواهد که همه چیز را به مسیحیان رضائیه توضیح دهد و با همدلی کامل آنان را مدد کند تا حکیمانه خود را با اوضاع جدید سازگار کنند و در مقام شهروندان وفادار پارس و با سرسپردگی به ماهیت و ایمان مسیحی پیش بروند.» کشیش هوگو مولر در این باره نوشت:

> «پس از خروج ما، کلیسای پروتستان (انجیلی آشوری) رضائیه و پانزده تا بیست مرکز روستایی آن با چندصد عضو و صدها حق‌جو، با موقعیت بسیار دشوار و مأیوس‌کننده‌ای روبه‌رو خواهند شد. آنان به دعای یکدل شما احتیاج دارند. جفا برای آنان موضوع جدید و ناشناخته‌ای نیست. آیا ارادهٔ خدا بر این استوار است که آنان در جفا، شجاعت نشان دهند و در سرزمین اجدادی خود بمانند، یا چون خمیرمایه‌ای در کشور پخش شوند و شهادت ایمان خود را به جای مرکزی واحد در تمام نقاط مختلف کشور اعلام کنند؟ در هر دو حالت این مردم به‌شدت به دعای شما احتیاج دارند تا روح‌القدس آنان را حفظ، و مسیح ایشان را شبانی کند.»

کلیسای تبریز در دوران پس از جنگ

کلیسای تبریز در آن دورهٔ پریشانی و سختی شاهد رشد خشنودکننده‌ای بود. در حالی که بسیاری از ناظران نگران آیندهٔ مبهم کلیسا بودند، شمار شرکت‌کنندگان در جلسه‌های

عبادتی به‌طرز چشمگیری افزایش یافت. در بهار سال ۱۹۲۱ کهنسال‌ترین عضو کلیسا طی مراسم بزرگداشت مبشران ارشد و پذیرش بزرگترین گروه ایمانداران به عضویت کلیسای تبریز، اظهار داشت که هرگز شاهد چنین اشتیاق عمیقی نبوده است. تغییر و دگرگونی اوضاع مشخص بود. خدمات پزشکی که همواره در سرزمین‌های اسلامی مورد تأکید میسیون بود در آن دوران به دلیل شیوع بیماری و فلاکت ناشی از جنگ ضرورت بیشتری یافته بود. بیمارستان میسیون در تبریز که در دوران جنگ به‌طور کامل چپاول شده بود بار دیگر تجهیز و بازگشایی شد. خدمات آموزشی کامیابی به همراه داشت و مدرسهٔ پسرانه شمار چشمگیری ثبت‌نام داشت. فرصت‌های جدید بشارتی مهیا و کلیسا به‌تدریج در جامعه مطرح می‌شد.

اوضاع کلیسای مشهد در دوران پس از جنگ

مشهد، پذیرای شمار زیادی از اعضای سابق کلیسای ارتدکس روسیه به دلیل مخالفت بلشویک‌ها با امور مذهبی بود. آنان که در مشهد پناه گرفته بودند جهت دریافت تعمید و انجام مراسم ازدواج به مبشران کلیسای مشایخی مراجعه می‌کردند. کتاب نظامنامهٔ کلیسا به روسی ترجمه شد و مراسم ازدواج و خاکسپاری به زبان فرانسه صورت می‌گرفت تا بیشتر مورد پسند و استفادهٔ آن مردم بینوایی که از روسیه گریخته بودند، قرار گیرد. آن جماعت در حال رشد پناه‌جویان بر شمار شرکت‌کنندگان جلسه‌های عبادتی که در محلهٔ ارامنه و روس‌نشین مشهد آغاز شده بود، افزود.

فصل پانزدهم

ثمر و تأثیرگذاری خدمات کلیسای مشایخی در پارس و چالش‌های تازه

نوکیشان مسیحی و مدارای شکنندهٔ مذهبی

خدمات میسیون کلیسای مشایخی که طی پنجاه سال نخست ثمرات برجسته‌ای در بین نستوریان به بار آورده بود تا سال‌های اخیر تأثیرگذاری اندکی در بین مسلمانان به همراه داشت. رهبران روحانی مسلمانان تا زمانی که مسلمانان هدف فعالیت‌های بشارتی قرار نگیرند توجهی به تغییر و دگرگونی پیروان دیگر باورها از خود نشان نمی‌دهند. در سال‌های ۱۸۸۰ و ۱۸۸۱ دولت، مبشران را از موعظه و آموزش مسلمانان به‌شدت منع کرد و به آنان دستور داد تا مسلمانان را از مدارس و کلیسا اخراج کنند. یکی از نوکیشان مسیحی شکنجه و در خطر مرگ قرار گرفت. نخستین نوکیش مسیحی در سال ۱۸۷۲ توسط مبشران تعمید یافت و حدود چهل تن از نوکیشان پیش از سال ۱۸۸۵ به عضویت کلیسا درآمدند؛ و این در حالی بود که اغلب آنان در خفا تعمید گرفتند و از اعتراف ایمان خود در جمع بیمناک بودند.

فرماندار (حاکم) ارومیه در سال ۱۸۸۵ پس از برگزاری مراسم بزرگداشت پنجاهمین سالگرد آغاز کار میسیون در ارومیه، اطلاع یافت که هشت تن از مسلمانان به باور مسیحی گرویده‌اند. از این‌رو، به آنان دستور داده شد تا صبح روز بعد در محل فرمانداری حاضر شوند. آنان پس از دریافت احضاریه از اختفا یا فرار پرهیز کردند و در مقابل با شجاعت در محل مقرر حاضر و به پرسش‌ها پاسخ دادند؛ و این در حالی بود که اعضای خانواده‌های آنان بیرون محوطه از بلاتکلیفی و بی‌خبری به‌شدت رنج می‌بردند. سرانجام پس از گذشت چند ساعت اخبار خوشحال‌کننده‌ای به بیرون درز کرد. آنان پس از پاسخ به شماری پرسش سطحی و کلیشه‌ای آزاد شدند. با این حال، در همان هنگام مردی با صدای بلند فریاد زد و پرسید: «وقتی ما اجازه می‌دهیم در برابر چشمان خودمان مسلمانان مسیحی شوند چه بر سر اسلام خواهد آمد؟» این واکنش سبب تهیج احساسات مردم شد.

با این حال یکی از مردانی که تحت بازجویی قرار گرفته بود به هنگام روبه‌رو شدن با درخواستی برای سرکشی به روستاهای مسلمان‌نشین موافقت خود را این‌گونه ابراز کرد: «تمام ترسی که داشتم رخت بربست و از بین رفت. مرده بودم و خدا به من زندگی دوباره بخشید. حال من تنها برای مسیح زیست می‌کنم.»

کمتر کسی در بین آن گروه از نوکیشان مسیحی پارسی که به ایمان مسیحی خود اعتراف کرده‌اند، تجربه‌ای مشابه میرزا ابراهیم داشته‌اند. او مردی مسلمان از اهالی شهر خوی بود که دلش را به مسیح سپرد و در سال ۱۸۹۰ تعمید داده شد. همسر و فرزندانش وی را ترک گفتند و بر اساس شریعت اسلام همهٔ اموال او را تصاحب کردند. با این حال، او به روستاها می‌رفت و برای مردم موعظه می‌کرد. نامبرده سپس بازداشت و به حضور فرماندار ارومیه برده شد. وقتی میرزا ابراهیم لب به سخن گشود و گفت: «مسیح نجات‌دهندهٔ من است»، جماعت حاضر فریاد برآورده گفتند: «او را بزنید!» در حالی که او تازیانه می‌خورد و ناسزا می‌شنید با رویی درخشان پاسخ داد: «نجات‌دهندهٔ من نیز مضروب شد!» او پس از مدت کوتاهی حبس، به تبریز فرستاده شد. آخرین درخواست وی این بود: «دعا کنید تا در جمع بزرگتری از مردم خود، مسیح را اعتراف کنم. مرا از مرگ باکی نیست، اگرچه می‌دانم خواهم مُرد.» او در تبریز تازیانه خود و محروم از لباس و تشکی برای خواب به سیاهچالی انداخته شد. میرزا ابراهیم در ۱۴ می ۱۸۹۳ بر اثر جراحات وارده از ضرب و شتم دیگر زندانیان درگذشت. وقتی ولیعهد از مرگ وی باخبر شد پرسید: «او چگونه مُرد؟» زندانبان پاسخ داد: «او چون فردی مسیحی مُرد!» شهادت میرزا ابراهیم هیجانی در سراسر کشور ایجاد کرد و پیامدهای احتمالی اعتراف علنی ایمان را برای ایمانداران زبون و مخفی به تصویر کشید.

امروزه کسانی که از اسلام روی برمی‌گردانند و مسیح را اعتراف می‌کنند نسبت به گذشته در معرض خطر کمتری قرار دارند. اما چیزی که کمابیش می‌باید از بابت آن اطمینان داشت برانگیخته شدن خشم همسایگان مسلمان است. جالب است که بسیاری از مسلمانانی که با خشم نوکیشان مسیحی را نکوهش می‌کنند خود حاضرند به افرادی که با پختگی پیغام انجیل را به مشارکت می‌گذارند گوش فرا دهند. شاید دلیل آن علاقه و شیفتگی آنان به مباحثه باشد، یعنی درست به‌سان عادت اهالی ناپایدار آتن که ایشان را واداشت تا به سخنان پولس رسول گوش فرا دادند. کتاب‌مقدس در مورد آنان می‌گوید: «همهٔ آتنیان و غریبانی که در آنجا می‌زیستند، مشغولیتی جز این نداشتند که وقت خود را به گفت و شنود دربارهٔ عقاید جدید بگذرانند.» با این حال، همین عادت فرصتهایی نصیب مبشران می‌ساخت، درست همان‌طور که پیشتر رسولان عیسای مسیح نیز از فرصتهایی مشابه برای اعلام خبر خوش بهره می‌بردند.

سر مورتایمر دوراند، کشیش بریتانیایی در تهران،[1] به سال ۱۹۰۵ در این باره گفت: «در گذشته‌ای نه‌چندان دور مبشری توسط یکی از مجتهدان پرنفوذ مسلمان دعوت شد تا در یکی از مساجد بسیار قدیمی پارس صحبتی داشته باشد. مردم زیادی در مسجد حضور داشتند. مبشر پس از دعا و قرائت حکایت پسر گمشده، موعظه‌ای در مورد توبه داشت. با او به مهربانی بسیاری رفتار شد و پس از پایان مراسم مجتهد مسلمان، مبشر را به همراه شماری از آخوندها و افراد برجستهٔ شهر جهت صرف چای به منزل خود برد. آن روز جمعه بود و

1. Sir Mortimer Durand, British Minister in Tehran,

موعظهٔ مبشر به همان اندازهٔ نماز مسلمانان طول کشید. در صورتی که پیشتر از این حکایت چیزی نمی‌دانستم، آن برای من غیرقابل باور می‌نمود. من تصور می‌کنم اگر فرد سفیدپوستی (اروپایی) آن روز به‌طور سرزده به آن مسجد می‌رفت با مشاهدهٔ آن چه در حال رخ دادن بود به جهت نجات جان خود پا به فرار می‌گذاشت.»

در کل، در بین مردم مشرق‌زمین مدارای مذهبی بیشتری با افرادی که رفتار مناسبی داشته باشند وجود دارد. در حقیقت، موضوع مدارای مذهبی در مواقعی برای مبشران مشکل‌آفرین است و آنان می‌باید با آن دست و پنجه نرم کنند ... اما حتی مسلمانان متعصب با فردی که رفتار مناسب و محترمانه‌ای در قبال باروهای آنان داشته باشد و تنها درصدد یافتن فرصتی موقت برای معرفی خود و دیدگاه‌هایش باشد، مدارا می‌کنند.

کتاب دانشگاهی «تاریخ باستان» متعلق به وزارت علوم نوشتهٔ استادی مسلمان است که خود مدرس تاریخ در دانشگاه دولتی است. آن کتاب شامل فصلی مربوط به مسیحیت است که هزاران دانشجوی دختر و پسر غیرمسیحی آن را می‌خوانند. گزارش سال ۱۹۳۰ میسیون به شرح ذیل به قسمت مورد اشارهٔ کتاب مزبور می‌پردازد:

> «این فصل نه‌تنها به‌طرز شگفت‌آوری عاری از پیش‌داوری و انتقاد خصمانه از مسیحیت است، بلکه به ارائهٔ مختصر آموزه‌ها و پیغام مسیحیت در حد توان قلم نویسنده‌ای مسیحی می‌پردازد. نقل‌قول‌های او کامل و مناسب‌ترین عبارت‌ها را شامل می‌شود و لغزش‌های آن ناچیز است. و اگرچه در نهایت نمی‌تواند کمک زیادی به خوانندگان خود ارائه کند اما سازگار با مسیح و انجیل اوست. قسمت مورد اشاره که در دسترس پسران و دختران پارسی سراسر کشور قرار دارد در مقایسه با مطالبی که آنان می‌باید در مورد یهودیت و اسلام بخوانند در حکم جزوهٔ مناسب مسیحی است.»

میرزا ابراهیم خویی

میرزا ابراهیم خویی

میرزا ابراهیم که در ماه می ۱۸۹۳ در تبریز به شهادت رسید در آرامگاه کلیسای انجیلی آن شهر به خاک سپرده شد. دکتر بنجامین لبری در این باره نوشت: «شایسته بود این برادر در همین جا در بین سپاهی از شهیدان والامنش بیارامد. زندگی زمینی و کوتاه وی چون مسیحیِ نوکیش مملو از رنج و تحقیر بود. اما آن به نوبهٔ خود پیروزی اخلاقی بر حرمت و اکرام دنیوی است که دنیا باج زیادی برای دریافت آن می‌پردازد. شما درد و تنگی جسمانی، و یورشهای شیطان بر روح وی را در آن سال طولانی تصور کنید،

و این که تنها اظهار پشـــیمانی و بازگشت به باور سابق می‌توانست درهای زندان را باز کند و آزادی را به وی بازگرداند. با این حال، او به‌طرز محکمی در برابر وسوسه‌ها مقاومت کرد، و آخرین شهادت وی روشن و شـــجاعانه بود. ورود میرزا ابراهیم به حضور خداوندش در حقیقت می‌باید رخدادی مبارک و سرمستانه توأم با پیروزی بوده باشد. ثبت شهادت نوکیشی مسیحی حکایت از دوران جدیدی از پیشرفت انجیل در این کشور دارد ... میرزا ابراهیم در شـــهر خوی به‌واسطهٔ مبشری بومی به مسیح ایمان آورد. ایمان و پیوستن او به مسیح، کامل و بی هیچ تردیدی بود. او آشکارا و با دلیری از ایمانش سخن می‌گفت و همین موضوع وی را تحت جفا قرار می‌داد. ســـرانجام درنگ در خوی برای وی خطرناک شد، از این‌رو به ارومیه گریخت.

میرزا ابراهیم در ارومیه برای مدتی در آرامش بود، اما نمی‌توانســـت ساکت بماند. روزی یکی از دوســـتانش که وی نیز نوکیشـــی مســـیحی بود به او گفت: «اگر این‌گونه آشکارا از ایمانت ســـخن بگویی کشته خواهی شد.» میرزا ابراهیم پاســـخ داد: «من نمی‌توانم سکوت کنم، من باید سخن بگویم. آه محبت منجی من! من او را دوســـت دارم و از این‌رو بایـــد این محبت شـــگفت‌انگیز را به دیگران معرفی کنم.» ســـپس او بازداشت و زندانی شد. از آن جایی که جرم ارتداد او جدی بود به تبریز فرســـتاده شـــد و در آنجا به ســـیاه‌چالی که محل نگهداری زندانیان جنایتکار بود منتقل شـــد. چه کسی می‌داند که شاید برخی حتی در همان جا به‌واســـطهٔ موعظهٔ این شهید برجسته نجات یافته باشـــند. پس از سالی چند نفر از اوباش چاقوکش به همان محل فرستاده شـــدند. روزی آنان تلاش کردند میرزا ابراهیم را مجبور به انکار مسیح کنند. وقتی او از انکار مسیح پرهیز کرد او را خفه کردند. ولیعهد با تحویل جنازهٔ وی به افراد مســـلمانی که از دوستان مبشران بودند موافقت کرد. زمانی که محل خاکسپاری وی را می‌کندنـــد ناگهان متوجه محفظه‌ای شـــدند و در نهایت دریافتند که آنجا مقبرهٔ موقت مرد (مســـلمان) بسیار ثروتمندی بوده که جســـدش بعدها به یکی از شهرهای مذهبی ایران منتقل شده بود. از این‌رو، جسد میرزا ابراهیم را در همان مقبرهٔ مناسب قرار دادند. از این‌رو، خاکسپاری وی شباهتی به مسیح یافت: «و قبر او را با شریران تعیین نمودند و بعد از مردنش با دولتمندان.»

Mary Jewett, My Life in Persia, pp 169-71.

شناسایی رسمی فعالیت میسیون آمریکایی در پارس

در ســـال ۱۹۲۸ دولت آمریکا جهت بستن پیمان دوســـتی گفتگوهایی را با دولت پارس آغاز کرد. آن گفتگوها در نهایت به ثبت توافق‌نامه‌هایی مابین فرستادهٔ دولت آمریکا با نمایندهٔ دولت ایران به ترتیب در ۱۴ و ۱۷ ماه می ســـال مورد اشاره انجامید. اسناد امضاء شده حقوق و امتیازهای هر یک از ملل طرف توافق‌نامه را در کشـــور دیگر برمی‌شمرد و تعریف می‌کرد. تلاشی که جهت گنجاندن آزادی مذهب در آن توافق‌نامه صورت گرفت راه به جایی نبرد، اما

نمایندهٔ پارس در نامه‌ای به تاریخ ۱۴ ماه می، خطاب به جناب هافمن فیلیپ، نمایندهٔ آمریکا[1] این‌گونه می‌نویسد:

آقای کاردار:

«در پاسخ به درخواست شما در مورد مبشران آمریکایی، مفتخرم به اطلاع برسانم که شما آزادید به خدمات خیریّه و آموزشی خود مشروط به این که آن مُخل نظم عمومی و قوانین و مقررات پارس نباشد ادامه دهید.»

ف. پاکروان[2]

در سند فوق اشاره شده است که مجوز به خدمات خیریّه و آموزشی محدود است. شاید برازندهٔ دولتی اسلامی نباشد که مجوز رسمی برای خدمات بشارتی صادر کند. با این‌حال، رالف سی. هاچینسن[3] مدیر گروه کالج آمریکایی تهران، در این باره می‌نویسد: «ویژگی برجستهٔ این توافق‌نامه شناسایی رسمی مبشران کلیسای مشایخی است. این نخستین شناسایی رسمی مبشران از هر نوع آن توسط دولت پارس است. با وجود این که این نامهٔ مختصر بسیار کمتر از خواستهٔ ماست، اما من آن را سند دیپلماتیک بسیار مهمی به‌شمار می‌آورم.»

با این حال، مبشران از آزادی نسبی برای انجام کارهای بشارتی برخوردار بودند، به‌طوری که تشکیل جلسه‌های عمومی برخی اوقات آزاد و در مواقعی دیگر غیرمجاز بود. گردهمایی‌های بزرگ بشارتی دسامبر ۱۹۳۱ در تهران و ۱۹۳۲ مشهد بدون هیچ گونه مداخله‌ای برگزار شد. شمار شرکت‌کنندگان بسیار زیاد بود و آنان علاقهٔ زیادی به آن جلسه‌ها نشان می‌دادند. فردریک گُرنی[4] که در همان هنگام دیداری از تهران داشت در این باره می‌نویسد: «به‌طور قطع این رویداد بی‌سابقه‌ای در پارس است. حتی ورای این، رویداد مورد اشاره در تمامی کشورهای مسلمان دنیا بی‌سابقه است.» وقتی کشیش هری شولر[5] از یکی از صاحب‌منصبان پارسی در مورد احتمال صدور مجوز دیگری برای گردهمایی‌های مشابه آتی در تهران پرسید، پاسخ ذیل به وی داده شد:

«ما با شما هستیم. من خودم خوشحال خواهم شد که به گردهمایی شما بیایم و سخنرانی کنم، بله شما می‌توانید این گردهمایی‌ها را داشته باشید، اما از تبلیغ آن گردهمایی‌ها پرهیز کنید.»

از این‌رو، دعوت‌نامه‌ها بی سر و صدا پخش می‌شد و جلسه‌ها بدون مزاحمتی برگزار می‌گشت.

---

1. Hon. Hoffman Philip; 2. F. Pakravan; 3. Ralph C. Hutchinson; 4. Fredrick J. Gurney; 5. Rev. Harry C. Schuler

اما از سوی دیگر، وقتی کشیش ایوان ویلسون[1] در صدد کسب مُجوز برای برگزاری جلسه‌ای بشارتی در دامغان واقع در ۲۵۰ مایلی شرق تهران بود، مسئول دولتی به وی گفت:

> «ما با شخص شما هیچ مشکلی نداریم. من خوشحال خواهم شد شما چون مهمان تا هر وقت که دوست دارید در دامغان بمانید؛ اما نباید جلسه‌ای را که تدارک دیده‌اید برگزار کنید. هیچ تبلیغی مُجاز نیست.»

تداوم خدمات آموزشی به شکل محدود

مخالفت با کارهای بشارتی به خدمات آموزشی سرایت نکرد. زمانی که مدارس مبشران گشایش یافت تنها پسران مسیحی و یهودی می‌توانستند در آن مدارس به تحصیل بپردازند. اما وقتی مردم متوجه شدند که پسرانی که در مدارس میسیون آموزش دیده‌اند پس از پایان تحصیل به سرعت در بانک تازهٔ امپریال به‌کار گرفته می‌شوند یا در کارهای دیگر سرآمدند، مسلمانان نیز تمایل یافتند فرزندان خود را به مدارس مبشران بفرستند. در نتیجه مدارس مورد بحث بسیار شلوغ شدند. از ۲۰۰ دانش‌آموز مدرسهٔ همدان سه‌چهارم مسلمان بودند. در سال ۱۹۳۱ در ارومیه شمار دختران مسلمان ثبت‌نام شده در آموزشگاه فیسک بیش از مسیحیان بود.

آزادی مورد اشاره، از روز دهم ماه می ۱۹۲۷ با وضع مقررات جدیدی از سوی وزارت آموزش و پرورش مبنی بر لزوم تدریس شریعت اسلامی به شاگردان و پرهیز از آموزش آموزه‌های ادیان غیراسلامی و هر گونه تبلیغ مغایر با دین اسلام به شکلی جدّی محدود شد. نخستین تخلف موجب هشدار می‌شد و دومین تخلف به بسته شدن مدرسه می‌انجامید. نمایندگان کلیسای مشایخی و اسقفی ایران گرد هم آمدند و پس از گذراندن روزی در دعا جهت طلبیدن هدایت الهی، سرانجام اعلام کردند که مدارس مسیحی نمی‌توانند شریعت اسلامی را تدریس کنند، زیرا آنان موظف به آموزش کتاب‌مقدس چون زیربنایی برای رشد شخصیت هستند. وزارت آموزش و پرورش انعطافی نشان نمی‌داد. از این‌رو، چندین مدرسه از جمله دو مورد در همدان در ۲۱ دسامبر ۱۹۲۷ بسته شد. در ۲۰ فوریه ۱۹۲۸ هیأت میسیون خارجی کلیسای مشایخی بیانهٔ ذیل را منتشر کرد:

> «مدارس میسیون در پارس در نخستین مراحل به منظور آموزش جماعتهای مسیحی پارس شکل گرفتند و این کار اجازه و تشویق مقامهای دولتی پارس را به همراه داشت. در سالهای نخست، هیچ دانش‌آموز مسلمانی در مدارس مورد اشاره تحصیل نمی‌کرد و قابل درک بود که مقامهای دولتی تمایلی به تحصیل دانش‌آموزان مسلمان در آن مدارس نداشتند. اما در حال حاضر چندین سال است که دانش‌آموزان مسلمان با تأیید مشتاقانه و موافقت مسئولان دولتی در مدارس

1. Rev. Ivan O. Wilson

ثبت‌نام کرده‌اند. پسران و دختران دانش‌آموز از خانواده‌های فرمانداران، وزرای کابینه و حتی از خانوادهٔ سلطنتی نیز در مدارس میسیون تحصیل کرده‌اند و بلندپایه‌ترین مسئولان مملکتی حمایت خود را از طریق تسهیل امور قانونی و دیدار از مدارس نشان داده‌اند. مدارس میسیون نیز با آغوشی باز دانش‌آموزان مسلمان را پذیرفته‌اند. در تمامی این سال‌ها مدارس با اصول یکدست و منسجم اداره شده‌اند. مدارس ما همیشه مسیحی بوده‌اند و آموزش کتاب‌مقدس و عبادت مسیحی را در برنامهٔ آموزشی خود جای داده‌اند. مدارس میسیون همواره در مورد ارتباط مذهبی دانش‌آموزان و مراجعه‌کنندگان حامی خود با ملاحظه رفتار کرده‌اند و با موانع و عدم‌تأیید دولتی روبه‌رو نبوده‌اند.

با شکل‌گیری مشکلات اخیر در نتیجهٔ مطالبات جدید دولت، میسیون کلیسای مشایخی تا حد ممکن و تا جایی که خدشه‌ای به هُویّت و سیرت مدارس خود که سال‌ها مورد تأیید دولت پارس بوده‌اند وارد نشود در تحقق مقررات دولتی کوشیده است. اما وقتی مدارس دریافتند که نمی‌توانند از مقررات اخیر وزارت آموزش و پرورش مبنی بر کنار نهادن کتاب‌مقدس از برنامهٔ آموزشی و جایگزینی آن با آموزش قرآن و آموزه‌های اسلامی پیروی کنند تصمیم به بازگشت به حالت پیش از پیوستن دانش‌آموزان مسلمان به مدارس گرفتند. با اتخاذ این موضع، فرض بر این است که مدارس در هماهنگی کامل با اصول دولت پارس مبنی بر عدم تمایل به تحصیل دانش‌آموزان مسلمان در مدارسی با مشخصه‌های مدارس میسیون، قرار می‌گیرند. در واقع از ابتدای کار هیچ محدودیتی و اجباری در قبال دانش‌آموزان مسلمان اِعمال نشده بود. آنان برای پیوستن به مدارس میسیون یا دیگر مدارس آزاد بودند. مدارس میسیون تصور می‌کردند که موقعیت آنها به‌سبب تأیید درازمدت و ارائهٔ خدمات غنی در پارس مورد شناسایی قرار گرفته بود. آنها در همان حین که با خرسندی دانش‌آموزان مسلمان مشتاق را می‌پذیرفتند، تحت فشار قرار گرفتن گروهی از والدین مسلمان از سوی وزارت آموزش و پرورش به دلیل اشتیاق برای فرستادن فرزندان خود به چنین مدارسی را درست و منصفانه نمی‌دانستند. به باور مسئولان این مدارس، وزارت آموزش و پرورش نباید در این راستا بر والدین یا مدارس و مؤسسه‌هایی که به دلیل ارائهٔ خدمات آموزشی مفید احترام و جایگاهی در دل مردم پارس یافته بودند، اجباری اِعمال می‌کرد.

هیأت میسیون خارجی کلیسای مشایخی موافق توجیه منع مدارس میسیون از ارائهٔ آموزش مسیحی و تأثیرگذاری بر دانش‌آموزان مشتاق به تحصیل در چنین مراکزی نیست. هیأت مورد اشاره، بر این باور است که مبشران میسیون در پارس می‌باید از آزادی کافی جهت ارائهٔ خدمات آموزشی سطح بالای مورد نظر خود، درست به همان حدی که شهروندان پارسی ساکن ایالات متحدهٔ از آن بهره می‌برند، برخوردار باشند.»

فصل پانزدهم

روز ۱۸ جون ۱۹۲۸ هیأت میسیون خارجی کلیسای مشایخی آمریکا نقطه‌نظرات خود را به شرح ذیل پیوست کرد:

«در نشست این هیأت مقرر شد تا در پاسخ به استعلام میسیون پارس عنوان شود که هیأت از دولت پارس انتظار دارد سیاستی مشابه دولت ژاپن، هند، و سیام در آسیا و کشورهای غربی در پیش گیرد و اصول آزادی مذهبی را به‌طور کامل مورد شناسایی قرار دهد و به مدارس خصوصی که خواستار حمایت مالی از دولت نیستند و سهم اصیل و مهمی در راستای توانمندی و سعادت ملت ایفا می‌کنند، آزادی کامل آموزشی-مذهبی ببخشد. در صورتی که دولت پارس در دورهٔ حاضر یا در آیندهٔ مشخصی نخواهد این حقوق را هماهنگ با سایر کشورهای رعایت کند، هیأت به میسیون پارس توصیه خواهد کرد که حق آموزش مسیحی را چه به‌شکل الزامی یا اختیاری در صورت مصلحت به شاگردان غیرمسلمان و به‌شکل اختیاری به شاگردان مسلمان در برنامهٔ آموزشی یا خارج از آن حفظ کند؛ و این خط‌مشی آموزش آموزه‌های اسلام را شامل نخواهد شد. در صورتی که دولت آموزش کتاب‌مقدس و تمامی تعالیم مسیحی را منع و بر آموزش قرآن و آموزه‌های اسلامی در مدارس میسیون پافشاری کند، هیأت چاره‌ای به غیر از بستن مدارس خود و انتظار برای آینده‌ای بهتر و روشنگری پیش رو نخواهد داشت. در صورتی که ارائهٔ آموزش‌های مسیحی به مسلمانان منع و برای غیرمسلمانان مُجاز شمرده شود هیأت به امید ایجاد تغییر و پدید آمدن آزادی مذهبی در آینده، مصلحت را در ادامهٔ کار مدارس با یا بدون حضور دانش‌آموزان مسلمان خواهد یافت.»

نتیجهٔ گفتگوهای روز اول اکتبر ۱۹۲۸ به شرح ذیل به هیأت گزارش شد:

«یکی از مسئولان گزارش می‌کند که سازشی مابین میسیون کلیسای مشایخی آمریکا و میسیون کلیسای انگلیس (کلیسای اسقفی) با دولت پارس حاصل شده است که بر اساس آن مدارس میسیون‌های آمریکایی و انگلیسی در پارس ملزم به تدریس قرآن و آموزه‌های اسلامی در مدرسه نیستند. اما از سوی دیگر، آنان نیز اجازهٔ گنجاندن آموزش کتاب‌مقدس در ردیف دروس اجباری برنامهٔ آموزشی را برای دانش‌آموزان مسلمان ندارند؛ اما در همان حال، آنان می‌توانند آموزش کتاب‌مقدس را چون جزیی از برنامهٔ آموزشی برای غیرمسلمانان دنبال کنند. افزون بر این، آنان می‌توانند از آثار و نوشته‌های اساتید و انبیاء در دروس اخلاقیات برای تمامی دانش‌آموزان خارج از برنامهٔ آموزشی معمول بهره برند؛ در کنار این موارد، می‌باید همسان‌سازی مابین مدارس مورد بحث با مدارس دولتی صورت گیرد؛ و سرانجام این که دانش‌آموختگان آن مدارس می‌باید از مرتبه و امتیازهایی چون دانش‌آموختگان مدارس دولتی بهره‌مند باشند.»

کشیش ویلیام ویشـــام از مرکز میسیون در تهران روز ۱۴ مارس ۱۹۳۲ در این باره چنین می‌نویسد:

«اشـــتیاق و خدمات مذهبی کماکان بدون تزلزل و مانع‌تراشـــی در کالج ادامه دارد. شمار زیادی آموزش مســـیحی دریافت کرده‌اند و کارهای انفرادی بسیاری صورت گرفته اســـت. من چیزی خوشحال‌کننده‌تر از این نمی‌بینم که تمایل فزاینده‌ای نسبت به مسیحیت در رهبران آتی کشور که هم‌اکنون محصل کالج ما هستند، دیده می‌شود.»

با این حال، مشـــکلات بیشتری از راه رسید. آزادی مذهبی در بین بندهای قانون اساسی تازه جایی نداشت. این قانون اساسی نه‌تنها اسلام را دین رسمی مملکت می‌شناسد، بلکه به کمیته‌ای متشکل از روحانیان مسلمان نفوذ بسیاری برای قانون‌گذاری می‌بخشد؛ به‌طوری که حتی دولت نمی‌تواند قانونی را بدون تصویب کمیتهٔ مورد اشاره اجراء کند. با وجود این، تا به حال این تحوّل در راستای آسیب‌رسانی به‌کار میسیون عمل نکرده است. اما این امکان هنوز پابرجاست و فرصت عضویت مســـلمانان مخالف و دشمن مسیحیت در کمیته مورد اشاره فراهم اســـت. اما در کل، انگیزه‌ای که در پس سیاستهای دولت پارس قرار دارد نه مخالفت با مدارس میســـیون، بلکه ترویج ملی‌گرایی است که در پی توسعهٔ اتحاد و میهن‌دوستی است. آنان در راســـتای حذف آموزش زبان ارمنی، کُردی، آشوری و ترکی از مدارس ابتدایی پیش می‌روند؛ و در پی تدریس یک‌دســـت دروس به زبان فارسی و با آموزگاران فارس می‌باشند. در آگوست ۱۹۳۲ فرمان ذیل به مدارس خارجی ابلاغ شد:

«بـــا در نظر گرفتن این واقعیت کـــه دولت تصمیم گرفته اســـت آموزش ابتدایی دانش‌آموزان پارسی سراسر کشـــور را به مدارس پارسی محدود سازد، ضروری است اطلاع داده شود که از آغاز سال آینده (۷ سپتامبر ۱۹۳۲) پذیرش دانش‌آموزان تبعهٔ پارس در تمامی مدارس ابتدایی شـــما به‌طور کل ممنوع است. افزون بر این، تمامی دانش‌آموزان تبعهٔ ایران که از سالهای پیش در مدارس ابتدایی شما مشغول به تحصیل هستند از روز ۷ سپتامبر ۱۹۳۲ نباید در آن مدارس پذیرفته شوند. بدیهی اســـت که مدارس کلاسهای ابتدایی مرتبط با دبیرستان (کلاس‌های راهنمایی) نیز مشمول این قانون می‌شوند.»

عبارت «محدود به مدارس پارســـی» به معنی منع کنترل و حمایت خارجی تفسیر می‌شد. این مقررات تازه به بســـته شدن تمامی شـــش کلاس ابتدایی مدارس پروتستانها، کاتولیکها و ارتدوکس روسی مُنجر شد. با وجود این که دستور مورد اشاره کلاسهای دبیرستان و کالج را در بر نمی‌گرفت، اما به دلیل محروم شـــدن از داشتن بخش آموزش ابتدایی و شهریهٔ مربوطه، درآمد مدارس به شـــکل جدّی کاسته شد. برخی از ساختمانهای مدارس که با وجوه خارجی ســـاخته شده بود به شکل خالی رها شد. و این در حالی بود که در بسیاری از مناطق فروش یا تغییر کاربری آنها آسان نبود. در برخی از مراکز میسیون و به‌طور خاص در همدان، کلیساهای

محلی به دلیل برخورداری از ترکیبی پارسی می‌توانستند تحت مقررات جدید به کار ادامه دهند. از این‌رو، با شهامت کنترل مدارس ابتدایی را در دست گرفتند. با این حال، در بسیاری از مراکز میسیون کلیساهای محلی از توان لازم جهت تقبل چنین باری افزون بر مسئولیت‌های موجود برخوردار نبودند. اقدام دولت در راستای توسعهٔ نظام یکدست مدارس دولتی تحت کنترل انحصاری شهروندان خود موضوعی قابل درک است. اما از سوی دیگر، امیدواریم که دولت دریابد که هیچ الزام ملی برای بستن مدارس میسیون آمریکایی و انگلیسی وجود نداشت. زیرا این مدارس به‌طور کامل مطیع مقررات و اقتدار مقام‌های مربوطه بودند و هزاران پسر و دختر را جهت تحویل شهروندانی خوب و ممتاز به کشور آموزش می‌دادند.

تداوم خدمات فداکارانهٔ پزشکی و چالشهای پیشرو

خدمات پزشکی یکی از نافذترین عرصه‌های فعالیت میسیون جهت ترویج، ابراز ایمان و محبت مسیح به‌شمار می‌آید که توسط زنجیره‌ای از پزشکان و جراحان برجسته ارائه شده است. پزشکانی چون دبلیو. تورنس، ادگار الکساندر، ژوزف کاکران، ژوزف هولمز، جان ویشارد، ژوزف کوک، ویلیام وانمن و آنانی که هم‌اکنون در این حوزه فعالند، همگی وقت و بی‌وقت با تقبل سختی مشغول توجه و رسیدگی به بیماران و مجروحان بوده‌اند. آنان به ویژه در ایام گسترش بیماری وبا و قحطی نمونه‌ای مسیح‌وار بوده‌اند، و قدرت تأثیرگذار شهادت و نمونهٔ آنان برای هزاران تن محسوس بوده است. در این باره شاید بتوان با کتاب باستانی حکمت یشوع بن سیراخ با کلمات ذیل همصدا شد: «پزشک را به‌سبب فایده‌ای که می‌تواند برای تو داشته باشد تکریم کن و به‌سبب این که خداوند وی را خلق کرده است.»

نشان افتخار نقره‌ای شیر خورشید
دوران قاجار

این موضوع بسیار مهم است که فرمانروایان این سرزمین اسلامی والاترین نشان‌های افتخار مملکت را به خارجیان اعطاء کرده‌اند. در سال ۱۸۸۰ مدال شیر و خورشید به دکتر کاکران و در سال ۱۸۹۸ به دکتر هولمز اهداء شد؛ و در سال ۱۸۹۶ شاه به دکتر وانمن به‌سبب ارائهٔ خدمات ماهرانه به زنان خانوادهٔ سلطنتی نشان افتخاری اهداء کرد.

پزشکِ مبشر اغلب ملزم به درمان بیماران در اوضاع طاقت‌فرسایی است. او بیمارستانی در شهر محل استقرار مرکز میسیون دارد، اما هر زمان که رهسپار روستاها می‌شود می‌باید آمادهٔ رویارویی با اوضاع اسفباری باشد. برای او تجربهٔ ترس، مشاهدهٔ کثافات، بغل کردن بچه‌های

شپش‌زده، نوازش و محبت کردن آرام آنان و در نهایت معاینهٔ آرام و مداوای زخمهای زشت مسئله‌ای غیرعادی نخواهد بود. بیماران بزرگسال اغلب با وضع ناخوشایند و چرکین، در مراحل پیشرفتهٔ بیماری، گه‌گاه مبتلا به سیفلیس، با اوضاع منزجرکنندهٔ وصف‌ناپذیری به سراغ پزشکِ مبشر می‌آیند. با این حال، تمامی مراجعه‌کنندگان با محبت پذیرفته می‌شوند و از کمک و خدمات پزشکی مناسبی بهره‌مند می‌گردند. شخص از مقدار و ارزش خدمات پزشکی و جراحی که این پزشکان مُجرب و کم‌شمار در حوزه‌های مراکز میسیون ارائه می‌کنند، شگفت‌زده می‌شود. آنان گونه‌های مختلف بیماری را درمان می‌کنند، صبورانه با جهالت و موهوم‌پرستی روبه‌رو می‌شوند و به تنهایی جراحی‌های عمده‌ای انجام می‌دهند که هیچ پزشکی در آمریکا بدون برخورداری از دستیار جراح و پرستار با تجربه آن را انجام نخواهد داد. پزشکانِ مبشر دانش‌آموختگان دانشگاه‌های پزشکی به‌نام و افرادی حرفه‌ای هستند. کادر بیمارستانهای میسیون کلیسای مشایخی دست‌کم می‌باید متشکل از دو پزشک و یک پرستار خارجی و چندین پزشک بومی باشد؛ با این حال، بسیاری از بیمارستانهای میسیون تنها یک پزشک دارند و بدون پرستار آموزش‌دیدهٔ خارجی، و تنها با شماری پرستار بومی اداره می‌شوند.

دکتر پاکارد در حال معاینهٔ یکی از رؤسای کُرد منطقه
آرشیو کلیسای مشایخی (پرزبیتری) آمریکا در فیلادلفیا

کالج‌های پزشکی و مراکز آموزش پرستاری، کار آموزش پزشکان و پرستاران را به‌شکل مطلوبی انجام می‌دهند، اما هنوز کمبود نیرو وجود دارد و به همین دلیل نیاز به زنان و مردان آموزش‌دیدهٔ خارجی هست. صحبت کردن پیرامون این موضوع آسان است، اما اگر کسی تصور می‌کند که برطرف کردن این کمبودها به سهولت امکان‌پذیر است شناخت اندکی از مشکلات موجود دارد. زیرا یافتن پزشکان و پرستارانی که حاضر به زندگی در مناطق دوردست با دستمزد پزشکِ مبشر و کار با تجهیزات اندک پزشکی که در قیاس با بیمارستانهای مجهز ایالات‌متحده به شکل تأسف‌باری محدود است، بسیار دشوار می‌باشد.

در حقیقت انسانهایی فداکارتر از مبشران مسیحی که مشغول خدمت در افریقا و آسیا هستند، وجود ندارد. آنان به‌سان استاد الهی خود می‌روند تا «کارهای نیک انجام دهند» و «تمامی بیماریها را درمان کنند.»

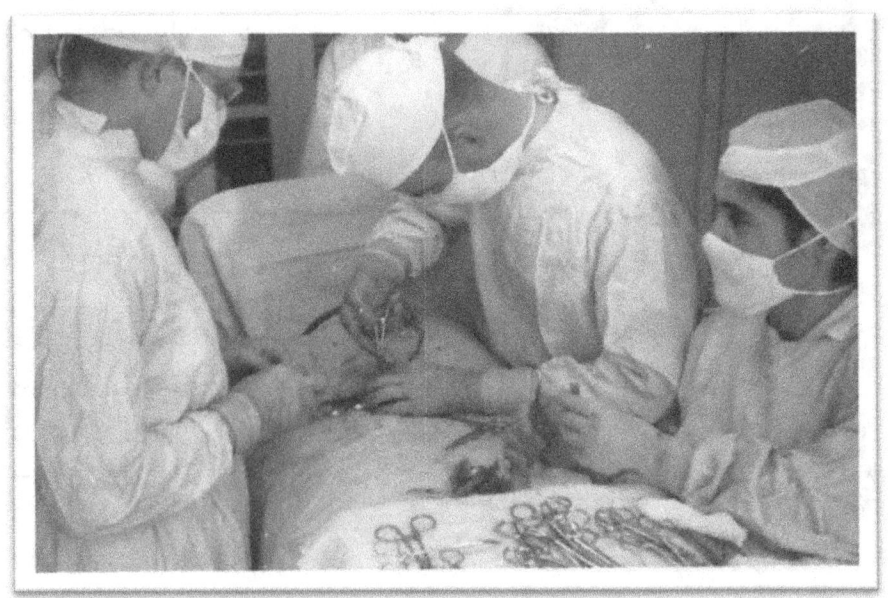

تیم پزشکی بیمارستان میسیون کلیسای مشایخی تبریز
(متعلق به دوران محمدرضا شاه پهلوی)
آلبوم شخصی خانم کاردلیا دنیلز، مدیر مدرسهٔ پرستاری تبریز

پزشکانِ مبشر تلاش می‌کنند تا گروه‌هایی از پزشکان بومی را تربیت کنند و در این راستا شماری از دانش‌آموختگان بومی شایستگی خود را ثابت کرده‌اند. پزشکان آشوری تربیت شده در ارومیه در طول جنگ جهانی اول خدمات امدادی خستگی‌ناپذیری ارائه کردند و برخی از آنان جان خود را در آن راه نهادند. در بسیاری از مراکز میسیون پزشکان و جراحان آموزش‌دیده دارو و درمانهای امروزی را به شکل مؤثری به‌کار می‌گیرند. یکی از این پزشکان بیش از یکصد عمل جراحی آب‌مروارید را در همدان با موفقیت انجام داده است. بسیاری از این پزشکان جوان، مسیحی هستند و باورهای خود را به همراه دانش پزشکی به منازل مردم می‌برند و در بین مسلمانان و یهودیان شاهد مسیح هستند. دلایل لزوم افزایش پرشتاب امکانات میسیون جهت آموزش و تربیت پزشکان پارسی با دستور دولت پارس در سال ۱۹۳۲ دوچندان تقویت شد. در سال مورد اشاره دولت طی دستوری پذیرش پزشکان خارجی را به پزشکانی با دست‌کم پنج سال سابقهٔ کاری محدود کرد؛ و افزون بر این آنان می‌باید آزمونی پزشکی را نیز در پارس با موفقیت می‌گذراندند. آزمون مورد اشاره به

عمد بسیار دشوار برگزار می‌شود. قانون مذکور فرستادن پزشکان جوان جهت تکمیل دوران دستیاری خود در بیمارستانهای آمریکایی پارس را غیرممکن می‌سازد. در حقیقت کمابیش تمامی پزشکانِ مبشر نامزد رفتن به پارس از همین گروه هستند. پزشکان برخوردار از تجربهٔ پنج‌ساله به‌طور معمول پیشتر تشکیل خانواده داده‌اند و کاری به هم رسانده‌اند؛ و همین موضوع ترک کار و زندگی و رفتن به کشوری خارجی را برای آنان بسیار دشوار می‌سازد. آیندهٔ ارائهٔ خدمات پزشکی مسیحی در پارس به تربیت پزشکانی پارسی توسط پزشکان مبشری که هم‌اکنون در آن کشور مشغول به خدمت هستند، بستگی دارد.

مدرسهٔ پرستاری میسیون کلیسای مشایخی در تبریز
(در دورهٔ محمدرضا شاه پهلوی)
آلبوم شخصی خانم کاردلیا دنیلز، مدیر مدرسهٔ پرستاری تبریز

اوضاع در حال بهبود زنان در پارس

بزرگترین نقطه‌ضعف در جامعه و حیات ملــی پارس در ارزیابی جایگاه و رفتار با زنان نهفته اسـت. گوشه‌گیری زن در جامعهٔ پارسی ترفندی سیاســی و امری مذهبی بوده است. بی‌سوادی، ازدواج در خردسالی، چندهمسری، ازدواج موقت، طلاق آسان یک‌سویه از جانب مــرد، دید منفی در مورد توانایی و قابل‌اعتماد بودن زنان، اوضاع زنان پارســی را مصیبت‌بار ساخته است.

امروزه نشانه‌هایی از پیشرفت در زنان پارس بویژه در شهرهایی چون تهران و اصفهان که در تماس بیشتری با خارجیان هستند، قابل مشاهده است. زنان تحصیل‌کردهٔ تهران از پیشینهٔ کشور خود اطلاع دارند و از میزان تأثیرگذاری جایگاه زنان در رقم زدن چنین گذشته‌ای آگاهند. در مراکز بزرگ جمعیتی کشور، زنان انجمن‌های سیاسی، مراکز تحقیق، و حتی انتشار روزنامهٔ زنان را آغاز کرده‌اند. در اوایل سال ۱۹۱۷ در اصفهان شاخه‌ای از اتحادیهٔ مادران در بین زنان مسیحی پارسی سازماندهی شد. سپس نشستی با هویتی مشابه در بین زنان مسلمان طبقهٔ پایین جامعه ترتیب داده شد که با استقبال زیادی روبه‌رو گردید. در سال ۱۹۱۸ زنان بار دیگر گرد هم آمدند و پیرامون موضوع‌های تحصیل و زیان‌بار بودن ازدواج خردسالان بحث و گفتگو شد. با وجود این که این تلاش‌ها از استمرار و ثبات کافی برخوردار نیست، اما حکایت از پیشرفت جامعه دارد.

در دوران پُرتنش جنگ جهانی اول، شماری از زنان طبقات بالای جامعه نشان دادند که خدمت به فقرا و افراد رنج‌دیده را آموخته‌اند. یکی از مبشران در چهارچوب یکی از کمیته‌های خاص مرتبط با خدمات امدادی، گروهی را شکل داد. آن گروه از زنان، خدمت ارائهٔ کالاهای مورد نیاز به نیازمندان را با شور و شوق انجام می‌دادند.

در حال حاضر، آزادی در حال رشدی برای زنان در تمامی عرصه‌های زندگی به‌وجود آمده است. بسیاری از زنان ایرانی به شیوهٔ اروپاییان لباس می‌پوشند، به مسافرت می‌روند، شغل آموزگاری و پرستاری اختیار می‌کنند، به جای نُه تا دوازده سالگی در سنین شانزده یا هجده سالگی ازدواج می‌کنند، و به امور جامعه علاقه نشان می‌دهند. دولت بر این واقعیت واقف شده است که ازدواج سنتی می‌باید متوقف شود، از همین‌رو مجلس قوانین ذیل را در این باره وضع کرده است:

«دو فردی که تناسب فیزیکی ندارند نباید با یکدیگر ازدواج کنند؛ جریمهٔ تخلف می‌تواند از یک تا سه سال زندان باشد. اگر یکی از طرف‌ها، فرد مورد نظر خود را جهت تن دادن به ازدواج فریب دهد می‌تواند از شش ماه تا دو سال متحمل حبس شود. مردانی که قصد ازدواج دارند باید مسئولان مربوطه و افراد مورد نظر خود را از ازدواج و همسران احتمالی پیشین خود آگاه سازند. تخلف از این امر می‌تواند مجازات‌های ذکر شدهٔ فوق را به دنبال داشته باشد. مردان موظف به تأمین نیازهای زندگی همسران خود هستند. در صورتی که آنان از تأمین مواد غذایی، لباس، و سرپناه برای همسران خود پرهیز کنند، زنان می‌توانند به دادگاه مراجعه کنند. زن می‌تواند اموال متعلق به خود را بدون اجازهٔ همسر مورد استفاده قرار دهد. زن مسلمان نباید با مرد غیرمسلمان ازدواج کند. ازدواج زن مسلمان با مرد خارجی تنها با اجازهٔ دولت مُیسّر خواهد بود. تخلف از این امر می‌تواند یک تا سه سال زندان در پی داشته باشد.»

آخرین بند قانون زنان با توجه به این واقعیت که اسلام دین رسمی کشور است قابل درک می‌نماید؛ اما دیگر بندها حکایت از پیشرفت مهمی در راستای حرکت به‌سوی آزادی زنان در سرزمینی است که آنان پیشتر در آن افرادی دون‌پایه و کنیز مردان محسوب می‌شدند.

نقش مدارس مسیحی در پیشرفت زنان پارسی

مدارس مسیحی عامل قدرتمندی در ارتقای جایگاه زنان پارس بوده‌اند. مبشری می‌نویسد که آخوندی برجسته به دلیل فرستادن دخترانش به مدرسهٔ میسیون بدین شکل به‌شدت مورد انتقاد همقطار مسلمان خود قرار گرفته بود: «نمی‌توانی درک کنی که آنان تو را فریب می‌دهند. آنان از بچه‌های تو مسیحی می‌سازند. آیا این شایستهٔ اولاد پیامبر است؟»

پدر کهنسال در پاسخ می‌گوید: «بله، شاید، اما مدرسهٔ میسیون تنها مدرسهٔ شهر است که به دختران من همه چیز در مورد زندگی می‌آموزد.»

بسیاری از دانش‌آموختگان این مدارس به ایمان مسیحی گرویده‌اند. برخی از آنان چون زنانی مسیحی خانواده‌های مسیحی می‌سازند که تأثیر نشاط‌بخشی در جوامع خود به‌شمار می‌آیند. شماری دیگر از آنان در مقام آموزگار کتاب‌مقدس، پرستار و آموزگار در بیمارستانها، و مدارس میسیون مشغول به کار هستند. آیندهٔ شخصیت پارس به اندازهٔ قابل توجهی تحت‌تأثیر زنانی خواهد بود که شخصیت‌شان توسط مسیحیت شکل گرفته است. ما واقعیتی را تکرار می‌کنیم که هر جا فرصتی یافته‌ایم آن را ابراز کرده‌ایم که هیچ نظام اجتماعی نمی‌تواند ورای جایگاه و موقعیت زنان آن جامعه گسترش یابد؛ و این که هیچ قدرتی در راستای ارتقای جایگاه و موقعیت زنان به اندازهٔ انجیل عیسای مسیح قدرتمندانه عمل نمی‌کند.

ادغام دو میسیون شرق و غرب کلیسای مشایخی

با ادغام میسیون شرق و غرب در سال ۱۹۳۰ فصل تازه‌ای در مدیریت مؤثرتر خدمات تبشیری کلیسا گشوده شد. پیشتر، هر یک از میسیونها به دلیل فقدان امکان ارتباط متقابل و فواصل طولانی و هزینهٔ سنگین گرد آمدن نمایندگان تمامی مراکز، عملکرد مستقل خود را داشتند. در آن دوران برخی از مبشران پس از سالها اقامت در پارس هنوز نتواسته بودند یکدیگر را ملاقات کنند. پیامد آن جدایی، فقدان اتخاذ خط‌مشی و روشی واحد، بی‌بهرگی از رأی و مشورت دیگر همکاران، و خدمتی تقویت‌کننده و الهام‌بخش بود. هم‌اکنون جاده و اتومبیلها سامان یافته‌اند. این واقعیت اوضاع را تغییر داده است و حال کارکنان میسیون کلیسای مشایخی می‌توانند از تمامی نقاط کشور چون کالبدی واحد عمل کنند.

اتحاد کلیساهای انجیلی ایران

ضرورت‌هایی که امکان اتحاد مابین دو میسیون را فراهم آورد در اتحاد کلیساها نیز مؤثر بوده است. مسیحیان پارس نیز همانند دو میسیون مورد اشاره به اجبار در آن دو قالب مجزا عمل می‌کردند؛ و هر یک از آن دو گروه اطلاعات و شناخت اندکی در مورد گروه دیگر

داشت. مدت زیادی بود که کلیساهای قدیمی‌تر و بزرگ‌تر مستقر در شمال‌غرب پارس به مرحلهٔ خودگردانی وارد شده بودند، و پیشتر اشاره شد که چون کلیسایی مستقل به عضویت اتحادیهٔ جهانی کلیساهای اصلاح‌شده و مشایخی پذیرفته شده بودند. در مقابل، کلیساهای پارس شرقی در قالب انجمنی به عضویت شورای کلیسای مشایخی نیویورک درآمده بودند. حال کلیساهای دو منطقه و هر دو میسیون شرق و غرب می‌توانستند متحد شوند و به‌زودی اشتیاق به چنین اقدامی از هر دو سو بروز یافت. در همین راستا، حرکتی جهت تدوین اساسنامهٔ کلیسایی مستقل تحت عنوان «کلیسای انجیلی ایران» با شورایی مستقل و سه انجمن عضو آغاز شد. در سال ۱۹۳۴ انجمن پارس شرقی درخواستی به شورای کلیسای مشایخی نیویورک مبنی بر برگزاری مجمع عمومی جهت صدور اجازهٔ انتقال عضویت آن انجمن به شورای کلیسای انجیلی ایران تسلیم کرد. شورای کلیسای مشایخی نیویورک طی مجمع عمومی ۱۹۳۵ با درخواست انجمن پارس شرقی موافقت کرد:

> «کلیسای مشایخی (پرزبیتری) آمریکا از زمان تأسیس میسیون در ایران، این سرزمین کهن را در دل و دعای خود نگاه داشته است و هم‌اکنون از این که کلیسای مسیحی به رشد خود ادامه می‌دهد و به‌شکل کلیسایی مستقل و خودگردان درمی‌آید تا هدف مسیح را در ایران نمایندگی و دنبال کند بسیار مسرور است. مجمع عمومی به کلیسای ایران در مورد تداوم محبت و دعاها اطمینان می‌دهد و امیدوار است که به فیض و برکات الهی ثمر خدمت و ایمان این کلیسای تازه از روزهای پُرجلال مسیحیت باستان آن مرز و بوم سبقت گیرد و فراتر رود.»

شورای کلیسای انجیلی ایران

شورای کلیسای انجیلی ایران تحت رهبری مدیر خود، نوکیشی مسیحی، کارش را با روح عبادت و دعا آغاز کرده است. گزارشهای میسیون از رشد شمار خادمان بومی فعال در خدمت، اعضای فعال در موعظهٔ انجیل به روستاها، همراهان مبشران سیّار، و زنان آموزگار کتاب‌مقدس حکایت دارد که در خانه‌ها و مؤسسه‌ها با امانت خدمت می‌کنند. در همدان اعضای بسیاری برای انجام خدمات روحانی داوطلب شده‌اند. در مشهد اعضای جهت دعا برای ایمان دوستان و آشنایان گروه‌هایی تشکیل داده‌اند. در بیمارستانها، پرستاران و خدمهٔ زن و مرد، نه‌تنها از طریق خدمت و توجه دلسوزانه، بلکه با مطالعهٔ کتاب‌مقدس و دعا برای بیماران شاهدی برای مسیح هستند. کانون شادی و جلسه‌های مطالعهٔ کتاب‌مقدس جمعه بر نفوذ کلیسا در بین جوانان می‌افزاید.

مرآت ابراهیمیان

مرآت ابراهیمیان (۱۸۷۶-۱۹۴۸) از مادری زاده شد که مادر رضاعی (شیرده) شماری از بچه‌های دربار پارس بود. از این‌رو، ابراهیمیان از دوران کودکی همبازی شاهزادگان بود و

با خانواده‌های اشراف که از آنجا دیدار می‌کردند آشنایی یافت. او به‌گونه‌ای بار آمد تا افسر ارتش شود. نامبرده در ارتش عنوان افتخاری مرآت السلطان (آئینهٔ پادشاه) را یافت.

مرآت در سال ۱۹۱۱ در لباسی مبدل از تبریز گریخت. او در آن هنگام رییس پلیس تبریز بود، زیرا روسیان که با شکست دادن مشروطه‌خواهان آذربایجان را تصرف کرده بودند، وی را جستجو می‌کردند تا اعدامش کنند. مرآت در روستایی به منزل کشیشی ارمنی پناه برد. سپس وقتی آمادهٔ ادامهٔ فرار بود کشیش به وی گفت: «من دعا کرده‌ام که عیسای مسیح خداوند تو را مراقبت فرماید و به سلامت به منزل رهنمون شود.» سپس کشیش افزود: «آیا حاضری به مسیح قول بدهی که پس از رسیدن به خانه او را فراموش نخواهی کرد، بلکه در عوض خود را به او و چون نجات‌دهنده‌ات تسلیم خواهی کرد؟» مرآت به کشیش قول داد که چنین کند.

با این حال، وعده‌ای که مرآت به کشیش داده بود به‌طور کامل ناآگاهانه بود. مرآت پیشتر از طریق کتابی که در منزل عموی همسرش یافته بود با ادعاهای مسیحیت روبه‌رو شده بود. کتاب مورد اشاره کتابی جدلی است که توسط کارل فاندر، مبشر آلمانی، نوشته شده است. عموی همسر مرآت او را از این‌گونه از خواندن کتاب برحذر داشته بود: «این کتاب برای من مناسب است، زیرا من با آموزه‌های اسلامی آموزش یافته‌ام، اما آن برای جوانی به‌سان تو مناسب نیست.»

مرآت تا زمان دستگیریش توسط سربازان روس که در نزدیکی قزوین رویداد به وعده‌ای که به کشیش داده بود فکر نکرد. او در آنجا دستگیر و سپس اطلاع یافت که صبح روز بعد اعدام خواهد شد. در آن هنگام او به‌یاد آورد و گفت: «آه ای عیسای مسیح، این روسیان مسیحی‌اند و از مردم تو، به آنان اجازهٔ انجام این جنایت را نده. در صورتی که مرا نجات دهی، قول می‌دهم به منظور شناخت تو، با جدّیت در جستجویت باشم. من زندگی خود را وقف خدمتت خواهم ساخت.»

فرماندار قزوین بدون اطلاع مرآت السلطان برای رهایی او تلاش کرده بود. سرانجام مرآت چند ساعت پس از دعایش آزاد شد. آن گاه او به زانو درآمد و با سپاسگزاری گفت: «در حضور مقدست اعتراف می‌کنم که این نجات را از عیسای مسیح دارم.» او اظهار داشت: «خدای من، تا زمانی که زنده‌ام از آن مسیح خواهم بود.»

پس از گذشت سالی اوضاع به حدی امن بود که مرآت بتواند نزد خانواده‌اش که در آن هنگام در تهران بود، برگردد. بدین‌ترتیب در سال ۱۹۱۳ به خانواده‌اش پیوست. او در تهران با رجب‌علی نوزاد، دوست مسیحی و قدیمی خود، صحبت کرد و پرسید: «چه باید بکنم؟» نوزاد به وی پاسخ داد: «جهت دریافت آرامش و بخشش گناهان به مسیح ایمان آور.» سپس نوزاد، مرآت را به دیدن شماری از مردان مسیحی ایرانی برد.

مرآت داستانش را به آن مردان بازگو کرد، اما از گفتن آن به همسرش بیمناک بود، زیرا بر اساس شریعت اسلامی همسرش می‌توانست از عقد او آزاد شود و وی را طلاق دهد. از همین‌رو، وقتی همسرش به وی اطلاع داد که در جلسات عبادتی کلیسا شرکت کرده و قصد

دارد مسیحی شود، مرآت توان تکلم نداشت؛ و از سکوت خود شرمگین شد. مرآت در سال ۱۹۲۰ تعمید داده شد و همسرش نیز پس از وی تعمید یافت.

شـغل مهمی در وزارت جنگ به مرآت السلطان پیشنهاد شد، اما از آن جایی که او اکنون مسیحی بود از پذیرش آن پرهیز کرد. میسیون کلیسای مشایخی (پرزبیتری) نیز شغلی به وی پیشـنهاد کرد، اما از آن جایی که او نمی‌خواست شُبهه مسیحی شدن وی با انگیزه‌های مالی پیش آید، آن پیشنهاد را نیز نپذیرفت. در کل مرآت السلطان قصد نداشت خدمت روحانی را در قبال دریافت پول انجام دهد. سرانجام او با حقوق ناچیزی در سمت مدیر اداری بیمارستان مسیحی تهران مشـغول به کار شد. او در بیماستان مورد اشاره بر کادر خدمات، تجهیزات و تنظیم و تسـویهٔ مالی با مراجعه‌کنندگان نظارتی استادانه داشت. مرآت از فرصتهای صحبت با بیماران در مورد مسـیح لذت می‌برد. او در مقابل انظار عموم گرویدن به باور مسـیحی را اعلام می‌کرد.

در زمان مقتضی، مرآت ابراهیمیان برگزیده شد تا شیخ کلیسای انجیلی تهران باشد. او که سخنوری خوش‌بیان بود گاه به‌گاه در کلیسا موعظه می‌کرد.

زمانی که در سال ۱۹۳۴ کلیسای انجیلی ایران به‌شکل رسمی در شورایی سازماندهی شد به مدیری شناخته‌شده و قابل اعتماد احتیاج داشت. شورای کلیسای انجیلی ایران در آن هنگام بیسـت و شش جماعت کلیسایی در نیمهٔ شمالی کشور داشـت. آشوریان با برخورداری از ۲۲۷۵ عضو در اکثریت بودند و ارامنه نیز چندصد عضو داشتند؛ و تنها شمار کمی از اعضای کلیسا از زمینه‌ای متفاوت بودند. با این حال، شورا مرآت ابراهیمیان را به سمت نخستین مدیر خود انتخاب کرد، و تمامی گروه‌های شورا بر انتخاب مورد اشاره صحه گذاشتند.

کلیسای انجیلی ایـران چون گروه کوچکی از اقـلیت مسیحی که فاقد شخصیت حقوقی بود به مدیری احتیاج داشـت که از توان برقراری تماسـهای رسمی و وساطت مورد نیاز با دولت برخوردار باشد. مرآت ابراهیمیان ثابت کرد که فرد مناسبی برای آن سمت است.

حکایتی در مورد جالینوس حکیم نمونه‌ای از چگونگی عملکرد مرآت ابراهیمیان است. حکیم به هنگام برپایی جلسه‌ای بشارتی در منطقهٔ یهودی‌نشین تهران توسط پلیس بازداشت شـده بود. زمانی که ابراهیمیان از موضوع اطلاع یافت طی تماسی به صاحب‌منصبان دولتی اطمینان داد که جالینوس حکیم به هیچ عنوان در دسیسـه‌های سیاسی دخالت نداشته است و این که خود حاضر اسـت به جای وی زندانی شود. در نتیجهٔ مذاکرهٔ ابراهیمیان، جالینوس حکیم از زندان آزاد شد.

Thomas, Kenneth J. By the Power of the Spirit. The Association of Iranian Presbyterian Churches & Fellowships in North America. USA. 2015. pp. 77-79.

مسـیحیان انجیلی پارس مشـتاقند عبادتگاههای متعلق به خودشـان را داشته باشند. از ایـن‌رو، وجوهی از درآمد خود را پس‌انداز می‌کنند. کنفرانسـی جهـت میزبانی نمایندگان تمامی مسیحیان انجیلی پارس در سال ۱۹۲۵ در همدان برگزار شد. به احتمال فراوان دومین

کنفرانس نیز در سال ۱۹۲۷ در اصفهان برگزار خواهد شد. این کنفرانسها روحانیت افراد را تعمق می‌بخشد و اتحاد کلیساها را به شکل قدرتمندانه‌ای رشد می‌دهد.

Our missionaries in Hamadan, May, 1921. Photo. sent by Mrs. A. M. Barnes: 1. Dr. Lamme. 2. Miss Gardner. 3. Mr. I. O. Wilson. 4. Mrs. C. H. Allen. 5. Miss Georgia McKinney. 6. Miss M. L. Cowden. 7. Mr. C. H. Allen. 8. Miss Lillian McHenry. 9. Mrs. C. W. Lamme. 10. Miss Edna Guild. 11. Mr. Zoeckler. 12. Miss Jean Wells. 13. Dr. Funk. 14. Dr. J. D. Frame. 15. ——. 16. Miss Jones. 17. Mrs. Gifford. 18. Mrs. Muller. 19. Miss Huldah Bryan. 20. Mrs. I. O. Wilson. 21. Miss Pease. 22. Mrs. Rieben. 23. Mrs. Zoeckler. 24. Mrs. Bentley. 25. Miss Young. 26. Mrs. J. P. Cochran, Jr. 27. Mr. Rieben. 28. Mr. Dillener. 29. Burt Gifford. 30. Robert Gifford. 31. Mr. Gifford. 32. Jean Gifford. 33. Ruth Muller. 34. Miss Gifford. 35. Arthur Muller. 36. Mr. Muller. 37. Dr. J. P. Cochran, Jr. 38. —— Gifford. 39. Mrs. Dillener. 40. Mr. Bentley.

مبشران کلیسای مشایخی در همدان (۱۹۲۱)

از: کار زنان، مجلهٔ خدمات بشارتی خارجی کلیسای مشایخی آمریکا، جلد سی و ششم

تجربهٔ کنفرانسها در کنار برخی رویدادهای دیگر، تشویق‌آمیزند، اما در عین حال، مشکلات پرشمار و سختی نیز وجود دارند. گذر از دوران قدیم با مشخصه‌های ایستایی خرد، اقتصاد، و مذهب به دورانی جدید در حال شکل‌گیری است. طی دوران جدید در پارس نیز چون سایر ملل کل اوضاع اجتماعی، صنعتی و زندگی سیاسی به شکل پُرمخاطره‌ای در حال دگرگونی است. نفوذ دنیای جدید که هم‌اکنون در حال هجوم به کشور است آن را از رخوت پیشین بیدار می‌کند. اما این نحوهٔ زندگی، بیش از این که از وسوسه‌های پیش‌روی مردم بکاهد، بر آنها می‌افزاید. کشیش جان الدر می‌گوید: «پارس خواندن را فرامی‌گیرد، اما خواندن چه چیزی را؟» هم‌اکنون ترجمهٔ رمانهای شهوانی فرانسوی و نوشته‌های تبلیغی ملحدانهٔ روسی در افق ادبیات پارس پدیدار شده است. الحاد روسی مشتاق یافتن جایگاهی

در پارس است. مدارس در هر جایی تأسیس شده‌اند. مردم مشتاق ادبیات هستند. چه کسی باید به این نیاز پاسخ دهد؟ پیروان لنین یا پیروان مسیح؟»

مبشران کلیسای مشایخی در پارس در دوره‌هایی آزمون‌های دردناکی را تجربه کرده‌اند و چشم‌اندازهای آتی نیز تاریک بوده‌اند، اما در صورت داشتن نگاهی کلی و مقایسهٔ گذشته با زمان حال، پیشرفت‌هایی وجود داشته‌اند. اعضای کلیسای مشایخی آمریکا می‌باید از عملکرد قهرمانانه و فداکارانهٔ مردان و زنانی که زندگی خود را در خدمت به پارس فدا کردند یا تمام توان و سلامتی خود را به پای آن خدمت نهادند به نیکی و قدردانی یاد کنند. آنان به فیض الهی، عامل مهمی در کسب چنین دستاوردی بوده‌اند. صرف‌نظر از شماری گردشگر، کمتر کسی از آمریکا جهت کاستن از انزوا و تنهایی این زنان و مردان به دیدارشان آمده است. جنگ‌ها و بیماری‌های واگیردار خدمت این مبشران را مختل و سلامتی آنان را به مخاطره انداخته است. با این حال، آنان در ایام توفان و یا روزهای آفتابی خدمت خود را با امانت در نام و روح خداوند ادامه داده‌اند و خدمت و رنج کشیدن برای سرور خود را شادی محسوب کرده‌اند. خاک پارس با قبور مبشران تقدیس شده است. آنان مشتاق بودند تا جسم‌شان در سرزمینی بیارامد که زندگی‌شان را وقف تبشیر آن کردند. شاید مناسب باشد که از طرف مسیحیان پارسی این قبور خاموش این‌گونه مخاطب قرار گیرند و در مورد آنها ندا شود:

«ای بادها، پاک کنید آرامگاه این مردان و زنانی را که در راه تحقق آرمانی که بیش از زندگی خود آن را تکریم کردند، جان دادند؛ ای بادها، استدعا داریم با ملایمت لمس کنید گرد و غبار این قبور مقدس را! ای خورشید، با پرتوهای سوزانت لمس کن زندگی آنان را که هنوز زنده‌اند و در مشقت! باشد که حکایت توان خستگی‌ناپذیر، ایمان بدون تزلزل و امید آنان به عیسای مسیح، جهت برانگیختن، تشویق و الهام‌بخشی فرزندان خدا برای نسل‌های آتی نقل شود.»

پایان

نمایه

آ

آتن .... ۴۱، ۲۴۸

آخوندها ....۴۴–۴۸، ۷۴، ۱۳۳، ۲۴۸

آدای ۵۰

آذری .... ۷۰–۷۳، ۱۵۱، ۱۶۴، ۲۳۷–۲۳۹

آرارات.. ۲۱، ۱۵۱

آرال ۲۱۰

آرتور اوپام پوپ ۲۵

آریایی.. ۲۲–۲۷

آسیا............ ۲۶–۳۲، ۸۱، ۹۳، ۲۵۴–۲۵۸

آشوری۱۲–۲۸، ۵۶–۵۹، ۷۳–۱۲۸، ۱۴۳–۱۹۷، ۲۱۹–۲۲۳، ۲۳۷–۲۵۸

آشوریان ....

۱۱–۱۹، ۵۶–۱۲۷، ۱۵۱–۱۶۰، ۱۷۲–۱۷۹، ۱۹۳–۱۹۷، ۲۱۹–۲۲۷، ۲۳۹–۲۴۴، ۲۶۴

آشوریان پروتستان ۱۷۹

آلمان .... ۱۳، ۳۵–۳۷، ۸۴، ۲۱۳

آمریکا.... ۱۱–۵۰، ۷۰–۱۷۶، ۱۹۴، ۲۰۷–۲۶۶

آمریکایی .... ۱۱–۱۹، ۳۷، ۷۰–۲۵۹

آموزشگاه علم الهی مودی.................. ۱۹۷

آموزشگاه فیسک۱۱۴، ۲۱۸–۲۲۹، ۲۴۱–۲۵۲

آنی مونتگمری................................ ۱۷۲

ا

ابن سینا ۲۲

ابوبکر.. ۴۳

احمد شاه ۳۶

ادموند مک‌داول ۱۱۱

ادوارد دود۲۳۱

ادگار الکساندر.............................. ۱۸۰، ۲۵۶

ادیبنه ۵۱

ادیت لم.. ۲۳۱–۲۳۶

ارامنه........۱۱، ۲۷، ۶۰–۷۴، ۹۳، ۱۱۹–۱۳۳، ۱۴۶–۱۸۷، ۲۲۱، ۲۴۵، ۲۶۴

ارتدوکس سنی ۴۳

ارتش بلشویک ۲۳۲

اردشیر اول ۲۲

اردشیر دوم ۲۲

ارمنی..... ۱۲، ۲۸، ۶۲–۷۹، ۱۲۲، ۱۳۴–۱۶۰، ۱۷۲–۱۹۱، ۲۳۷، ۲۵۵–۲۶۳

ارمیا.. ۲۳

اروپا ....۱۲–۲۴، ۳۹–۴۸، ۱۴۴–۱۵۲

ارگهوری ۲۱

ازدواج موقت ۲۵۹

استر......................... ۲۲–۲۳، ۴۱، ۱۷۲–۱۷۹

استرزیگووسکی ۲۵

استکهلم ۲۵

اسرائیل.. ۱۶، ۴۷

اسلام۱۷–۲۵، ۴۲–۵۸، ۹۷، ۱۳۳، ۱۹۲–۲۰۶، ۲۲۲، ۲۴۷–۲۶۱

اسپانیا ۲۵

اسکاندیناوی.................................... ۲۵

اسکندر.. ۲۶، ۳۹، ۱۵۲

بروکسل	۳۴	اشعیا	۲۳
بریتانیا	۲۴، ۳۴-۳۴، ۶۸، ۹۵، ۱۲۸، ۱۸۶، ۲۱۳، ۲۳۲	اصفهان	۲۸-۳۴، ۶۲-۸۰، ۲۶۰-۲۶۵
بریتانیای کبیر	۳۵	افغان	۲۱۰
بصره	۳۹، ۷۴	الکوین	۲۳
بغداد	۳۷، ۵۳، ۶۷-۷۴، ۱۹۰-۱۹۱، ۲۲۹	امام رضا	۲۰۰-۲۰۱
بلوچ	۲۷	امام هشتم شیعیان	۳۷، ۲۰۰-۲۱۱
بندر انزلی	۱۸۵-۱۸۶	امپراتوری عثمانی	۴۵، ۵۸-۵۹، ۹۷، ۱۱۹، ۲۲۴
بندر پهلوی	۱۸۶		
بهاءالله	۴۹	انجمن تبشیری بازل	۶۹
بهائی	۴۸-۴۹	انجمن تبشیری کلیسای انگلیس	۶۹
بهائیت	۴۸-۵۰، ۱۶۱	انجمن هنر و معماری پارسی	۲۵
بوستون	۷۹، ۹۲	انجیل	۱۱-۱۸، ۴۷، ۵۲، ۷۴، ۷۷، ۹۵-۱۳۳، ۱۴۸-۱۶۳، ۱۷۸، ۱۹۴، ۲۰۶-۲۳۹، ۲۶۲
بوهتان	۹۴		
بیت‌لحم	۵۰	انگلیسی	۱۸، ۵۰، ۶۵، ۸۵، ۹۸، ۱۱۰، ۱۳۳-۱۳۴، ۱۵۶-۱۷۸، ۲۱۳-۲۱۴، ۲۲۹، ۲۵۴-۲۵۶
بیداری روحانی	۱۷-۱۸، ۱۰۴-۱۰۹		
بیمارستان جدید یادگار کاکران	۲۴۰	اورشلیم	۱۶-۲۳
بیمارستان کولتون-کیرکوود-وایپل	۱۶۳	ارومیه	۱۱-۲۴، ۵۶، ۱۳۷، ۱۵۱، ۱۷۹، ۱۹۲-۱۹۷، ۲۱۳-۲۵۸
بین‌النهرین	۲۱، ۴۴، ۶۳، ۱۱۲، ۲۲۸-۲۲۹		
بی‌سوادی	۳۱-۳۸، ۵۸، ۲۵۹	اکراد	۲۷، ۴۴، ۶۷، ۸۹-۹۹، ۱۱۱-۱۲۸، ۱۹۱-۱۹۳، ۲۱۴-۲۳۹
پ			
پاتریارک قسطنطنیه	۵۱	ایالات متحده	۲۷، ۱۹۰
پاتریارک مار شمعون	۵۶	ایتالیا	۳۶
پارت	۲۶، ۵۱، ۱۹۹	ایران بیت‌ئیل	۱۴۹
پارتیان	۲۶، ۵۰	ایندوس	۲۱
پارس	۱۱-۲۶۶	ایندیانا	۱۵۴، ۱۷۴
پاریس	۳۵-۳۸	ایوان ویلسون	۲۵۲
پرسپولیس	۲۲	**ب**	
پروتستانها	۴۵، ۸۶-۱۰۴، ۲۵۵	باب	۴۸-۴۹، ۱۰۶، ۱۵۶-۱۷۱، ۲۲۳
پروتستان‌ها	۱۰۴	بابل	۲۳، ۴۲، ۵۶
پروفسور آرنه	۲۵	بادکوبه	۲۲۹
پروفسور توماس گیبسون	۳۹	باغ عدن	۲۱
پلاته	۲۲	برتا آمرمن	۱۸۷
پولس رسول	۴۱-۵۰، ۱۱۱، ۱۳۱، ۲۴۸	برزخ	۶۱

جهاد 45		پوند انگلیس 38	
جورج زوکلر 183		پکن 210	
جیمز هاکس 172-174		پیتمن 167	
چ		پیشاور 210	
چرم 29		پیوریتنان 45	
چنگیزخان 26		**ت**	
چین .... 11-17، 46-54، 210		تاتاران .... 44، 206	
ح		تاتیان 50	
حافظ 41		طاق قوسی 25	
حضرت مریم .... 24، 57، 87		تاکستان نوح 21	
حقجو .... 111، 244		تای تسونگ 53	
حکاری .... 11، 56-58، 99، 119، 224		تایمز لندن 24	
حکومتی کمونیستی 186		تبریز .... 12، 27، 37، 58-137، 151-171، 184-190، 224-250، 263	
خ			
خراسان .... 27، 50-54، 199-210		ترموپیل 22	
خشایارشا 22		ترکان عثمانی .... 190، 223-229	
خلیج فارس 22-37		ترکستان 51	
خلیفه عباسی 200		ترکیه .... 18، 44-45، 60، 84-93، 116-124، 176، 214-225، 237-242	
د			
داریوش .... 23، 152، 171		تزار 32	
داریوش مادی 23		تهران .... 13، 28، 47، 63، 80-103، 118-151، 165-214، 232-264	
دانشکدهٔ پزشکی پنسلوانیا 181			
دانشگاه‌های اروپایی 39		توفان نوح 21	
دانیال نبی 23		توماس کارلیله 47	
داویدسون فریم 187		ترک .... 27، 68، 122، 143، 224-232	
دبلیو. تورنس 256		تُرکان .... 44، 97	
دجله .... 51، 94، 111		تُرکمن 29	
دریاچهٔ ارومیه .... 58، 79، 103، 154		تیسفون-سلوکیا 51	
دریای خزر .... 22، 37، 185، 210		تیمور 54-59	
دریای سیاه 22		تیمور لنگ 54-58	
دمشق 39		**ج**	
دوشیزه جُویت 154-160		جاستین پرکینز 81	
دولت‌آباد 181-184		جان الدر 265	
دوم سموئیل 23		جان ویشارد 256	

فصل پانزدهم

دوم پادشاهان ۲۳	رمضان .... ۴۸، ۱۷۴–۱۷۷
دکتر آرتور فانک ۱۸۰	روبرت اسپیر .... ۹۳، ۱۳۳، ۱۶۲
دکتر ادوارد مکدول ۲۲۹	روسیه ۲۵–۳۵، ۵۶، ۶۷، ۸۶–۹۶، ۱۱۶–۱۲۴،
دکتر ادگار الکساندر ۱۸۰	۱۶۷، ۱۸۵–۱۹۷، ۲۱۴–۲۲۴، ۲۳۷–۲۴۵
دکتر اسلستین ۱۳۹	رولا هافمن .... ۲۹، ۲۰۷
دکتر راشل گرانت ۸۷	رومانسک ۲۵
دکتر الکساندر ۱۷۷	رومیان ۴۱
دکتر بنجامین لبری ۲۴۹	روزنامهٔ نیویورک‌تایمز ۳۹
دکتر جان استوارت ۵۴	**ز**
دکتر جان جی. ویشارد ۱۳۱	زاراتروستا ۴۱
دکتر جردن .... ۱۴۶–۱۴۸، ۲۰۶	زرتشت ۴۱–۴۲
دکتر جورج هولمز .... ۱۱۱، ۱۶۲	زرتشتی ۴۱–۵۱
دکتر روبرت رایت ۱۶۷	زنجان .... ۲۹، ۱۵۵، ۱۶۷
دکتر سعیدخان کردستانی ۱۷۸	زنداوستا ۴۱
دکتر شِد .... ۹۳، ۱۱۱، ۱۲۷، ۲۲۱–۲۳۵	**ژ**
دکتر شِد .... ۹۳، ۱۱۱، ۱۲۷، ۲۲۱–۲۳۵	ژاپن .... ۵۱، ۲۵۴
دکتر فریم ۱۸۷	ژوزف هولمز ۲۵۶
دکتر مری بردفورد ۱۶۲	ژوزف کاکران .... ۱۱۷، ۲۵۶
دکتر ویلدر الیز ۱۶۷	ژوزف کوک .... ۱۳۸، ۱۸۱، ۲۵۶
دکتر ویلیام امبروز شِد ۲۲۲–۲۲۸	**س**
دکتر پاکارد ۲۲۱–۲۳۰	ساسانیان .... ۲۶، ۵۱
دکتر ژوزف پ. کاکران ۱۱۵	سام، حام و یافث ۲۱
دکتر ژوزف کوک .... ۱۳۸، ۱۸۱	ساموئل ویلسون ۵۰
دکتر گلن ۶۹	سریانی .... ۵۶–۹۰، ۱۰۵–۱۰۸، ۱۷۷، ۲۱۹
دیزج‌تکیه ۱۱۱	سعدی ۶۶
دیوید استادارد ۱۰۴–۱۰۹	سلامیس ۲۲
دیوید استادارد ۱۰۴–۱۰۹	سلماس .... ۶۳، ۷۹، ۸۰، ۹۴، ۱۲۸، ۲۱۸–۲۲۵
ر	سموئیل ویلسون ۱۶۰–۱۶۱
رابی شاباز ۱۹۷	سوریه .... ۳۹–۴۵، ۵۹، ۹۲، ۱۲۳
روبرت بروس ۷۲	سوزان رایس ۱۱۵
رشت .. ۲۸، ۱۰۳، ۱۳۷، ۱۸۴–۱۸۹، ۲۰۷، ۲۳۲	سِر آرتور کایت ۲۱
رضائیه .... ۱۰۳، ۱۷۱، ۲۴۳–۲۴۴	سِر فلیندرز پتری ۲۵
رضا شاه پهلوی ۳۶	سِر پرسی سایکس ۳۴
رضا پهلوی ۳۶	سکولار ۴۸

سیام .... ۳۵-۳۸، ۲۵۴	عیسای مسیح ... ۱۵-۱۷، ۴۶، ۹۵-۱۲۶، ۱۷۸، ۲۰۶، ۲۴۸، ۲۶۱-۲۶۶
سیسیل ۲۵	عیسی .... ۱۶، ۲۴، ۶۱-۶۶، ۱۷۷
سیکها ۲۱۱	عیلامیان .... ۲۱، ۵۰
ش	ف
شاه طهماسب دوم ۱۹۰	فارس .. ۲۲-۳۷، ۱۱۵، ۱۳۴، ۱۴۸-۱۵۰، ۱۷۹، ۱۹۱-۱۹۷، ۲۵۵
شتر سواری مکی ۴۲	
شریعت اسلامی ۲۴۰-۲۶۳	فارسی .... ۱۱-۱۵، ۲۸، ۵۰، ۶۵-۷۳، ۸۵، ۱۳۳-۱۴۳، ۱۷۳-۱۸۱، ۲۰۷، ۲۵۵
شماس گیورگیز ۱۱۱	
شورای کلیسای انجیلی ایران ۲۶۲-۲۶۴	فارسی‌زبانان نوکیش ۱۷۹
شوروی ۳۵	فارسی‌زبانان .... ۱۱، ۲۷
شوش ۲۱-۲۵	فرات ۲۱
شوشا ۶۹	فرانسیس استد ۱۸۱
شوشن ۲۱	فردوسی ۲۲
شیراز .... ۲۹، ۴۹، ۶۵-۸۰	فلسطین ۳۹-۵۹
شیعی .... ۴۹، ۱۹۲	فیدلیا فیسک .... ۸۹-۹۲، ۱۰۴-۱۱۱
شیعیان .... ۳۷-۴۳، ۲۰۰-۲۱۱	ق
شیکاگو .... ۳۹، ۱۹۷	قاموس کتاب‌مقدس ۱۷۳-۱۷۵
ص	قاهره ۳۹-۴۵
صحرای سوریه ۳۹	قدیس حامی جذامیان ۱۶۳
ط	قرآن ۳۱، ۴۸، ۱۷۶-۱۷۷، ۲۴۰-۲۴۱، ۲۵۳-۲۵۴
طلاق .... ۳۱، ۴۸، ۲۱۰، ۲۵۹-۲۶۳	قزوین .... ۱۰۳، ۱۳۷، ۱۸۹-۱۹۰، ۲۶۳
طوس ۱۹۹-۲۰۰	قسطنطنیه .... ۱۸، ۴۵-۵۱، ۶۷-۶۸، ۸۳
ع	قشون قزاق ۳۶
عباس افندی ۴۹	قفقاز .... ۳۷، ۶۹، ۱۸۸، ۲۲۰، ۲۳۷
عبرانیان ۴۱	قوای بریتانیا ۱۸۶
عراق .... ۹۷، ۲۲۳-۲۲۹	ک
عرب .... ۲۷، ۴۲، ۱۹۱، ۲۱۰	کاتولیک رومی .... ۴۵، ۶۳، ۱۵۳
عزرا .... ۲۳، ۱۷۱	کاشان ۲۹
علی .... ۴۳-۴۹، ۱۷۴	کالج البرز ۱۴۹
عمرخیام	کالج امهرست ۸۱
عهدجدید .... ۱۵-۲۴، ۶۵-۸۶، ۲۰۳-۲۰۶	کالیفرنیا ۱۸۱
عهدعتیق .... ۴۶، ۶۹-۸۵	کاپیتولاسیون ۳۵
عُثمان ۴۳	کتاب اعمال رسولان .... ۱۶، ۵۰
عُمَر ۴۳	

کربلا ۴۴–۴۸
کرمانشاه .... ۱۲، ۲۸–۳۷، ۶۷، ۱۰۳، ۱۳۷، ۱۸۳–۱۹۸، ۲۳۲

کرمانشاه .... ۱۲، ۲۸–۳۷، ۶۷، ۱۰۳، ۱۳۷، ۱۸۳–۱۹۸، ۲۳۲

کشتی نوح ۲۱
کشیش استِد ۱۹۳
کشیش الای اسمیت........................ ۷۹
کشیش تیموتی دوایت ۷۹
کشیش جیمز باست........................ ۱۳۲
کشیش لوئیس اسلستین ۲۰۴–۲۰۶
کشیش هری شولر........................ ۱۸۷
کشیش هنری دوایت........................ ۴۶
کشیش هوگو مولر .... ۱۱۴، ۲۴۴
کشیش ویلیام شِد ۱۱۴
کشیش پُل شِد ۱۸۷
کشیش چارلز موری ۱۸۷
کشیش چارلز پیتمن........................ ۱۶۷
کشیش ژوزف ج. کاکران ۱۱۲
کشیش کدی آلن........................ ۱۷۳
کشیش یعقوب دیلاکو ۹۵
کلدانی........................ ۵۶–۵۹
کلورادو .... ۱۴۵، ۲۱۹
کلیسای ارامنهٔ استپانوس مقدس........... ۱۷۹
کلیسای ارامنهٔ گریگوری........................ ۹۳
کلیسای ارتدکس روسیه .... ۵۸، ۲۴۵
کلیسای اسقفی ۲۵۴
کلیسای انجیلی ۱۱–۱۲، ۵۶، ۷۷، ۹۳–۹۴، ۱۲۶، ۱۶۸–۲۰۳، ۲۲۴، ۲۳۸–۲۴۹، ۲۶۲–۲۶۴
کلیسای انجیلی آشوری................ ۱۲، ۵۶
کلیسای مشایخی (پرزبیتری) ۱۱
کلیسای مشایخی وست‌مینستر بوفالو..... ۱۱۵
کلیسای کاتولیک ۱۷، ۵۶–۶۳، ۸۶، ۱۱۰، ۲۱۹
کلیسای کلدانی........................ ۵۶
کلیسای کلدانی یونیات ۵۶
کمبوجیه........................ ۲۲
کنتاکی .... ۱۲–۱۸، ۱۵۱
کوروش........................ ۲۲–۲۷، ۳۹–۴۱، ۱۷۱

کوروش........................ ۲۲–۲۷، ۳۹–۴۱، ۱۷۱

کولی ۲۷
کوه سینا ۴۶
کوهن .... ۱۱۰، ۱۲۴
کُرد ۲۷–۳۱، ۸۹–۹۸، ۱۱۷–۱۲۹، ۱۴۳، ۱۷۸، ۱۹۱، ۲۱۰–۲۴۲
کردستان........................ ۵۵–۶۹، ۸۹، ۱۰۳، ۱۱۵

گ

گوتیک ۲۵
گوگ‌تپه........................ ۱۰۵

ل

لورتا ون‌هوک ۱۵۳
لُر ۲۷
لک........................ ۲۷
لیلی هولت ۱۸۰

م

مأمون .... ۵۴، ۱۹۹–۲۰۰
مادیان........................ ۵۰
مبشران سیّار .... ۱۱۱، ۱۹۰، ۲۶۲
متفقان........................ ۳۵، ۲۲۱–۲۲۴
مجوسیان ۴۱–۵۰
محمد .... ۴۴–۴۹، ۶۱–۷۱، ۱۷۶، ۲۰۰
محمدعلی شاه .... ۳۶، ۱۶۷
مراغه........................ ۵۸، ۹۴، ۱۱۸، ۱۵۵
مردخای ۱۷۲
مرند ۲۱
مرو........................ ۵۱–۵۴، ۱۹۹
مری جُویت........................ ۱۵۳
مسجد .... ۴۵، ۱۳۹، ۱۷۷، ۲۰۶، ۲۴۸–۲۴۹
مسلمانان .... ۴۴–۴۷، ۵۹–۸۹، ۱۱۰–۱۶۱،

نستوریان .... ۱۸، ۵۱–۶۳، ۷۹–۱۰۹، ۲۲۴، ۲۴۲–۲۴۷	۱۷۷–۱۸۰، ۱۹۶–۲۵۸
نستوریوس ۵۱	مسیحیان ۱۸، ۴۴، ۵۹–۸۳، ۱۱۰–۱۲۴، ۱۵۳، ۱۷۹، ۱۹۲، ۲۶۶
نقره ۲۹	مسیحیان عبرانی‌نژاد ۱۷۹
نوکیشان مسیحی ۱۳۳، ۱۵۷، ۲۰۳، ۲۴۷–۲۴۸	مسیحیت .. ۱۶–۲۲، ۴۶–۵۴، ۹۳، ۱۵۲–۱۵۹، ۱۹۲، ۲۴۰–۲۶۳
نیشابور ۵۱	مشهد .... ۲۸–۴۸، ۷۵، ۱۰۳، ۱۸۴–۱۸۷، ۱۹۹–۲۱۱، ۲۳۲، ۲۴۵–۲۶۲
نیل ۲۲	
نینوا ۴۲	مصر .... ۲۵، ۴۲–۴۵
نیوانگلد ۱۵۱	مظفرالدین شاه .... ۳۵، ۱۶۷
نیوانگلند .... ۱۸–۲۷، ۴۵، ۱۱۵	مغول .... ۵۳–۶۳، ۲۰۰
نیویورک .... ۳۹، ۷۳، ۸۷–۸۸، ۱۰۶، ۱۱۷–۱۴۲، ۱۵۰–۱۷۴، ۱۸۰، ۲۱۹، ۲۶۲	مغولستان ۵۱
	ملی گرایان ۱۸۶
و	موسولینی ۳۶
وانمن .... ۱۲۱، ۱۶۴–۱۶۵، ۲۵۶	موسی .... ۶۱، ۲۲۲
واپیل .... ۱۶۳، ۱۸۰	محمد ۴۲–۴۷
ورشچگین ۳۳	محمد پیامبر اسلام ۴۲
ویلسون ..... ۵۰، ۱۶۰–۱۶۱، ۱۹۳، ۲۳۳، ۲۵۲	مُردخای .... ۲۳، ۱۷۹
ویلیام وانمن ۲۵۶	مُرگان شوستر .... ۳۲، ۱۸۶
ویلیام وایشام ۳۹	مکاولی ۳۳
ویلیام واپیل ۱۸۰	میاندوآب ۱۵۴
ویلیام ویشام .... ۴۷، ۲۵۵	میرزا ابراهیم .... ۱۵۸، ۲۴۸–۲۵۰
ه	میرزا سعیدخان ۱۷۳
هارون‌الرشید .... ۵۳–۵۴، ۱۹۰–۱۹۹	میرزا صوفی ۶۶
هاکس ۱۷۲–۱۷۹	میرزا علی محمد ۴۹
هخامنشی ۱۷۱	می‌سی‌سی‌پی ۲۷
هرات .... ۵۱، ۲۱۰	**ن**
هری شولر ۱۸۷	نادر شاه ۲۶
هلن کلرک ۱۸۷	ناصرالدین شاه .... ۳۴، ۱۳۵
همدان۲۷–۳۷، ۷۵، ۹۴–۱۰۳، ۱۲۷–۱۳۷، ۱۵۰، ۱۷۱–۱۹۲، ۲۲۸–۲۳۲، ۲۵۲–۲۶۴	سموئیل وارد ۱۵۳
	پیتر ایستون ۱۵۳
هند .... ۴۱، ۶۵–۷۰، ۱۳۶، ۱۵۲، ۱۹۵، ۲۵۴	نبوکدنصر ۲۳
هندوستان .... ۳۲–۶۶، ۲۰۹–۲۱۰	نستوری .... ۱۷–۲۴، ۵۱، ۱۱۰، ۱۲۲، ۱۲۷، ۱۵۳–۱۵۹، ۲۲۵، ۲۳۹
هنری مارتین .... ۲۹، ۶۵–۹۰	
هونهای سفید ۲۶	

هیأت بشارتی اسقف اعظم کانتربوری...... ۶۹

هیأت کمیسیونرهای آمریکایی برای میسیون‌های خارجی .... ۱۱–۱۸، ۷۹–۹۷، ۱۴۷

هیکل.. ۲۳

ی

یاشر ۲۳

یشوع بن سیراخ........................ ۲۵۶

یهودی۲۷، ۱۱۴، ۱۳۴–۱۵۱، ۱۶۶–۱۹۷، ۲۵۲

یهودی۲۷، ۱۱۴، ۱۳۴–۱۵۱، ۱۶۶–۱۹۷، ۲۵۲

یهوه.. ۴۱

یَهُوَه.. ۲۳

یوشع ۲۳

یونانی........................ ۱۵–۲۵، ۷۹–۹۰، ۱۴۸

یونانیان........................ ۲۲، ۴۱، ۵۳